中国科学院教材建设专家委员会规划教材

全国高等院校规划教材

大学生入学教育

主　编　林英姿

副主编　冯　武　　马志健　　朱唤清　　梁昌联

　　　　符琬聆　　朱良杰

编　委　(按姓氏笔画排名)

　　　　王天秀　　王继浩　　王　鹏　　邓少柳

　　　　邓　浪　　甘佳荫　　邝　敏　　刘辰鹏

　　　　吴　英　　余伟新　　张　华　　林　川

　　　　尚明洪　　胡爱华　　徐芳芳　　黄宏炎

　　　　黄跃林　　覃业亮　　揭秋云　　曾晓莉

　　　　廖宇航

秘　书　张一丹

科学出版社

北　京

内 容 简 介

走进大学,是人生新旅程的开始,本书针对大学新生可能会遇到的种种困惑和问题,用深入浅出的理论和真实详尽的案例讲述,帮助大学生尽快适应新环境,尽早做好自己的人生规划。本书分为 15 章,包括认识大学、军事训练、理想品德、教学管理、大学学习、人际关系、大学生婚恋、健康体质、日常生活、心理健康、审美修养、安全教育、三自能力、职业生涯规划、就业创业指导。

本书可作为普通高等院校和高等职业技术院校大学生的入学教育读本。

图书在版编目(CIP)数据

大学生入学教育 / 林英姿主编 . —北京:科学出版社,2015. 8
中国科学院教材建设专家委员会规划教材·全国高等院校规划教材
ISBN 978-7-03-045359-4

Ⅰ.①大… Ⅱ.①林… Ⅲ.①大学生-入学教育-高等学校-教材
Ⅳ.①G645.5

中国版本图书馆 CIP 数据核字(2015)第 185970 号

责任编辑:胡治国 / 责任校对:陈玉凤
责任印制:赵 博 / 封面设计:陈 敬

科 学 出 版 社 出版
北京东黄城根北街 16 号
邮政编码:100717
http://www.sciencep.com

天津市新科印刷有限公司 印刷
科学出版社发行 各地新华书店经销
*
2015 年 8 月第 一 版 开本:787×1092 1/16
2018 年 5 月第四次印刷 印张:17
字数:413 000
定价:45.00 元
(如有印装质量问题,我社负责调换)

前　言

　　同学们,当你们结束了高中生活步入大学校园时,或许此时你的心情有喜悦,有激动,有迷惘,也有不安。对于这陌生的环境,你是否已经准备好去适应;对于寝室里一张张即将和你一起生活四五年的陌生脸庞,你是否已经准备好去融入;对于未来的各种诱惑,你是否准备好清醒的面对;对于即将到来的与高中截然不同的学习方法,你是否准备好了去改变;对于可能会遇到的困难、挫折,你是否胸有成竹去应对;对于未知的未来,你是否已经有了明确的目标和方向并会付诸实践。这些是摆在你我面前很重要的问题,也是大学期间必须解决的问题。

　　大学是你们成才和放飞梦想的地方,这一阶段也是你们人生中最美好也是最重要的阶段。一进入大学,往往会出现不同的情况:有的同学仍在继续努力,人生本来就是"生无所息",于是,四年或者五年后考上了硕士研究生、公务员或找到一份自己理想的工作;而有的同学以为大功告成,就失去了学习的动力,"60分万岁"而大学毕业后一无所获;有的因为跟不上学习进度而退学,甚至有的因考试作弊而被勒令退学。作为教育者的我们不希望看到这样的事情发生在海医学子身上。为此我们组织了部分有丰富理论实践经验的学生工作专家编写了这本《大学生入学教育》读本,希望能帮助大家顺利度过大学生活、学习。

　　本书共15章,根据普通高等教育人才培养目标要求,结合大学一年级新生实际情况,就大学的基本概况、大学生军训、理想品格的养成、学习、人际关系、恋爱观、身体心理健康、日常生活、安全教育、审美修养、就业创业、自我管理等学生从现在到未来可能会遇到的一系列问题展开叙述,已达到学生从入学开始,就能有一种教育,六种意识的养成。一种教育:即适应性教育,六种意识:即纪律意识、团队意识、责任意识、学习意识、创新意识和安全意识。力争成为处于心理、人格成长关键期的大学新生的良师益友。

　　由于编者水平有限,书中难免出现不足之处,敬请广大读者批评指正。

林英姿

2015 年 5 月

目　　录

第一章 认识大学

本章导读

当你拿着录取通知书踏入大学校门的那一刻起,你的身份其实已经发生了转变,你已经是一名大学生了。你所扮演的社会角色、自己身处的生活环境、学习方法以及人际关系都会有很大的变化,对此你要有一个新的认识,并尽快融入。如何尽快适应大学新生活是摆在我们面前的第一个难题。这一难题解决得好坏与是否及时,将影响我们整个大学阶段甚至是接下来的成长。本章的主要内容是介绍大学是什么,以及和学生相关的部门的学校的职能,从你入学开始,帮助你了解大学生活特点,并对你在以后的生活学习中可能遇到的困难提出对策和建议。

> **案例 1-1**
>
> 李某,男,19岁,一年级新生,入学两个多月,已请假回家数次。主诉总是想家,留恋过去的生活环境,留恋中学生活。
>
> 小丽,女,某大学在一新生,独立一人到校报道。报道第一天就与负责接待的学长学姐混熟了,还主动请教校园环境情况,在学姐的带领下很快地熟悉了食堂、教室、图书馆、银行、小吃一条街等校内环境。在宿舍里,除了整理好自己的床上用品外,还主动的帮助其他刚来的新生整理床上及生活用口等,俨然是个小姐姐,宿舍里4人人很快的熟悉起来,都管她叫姐姐了。在班里也是个热心的人,积极帮助班里的同学,得到了班里同学的拥护,推选她当了班长。
>
> [点评]:刚步入大学校园的新生,要在最短的时间里适应既新鲜又陌生的大学生活,无疑是对自己心理素质和能力的考验。部分新生在这一时期感到迷茫、困惑、孤独、人际关系紧张、不适应大学的学习生活等等……被称为"大一现象"或"大一的迷茫"。应该说,适度的迷茫与困惑是一种正常的心理状态,但是如果像这位同学一样长期处于一种怀旧、留恋过去的心理状态,会造成学习上的不安心,并患上"新生适应不良"。建议该生多与同学接触,培养业余爱好,也可主动与同学、心理老师谈心,这在一定程度上可以改变思乡心境。

第一节 大学是什么

一、大学的发展历程

(一)大学的定义

泛指实施高等教育的学校,是指提供教学和研究条件的高等教育组织,包括大学、学院、高职高专(专科院校及高等职业院校)。

（二）我国大学的发展历程

中国封建时代"大学"一词除了指儒家经典四书之一的《大学》外，还指聚集在特定地点整理、研究和传播高深领域知识的机构。大学作为一种具有高等教育职能的机构，根据文献记载，可以追溯到五帝时期的成均和上庠；皇朝帝国时代到了汉朝，中央设立太学，为最高学府，而地方也开始设立郡学、州学、府学、县学等供同龄学生学习的的地方官办高等学校，相当于不同阶级的公立大学，低阶大学学业出色的学生可以进至高阶大学学习。隋唐以后太学改为国子监，唐朝以后出现书院。书院可以分为大学部、小学部，有些并不严格区分，有官办，有私立，不少是私办官助。白鹭书院、白鹿洞书院、应天府书院、嵩阳书院、石鼓书院、茅山书院等都是著名书院的代表。中国传统的学校部分培养公共政治服务的官员仕人以及从事文化教育的文人，偏重儒学人文教育。另外，还有专门学科部或者专科性的高等教育机构。南朝宋时设有儒学馆、玄学馆、文学馆、史学馆，合并后分儒、道、文、史、阴阳五部学。唐朝的国子监设有律学馆、书学馆、算学馆。明朝时设有专门培养外交翻译人才的四夷馆。此外还有兼具人才培养功能的专门性的科研及应用服务机构，如医学领域的太医馆等，天文历法领域的司天监或者钦天监等。还出现过综合性的学术研究机构，如南朝之宋朝设立的华林学省，相当于后来的中央研究院。不过，中国古代的高等学校和西方现代的大学存在差别，尤其官办学校以培养治理政府的仕人及从事文化教育的文人为主，学科上自然科学尤为缺乏，所以到近代整个的传统教育体系都面临着转型、革新。19世纪末，辛亥革命元老中国现代教育奠基人何子渊、丘逢甲等人开风气之先，排除顽固守旧势力的干扰，成功引入西学（美式教育），创办新式学校，将平民教育纳入满清朝廷的视野。清政府，不得不对教育革新网开一面，于1905年末颁布新学制，废除科举制，并在全国范围内推广新式学堂，西学逐渐成为学校教育的主要形式。新学制将学校分为"小学堂"、"中学堂"、"高等学堂"和"大学堂"等几个等级，"高等学堂"和"大学堂"属高等教育。宣统元年（1909年），地方科举考试真正停止以后，中国的现代教育才得以迅速发展。

真正意义上的中国大学从19世纪末开始萌芽，至今有100多年历史，历经四代。

（1）第一代也可以叫做"五四"的一代，这一代大学是在社会大动荡、思想大解放的背景下创办的，这个年代的大学教师大多思想解放、思维活跃、且接触过先进的西方文化教育，大学学生规模虽少，却多成为了时代精英，这个时代下的大学轰轰烈烈，影响深远。

（2）第二代从20世纪20年代初到40年代末，这个时期的中国经历了军阀混战、十年内战、抗日战争、解放战争，属于战乱的一代。战争给人们带来灾难的同时，也影响了中国大学的发展，但大学学术自由、自主办学的精神并没有丧失，虽然条件艰苦，但是还是涌现出了一批非常优秀的人才。

（3）第三代是封闭的一代，时间是20世纪50年代初到改革开放前。这个阶段的大学教育照搬苏联办学模式，偏离了学术自由、自主办学的精神，再加上后来一次次的政治运动的冲击，特别是"文化大革命"的破坏，人们没有了追踪世界学术前沿的能力以及条件。

（4）第四代是改革开放的一代，这一时期的社会大环境是开放的，人们急切想要融入世界学术发展的大潮，也看到了和世界先进国家教育之间的差距。但在改革开放的几十年中，中国大学不仅要解脱上个时代套在身上的枷锁，还要改变遗留下来的固化的观念，所以大学的发展需要一个长期的过程。

（5）到目前为止，我国大学教师队伍多是改革开放背景下成长起来的，虽然与世界一流大学还存在差距,但办学环境、人员素质、经费投入、重视程度已经没有了不可跨越的鸿沟。

二、大学精神

大学精神是大学的灵魂,是大学自身存在和发展中形成的具有独特气质的精神形式的文明成果,大学精神的本质特征概括为独立精神、创造精神、批判精神和人文关怀精神。中国高等教育100多年的发展,大学的功能从教学型到研究型再到现代大学的多功能型,大学的数量有了惊人的增长,但是作为大学灵魂的大学精神却在一定程度上被忽视,所以重塑大学精神,弘扬大学精神现在已经成为了各个大学重视和努力的方向。

(一) 独立精神

把大学作为自由思想的园地,把独立精神、自由思想作为大学精神,也是近年来社会文化的共识,大学本来应该是一个相对民主、自由、宽松、自治的机构,这样一个机构才能保证大学成为一个自由思想的发源地。大学所具有的独立精神和自由思想,确保大学的教师和学生能够潜心地研究高深学问、不断地追求和认识客观真理,并在这个基础上传承和创新文化,这正是大学的生机和活力所在。

(二) 创造精神

文化不能仅靠传承,更要有新元素的加入。大学教育通过确立教育内容,对人类文化进行选择;对人类文化进行整理。通过更新教育观念,更新人们的价值观念,更新人们的价值取向,改变思维方式,实现文化的再生。

(三) 批判精神

大学知识的前沿知识有很多是处在探索之中的,新知识的出现对于旧的知识本身就是一种反思。具体表现在:

(1) 大学是知识聚集的场所。是思想观念和学术思潮的交汇处。大学生产生新思想,包容新观念,在这里不同的学术观念可以并存,不同的思想可以通过学术交流相互影响,具有良好的争鸣传统。追求理想的永恒特性。

(2) 大学教师在教学和科研过程中能够以科学的态度对待传统与现实,否定非科学的内容,破除迷信与保守主义,建立科学的知识体系。可以这样说,大学的教学与科研发展史就是科学史重要过程的展开史,是一个肯定与否定相结合的扬弃过程。

(3) 大学批判精神的另一方面是对社会现实的理性反思和价值构建。由于当下喧嚣的社会风气侵蚀了大学教师的独立人格和批判性格,故大学失语了,教师失语了,学生也就更无语了。真正的知识分子要如陈寅恪所言:"每个学者不应为了非学术的动机,唯心地改变或抹杀自己内心所企及的真理,而都有义务遵循自己的学术良心,并行使捍卫个人见解的权利。"这种实事求是的批判精神,来源于对公平、正义、理性等人类基本原则的信仰,这种知识人格使得他们在深信某种制度是违背正义公平等人类原则的时候,可以超越也应当超越个人收益的最大化取向,为试图改变这种不当不义之制度结构而呐喊,而实践。

(4) 批判精神的最后一个方面是大学知识群体对政府决策的参谋和建议。科学决策是政府决策的关键,但是由于决策者自身素质的限制,做到科学决策并不容易,所以要倾听专家意见,请专家参与决策成为决策机制中的一环,专家之所以成为专家,就是因为他们职业所特有的对问题的科学态度和客观的批判精神。

(四) 人文关怀精神

人文关怀就是对人的生存状况的关怀、对人的尊严与符合人性的生活条件的肯定,对人类的解放与自由的追求。一句话,人文关怀就是关注人的生存与发展,对人的关怀,对生命的敬畏,对尊严的珍视。是社会文明进步的标志,是人类自觉意识提高的反映。大学是培养中国特色社会主义事业的建设者和接班人的地方,大学生是践行社会主义核心价值观最积极、最活跃的群体,关系中华民族的未来发展。在马克思主义指导下,加强大学生社会主义核心价值观教育,对构建社会主义和谐社会具有重要意义。当代中国的大学生群体,一方面奋斗拼搏、勇敢追梦,承载着国家和民族的希望。但另一方面,大学生的人文精神现状也出现了令人担忧的现象:部分大学生人文知识匮乏,人文修养浅薄,人文关怀缺失,人格道德偏差等。有关大学生的负面新闻也频频见诸报端。虽是少数案例,但让人们不得不反思当代大学生人文精神缺失这一重大问题。

三、认识所在大学

(一) 学校的基本情况

海南医学院的起源可追溯到1947年林筱海先生创立的私立海强医事技术(职业)学校和1948年宋子文先生创建并任第一任董事长的私立海南大学医学院。1951年这两所学校合并为海南医学专门学校,后更名为海南医学专科学校。1983年并入海南大学成为海南大学医学部,1989年筹建海南医学院,1993年经国家教委批准正式建立海南医学院,隶属海南省人民政府主管,是海南省唯一的一所省属公办普通高等医学院校。1996年顺利通过普通高等学校本科教学工作合格评估。2005年以良好的成绩通过本科教学工作水平评估。2013年获批为硕士学位授予单位,设有临床医学、基础医学、药学3个一级学科硕士学位授权点,涵盖46个二级学科(专业)。2014年增列临床医学、公共卫生、护理三个硕士专业学位授权点,涵盖40余个领域。目前已形成普通本科教育、成人教育、高等职业教育、硕士研究生学历教育、联合培养博士生学历教育和留学生教育并举的办学格局,凝练出"厚德、严谨、博学、和谐"的校训和"自强不息、团结向上、奋发有为"的海医精神。海南医学院毕业生已成为海南省医疗卫生队伍的主要力量。

(二) 了解相关部门职能

1. 学生工作部 简称学工部,是促进学生成长成才的工作部门。下设学生管理科、学生思想教育科、学生资助科、就业市场开发办公室、创业就业指导办公室五个科。主要负责开展学生日常管理,思想政治教育,奖、勤、助、贷工作,学生心理健康教育工作、毕业生相关工作等。

2. 教务部(招生办公室) 下设:教务科、招生与学籍科、考务科、实践教学科、教材科五个科室及教务部办公室。负责全校教学管理工作的组织、安排、协调及招生计划的落实。涉及学生的有课程安排、考试安排、教材领取、学籍查询、教室申请、毕业生发放、学士学位授予等。

3. 团委　下设:综合科、思想政治科、大学生艺术教育中心。负责学生的思想教育引导、素质深化拓展、校园文化建设、团的组织建设和学生成才服务等工作。

4. 保卫部(武装部)　下设:消防治安科、综合管理科。负责维护校园的安全和正常教学、生活秩序、治安防范宣传教育、学生军训工作及履行相关国防工作。涉及学生的有:军训工作、校内各类案件处理、学院安保、学生户籍管理、国防教育、征兵工作等。

5. 学生档案馆　负责学生档案的收集、整理、归档、利用及转递工作。

(三) 报到注意事项

(1) 新生必须本人凭新生录取通知书、身份证按时报到,办理入学手续,因故不能按期入学者,须向所在院系办理请假手续,无故两个星期不报到者,视为自行放弃入学资格。

(2) 新生接到录取通知书后,家庭经济有困难的学生,请关注校园网站上相关资助政策,并准备相关证明材料。

(3) 办好党、团组织关系。党员关系介绍信,省内转至"海南医学院党委组织部",省外转至"中共海南省委教育工委";团员须携带组织关系和团员证至学校,开学后由所在学院统一到校党、团委办理组织转入手续。

(4) 学生档案;如自身携带,请勿打开私自打开档案袋。

(5) 办好户口迁移证明。学生自愿办理户口迁移,户口迁移证(详见附件一样表)上的姓名、身份证号等有关内容须与录取通知书和档案一致,"籍贯和出生地"栏,必须填写到市县,如北京市朝阳区、山东省济南市,否则无法办理入户手续。户籍迁移的办理时间只限于入学后的军训期间,以后将不再受理。学生的户口性质是临时的集体户,毕业时户口须迁出,学生自愿办理户口迁移。需要迁移的学生在入学前办好户口迁移证明,户口迁移证上的姓名、身份证号等有关内容须与录取通知书和档案一致,因为是集体户,一届学生只有一个户号,凭应届新生的录取通知书才能落户,所以户籍迁移的办理时间只限于入学后在军训期间把户籍迁移证和录取通知书以及两张一寸免冠相片上交到学校户籍室统一办理,以后将不能办理。

(6) 新生入学后,学校会在规定时间内进行体检复查,体检合格后方可注册;不符合招生体检条件者,由学校根据具体情况进行处理;凡徇私舞弊者一律取消入学资格。

(7) 学校鼓励大学生独自来校报到,迈好人生自主自立的每一步。

第二节　开启大学新生活

一、认知生活特点,尽快适应新生活

相对于中学生活而言,大学生活是丰富多彩的,是一个全新的环境。大学生活环境的变化体现在生活方式、生活范围、生活环境等方面。

(一) 生活方式的改变

从生活方式上对于大学新生来说,变化是很大的。中学阶段普遍是就近入学,吃住在家,可能是单居一室,现在是多人"群居"共处一室;即便寄宿制的中学,学生离家也不太远,一般不会超出本县或本省范围,一、二个月总可以回家一次。过去父母在身边衣食无忧,现在处处、事事都得独自处理,这些对我们大学生来说是一次难得的考验。来到大学,步入新的集体,开始独立生活,大学生活是完全的集体生活,几位同学在一个房间里共同起居,生活习惯难免会有不同,也会出现步调不一致的时候。每个同学的日常生活需要自己照顾,例如,整理房间、床铺,洗衣物等。故要适应大学生活就必须做好充足的思想准备。一是要做好集体生活的思想准备。集体生活有助于培养大学生的集体主义观念。大学新生要认识到集体生活对于我们成长、成才的重要意义,自觉融入集体生活中来。二是要做好独立生活的准备。一个人不可能一辈子都依靠父母的关照。过去在父母身边,东西用不着自己买,花钱也用不着自己掏腰包,可到了大学,每走一步、动一下都要花钱。因此,大学新生要树立"理财"观念,根据自己生活费的状况,做好预算,严格控制消费。最好都要记账,一段时间下来,明确哪些开支是必需的,哪些开支是完全不必要的,哪些是可有可无的,这样才会总结出应当吸取的教训,把钱花在刀刃上,避免完全不必要的消费。尤其要根据父母的经济能力和自己"勤工俭学"的能力来进行消费,切不可盲目攀比。进入大学,远离了父母,有了一片属于自己的天空,要珍惜机会,加强锻炼,为今后更好地适应社会奠定坚实基础。

(二)生活范围的改变

从生活范围看,中学时代的生活领域较窄。中心任务是好好学习考大学,课余活动被压缩得几乎等于零。而大学生活丰富多彩,每个大学都十分重视校园文化建设,通过营造浓郁的校园文化陶冶大学生的思想情操,发展大学生的兴趣爱好,提高大学生的综合素质。大学重视全方面提高学生的综合素质,除了日常的教学活动之外,还举办各种各样的讲座、讨论会、辩论会、演讲会、学术报告、文娱活动等,内容广泛,形式多样,让人有点目不暇接,这些活动有的在于提高学生的专业素养,有的在于转变学生的思想观念,有的在于发展学生的文艺爱好,对大学生的成才具有十分重要的作用。大学里有各种形式的社团组织,比如有青年志愿者协会、文学社、学生记者站、校园广播站、书法协会、心桥协会等,这些组织的成立经过学校严格的审批,要接受学校党组织的领导,是大学生的自发性群众组织,是大学生发展兴趣与爱好、提高各方面能力的重要平台。

各个学校都有种类繁多的社团,如果你有什么爱好和特长,可以加入这些社团,从中可以学到很多东西。各个社团都有自己的特点,都举办有特色的活动,如果拿不准参加哪个,可以找到自己感兴趣的社团,问问学长学姐以前组织的活动,再作决定吧。毕竟,大学里的社团太多,应选择一个足够锻炼自己能力的。同时,各个学校在寒暑假都开展社会实践活动,如去贫困山区考察和义务扶贫,从中提高自己对社会现实的认识。

(三)环境的改变

从生活环境上看,大学教学、生活设施先进,办学条件是衡量一所大学办学实力的重要依据。许多大学投入了大量的资金用于学校的基础设施建设和购置教学仪器设备,以此不断改善自己的办学条件,提升自己的办学实力。大学校园都经过科学规划建设,许多建筑都经过了精心设计,富有时代特色、人文气息、文化底蕴。高起点规划、大额度投入,使美丽的大学校园成为当地一道亮丽的风景线,不少高校的建筑是当地的标志性建筑。大学校园进行了合理的分区,教学、办公、生活用房相对独立,互不干扰。大学特别重视文体设施建设,建有较好的图书馆、体育馆、学术报告厅、学生活动中心等,能较好地满足大学生全面发展的需要。以培养实用型、应用型人才为目标的大学特别重视加大教学投入，建有先进的网络教室、多媒体教室、实验中心、电教中心、实习基地，购置了先进的教学实验设备，通过现代化的教学手段、教学设备，培养大学生的动手能力，让大学生在动手中探索知识，获得真知。

二、认知心理特点，健康快乐促成长

大学新生对大学生活的适应，是一个包含生理、心理、社会等几个不同方面的复杂现象。新生常见的适应不良主要有失落、迷惘、孤独和边缘感，通过对自我正确定位、确定适当目标、积极主动交往、融入集体之中，这些问题都会得到缓解直至最终适应大学生活。

（一）失落感

经过高考的激烈竞争，考上大学的新生无疑是命运的幸运儿。经过多年寒窗苦读，终于考上了大学，可以松口气了，这是大多数新生的心态。但许多学生进了大学之后，才发现现实中的大学与自己期待已久、梦寐以求的大学差距很大，由此导致心理失落。特别许多高分的同学因填报志愿等原因，被录取在并不如意的学校，造成心理上极大的反差，有的学生甚至心灰意冷、意气消沉、对立情绪增强。

新生的这种失落感，很多时候是因为不能接受现实、正视现实，对自己进行正确定位。进入一个新的环境，总留恋于过去；遭遇了挫折，总沉浸在失败的回忆之中，那是毫无意义的。今天，无论愿意不愿意接受，它已实实在在地来到自己的面前。你只能接受，不能逃避，因为逃避的不仅仅是今天客观存在的一切，也包括你自己。当接受了现实之后，你就可以平心静气地分析环境，客观地审视自己，进行自我定位，从新环境中找到自己的成长点，就会适应生活和发展自己。"过去"只能带给自己回忆，当选择了现实中的行动时，将会体会到"今天"带给你的充实、欢乐和自由。

（二）迷茫感

高中时有一目标就是考大学，但上了大学后，很多同学就会发现失去了目标。而目标是一个人前进的方向、奋斗的动力、生活的支柱，没有目标时，会感到迷茫和空虚。如果希望自己能够成功地发展，那么必须为自己确立一个合乎实际的目标。首先，应当根据国家、社会和自己人生发展的需要，为自己制定一个远程目标，它是人生所要达到的主要理想。同时，还要制定一个为实现目标所设立的近程目标，即短期内要完成的事。远程目标要靠一个个近程目标的积累来实现。如果只有远程目标，没有近程目标，人生理想就会成为空中楼阁，可望而不可即，时间一久，就会迷失方向，丧失信心。反之，只有近程目标，没有远程目标，就不能保持一种永恒的动力。其次，目标的确立，应当从自身的实际和客观的实际出发，结合自身的个性特点、能力以及客观所提供的条件，一味盲目地追随别人或社会时尚，不但不会获得成功，还会影响心理的平衡。其三，目标应该随时根据情况的变化，及时做出调整，以免因为目标脱离实际而不能实现目标。只要能确立一个合适的目标，就会有行动的方向和动力，人生就会充满信心与活力。

（三）孤独感

初次离开父母和熟悉的环境，由于环境的不适应、饮食的不适应、风俗语言的不适应等，大学新生需要自己独立地去面对新的生活，独立处理生活中的问题，常常会感到孤单、茫然、困惑。真是"在家千日好，出门一日难"。

进入大学的陌生环境，渴望真诚的友情，急需新的伙伴，希望与他人建立良好的人际关系，这是新生的一个突出的心理需求。然而，他们在渴望交友的同时，又有自我封闭的倾向，有些同学不愿轻易与人交心，把自己的心灵深藏起来；另一方面，很多同学缺乏与人交往、沟通的技巧，自卑，不敢与人交往，因此感到孤独、烦闷。

良好的同学关系对大学新生的适应有重要的影响，而主动建立良好的同学关系的过程也就是一个积极适应的过程。

1. 要给人以良好的第一印象　如刚到一个宿舍或开第一次班会时，某个同学的表情、姿态、身材、仪表、服装、口音等，总是给大家留下最鲜明和最牢固的印象，在日常生活中有一定的作用，影响着今天同学交往的过程。步入大学门槛，几乎每一个人都感觉这里的一切是陌生的，在这里，大家要经历自己人生中许多的第一次，第一次参加球类比赛，第一次穿上军装，第一次走向靶场，第一次唱卡拉 OK，第一次在评委面前演唱……这许许多多的第一次，只要用心努力，必将会通过留给不同人的不同的第一印象，坦然走向人生之路。

2. 要学会与同学友好相处

（1）是遇事能从别人的角度去看问题，设身处地替对方考虑，本着关心人、理解人的态度，尽量避免与同学进行无价值、无意义的争论。大学新生血气方刚，争论的结果往往是不欢而散，不仅没有取得一致意见，反而会造成同学间的隔阂。因此应尊重他人意见，避免直接指责，使交往陷入危机。

（2）是不要过高要求别人，要学会宽容别人。天空之所以广阔无边，是因为天空收容每一片云彩，不论其美丑；高山之所以雄壮无比，是因为高山收容每一块岩石，不论其大小；大海之所以浩瀚无涯，是因为大海收容每一朵浪花，不论其清浊。

（3）是自己有错误时要勇于承认，这样非常有利于人际关系的改善。

3. 要做到真诚相待　当别人在宿舍专心学习时，动作尽量要轻；别人休息时，听录音可戴上耳机；当别人的亲友远道来访时，在场的人要热情接待……当你设身处地为人考虑时，彼此合作的翅膀就已展开，正常的学习与工作中的合作与竞争便会非常友好，即使有误会也会很快消除。

总之，大学生只要能敞开胸怀，积极主动交往，平时能注意人际之间经常性的沟通和交流，增强团结意识，正确认识自己，充分发挥主观能动性，建立良好的同学关系是完全可以实现的。

（四）边缘感

边缘感是指在高校里与主流学生相比，部分学生因处于某一种劣势而远离中心地带，往往容易被人遗忘。大学生中的边缘化群体往往是有自卑心理的或者经济贫困的学生，他们往往采取逃避的方式，远离集体，很难融入群体之中。

克服边缘感要主动适应环境，只有积极行动，才能了解自己的潜能究竟有多大。只有当积极去做时，才会一步步地取得成功；当最后圆满完成任务后，自己也由此而获得自信。

（1）要基于正确客观的自我认知评价。认识自我在人的心理健康中起着很重要的作用，也是"边缘化"大学生思想、心理症结所在，它制约着人格的形成、发展，在人格的实现中有着强大的动力功能。因而，全面、深刻的自我认知是促进大学生心理健康和解决"边缘化"学生的有效途径。

（2）彼此尊重是边缘化的溶解剂。同学之间各种各样的风俗习惯，也有一个相互尊重，相互适应的过程。人对环境的适应，主要是对人际关系的适应。有了良好的人际关系，人才有支持力量；有了归属感和安全感，心情才能愉快。

大学生来自祖国各地，生活习惯、家庭背景、性格甚至语言等都有一定差别，造成交往复杂困难。但每个人不能只是埋怨别人，埋怨周围环境，而应该了解自己和他人的优缺点和性格特性，找到相同点，交往起来就较容易方便。

以上各种不适应可能正在困扰着你年轻而向上的心，使你在人生的新阶段感受到更多的困惑和迷茫。但是不要担心，这种困惑的过程就是一个人的心灵成长的过程。感受越深刻，成长就越多。这就如同蝴蝶破茧而出一样，只要耐心地感受自我的成长，积极地推动自我成长，就会更快地冲破蛹的黑暗，变成美丽的蝴蝶，在资源丰富的大学中自由而多彩地生活。

三、调适想家情绪，全力投入新征程

面对着完全陌生的环境、陌生的同学、陌生的生活方式，多数大学新都能很快地适应，但有少数的大学新生想家情绪浓厚，失落感明显，甚至会一些人因想家而陷入烦恼之中，情绪低落，不能逐步适应新环境的改变而最终选择休学或退学。

（一）想家情绪过重导致的适应不良的原因

（1）缺乏离家的经历。新生中有很多没有离开本省、市、县的经历，一旦离开熟悉的家乡和父母后，生活的无助感比较强，同时学习上、生活上的压力会给他们带来更浓的想家情绪。这种想家情绪反过来很大程度上影响了他们对新环境的适应。如何看待想家问题家，家是亲情温暖和安定的代名词，每个人都眷恋自己的家，离开家的人都会想家。特别是新生，从全国各地来到海南，一下子离开了自己熟悉而又温暖的家，长时间见不到父母和亲人，生活中缺少了家人的悉心照料，难免会产生想家心理。尤其是在对大学的新鲜感和好奇感消失之后，面对不同的生活环境、不同的生活方式、不同的饮食习惯等一系列的不适应，就更容易让新生产生想家心理。想家是人正常的情感需要，是一种正常的心理现象，但过度地想家而不能自拔，时长超过三个月，就属于异常心理；如果不及时进行心理调适，就容易形成心理障碍，甚至演变成心理疾病，那样不但不利于其身心的健康成长，还会影响生活和学习。

（2）对大学的想象和实际有差距。外界一般把大学描绘得很美好，但跨入大学校园后，理想和现实的差距让大学新生产生不满和失落。部分新生常常感到没有原因的情绪低落、苦恼，对学习无所适从，对生活缺乏热情，每天苦闷不已。

（二）克服想家情绪的方法

1. 主动调整认知 谁都会长大，谁都会离开家，一个人不可能和父母生活一辈子，迟早会离开父母的怀抱走向社会独立生活。作为一名大学生,应该摆脱依恋父母过度想家的不成熟心理,充分利用读大学这几年好好地锻炼自己独立生活、独立管理的能力,这样出了社会才能很好地生活,才能健康的成长。

2. 学会调整自己的情绪　我们可以通过对情绪的自我调控,培养健康的情绪,克服不良的情绪,保持良好的情绪状态。情绪的发生及表现与人的认知直接相关,一个人对周围的事物或自己的行为、思想作出什么样的评价,则可能导致相应的情绪反应,在日常生活中要善于克制和宣泄不良情绪,如愤怒时,可以进行体育锻炼,或作画、练书法;悲伤时,可以找知心朋友倾诉,或大哭一场,舒缓情绪,必要时还可寻求心理咨询师的帮助。

四、学会与人相处,营造良好新关系

大学新生走进大学校园,与这里的师生可能是素昧平生,但是共同的事业、共同的追求、共同的生活,将原本陌生的人紧紧联系到了一起。大学校园充满了温馨与和谐,这里充满了师生之爱、朋友之情,大家由陌生到相识、由相识到相知,互相学习、互相关心、互相帮助,共同进步。在这里不少大学生结交了一生都珍爱的良师益友,收获了一生都珍惜的纯真友谊。良好关系的技巧有主动打招呼、学会微笑、倾听、理解他人等(第六章人际关系会有重点描述)。大学生人际关系的主要类型和特点:

(一) 教师的关系

教师与学生,是大学校园里两大基本群体,师生关系是大学教育活动中最基本、最重要、最活跃的人际关系。在大学里,教师是大学生人际交往的重要对象,是学生专业知识的传授者、专业技能的训练者,同时还是学生成长道路上的引路人。

1. 大学的师生关系　具有如下主要特点:

(1) 民主性:大学里洋溢着浓厚的民主氛围,领导与老师对学生没有"家长制"作风,学生干部的选拔、奖学金助学金的评定、先进的评选、入党入团的推荐等工作,都始终坚持"公平、公正、公开"的原则,注重保障大学生的民主权利。

(2) 平等性:老师与学生之间既是师生,又是朋友,领导与老师对学生没有"盛气凌人"的威严,大家在人格上是相互平等、相互尊重的。

(3) 合作性:大学重视学习过程的探究、学习方法的掌握,老师对学生没有"满堂溜"的习惯,要求学生与老师密切配合、引导学生积极思考问题、善于发现问题,注重培养学生的动手能力。同时大学老师对学生少有"命令式"的要求,善于与学生合作进行共同管理,引导学生自律。

2. 教师关系主要类型

(1) 授课老师:指的是给你授课的老师,有公共课、基础课、专业课、实验课的老师。理论课教师称呼有助教、讲师、副教授、教授,实验课教师称呼助理实验师、实验师、高级实验师,临床的教师称呼为住院医师、主治医师、副主任医师、主任医师。

授课老师的特点:知识渊博,个性突出、各有专长。医学院校的每门课程(特别是临床课程)授课可能有多名老师,个别老师可以只上一、二次课,同学们连老师叫什么名字可能都不知道,但同学们却可以接触到不同老师的授课风格。

(2) 非授课老师:指的是为你顺利完成学业而提供相应服务的相关工作人员,如行政部门的工作人员、后勤服务的工作人员、宿舍管理的工作人员及保安等。

非授课老师的特点:良莠不一,各有特点。此类涉及面广,学历教育程度不一,有受过大学教育的,也是仅是小学毕业或未读过书的工作人员。因为他们的工作都是原则性较强不好通融,工作时间固定,工作内容比较琐碎,服务师生人数较多,时间感紧,较难有时间仔细解释你的问题,所以他们的服务态度就有好有坏了,请同学们要区别对待,不要一棍子打死。

(3)辅导员:指的是为了帮你顺利完成学业而批派的教师,主要在生活、学习、日常管理等方面负责的教师,也是跟同学们接触最多的教师。

辅导员的特点:身兼多职,既当爹又当娘。在所有老师中,新生与辅导员一定是接触最多,相处时间最长的。大学辅导员具有双重身份,既是一名教师,又是一名管理者。辅导员归院系管理,学院依据学生人数进行配置,一般是一个年级一名辅导员。其职责是全面负责学生工作,内容包括思想教育、政治教育、道德教育、心理辅导、就业指导、能力培养、日常管理等。毫不夸张地说,只要是和"学生"二字沾边的,都可能是辅导员管理的范围,所以我们将其称作"大学生的多面管家"。

(二)同学关系

同学关系是大学生人际交往的基本关系,也是大学生人际交往的主要对象。大学生在校具有多重角色,交往圈子多,人员多,构建的人际关系比较复杂,但主要的人际关系有:班级同学关系、宿舍同学关系、老乡关系、社团成员关系。

1. 班级同学关系 是大学生以班级成员为交往对象,以共同的学习活动和实践活动为主要交往内容的人际关系。

班级同学关系的主要特点:

(1)时间跨度长:从入学到毕业,班级同学关系始终存在,甚至毕业之后的同学聚会也将以大学时的班级为单位举行。

(2)交往对象多:大学以班建制,整个教学班的同学都成为交往对象。

(3)接触频率高:共同的学习目标、学习内容、作息时间,使得同班同学之间长时间地朝夕相处,低头不见抬头见,因而接触的机会很多。同班同学之间是一个有机的整体。构建良好的班级同学关系,有助于培养大学生的集体荣誉感,增强大学生的合作意识。同时,良好的班级同学关系,使大学生可从身边的同学中获得便捷的学习、生活方面的帮助。身边的人更亲、更近、更可信。榜样的示范、同学的激励、同辈的劝导,对大学生影响很大。

2. 宿舍同学关系 是大学生以宿舍成员为交往对象,以共同的生活为交往内容的人际关系。宿舍同学关系的主要特点:

(1)交往对象少:一般以同宿舍或相邻宿舍同学为交往对象,一般以4~8个人为限。

(2)关系更紧密:大学生在大学里有一半以上的时间在宿舍里度过,同宿舍同学间接触的时间多、频率高,同宿舍同学往往一起吃饭、一起睡觉、一起聊天、一起游戏、一起购物、一起旅游,基本上是形影不离。同宿舍同学之间形成了一个个小的集体,同学之间感情更深。构建良好的宿舍同学关系,不仅可让大学生树立更远大的志向、而且可使大学生形成更加包容的心态,增强大学生合作的意识,养成关心他人、帮助他人、尊重他人的行为习惯,同时也有助于新生摆脱孤独感,更好地融入大学生活。

3. 老乡关系 是大学生以地域关系的老乡为交往对象,以提供感情慰藉、生活帮助为交往内容的人际关系。老乡关系的主要特点:

(1) 交往内容单一:大学生一般都是异地求学,初到外地,又远离自己的父母、亲人,暂时失去了过去的朋友,对新的环境有陌生感,心理上有较强的孤独感。老乡来自相同的地域,互相之间有相同的语言、相同的习惯、熟悉的话题,相互交往可以寻找感情上的慰藉和生活上的帮助。

(2) 联系较为松散:大学新生往往非常看重老乡关系,随着自己交往因子的扩大,对老乡的心理需求逐渐降低,接触的频率会逐渐下降,虽然同年级、同班级、同专业、同宿舍的老乡之间联系比较紧密,但人数很少。老乡之间除了结伴上学、放假之外,一般来说、平时联系相对较少。老乡之间彼此较为信任,高年级老乡乐于帮助低年级老乡,有助于大学生新生更快地认同新的环境、融入新的环境。但由于老乡会不是大学的正式社团组织,老乡会容易形成拉帮结派的小集团,危害和谐校园的构建,因此,许多高校禁止老乡会活动。

4. 社团成员关系 是大学生以社团成员为交往对象,以发展兴趣爱好、拓展多方面素质为主要内容的人际关系。社团成员关系的主要特点:

(1) 交往目的明确:大学特别重视大学生的全面发展,大学里社团众多,大学生参与学生社团,构建良好人际关系的目的是发展自己的兴趣和爱好,多方面提高自己的素质与能力。

(2) 接触机会有限:社团成员之间的接触一般在课外时间,接触的机会比较有限。

(3) 联系较为松散:社团成员以兴趣和爱好为纽带,是大学生自我管理的群众性组织,一般没有较多硬性的纪律要求,成员间的联系比较松散。大学具有浓郁的文化氛围,成立了各种各样的学生社团,学生社团开展的活动十分活跃,参与社团活动,构建良好的关系,有助于丰富大学生的文化生活,陶冶大学生的情操,提高大学生的综合素质。

(三) 恋爱关系

处于青春期的大学生萌发了爱的意识,渴求与异性交往,于是大学生谈恋爱成为一个不争的事实。如何处理好恋爱与学习的关系也是大学生们需要面对的一个问题。

五、新生团体辅导,愉快开心交朋友

大学新生面对着大学里全新的环境、生活方式、人际关系,如何快速主动的适应,对顺利完成今后几年的大学生活来说至关重要。新生团体辅导就是一种很好地让大学新生适应环境,快速交上好朋友,快速适应生活的一种有效的方式。新生团体辅导可由学校统一组织或由各院系自行组织,通常类新生开学第一个月,学校或院系均会给学生开展新生团体辅导活动。

在学习上,积极与辅导员、学长们讨教学习方法,经常上图书馆查阅材料,学习成绩优秀。参加了校内多个兴趣社团,表现突出。

第三节　扬帆人生新航程

一、了解学校纪律,规范行为促成才

没有规矩不成方圆,制度是学校顺利运行的保障,只有大学生严格遵守规章制度,才能更加顺利的学习生活,成人成才。

(一) 大学生需要熟记的管理规定

1. 行为规范类　《普通高等学校学生行为准则》、《海南医学院学生管理规定》、《海南医学院学生考勤暂行规定》、《海南医学院学生控烟暂行规定》、《海南医学院大学生参加校外宗教活动报告制度》。

2. 住宿管理类　《海南医学院学生校外住宿管理规定(试行)》、《海南医学院学生文明寝室公约》。

3. 学籍管理类　《海南医学院学生管理规定》。

4. 奖励资助类　《海南医学院普通本、专科生奖学金评定实施办法》、《海南医学院学生先进集体、学生荣誉奖评选办法》、《海南医学院"国家奖学金"、"国家励志奖学金"评定实施细则》。

5. 违纪处分类　《海南医学院学生违纪处分规定(修订)》、《海南医学院学生考试违规管理办法》。

6. 日常请假类　《海南医学院学生考勤暂行规定》。

(二) 大学生有哪些常见的违纪现象

大学生违纪,是指违反了教育管理部门制订的大学生守则、各种校规校纪,要受到纪律处分的情形。主要表现是:

1. 考试作弊　是指学生为取得高于自己实际水平的考试成绩而采取的违反考试纪律的各种行为。考试作弊现象也是当前大学生诸多违纪现象中最突出的一个,它是破坏考试公平、公正的大敌,而且影响整个学校良好学风的形成,在一定程度上阻碍了高等教育的健康发展。

考试作弊的危害:

(1) 考试作弊对大学生的心理和品德会产生不良影响,长此以往,会使学生做事有依赖思想,不信任自己的能力。

(2) 经常作弊会使学生形成一种投机取巧、不劳而获、弄虚作假的不良心理,走向社会后,这种投机取巧的心理危害性更大,他们会把其应用于工作、生活和各种活动中,很可能为获得个人利益而不择手段,甚至走向犯罪。

(3) 作弊的学生会因作弊而受到学校的严厉处分,取消正常的补考机会,此门功课记零分,处分文件装入学生档案,作弊学生将不能受到各种奖励。不但影响其在校的表现,而且影响今后的就业。

(4) 学生因作弊而获了高分,即使未被发现,有的甚至获了奖学金,这样也会造成其内心的不安。倘若被学生举报出来,其后果不堪设想,其内心压力也是非常大的。

（5）作弊行为对周围学生影响甚大，会使其他学生心理不平衡，造成攀比，导致恶性循环。

（6）作弊行为败坏学习风气，破坏教学质量，损害师生关系，影响合格人才的培养。

2. 酗酒斗殴 偷窃诈骗。这些同学无心向学，精神空虚，往往就把精力放在吃、喝、玩、乐上。有的还以现金或其他物品进行赌博。不管高兴还是不高兴，有事还是没事，都可以找到喝酒的借口和理由，当酒足饭饱，酒性大发之时，许多违纪行为就由此而生，如打架斗殴，损害公物等。他们中有的人经常泡在游戏机室、桌球室、录像室等，不仅荒废学业，而且花费极大。这些人没钱花了，就发展到偷同学的钱物或到社会去偷窃，诈骗国家、集体或私人财物。

3. 缺乏修养 常因生活小事发生争执打斗。违纪中的打架斗殴，有不少只是因为打开水、买饭菜、打扑克、争座位、打球等生活小事发生争执引起。更可笑的是，有的人觉得别人多看了自己的女（男）朋友一眼，心中愤愤不平，从口角开始至拳脚相向，不成体统。在这些人心中，自我就是一切，自我高于一切。这种强烈的自我意识加上淡薄的法纪观念，必然使人陷入一种狂妄自大的盲目中，好似整个地球都要围着他转，养成一种摸不得、碰不得、受不得委屈的心理。部分独生子女，在家娇生惯养被纵容得多了，形成了孤僻乖戾的性情，养成了一种攻击性心理，稍有不顺心，即以暴力形式发作出来，待要纪律处分之时，还不知道错在何处。

对违纪的学生，根据《高等学校学生行为准则》、《普通高等学校学生管理规定》和《中华人民共和国治安管理处罚》的有关规定，结合本校实际情况，视其情节轻重，给予下列之一的处分：①警告；②严重警告；③记过；④留校察看；⑤开除学籍。《普通高等学校学生管理规定》第五十四条规定，"学生有下列情形之一，学校可以给予开除学籍处分：违反宪法，反对四项基本原则、破坏安定团结、扰乱社会秩序的；触犯国家法律，构成刑事犯罪的；违反治安管理规定受到处罚，性质恶劣的；由他人代替考试、替他人参加考试、组织作弊、使用通讯设备作弊及其他作弊行为严重的；剽窃、抄袭他人研究成果，情节严重的；违反学校规定，严重影响学校教育教学秩序、生活秩序以及公共场所管理秩序，侵害其他个人、组织合法权益，造成严重后果的；屡次违反学校规定受到纪律处分，经教育不改的。

（三）违纪的预防

处分学生不是目的，关键是为了教育。我们每一个大学生，都应养成自觉遵守校规校纪的意识，自我设定警戒线，防范违纪行为的发生。具体要从以下方面着手：

（1）摆正个人与社会、国家的关系，反对和防止拜金主义、享乐主义、极端个人主义对自己思想的侵蚀。大学生都有思想政治教育、形势与政策教育课，要能够自觉地学习，深刻体会，把握人生的方向。

（2）要严格要求自己，加强思想修养锻炼，经常反思自己的言行。

（3）要正确认识自己，加强自我调节和控制能力。

（4）要正确认识学校对违纪行为的惩处机制。没有规矩，不成方圆。国有国法，校有校规，只有法纪严明，令行禁止，学校的正常教学秩序、社会秩序才能保证，同学们的最根本的求学成才目标才能实现。

在现实社会中，不可能有什么绝对的自由，必须有必要的法纪加以约束。如有违反这些法纪，就必须依规定受到惩处。惩罚，是一种负强化激励，也是一种教育。"知耻近乎勇",悬崖勒马,幡然悔悟,改正过来,仍不失为明智之举。

案例 1-2　　　　酗酒危害大,"哥们义气"要不得

[基本情况]:2003 年 2 月 28 日深夜,我校某系 99 级学生马某与女朋友在学校附近的酒吧喝酒唱歌,当轮到马某的女朋友上台唱歌时,马某与同在一个酒吧喝酒唱歌的我校某学院 2001 级学生肖某、王某等同学发生争执。马某为了泄愤,于是叫了社会上的几个"哥们"来到歌厅挑衅,双方冲突升级,互相打了起来。最后,王某被马某打伤。事发后,派出所对事情进行了调查。马某最后受到了留校察看的严厉处分。

[点评]:本案的问题有两个方面。其一,马某等人夜不归宿,违反了校规校纪。或许有人认为学校不准学生"夜不归宿"的规定可有可无,殊不知夜不归宿,学生流连于酒吧、桌球室等,容易发生酗酒、打架斗殴乃至犯罪行为,学校制订如此的规章制度,是为了保障学生的人身安全,是学校监督、保护学生的责任所在。其二,喝酒打人,聚众闹事,不仅违反校规校纪,更是危害社会治安,触犯了法律法规。"万恶酒边生",酒足饭饱,酒性大发之时,行为失控,许多违纪行为由此而生。一时冲动,打架斗殴,其结果是招来学校的严厉处分,在自己的人生历程上留下一个污点,实属不该啊。希望广大同学以此为戒,严格要求自己,自觉遵守学校的各项规章制度,按时就寝,不"夜归",不酗酒,努力提高思想道德素养,做一个德智体全面发展的合格大学生。

二、合理自我定位　　立足实际谋发展

经过高考的洗礼,考生很幸运地走进了梦寐以求的大学校园。但是现实与理想总会有些差距,有一部分人发现大学并不像想象中的那么美好,自己所选的专业也并不是那么理想。和自己之前期待和在各类影视作品中所看到的大学生活大相径庭。经历了十几年苦读的学生,总是希望进入大学后可以完全放松下来,面对更加复杂的专业课程,可能会疲惫、丧失斗志,出现诸如逃课、打瞌睡之类的问题。

"如果那年,我们多对或者多错两道题,那么现在会不会在不同的地方,认识完全不同的人,做着完全不同的事……果然,高考的迷人之处,不是在于如愿以偿,而是阴差阳错。"这是每年高考前夕都会在大学生的社交网站上流传的一句话,或许,这也正是高考的意义,或者说是读大学的意义。

其实,一个理想的大学,不在于它有多么悠久的历史、不在于它有多么大的名气,而在于它能教会你什么样的为人处世之道。而一个理想的专业,不在于它有多热门,不在于它能给你的就业带来多么大的便利,更多的在于它能使你得到什么样的能力素养。事实上,我们经常可以发现,入校时候的成绩往往和在校考试的排名相差甚远,跟毕业后的升学情况、就业情况更是无法同日而语,造成这些结果的原因概括来说就是学生在大学期间的心态、方法和努力不同,这些内在因素远比大学和专业本身这些外在的因素更重要。为此,我们建议每个新生必须给自己一定合理的自我定位,科学规划自己的发展方向,立足自身实际,为未来谋求发展。

大学生自我定位,是指大学生为了完成既定目标,实现自我价值而对自我以及发展方向做出的一种具有目标性、计划性、前瞻性和指导性的界定,它作为一种自我认识式的界定对大学生在大学生活中的人格塑造及价值提升具有重要作用。

（1）接纳客观差异，认识自身特征，协调人际关系。每个学校都有自己的定位和理念，每个地方都会有自己的特色和资源。学校中，遇到的每个人都有可以学习的地方，大学生要学会包容差异，协调各类人际关系，不断提升自身素质。

（2）从兴趣或者社会取向定位，合理规划自己的大学生活

1）以兴趣定位，很多学生通常表现为有强烈的自我意识，此类学生一切从自己的满足感出发，对某种事物如文学、哲学、医学或艺术有极大的偏好，从而将大学受教育当成一种扩展自己兴趣的手段。与其他因素相比较，兴趣常被他们排在了第一位，而同时又因为自己的兴趣能够在大学里得到充分的发展，他们对于这方面的学习十分的投入。另外，除了专业学习之外，兴趣也可以促进学生的课外身心发展，使其积极参与各类文体活动，在专业学习的同时提升自身修养。心理学家认为，兴趣能够极大的促进个人潜能的开发，而很多时候对某件事物感兴趣很可能是因为自己在这方面的特殊才能所致。因此，一旦发现所学知识并不是兴趣所在甚至是自己所厌恶并阻碍兴趣发展的，以兴趣定位自我、全身心投入到自己所好之事中是比较明智的。

2）以社会取向定位：中国大学生大部分受家庭经济、社会心理以及自我认识等方面的影响，选择投资于大学教育是因为希望收到高效益的回报，也就是说希望能够在未来社会里实现自己的价值。这样，社会形势的发展这个信息对他们显得极为重要，这类学生其实是选择了以社会取向定位，所谓社会取向即社会对人才的需求。以社会取向定位的学生趋向于以社会发展形势为出发点，他们关注国际、国内经济形势的发展，对各种社会要求掌握的技能十分敏感、积极参与各项社会实践活动，同时注意对现代社会所要求各种素质的全面培养与锻炼。随着"大众创业 万众创新"理念的提出，越来越多的学生在入学之初就已经将自己定位于社会当中，在上学期间利用一切课余时间锻炼自己，兼职、创业，不断积累经验，积蓄资源，毕业后也可以另辟蹊径的寻求别样的发展。

三、稳固专业思想　积极投入学习

1. 专业思想和专业情绪　专业思想(professional thought)是指人们对自己所从事专业的总的看法和观点，在心理学中属非智力因素。大学生专业思想是指大学生对自己所学习专业的总的看法和观点。专业情绪(professional emotions)是指大学生由于所学专业和个人职业理想之间出现了矛盾和冲突而对所学专业持有的一种不满和厌恶的心理状态，以及由此产生的专业意识模糊、学习动力不足和发展方向不明确等学习生活上的各种问题。

2. 专业情绪产生的原因和危害　专业情绪产生是多方面因素综合作用的结果，有外部的客观条件，也有个人的兴趣偏好。主要原因为：对专业认识不足而导致高考志愿填报失误、专业调剂；受周围父母和朋友的观念和思维影响；对大学学习生活方式的不适应等因素。从表现形式来看，主要是抱怨专业差，缺乏学习专业课程的兴趣，甚至意志消沉而沉醉于上网、游戏、恋爱、赌博等，最终还将影响就业。

3. 正确认识专业，稳固专业思想　专业情绪会影响学生自信心的培养和综合素质的提高，要及时调整自己的情绪，改变观念，正确理性地认识自己的专业，明确学习目标，积极认真投入到学习中。

（1）改变心态，专注学习，坚持不懈，定自有精彩："非淡泊无以明志，非宁静无以致远。"出自诸葛亮54岁时写给他8岁儿子诸葛瞻的《诫子书》。这既是诸葛亮一生经历的总

结,更是对他儿子的要求。用现代话来说,就是:不把眼前的名利看得轻淡就不会有明确的志向,不能平静安详全神贯注地学习就不能实现远大的目标。对于有专业情绪、过于在意专业冷热的学生来说,应该学习体会这句话的含义和意境。若长期沉浸在专业情绪中,多少时间蹉跎过去,所谓的兴趣、想法在浅尝辄止之后丢在了角落里,蒙上了灰尘。若戒"淫漫"与"险躁",宁静专注,坚持不懈,不因"流行"而随波逐流。因为专注,所以能够物我合一,术业有专攻;也是因为专注,取舍之间才有了判断的依据和标准。找到专注的力量,宁静的力量,学习的力量,潜下心来研究专业、做学问、修品行,每个人,都自有精彩。

(2) 全面了解所学专业、注重专业特色发展:在大学新生入学时,学校均会开展专业思想教育活动,旨在通过各种方式和平台,让学生多角度地了解、并正确认识自己所学专业,包括专业在国家、社会发展中的作用和地位、大学期间各类教学安排,今后的就业前景和方向等,帮助学生认识专业、培养专业情感。大学生应抓住每一个机会认识了解所学专业,注重专业特色,抓住专业核心竞争力。

海南医学院临床医学专业简介

【专业概况】

学科门类:医学

专业名称:临床医学

授予学位:医学学士

标准学制:五年,高中起点普通高等教育

【培养目标】

培养具有良好职业道德、创新精神、实践能力和终身学习能力,掌握基础医学、临床医学和预防医学的基本知识、基本理论和基本技能,能够从事医疗实践、医学教育和科学研究等方面工作的高素质应用型临床医学专门人才。

【主干学科和核心课程】

主干学科:基础医学、临床医学。

主要课程:系统解剖学、组织学与胚胎学、病原生物学、医学免疫学、生物化学与分子生物学、生理学、病理学、病理生理学、药理学、临床技能学、内科学、外科学、妇产科学、儿科学、感染病学与热带医学、神经病学、精神病学、全科医学概论、眼科学、耳鼻咽喉科学、康复医学、急诊医学、预防医学、中医学、循证医学等。

【专业规模】

自 1977 年开设五年制临床医学本科专业以来,毕业学生 5000 余人。每年毕业率达99%以上,学士学位授予率为 90%以上。临床医学专业是学校核心建设专业,获批多项国家级和省级质量工程项目。临床医学专业是国家级特色专业,并获批教育部"专业综合改革试点"项目和第一批卓越医生教育培养计划项目("五年制临床医学人才培养模式改革"和"农村订单定向免费本科医学教育人才培养模式改革")。

---

(3) 明确学习目标,注重能力培养,增强核心竞争力:专业的冷和热这对矛盾具有时效性,在一定时候和条件下是可以相互转化的,并且社会需要的不仅是某几个目前看来很热的专业人才,各行各业的人才都需要,只有专业基础好、综合素质高的学生才会在激烈的竞争中立于不败之地。生活经验和理论充分说明,大学的专业所学不能定终身,尽管它很重要但并不是

命运的完结,在大学里真正学到的是能力—"学习的能力,思维的能力,人际关系的能力",而每个学科都可以培养这样的能力,这些能力的获得并不仅仅来自于专业的学习,更多的来自于大学生自身从不同方面得到的锻炼和提升。所以,大学生不管学习什么专业,在大学这个摇篮里收获知识财富的同时还应让自身精神独立,注重能力的培养,努力培养和提升个人综合能力和素质,增强核心竞争力,为将来辉煌的事业成就打下坚实的基础。

四、熟悉资助政策,规范申请奖、助学金

建立健全对经济困难学生的资助体系,不让任何一名贫困生因为经济困难而辍学,是构建和谐社会,促进教育公平的有效手段,也是我校一直以来坚持的原则,学生在校期间可根据自身情况申请以下奖励或资助。

(一)奖学金类

1. 校奖学金 分特等、一等、二等、三等、单项奖等人民奖学金,以及考研奖学金、国防奖学金等。每学年评比一次,详见《海南医学院本、专科学生奖学金评定办法》。

2. 海南省优秀贫困生奖学金 每年学年评比一次,按照海南省下达指标评选。

3. 国家奖学金、国家励志奖学金 每学年评比一次,按照国家下达指标评选,详见《海南医学院国家奖学金、国家励志奖学金评定实施细则》。

(二)助学金类

国家助学金:每学年评比一次,按照国家下达指标评选,分两次下发。

(三)补助类

1. 学生临时困难补助 学生及其家庭遭遇重大变故或有重大疾病时可以申请。

2. 学生物价补助 在校生每生每月 30 元,实习生每生每月 50 元。

3. 其他省级、国家级临时性补助 按照相关文件精神执行。

(四)绿色通道

为切实保证家庭经济困难学生能顺利入学,学校建立"绿色通道"制度,即只要是被我校录取的学生,凭录取通知书,就可先办理入学以及入住手续,然后在根据其实际情况,给予不同方式的资助。

五、自立自强自助,勤工助学是美德

(一)勤工助学定义

勤工助学是指学有余力的在校学生利用课余时间通过自己的劳动促进德、智、体、美等方面全面发展,增长才干,并取得一定的报酬,用以改善学习和生活条件的行为。

(二)勤工助学的宗旨

培养学生的"自我服务、自我管理、自我教育"的能力,必须在遵守国家法规和学校规

定,维护校园秩序又不影响学生正常学习的前提下,有组织地进行。

（三）勤工助学组织机构介绍

勤工助学中心设在学生工作部资助科。负责统一管理、指导、协调全校勤工助学活动,鼓励各有关部门、群众团体开展勤工助学活动,鼓励学生个人参加有组织的勤工助学活动。积极收集勤工助学信息,开拓勤工助学渠道,创造勤工助学机会,组织学生参加科学技术和文化教育服务活动及其他有偿劳动。

（四）勤工助学的要求

（1）校内其他各部门、群众团体组织学生开展勤工助学活动,事先须向勤工助学中心申报,经批准后方可进行,并在活动结束后递交工作报表。校外单位在学校招聘学生参加勤工助学或开展与勤工助学有关的活动,需事先向勤工助学中心申报,经批准后方可进行。未经批准擅自开展活动者,勤工助学中心视具体情况报请学校或有关部门处理。

（2）凡参加勤工助学的学生既要遵守学校的各项规章制度,同时也要遵守用人单位的有关制度。

（3）参加勤工助学的学生,必须坚持"勤工"为手段,"助学"为目的,不得以勤工助学为借口,纯粹为赚钱而不顾学业。

（4）原则上不同意学习方面有困难,有不及格课程或受到记过以上处分且未得到解除的学生参加勤工助学。对因参加勤工助学活动而影响专业学习或违反校规校纪以及协议的学生,有权调整或终止其参加勤工助学活动。

（5）优先推荐和安排经济困难学生参加勤工助学活动。

（6）保障参加勤工助学活动学生的合法权益,按照实事求是,公平合理的原则,及时帮助解决勤工助学活动中出现的问题。

六、生源地信用助学贷款

（一）什么是生源地信用助学贷款

生源地信用助学贷款是指国家开发银行等金融机构向符合条件的家庭经济困难的普通高校新生和在校生以下简称学生）发放的,学生和家长（或其他法定监护人）向学生入学户籍所在县（市区）的学生资助管理中心或金融机构申请办理的,帮助家庭经济困难学生支付在校学习期间所需的学费、住宿费的助学贷款。生源地信用助学贷款为信用贷款,不需要担保和抵押,学生和家长（或其他法定监护人）为共同借款人,共同承担还款责任。

（二）生源地信用助学贷款的主要规定如下:

1. 申请条件

（1）具有中华人民共和国国籍。

（2）诚实守信,遵纪守法。

（3）已被根据国家有关规定批准设立、实施高等学历教育的全日制普通本科高校、高等职业学校和高等专科学校（含民办高校和独立学院,学校名单以教育部公布的为准）正式录取,取得真实、合法、有效的录取通知书的新生或高校在读的本专科学生、研究生和第二学士学生。

（4）学生本人入学前户籍、其父母（或其他法定监护人）户籍均在本县（市、区）。

（5）家庭经济困难，所能获得的收入不足以支付在校期间完成学业所需的基本费用。

2. 办理程序　生源地信用助学贷款按年度申请、审批和发放。学生在新学期开始前，向家庭所在县（市、区）的学生资助管理中心提出贷款申请（有的地区直接到相关金融机构申请）。县级学生资助管理中心负责对学生提交的申请进行资格初审。金融机构负责最终审批并发放贷款。

3. 贷款金额　借款人每学年申请的贷款金额原则上不超过6000元。

4. 贷款利息　生源地信用助学贷款利率执行中国人民银行同期公布的同档次基准利率，不上浮。学生在校期间的利息由财政全部补贴，毕业后的利息由学生和家长（或其他法定监护人）共同负担。

5. 还款期限和还款方式　生源地信用助学贷款期限原则上按全日制本专科学制加10年确定，最长不超过14年，其中，在校生按剩余学习年限加10年确定。学制超过4年或继续攻读研究生学位、第二学士学位的，相应缩短学生毕业后的还贷期限。学生在校及毕业后两年期间为宽限期，宽限期后由学生和家长（或其他法定监护人）按借款合同约定，按年度分期偿还贷款本息。

（三）生源地信用贷款注意事项：

（1）借款人应认真阅读合同文本，切实履行借款人各项义务。

（2）如国家相关政策发生调整，按新的政策执行。

（3）国家开发银行及各级资助中心有权不经借款人同意按照有关规定公布和使用借款人个人信息以及借款人贷款违约信息。

（4）借款人个人信息和借款人贷款违约信息将被录入全国联网的人民银行个人征信系统，不良信用记录将会给个人未来的生活、工作产生深远影响。

（5）借款人应在还款后及时与市县教育局学生资助管理部门及经办银行进行账务核对工作，防止出现问题。

思 考 题

1. 如何尽快适应大学新生活？

2. 如何申请奖、助学金，办理生源地贷款你知道了吗？

第二章 军事训练

本章导读 本章主要介绍国家征兵政策和我校大学生国防教育的相关内容,大学生国防教育含军事理论教学和军事技能训练。大学生军训,有别于中学阶段的军训,是国家国防后备力量建设的重要手段和模式,是大学生全面接受国防教育、树立国家安全观、培养爱国精神的主要途径。

案例 2-1

军训第四天,站军姿时,男生方队里传出学生小进的声音,他说:"我站不住",教官说"要坚持",小进说"坚持不住",教官说"坚持不住也要坚持",小进大声喊道"我不军训了",然后离开了训练场。这是大一新生在面对大学第一课军训时,往往会出现的情况。一些大学生过于强调自我,认为稍有纪律约束就是侵犯人权,要求维护自己的权利,另一方面,他们在经过了严酷的高考突然来到一个陌生的环境,紧绷的神经瞬间松弛,比较容易引起情绪不当的、强烈的反弹。

第一节 珍惜军训机会,树立大安全观

一、领会军训意义,做好军训准备

1955 年 7 月新中国颁布第一部《中华人民共和国兵役法》,第一次从法律上作出了在大学生、高级中学学生中进行军事训练的规定。时至今日,军训已作为一门课程列入了教学计划,已逐步成为学校全面提高大学生政治素质和业务素质的必不可少的一项重要手段。

(一) 军训是培养大学生国防意识的重要手段

虽然和平与发展是当今时代的主题,但我们应该清醒地看到:当前世界形势风云多变,霸权主义和强权政治仍然活跃在国际政治的舞台,战争的危险仍然存在,国与国之间的矛盾和斗争从未间断,西方反华势力从未放松对我国的"和平演变"。在西方和平演变战略中,作为引领国家未来发展方向的大学生群体一直是其重点渗透对象,大学生国防意识的强弱,将直接关系到国家的安危、民族的兴衰。国防教育的主要方式之一就是对大学生进行军事技能训练,通过对大学生开展军事训练,进行爱国主义、忧患意识、自强观念以及国防观念等多层次、多角度和多元素教育训练和引导,能够有效提高自身的国防意识,增强大学生的国防理论知识和实践技能,使之明确国防的重要性,进而积极参与到国防教育当中,将来走向社会后,对强化全民国防意识和加强国防建设,会产生巨大的辐射作用。

(二) 军训能有效增强大学生的纪律观念

纪律是集体成员必须遵守的规章、条文,是要求人们在集体生活中遵守秩序、履行职责

的一种行为规则。在军训中自始至终贯穿的就是苦练纪律,严字当头。大学生来自不同的学校和家庭,成长环境的不同培养了不同特点和个体差异,许多同学在以前的学习、生活环境中,或多或少的养成一些不良习惯,最直接的表现就是对自身要求不严、自由散漫、组织纪律观念差等。军训的过程就是按军事化管理的方式,采用军事化管理的纪律,相对我们平常的纪律而言,更加严格且具有强制性。通过在军训中开展思想政治教育,使新生了解学校的校纪校规,同时也学习了部队的优良作风和光荣传统。通过军训活动,提高了大学生的自我管理和自我约束能力,为日后学习生活中形成良好的习惯打下坚实的基础。

(三) 军训能够培养学生吃苦耐劳的品质

苏轼曾说"古之立大事者,不惟有超世之才,亦必有坚忍不拔之志"。大学生的军训活动都在新生入学时期开展,相对于平时的体育课程而言,军训活动的体力消耗更大,更加艰苦。如今的大学生多是独生子女,经受的锻炼少,炎炎烈日下,所有学员还必须站军姿、踢正步和走队列等。对于从小娇生惯养的同学而言,对他们提出了更大的挑战。通过对大学生开展军训活动,能够练就学生艰苦奋斗作风和吃苦耐劳的精神,使其身心素质得到全面发展和提高,为今后紧张的大学生活打下基础。

(四) 军训是增强国防力量建设的需要

大学生是国防后备力量的重要组成部分,大学生军训是加强国防后备力量建设的一项重要措施。随着军事高科技的飞速发展,战争形势、作战样式均发生了根本的变化,未来的战争将是人才和科技的竞争。许多发达国家历来都十分重视学生军训,都把学生军训作为培养预备役军官的重要途径。美国依托地方高校培养军队人才的做法已经有100多年的历史,在美国军队中的高素质技术人才和指挥人才有40%是来自地方高校的大学生,而且对受过军训的学生登记服军官预备役,俄罗斯也对经过军事训练的大学生进行服军官预备役登记。像我国这样拥有960万平方公里的土地、4万多公里的边海防线的大国,没有强大的国防后备力量是远不够的。后备力量是否能适应现代战场关键在于是否有相应的高素质后备人才,大学生文化程度高、综合素质良好、学习新事物的能力强、易于掌握现代科技知识与技能,因此加强大学生军事训练,是适应我国人才培养的战略目标和加强国防后备力量建设的需求。

综上所述,在普通高等学校和高级中学普及学生军训,是全面推进素质教育的重要环节,是实现我国人才培养战略目标,造就高素质人才的需要,也是建立强大国防后备力量,建设和巩固国防的需要。

二、做好充分准备,积极应对挑战

军训注意事项:

军训是大学的必修课,我校军训工作由学校武装部负责,相关部门密切配合。学校每年都结合学校实际编写军训方案,军训在海南省教育厅、海南省军区等部门领导和指导下进行。军训同时也是一种"受挫"教育,会耗费相当大的体力,需要新生有很强的耐力和自控力。每个新生都应该提高军训意识,认真做好军训的系列准备,这些准备包括服装和用具准备、思想准备、心理准备、身体准备、应急准备(可自备一些防中暑、防感冒、防晒、跌打损伤药品等)等。

服装和用具准备方面,学校通过公开招标采购方式为同学们确定军训服装的供应商,并以比较合理实惠的价格为同学们供应服装,壹套服装的标准配置是:迷彩服一套、迷彩帽一顶、迷彩汗衫一件、外腰带一条、迷彩鞋一双,同学们在购买服装时要确定服装质量及配件是否齐全,以保证正常的军训着装需要。同时,为了保证同学们军训期间的饮水,学校为同学们每人提供一个太空杯,训练时间提供足量矿泉水。

(1) 军训期间要多喝水。大汗淋漓后不要急于大量喝水,稍微休息片刻再补充足够水分,以免加重肠胃负担。

(2) 军训体力消耗极大,应按时就餐,合理膳食,均衡营养。勿暴饮暴食,大量饮用冷饮。

(3) 海南天气炎热,蚊虫较多,最好能购买花露水或者清凉油等防蚊用品;注意防晒,可以准备一些防晒霜等。

(4) 军训时,请同学们按要求着装,出门前要认真检查军训服装,如:军帽、帽徽、腰带等。

(5) 军训期间请保持乐观心态,合理安排作息时间,特别是午间和夜间要注意休息,以便恢复体力投入军训中。

(6) 不要将贵重物品携带到军训场地,以免丢失。

(7) 军训中要学会与教官、辅导员和同学沟通,因伤病实在坚持不下去要及时报告,注意休息,不要硬撑,防止出意外。

第二节 体验"军营"生活,培养优良品德

一、了解军训内容,正确面对挑战

根据教育部、总参谋部、总政治部制订并下发的《普通高等学校军事课教学大纲》的规定,军事课内容包括军事理论和军事技能两大部分,因此,军事课的组织方式也分军事理论教学和军事技能训练两个阶段,军事理论教学主要内容共分 5 章,分别是中国国防、军事思想、世界军事、军事高技术和信息化战争,这部分知识安排在军训结束后的军事课中以理论授课的形式讲授;军事技能训练内容也分 5 章,分别是解放军条令条例教育与训练、轻武器射击、战术、军事地形学、综合训练。通常我们所说的军训指的就是军事技能训练。

军事技能训练部分的教学内容,我校根据教学内容特点和学校的自身条件,主要安排第六、七章内容的学习,主要内容有三大条令学习、单人队列动作、分队队列动作、军体拳、轻武器常识、整理内务等。

队列动作的主要内容有:立正、跨立、稍息、步法变换(包括、齐步与正步互换、齐步与跑步互换、齐步与踏步互换、跑步与踏步互换)、蹲下、起立、敬礼、礼毕等。

为丰富同学们的"军旅生活",我们在军训期间安排了"军歌、红歌连连唱"、"军训先进事迹、体会人人写"、篮、排球比赛、迎新晚会等活动。

二、培养吃苦精神,锻炼坚强意志品质

军训是一种受挫教育、意志教育、国防教育,对培养大学生吃苦精神和锻炼意志品质,增强作风纪律和国防意识,树立良好的集体观念,提升自身素质等有着特殊的作用,这是其他教育形式所无法替代的。

军事训练是以身体练习为主要形式,以实践活动为主的训练活动,强调知、情、志、行的统一,军训的过程是一个认识的过程,一个感情体验的过程,也是一个情绪调节的过程,这个过程与吃苦精神和意志品质的锻炼密切相关。另外,军事训练内容丰富,科目繁多,新生要勇于和敢于面对各种各样的困难,并想方设法克服它。这个面对和克服的过程,需要做出各种各样的意志努力,不管是拉练,还是站军姿,或是队列练习,都有利于培养吃苦耐劳的精神,坚韧不拔的毅力,沉着冷静、自律自制的意志品质,团结协作,拼搏进取的精神品质。意志品质和耐受挫折能力是大学生的一种重要的心理素质,而这种素质的培养对于大学生将来走向社会乃至终生都具有重要意义。新生在军训期间要提高认识,增强责任感,严格要求自己,用军人的标准来衡量自己,在军训中更好地认清自己,在艰苦与挑战中体现自我的价值,注意从小事开始锻炼意志品质。要刻苦训练,听从指挥,向固定站姿和固定任务挑战,练习耐力,做到令行禁止,锤炼持之以恒的意志,迎难而上,培养吃苦耐劳的精神,不断地挑战自我,提升自我,在军训中成长和成才。

三、增进友谊,继承部队优良传统和作风

刚刚踏入大学校门,同学们来自祖国各地,彼此都很陌生,军训就是在这样一个特殊的时刻开始的。也许同学们彼此间还有着一份陌生和几分羞涩,但对大学的新鲜感和好奇感还是使得他们乐意和陌生的新同学聚集到一起。军训期间,他们过的是集体生活,能够在很短的时间内从陌生到相识到相知,军训中的许多细节项目和活动,均能增加新生之间的相互了解,加深他们的友谊。军训期间开展的分组训练、集体拉歌和连队间的各种竞赛等,都极大地促进同学间的团结,在集体荣誉感的感召下,积极上进。军训是新生与新生间、新生与教官间沟通交流的重要平台。

众所周知,部队既像一所大学,又像一座大熔炉,是一个锤炼和陶冶意志和情操的地方,每个人的思想与技能,为人与处世等都在这个熔炉中得到凝练。我们的教官,都是从部队官兵中挑选出来的技能本领过硬、思想作风过硬、文化知识过硬的优秀官兵,他们身上有很多值得大家学习的闪光点。教官是部队的缩影,部队的光荣传统和优良作风在教官身上不断展现出来。因此,在军训过程中,新生一定要学会尊重教官,听指挥,注意观察教官的一言一行,虚心学习教官的优良品质,继承部队优良传统和作风。

(1)学习军人敢于挑战困难与承担责任的精神品质,继承部队英勇善战的优良传统:部队的训练是相当严格又相当艰苦的,执行任务也富有挑战性,但广大官兵仍然积极乐观地面对困境,勇于挑战极限和自我,不畏劳苦,不怕牺牲,迎难而上,勇挑责任,英勇善战,坚决完成任务和使命。

(2)学习军人服从命令听指挥与雷厉风行的办事作风和品质,继承部队听党指挥的优良传统:部队是容不得半点拖拉和疏忽的,可谓"兵贵神速"、"军令如山"、"军号就是命

令",拯救与应急实际上是和时间与方法做竞赛,在责任与使命面前,部队在第一时间作出第一反应,部队锻炼了军人服从命令听指挥与雷厉风行的办事作风和品质,这是一种十分难得的品质。作为国家建设的坚强后盾,部队始终听从党的指挥,积极响应党的号召,总是出现在国家和人民最需要的地方,服务人民,保家卫国,建设家园。

（3）学习军人讲大局、团结合作、对党和人民无限忠诚的思想品质,继承部队服务人民的优良传统:部队是国家和人民的坚强后盾,在党的正确领导下,他们政治意识和团体意识强烈,在大是大非面前始终坚持原则,识大局和团结协作,共渡难关,共同进退,甘愿为使命献身,总是出现在人民最需要的地方,服务人民,这种奉献精神和忠诚是每个大学新生必须学习的。

（4）学习军人意志坚强、信念坚定的行为品质,继承部队不畏艰难险阻、奋不顾身的优良传统:部队的训练强度比起学生军训要大得多、复杂得多,新兵连的三个月是每个新兵最为难熬的时期,但他们一个个都坚持了下来,在一次次执行任务中,他们不断克服了各种各样的困难,勇往直前,毫不退缩,表现出了极强的意志和坚定的信念。

总之,要对党和人民绝对忠诚,把军训中养成的良好习惯和优良作风带到学习生活中去,做个意志坚定,办事雷厉风行,思想上进,作风正派,为人正直,乐于奉献,纪律严明,能与集体紧密团结的大学生。

第三节　严守军训纪律,实现军训目标

（1）军训期间,全体学员要严格执行解放军的条令条例,坚决服从命令,听从指挥,令行禁止。如对训练或其他方面有意见,可向教官、辅导员报告,然后由辅导员向所在院、系总支书记再向军训大队部逐级反映。

（2）严禁参训学员私自离校外出或无故不参加训练,不得退到或早退,因公或因故不能参加正常训练和活动的,或因特殊情况者,必须按学校规定办理请假手续。时间在半天内的由教官审批,1天的由辅导员审批并报军训大队部备案,1~3天的由院、系书记审批并报大队部备案,军训请假最长期限为3天。因病不能参训者,必须办理免训手续,由学员本人书面申请并附上医院疾病证明,辅导员、院、系书记签名确认后报军训大队部审批,免训学员在健康条件允许的情况下随堂观摩训练。

（3）进行室外训练时,必须统一穿着迷彩服,操练时衣冠要整齐。进行其他活动时按教官或辅导员要求着装。

（4）军训期间学员必须统一时间就餐,遵守就餐纪律,不得擅自在校外就餐。

（5）军训期间学员必须统一就寝,严格遵守军训作息时间,熄灯后不得从事其他活动。

（6）学员要讲文明讲礼貌,讲究军人风纪,训练期间不准携带手机,不准吸烟、不准吃零食。

（7）军训学员必须认真搞好每日内容和环境卫生。

（8）必须注意安全,进行军体拳练习和轻武器等训练科目时,严禁违反条例、条令。参训期间严禁游泳,个人财产学会妥善保管,防止盗窃案件发生,避免造成个人财产损失。

（9）共青团员、学生干部要发挥先锋模范作用,积极协助军训大队做好学生思想教育工作,在学员中开展谈心活动,帮助跟不上军训节奏的学员努力克服各种困难,团结本班、本排、本连同学圆满完成军训任务。学员遇到生活或其他困难,应及时向辅导员汇报,以便及时帮助解决。

（10）全体学员要发扬集体主义和革命英雄主义精神,以高昂的斗志、奋发向上的精神,积极参加军事训练、评比竞赛活动和文体活动,团结友爱,互相帮助,敢于吃苦耐劳,勇敢面对挑战,刻苦训练,为集体荣誉而战,争创先进集体和先进个人。

大学生活,一切都那么新鲜而富有吸引力,军训是大学的第一课,留给每一位新生的印象是那么的深刻,虽然军训的日子是在风雨和高温酷暑中度过的,但其中的苦与乐却成为大学最美好的回忆之一。军训看似小事,但要做好也不容易,同学们的收获也不会一样。用心了,你会发现,军训原来是件多么有意义的事,让我们一起用心好好回忆军训的点点滴滴,升华军训的思想和感悟,让军训心得绽放光芒。

第四节　携笔从戎,体验真正的军旅生活

一、服兵役是每个公民的光荣义务和神圣职责

在经济和军事高科技高速发展的今天,仅仅依靠我军老一辈的技术已不可能赢得信息化战争,所以部队需要招收更多具有高素质、高学历的专业人才。

作为一个中华人民共和国公民,我们都有依法服兵役的义务,维护国家安全,共建和谐家园是我们每个公民的责任。

部队是座大熔炉,无数优秀热血青年投身火热军营,经过严格的训练,正规的培养,实现了人生理想、人生价值,涌现出一批又一批英雄和模范,成长为一个又一个功臣和祖国建设栋梁之才。新世纪新阶段,国防和军队现代化建设为广大有志青年提供了成长成才的良好机遇,拓展了施展才华的广大舞台。

二、应征入伍的种类

目前,大学生应征入伍可分为四类:在校大学生入伍服义务兵役、直招士官、在大学生中招收飞行员和大学毕业生分配到部队工作。

三、应征入伍的条件

年龄条件:在校大学生男生年龄不超过 22 周岁,女生不超过 20 周岁;直招士官、大学毕业生分配到部队工作男生年龄不超过 24 周岁,女生不超过 22 周岁。

身体条件:身体健康,视力好,无各类隐性疾病,无大面积文身等。

四、应征入伍程序

在规定时间内登陆全国征兵网注册报名→学校武装部登记备案→身体检查→政治考核→身体复查→定兵种→入伍。

五、解读国家政策

政治及就业方面:申请入党优先安排,考公务员同等条件下优先录用,毕业后优先推荐就业。

经济方面:各省的经济补偿标准不同,目前从我校应征入伍可享受国家的经济补偿有:就读大学期间每年资助学费最高不超过 8000 元,政府发给的家庭优待金约 25000 元,退役复学的可获得 2 年共 16000 元自主择业补助等。

学业方面:退役复学后,军事课免修军事技能训练;转专业在同等条件下优先安排;专升本考试在同等条件下优先录取;参加全国硕士研究生考试(初试)总分加 10 分,同行条件下优先录取等。

思 考 题

1. 你认为对大学生开展军训有何意义?
2. 对于军训你做了哪些准备?
3. 从军训中你学到了什么?

第三章 理想品德

本章导读 曾有一首打油诗,内容说的是关于猪的理想:"天上纷纷掉饲料,一天到晚睡大觉,天下人人都爱猪,所有屠夫都死掉。"这对猪来说,可真是一个完美的境界。这当然不是说猪真的会有什么理想,而是讽刺那些无所事事的懒汉。人和动物不同,人是有理想的,富于理想,可以说是人和一般动物本质区别之一,只有树立了正确的理想并为之奋斗的人,才能找到人生最好的归宿。

> **案例 3-1**
> 　　一位在德国名牌大学留学的中国学生,虽然获得了博士学位,专业是热门的计算机软件设计,但在德国却找不到工作。他每到一个企业应聘,主管看了他的材料都很满意,但一打开电脑查询他的信用记录,马上表示"很遗憾,我们不能用您"。原来这位博士生初到德国时因经济紧张经常坐车"逃票",因为德国的公交车不查票,只是偶尔有稽查员上车检查,被查到的概率很小。有一次实在不巧被查到了,在补交票款后被记下了证件号码,想不到从此有了"不良信用记录",哪怕他学历再高技术再精也没有企业会用他。

第一节　大学生的理想解读

一、理想道德是大学生的立身之本

(一) 道德理想是大学生立身之本

理想是人们在实践中形成的具有实现可能性的对未来的向往和追求,是世界观在人生奋斗目标上的表现。成为有德之人,有为之人,是大学生本质所向往的理想人格,是做人的楷模和最基本的标准。因此树立明确的道德理想,引导大学生增强道德责任感、提高道德境界、选择道德行为。

道德理想是人们在道德生活中所希望达到的目标。其实,道德理想有两方面的含义:一是一定社会道德原则和道德规范的概括和结晶;二是一定社会或一定阶级的理想人物的道德品质,人们往往把这种道德上的完善典型称之为理想人格。所以,用简单的话说,道德理想就是要把自己培养、锻炼成为什么样的人,具备怎样的道德品质的问题。

在我国的优秀传统文化中,十分重视这一点。孟子倡导的道德理想是做"大丈夫",他说:"居天下之广居,立天下之正位,行天下之大道……富贵不能淫,贫贱不能移,威武不能屈,此之谓大丈夫。"其中的佼佼者为圣人。中国共产党人在长期的革命斗争中,形成了以为人民服务为核心的道德理想。毛泽东号召大家学习白求恩"对工作极端负责任,对同志对人民的极端的热忱""毫无自私自利之心的精神",他讲"一个人能力有大小,但只要有这点精神,就是一个高尚的人,一个纯粹的人,一个有道德的人,一个脱离了低级趣味的人,一个有益于人民的人。"我们应当继承这种优秀的历史传统和革命传统,做有德之人。

(二) 高校大学生诚信要求

近几年来,大学生的诚信似乎备受质疑。学习方面,考试作弊在高校屡禁不止,有些学生甚至直接把别人的论文换成自己的名字上交;国家助学贷款因为还款率低而步履维艰;有些学生浑身名牌却享受高额助学金,真正贫困的学生却得不到帮助;在恋爱问题上,很多同学都不严肃,缺少责任、抱有游戏态度。造成我们大学生诚信缺失的原因是多方面的,社会中利益至上风气的消极影响是外因,但大学生自身缺少诚信修养是内因。大学生诚信意识和诚信行为不统一,主观上觉得诚信很重要,而在实际行动中却容易"恶小可为"做一些不诚信的事情,殊不知毁掉个人诚信形象一夕之间,而重建诚信却要经年累月。

高校大学生诚信要求:

(1) 自觉遵守国家法律法规,遵守社会公德和学校各项规章制度。

(2) 刻苦学习,不迟到,不早退,不旷课;遵守考试纪律,杜绝考试作弊;正确看待考试成绩,不通过不正当的手段改动成绩;按时独立完成作业,不抄袭、剽窃他人作业、文章和论文。

(3) 及时交纳学费、住宿费等费用,不恶意欠费;申请贷款时不提供虚假材料,如获得助学贷款,要按时还款还息,珍惜个人及学校的信贷信誉;不弄虚作假骗取各类困难补助及奖金;认真履行勤工助学岗位应尽的义务;反对铺张浪费,不进行与自己经济情况不符的消费活动。

(4) 在民主评议、综合素质测评或选举等活动中,通过正当、公平的手段进行竞争;遵守学生公寓管理制度,注意个人和集体的安全,不使用违禁电器、危险品或从事其他危害学生公寓安全的活动。

(5) 热心公益事业,爱护公共财物;讲究社会公德,男女交往举止得体;见义勇为,拾金不昧;不在禁烟区吸烟;不酗酒;不在公共场所大声喧哗起哄或从事影响他人正常生活的活动。

(6) 正确使用网络,坚持文明上网、诚信上网,不利用网络手段欺诈他人或浏览、传播非法信息;自觉维护学校的安定与团结;不隐藏健康状况,主动配合学校和社会进行健康调查。

(7) 在求职过程中,讲究诚信,不伪造证书、证件等求职材料,据实填写自荐书,履行就业合约。

(三) 大学生学年鉴定表介绍

学年鉴定表是大学生在每学年末均要填写的固定表格,涉及的项目有自我总结、学年成绩、奖助情况、违纪诚信情况、参加班级活动情况、获奖情况、社会实践活动情况等等,是学生学年总结的反映,学年鉴定表均要放入学生学籍档案作为永久资料保存,请同学们珍惜并利用好自己的大学时光,为自己留下充实的人生轨迹。

二、树立正确的政治方向——大学生成才的前提

所谓成长,是指学生按一定专业的规格培养个人的能力,就是"成长为人",学会做人。

树立正确的政治方向是大学生成才的前提。成人、成才、成功在人生中相互交织、相互依存，没有止境、没有终结，永远处于动态变化之中和不懈追求之中。成长为人不是以个人为标准，而是以社会为尺度。离开社会，个人也不成其为社会人。人是不断发展变化的，只有通过学习和实践才能更好地适应社会，找到自己合适的岗位，也就是学会做人。学会做人是人生的根本，学会做人是立身之本。做什么样的人、怎样做人，是每个人一生都在作答的考卷。

（一）要有正确的政治方向，只有这样才能产生高度的社会责任感

正确的政治方向，具体体现在对家庭、他人、集体、国家、民族的情感、态度、责任和义务上。做一个有社会责任感的人。大学生不但要有大爱之心（爱祖国、爱人民、爱家庭、爱学校，爱父母、爱老师、爱同学）；当前更要有感恩之心，感恩父母、社会；对大学生来说，常怀感恩之情不是简单地回报父母的养育之恩，它更是一种责任意识、一种精神境界。

当前在部分大学生身上存在着令人担忧的社会责任感淡化的倾向。如急功近利，缺乏社会理想；注重自我价值，淡漠社会价值；当公众利益与个人利益相矛盾时，以个人利益为重，缺乏为社会和集体奉献的精神等。当然，现在有些大学生社会责任感淡化不是偶然的，既与社会环境有关，也与自身因素有关，还与教育管理有关。

大学生要懂得感恩，要学会感恩。感恩是爱和善的基础，是一种对恩惠心存感激的表示，是一种不忘他人恩情的萦绕心间的情感。人类就是在爱的施与受的生生不息中成长，人的一生中，有许许多多人在为你的成长付出过，应该永远记住那些人和事、那种爱和恩，即使不需回报，也应把感激埋进心里，并努力去回报那些需要帮助的人。

但现实是父母的养育之恩，老师的教育之恩，社会的关爱之恩，常常被轻看被忽略被遗忘。如果懂得感恩、学会感恩，就应该意识到包括父母的养育之恩及身边支持和帮助过你的人，都是需要心息相通，需要心灵感应，需要情感回报。在校园里，不仅要感谢老师的传授解惑、感谢同学的关心帮助，同样也要感谢为我们服务的食堂的师傅、宿舍的清洁工等等。

近几年，在确保家庭困难学生顺利完成学业方面，党和政府以及社会各个方面都作出了积极的努力，给予了大力支持。中央和地方政府为实施新的助学政策加大了投入，国家助学金、国家奖学金、国家励志奖学金的资助标准在不断提高、资助面在不断扩大。同时，在保证录取、勤工助学、助学贷款、社会捐助等方面，想方设法帮助家庭困难学生完成学业。我校有不少同学享受到这些资助，受助同学也应该深深地感受到这种关怀和温暖。但这种感受不能仅停留在情感方面，而要更多地体现在报恩家庭、报效祖国、报答社会的责任感方面，而感恩最重要的就是要把责任感转化为学习知识、增长本领的动力。

（二）树立正确的政治方向，还要形成健全的人格

（1）养成良好的思想品德。经常在思想意识、道德品质等方面进行自我认识、自我磨炼和自我提高，具有改造自我的勇气。

（2）构建和谐的人际关系。乐于、善于与他人交往，用宽容的眼光看社会、事业和友谊，以真诚、包容、信任等正面的态度克服虚伪、嫉妒、猜疑等消极的态度。

（3）保持乐观、积极、向上的生活态度。对自己充满自信，对社会、生活充满希望，对自己所从事的工作或学习抱有浓厚的兴趣，不必羡慕人家，不要苛求自己，培养抗挫折能力和适应社会的能力。有了这种心态,面对将来社会竞争的考验,遇到困难和挫折时才不会灰心、不会丧气。

（4）在学习、就业以及其他方面的竞争日益激烈的社会条件下,大学生产生心理问题是正常的,甚至出现心理疾患也在所难免,关键是对自己的身心抱有自信的态度和认真负责的精神,主动在实践中体验委屈、体验挫折、体验艰苦,不要事事斤斤计较、患得患失。大学生心理是否健康直接关系到能否成长成才。一个人在心理健康上多一分弱点,他的成长和发展就多一分限制和损失,他的生活和事业就少一分快乐和成就。

（5）搞好心理卫生,调整好心态,拥有健康的心理,对当代大学生非常重要。保持健康心理,两个解决办法:一个是在自我调节难以奏效时,求助于心理咨询,是解除心理困惑比较快捷的办法。充分利用心理热线、团体辅导、咨询信箱、相互交流等多种心理咨询渠道接受外界的帮助和引导,有效地维护心理健康、优化心理素质、促进人格完善。

一个是自我调节,塑造阳光心态。阳光心态就是要发现生活的美好和快乐。古希腊哲学家亚里士多德说:"生命的本质在于追求快乐。"追求快乐的途径只有两条,一是发现你的快乐时光,增加它;二是发现你的不快乐时光,减少它。同学们在学习和生活中,不要放弃自己快乐的权利,不断发现快乐、创造快乐、享受快乐。也要学会忘却,学会忍耐,生活才有阳光和欢乐。快乐重于其他,心态决定状态。我们经常讲我运动我快乐。同学们应该体验学校生活的美好,我学习我快乐,体验学习带来的快乐,享受同学之间纯洁的友情"。要多去图书馆、多听讲座、多动手写,把学习兴趣和愉快这两种情绪调动出来,让大自己的学生活充实快乐。激发学生学习热情,培养读书习惯,督促激励学生扩大阅读面,增加阅读量,多读书,读好书,养成良好的阅读习惯,并培养"勤俭、刻苦、自强、进取"等美德。

塑造阳光心态要宽容自己和他人。宽容别人是获得心里平安和身体健康的关键所在。你要学会宽容自己,不要太苛求自己,和自己过不去,不要把自己总放在最高的位置上。你要学会宽容别人,尤其要能原谅每一个伤害过你的人。你如果不能首先去原谅别人,你就不能真正原谅自己。拒绝原谅别人就等于自大和无知。

一个人在成长成才的道路上,并非只有成功与鲜花,也可能遇到挫折和失败。同学们对此一定要有充分的思想准备。是在逆境中奋起,还是在逆境中消沉,常常成为一个人能否成功的关键。理想信念是激励人们迎接挑战、克服困难的精神支柱和强大力量,理想信念越坚定,克服困难的勇气和意志就越坚定。

三、大学生入团、入党略谈

大学生入团、入党,需要经历"对党团组织的认识——为什么要加入党团组织——如何加入党团组织——加入党团组织后应如何做"的认知过程。下面就这些问题和大家一一分享。

（一）关于中国共产党和中国共产主义青年团的基本知识

中国共产党以马克思列宁主义、毛泽东思想、邓小平理论、"三个代表"重要思想和科学发展观作为自己的行动指南,是中国工人阶级的先锋队,同时是中国人民和中华民族的先锋队,是中国特色社会主义事业的领导核心,代表中国先进生产力的发展要求,代表中国先进文化的前进方向,代表中国最广大人民的根本利益,党的最高理想和最终目标是实现共产主义。

中国共产主义青年团是中国共产党领导的先进青年的群众组织,是广大青年在实践中学习中国特色社会主义和共产主义的学校,是中国共产党的助手和后备军。中国共产主义青年团坚决拥护中国共产党的纲领,以马克思列宁主义、毛泽东思想、邓小平理论和"三个代表"重要思想为行动指南,深入贯彻落实科学发展观,解放思想,实事求是,与时俱进,团结全国各族青年,为把我国建设成为富强民主文明和谐的社会主义现代化国家,为最终实现共产主义而奋斗。

(二) 大学生为什么要加入党团组织

团组织和党组织是先进群众的组织,加入党、团组织具有光荣感、使命感和责任感;党、团组织具有较强的组织性和纪律性,加入党团组织,可以参加组织活动,在活动中得到各种锻炼,学习各方面的知识,让自己得到全面发展;加入党、团组织,需要更加严格要求自己,服务于同学和学校,让自己的思想觉悟、综合素质等各方面得到提高。同时,大学生加入党、团组织,是学校培养中国特色社会主义事业接班人的需要。

(三) 如何加入党团组织

《团章》规定:年龄在十四周岁以上,二十八周岁以下的中国青年,承认团的章程,愿意参加团的一个组织并在其中积极工作、执行团的决议和按期缴纳团费的,可以申请加入中国共产主义青年团。入团的手续:申请入团的青年应有两名团员介绍;介绍人须向被介绍人说明团章,向团的组织说明被介绍人的思想、表现和经历;要求入团的青年要向支部委员会提出申请,填写入团志愿书,经支部大会讨论通过和上级委员会批准,才能成为团员。

《党章》规定:"年满十八岁的中国工人、农民、军人、知识分子和其他社会阶层的先进分子,承认党的纲领和章程,愿意参加党的一个组织并在其中积极工作、执行党的决议和按期交纳党费的,可以申请加入中国共产党;中国共产党党员是中国工人阶级的有共产主义觉悟的先锋战士;中国共产党党员必须全心全意为人民服务,不惜牺牲个人的一切,为实现共产主义奋斗终生;中国共产党党员永远是劳动人民的普通一员,除了法律和政策规定范围内的个人利益和工作职权以外,所有共产党员都不得谋求任何私利和特权。"

《中国共产党发展党员细则》规定:"在入党申请人中确定入党积极分子,应当采取党员推荐、群团组织推优等方式产生人选",因此,在大学里,"入党推优"是大学生加入党组织的唯一途径,也就是说大学生加入中国共产党之前必须是共青团员。

大学生要加入共产党组织,需要同时满足以下条件:具有马克思主义信仰、共产主义觉悟和中国特色社会主义信念,自觉践行社会主义核心价值观;年满十八周岁,承认党的纲领和章程,愿意参加党的一个组织并在其中积极工作、执行党的决议和按期交纳党费;是共青团员;学习成绩优秀,综合素质较高,具有较强的服务意识,在班级能起模范带头作用;积极参加入党积极分子培训班,并顺利结业;正确的入党动机,积极向党组织提交入党申请书等。

入党的阶段:学生作为入党积极分子积极向党组织靠拢;经过一年以上培养教育和考察、基本具备党员条件的入党积极分子,在听取党小组、培养联系人、党员和群众意见的基础上,支部委员会讨论同意并报上级党委备案后,可列为发展对象;有两名正式党员作入党介绍人对入党发展对象进行继续教育,学校党委对发展对象的条件、培养教育情况等进行审查,并向审查合格的发展对象发放《中国共产党入党志愿书》,确定为"预备党员";满一年预备期后,预备党员向党支部提出书面转正申请,经党小组、党支部征求党员和群众的意见后表决通过,报上级党委审批,确定为正式党员;党员的党龄,从预备期满转为正式党员之日算起。

(四)加入党团组织后应如何做

大学生加入党、团组织后,思想上,应严格按照党、团员的标准严格要求自己;纪律上,应模范遵守学校的各项规章制度;学习上,勤奋学习,不允许挂科;工作上,积极参加党、团组织活动,团结同学、热爱公益,在学生当中发挥模范带头作用;生活上,积极关心周围同学,无私奉献等。

第二节 大学生的道德解读

一、社会公德的培养

某校大二女学生陈某到开水房提热水,发现傍晚放在水房门口的水瓶又一次丢失,这已经是上大学以来丢的第八个水瓶了。这已远不是陈某个人利益损失的问题,而需要我们对大学生道德素质进行思考。其实受害者远不止她,许多学校里同学丢水瓶事件几乎每天都在发生,实在令人无法理解。事实表明空水壶被偷的概率明显小于已提满水的,也就是说偷水壶者多半是需要热水然后顺手牵羊图个方便,水房紧靠宿舍楼,一般来说不会是校外人士所为,因为外人要把水壶提出校门实在难合实理。那么偷水壶者除了是跟受害者一样需要热水的同学还会是谁?

(一)社会公德的含义和特点

社会公德(socialethics;socialmorals)简称公德,是指存在于社会群体中间的道德,是生活与社会中的人们为了我们群体的利益而约定俗成的我们应该做什么和不应该做什么的行为规范。在本质上是一个国家,一个民族或者一个群体,在历史长河中、在社会实践活动中积淀下来的道德准则,文化观念和思想传统。它对维系社会公共生活和调整人与人之间的关系具有重要作用。与私德相对,这里的公德是指与国家、组织、集体、民族、社会等有关的道德;而"私德"则指个人品德、作风、习惯以及个人私生活中的道德。

社会公德有广义和狭义的理解。广义的社会公德是指:反映阶级、民族或社会共同利益的道德。它包括一定社会、一定国家特别提倡和实行的道德要求,甚至还以法律规定的形式,使之得以重视和推行。狭义的社会公德是特指人类在长期社会生活实践中逐渐积累起来的、为社会公共生活所必需的、最简单、最起码的公共生活准则。它一般指影响着公共生活的公共秩序、文明礼貌、清洁卫生以及其他影响社会生活的行为规范。社会公德是人类社会生活最基本、最广泛、最一般关系的反映。

社会公德是人类社会文明成果的一种沉淀和积累。它具有以下几个特点:

1. 基础性 社会公德是社会道德体系的基础层次,在每一个社会都被看作是最起码的道德准则,是为维护社会公共生活的正常进行而提出的最基本的道德要求。遵守社会公德,是对社会生活中每个人的最低层次的道德要求,在此基础之上还有许多更高的道德标准和道德要求。社会公德水平的高低又昭示着一个社会道德风气好坏的程度。

2. 全民性 社会公德是社会全体成员都必须遵守的道德规范,具有最广泛的群众性和适用范围。在同一社会中,任何社会成员不管属于哪个阶级或从事何种职业,对于社会公共生活的简单规则,都必须遵守,否则就要受到社会舆论谴责。国家、社会团体、机关单位有时甚至可以以国家权力或行政权力、经济权力予以干预。

3. 相对稳定性 社会公德作为"多少世纪以来人们就知道的、千百年来在一切行为守则上反复谈到的、起码的公共生活规则",是人类世世代代调整公共生活中最一般关系的经验的结晶。这种最一般的关系,在不同时代、不同社会形态里都存在着,因而,调整这种关系的社会公德在历史上比起其他各种道德分支来,具有更多地稳定性。而且社会公德总是随着社会物质文明和精神文明的发展,保存和发扬其进步的、合理的方面,剔除其落后的、不合理的部分。

(二) 社会公德的内容要求

社会公德具有最大的普遍性、基本的层次性和社会角色转换性。它的内容可以概括为人与人之间的关系、人与社会之间的关系、人与自然之间的关系三个方面。

在人与人之间的关系上,社会公德主要包括:

①举止文明。如仪表整洁,举止端庄,语言文明,讲究卫生,遵守各种公共场所的特定要求等。②自尊与尊重他人。自尊是人际交往中的一种健康人格态度,尊重他人即尊重他人的尊严与个性、容忍不同意见、平等地对待交往中的任何人;它还包括尊老爱幼、尊重妇女、善待残疾人、遇有争端主动谦让、自己有错勇于承认等。③诚实守信。如遵守契约,言而有信等。

在人与社会之间的关系上,社会公德主要包括:

①遵守公共秩序。遵守公共秩序的要求有两种不同形式:一种是有明文规定的,另一种则是没有明文规定的。②维护社会公益。社会公益泛指关系和影响社会全体成员利益的社会公共财产与公共设施,表面上看是人与物的关系,实质上它涉及的是个人与集体、个人与组织、个人与社区、个人与国家的关系,是社会成员社会责任感的表现。③爱护与保护他人的劳动成果。是个体道德意识的窗口,是现代人应具有的基本德行。

在人与自然之间的关系,社会公德主要包括:保护自然环境,包括人化环境。

社会公德是社会生活中最简单、最起码、最普通的行为准则,是维持社会公共生活正常、有序、健康进行的最基本条件。因此,社会公德是全体公民在社会交往和公共生活中应该遵循的行为准则,也是作为公民应有的品德操守。《公民道德建设实施纲要》用"文明礼貌、助人为乐、爱护公物、保护环境、遵纪守法"二十个字,对社会公德的主要内容和要求做了明确规定。

1. 文明礼貌 社会公共生活中人与人之间应该和谐相处,举止文明以礼相待。讲文明礼貌是社会文明和个人道德修养的标志之一。人的行为举止最能反映一个人的道德修养和文明程度。每一个自尊自爱的人都应当把讲究个人礼仪当作获取成功的素质去培养。自觉杜绝说脏话、随便猜疑、欺骗他人等恶习。这是处世做人最起码的要求。

2. 助人为乐 在现实社会中,每个人都在一定的人际交往中生活,每个社会成员都不能孤立地生存,而在生活中人人都会遇到一些困难、矛盾和问题,都需要别人的关心、爱护,更需要别人的支持、帮助。从这个意义上讲,"助人"也就是"助己"。

3. 爱护公物 公共财物包括一切公共场所的设施,它们是提高人民生活水平,使大家享有各种服务和便利的物质保证。对待公共财物是爱护、保护,还是浪费、破坏,是一个公民有没有社会主义道德的反映。每个公民都应该自觉遵守社会公德,爱护公共财物,同时有责任和义务,同侵占、损害、破坏公物的行为作斗争,时时、处处关心和爱护公共财物。

4. 保护环境 环境问题,是当前国际社会普遍关注的热点问题。环境和资源是人类生存和发展的基本条件。能不能有效地保护环境,关系到每个公民的生活质量和切身利益,关系到人们的安居乐业,关系到我们的子孙后代能否持续发展。保护环境,就是保护我们自己。保护环境不仅是我国的一项基本国策,增强环保意识,也是社会公德的一项基本要求。

5. 遵纪守法 俗话说:没有规矩,不成方圆。对一个公民来说,是否自觉维护公共场所秩序、纪律观念、法制意识强不强,体现着他的精神道德风貌。遵纪守法同时也是保护社会健康、有序发展的基础。

社会公德是人类社会生活中应当共同遵守的道德规范和生活准则,是人类社会文明的一个客观标志。自有人类社会以来,社会公德便伴随人类走过漫长历史进程。随着人类文明的进步,人类在社会公德上也在前进和完善,从而适应生产发展的要求。社会发展的核心内容和根本动力是生产力的不断更新。生产力推动着生产关系由量变到质变,由此带动包括道德在内的整个庞大的社会上层建筑发生变化,使社会形态不断地由低级向高级更迭。大学生有着传承文明的责任,是中国特色社会主义事业的建设者和接班人,对于全面实施科教兴国人才强国战略,加快推进社会主义现代化的宏伟目标,具有重大而深远的战略意义。对高校大学生来说除注重文化知识学习外,更须提高社会公德。高校德育要紧抓公德意识这一核心要素,大力加强大学生的社会公德教育,实现大学生道德素质的整体提高。

(三) 社会公德的培养

社会公德作为人类社会生活中最起码、最简单的行为准则,是和广大人民群众的切身利益密切相关的,是适应社会和人的需要而产生的。它对人们的社会生活具有特殊且广泛的社会作用。每个社会成员都应该自觉遵守社会公德。

(1) 遵守社会公德是维护社会公共生活正常秩序的必要条件。社会公德是维护公共场所正常秩序和安定环境、维护现实社会生活的最低准则,是人们现实社会生活稳定发展的基本条件。

(2) 遵守社会公德是成为一个有道德的人的最基本要求。社会公德发挥着维护现实的稳定、公道、扬善惩恶的功能,在社会生产和生活中起着强大的舆论监督作用和精神感召作用。社会公德的这种作用体现在:一方面肯定、维护和促进一切有利于或有助于社会和个人生存、发展和完善的思想和行为;另一方面否定、抑制和阻止一切有碍于或有害于社会和个人生存、发展和完善的思想和行为。这主要是通过社会公德的规范方式来促进社会和个人弃恶扬善,扶正祛邪,从而指导人们的思想和行为,非强制性地调节和规范着社会生活中人们的言论和行动,维护社会公共生活秩序,有效地为满足社会与社会成员的需要服务。

（3）社会公德建设是精神文明建设的基础性工程,也是精神文明程度的"窗口"。社会公德是社会道德的基石和支柱之一,社会公德对社会道德风尚的影响稳定而深刻、广泛而持久。社会道德又是社会精神文明的重要组成部分,所以从人们实践社会公德的自觉程度和普及程度,可以看出整个社会精神文明建设的状况。因此,如果社会公德遭到了践踏和破坏,整个社会的道德体系就可能会瓦解,整个社会的安定团结也将被破坏,社会主义精神文明建设也就不可能真正搞好。社会的精神文明当然包括多方面的内容;但在一定的历史发展阶段,社会的道德风尚通常是衡量一个社会的精神文明发展水平的重要标志,是整个人类社会精神文明发展的一种反映和体现。因为,一个地区或一个国家的精神面貌总是先从社会风尚中表现出来。总之,在一定意义上说,社会主义社会的社会公德是社会主义进行的基础,是现代社会必须高扬的基本道德。每个社会成员都应该增强社会公德意识,自觉地以社会责任感考虑自己的行动,遵循体现社会群体利益和他人利益的公共规范。

二、职业道德的培养

（一）职业道德的内容和基本要求

职业道德是劳动者在职业活动过程中应遵循的特定的职业思想和行为准则,是正确处理职业内部、职业之间、职业与社会之间、人与人之间关系应遵循的行为规范,是社会一般道德在职业中的具体体现。

职业道德包括职业理想、职业信念、职业态度、职业品质、职业责任、职业良心等诸多方面,一个人职业道德的缺失体现在对本职工作的不热心,态度不端正,没有责任心等。

职业道德与一般社会道德或阶级道德相比,有其自身的特点:具有鲜明的专业性和多样性;具有特定的适用范围;它的内容有具体性,相对稳定性和连续性。职业道德的内容包括:职业认识的提高,职业情感的培养,职业意志的锻炼,职业理想的树立以及良好的职业行为和习惯的养成等五个方面。

社会主义的职业道德继承了传统职业道德的优秀成分,体现了社会主义职业的基本特征,具有崭新的内涵,其基本要求是:

1. 爱岗敬业　爱岗敬业,反映的是从业人员热爱自己的工作岗位,敬重自己所从事的职业的道德操守。表现为从业人员勤奋努力,精益求精,尽职尽责的职业行为。这是社会主义职业道德的最基本要求。

在社会主义条件下,对自己工作岗位的"爱",对自己所从事职业的"敬",既是社会的需要,也是从业者应该自觉遵守的道德要求。职业不仅是个人谋生的手段,也是从业者完成自身社会化的重要条件,是个人实现自我、完善自我不可或缺的舞台。个人的发展和完善不是空洞的说教,而是现实的行动,没有行动,一切都会流于空谈。因此,爱岗敬业所表达的最基本的道德要求就应当是:干一行爱一行,爱一行钻一行,精益求精,尽职尽责,"以辛勤劳动为荣、以好逸恶劳为耻"。这是社会对每个从业者的要求,更应当是每个从业者对自己的自觉约束。

2. 诚实守信　诚实守信,不仅是做人的准则,也是对从业者的道德要求,即从业者在职业活动中应该诚实劳动,合法经营,信守承诺,讲求信誉。

诚实守信是人类千百年传承下来的优秀的道德文化遗产,在社会主义社会中应该坚持诚实守信并使之发扬光大。诚实守信不仅是从业者步入职业殿堂的"通行证",体现着从业者的道德操守和人格力量,也是具体行业立足的基础。缺失了诚信就会失去人们的信任,失去社会的支持,失去发展壮大的机遇。诚实守信作为社会主义职业道德的基本要求,具有很强的现实针对性。由于我国社会主义市场经济还不完善,职业领域出现了一些不健康的现象,突出的表现之一,就是一些企业及其从业人员诚信的缺失,给社会主义市场经济的顺利发展带来了负面影响,扰乱了市场秩序,也败坏了一些企业的名声。因此,在社会主义市场经济条件下,加强职业领域的诚信道德建设非常必要。

3. 办事公道 办事公道,就是要求从业人员在职业活动中做到公平、公正、公道,不谋私利,不徇私情,不以权害公,不以私害民,不假公济私。这也是社会主义职业特征的体现。

职业的差别不是地位高低贵贱的象征,而只是所从事的工作不同,不仅从业者之间而且从业者与服务对象之间都是平等的社会公民。同时,职业的划分也不是为特殊的利益集团和个人创造谋取私利的机会,而是为了公平地满足人们的需要。所以,以公道之心办事就必然成为职业活动所必须遵守的道德要求。

4. 服务群众 服务群众,就是在职业活动中一切从群众的利益出发,为群众着想,为群众办事,为群众提供高质量的服务。

社会主义道德的核心是为人民服务,职业场所是体现这一核心要求的重要领域,职业活动使得为人民服务获得了具体的内容和表现形式,为人民服务的道德要求也在职业活动中表现出强大的生命力。职业活动的属性、目的不是任意确定的,而是要基于群众的需要;职业活动的价值评判标准掌握在服务对象手中,因此,服务群众必然成为职业活动的内在需要。在职业活动中提倡服务群众,并不是一个高不可攀的道德标准,在社会主义社会里,每个公民无论从事什么工作、能力如何,都能够在本职岗位上,通过不同的形式为人民服务。每一个从业人员在职业活动中,都自觉遵循服务群众的要求,整个社会就会形成一种人人都是服务者,人人都是服务对象的良好秩序与和谐状态。

5. 奉献社会 奉献社会,就是要求从业人员在自己的工作岗位上树立起奉献社会的职业理想,并通过兢兢业业的工作,自觉为社会和他人做贡献,尽到力所能及的责任。这是社会主义职业道德中最高层次的要求,体现了社会主义职业道德的最高目标指向。爱岗敬业、诚实守信、办事公道、服务群众,都要体现奉献社会的精神。

在职业活动中,不同的价值追求所体现的人生境界是不同的,所产生的价值和意义也是不同的。青年马克思在谈到选择职业的理想和价值时曾经写道:"如果我们选择了最能为人类福利而劳动的职业,那么,重担就不能把我们压倒,因为这是为大家而献身;那时我们所感到的就不是可怜的、有限的、自私的乐趣,我们的幸福将属于千百万人,我们的事业将默默地、但是永恒发挥作用地存在下去,而面对我们的骨灰,高尚的人们将洒下热泪。"马克思对职业的价值追求,归根到底是以奉献社会为最高目标的。这种崇高的职业理想和人生境界,值得当代大学生选择职业时学习和追求。

医学职业道德,是在一般社会道德基础上,根据医学专业的性质、任务及医疗岗位对人类健康所承担的社会义务和责任,对医疗工作者提出的医学职业标准和医疗行为规范;是医务人员用于指导自己言行,调整医患之间、医务人员与社会之间的关系;判断自己和他人在医疗护理、预防保健、医疗管理医学科研等实践过程中行为是非、善恶、荣辱和褒贬的标准。良好的职业道德是医务工作者精神风貌和人格魅力的集中体现,也是掌握和应用操作技能、提高工作技巧、做好本职工作的原动力。医学生职业道德教育,就是按照社会主义职业道德要求,对医学生施行有目的、有组织、有计划的系统教育,培养高尚的道德品质,提高他们的职业道德素质。

(二) 国外医学生道德养成途径的经验

1. 以医学人文课程为基础的全程医德教育途径 西方国家进入 20 世纪 80 年代以后,通过医学人文教育来加强职业道德教育,已成为医学教学改革的强劲趋势。1999 年成立的国际医学教育专门委员会(Institute for Intenrational Mdeiacl Eduaction,Ⅱ)制定了《本科医学教育全球最低基本要求》,该要求指出"敬业精神和行为"是医疗实践的核心,应把"职业价值、态度、行为和伦理"同"医学知识"、"临床技能"一样,作为对毕业生"基本要求"所规定的核心能力和基本素质之一,将医学伦、医学史、医学、行为医学以及医学学作为医学人文教育的核心课程。这已经成为 21 世纪世界卫生发展和医学教育的需要,也为医学人文教育提出了新的目标。

从整体上看,西方的人文教育以贯穿于专业教育的全过程为特征。西方人文课程突出实用性。认为人文教育应当整合到医疗实践中,实现医学和人文教育的一体化,其突出特点表现为"轻理论、重行为"。为了达到医德教育的目的,采取了多种教学方式和手段,如伦理评议、伦理讨论、教学辅导、扮演角色和直接阅读等。以案例为先导,以问题为中心,鼓励并创造机会使学生说出自己的感受,从而提高医学生的道德辨析能力。

2. 通过多种活动,以参与方式开展职业道德教育的途径 西方国家医学院校的课外活动丰富多彩,利用课外活动开展职业道德教育是其德育教育的主要途径之一。这些活动包括讨论会、社会活动、角色扮演等。德国的医学院校让学生走进医院、走近病人,开展"关爱生命"义工活动。深入到医院为病人提供一些自我的基础知识和心理陪护服务,减轻病人的心理压力,让病人在快乐中痊愈。通过这些活动,培养了医学生的医德情感。

3. 设立专门辅导机构,对学生日常品德进行引导的道德教育途径 美国的医学院校,几乎都设有学生辅导中心。由一名副校长主管这方面的工作。辅导中心工作的人员大多是教育学、心理学、伦理学、社会学等方面有专长的教育工作者,对学生进行职业辅导、道德教育及心理咨询。辅导的方法可以是上课,也可以是座谈、个别谈话、个别咨询,还辅之以、教育。美国俄亥俄州医学院设有道德咨询,他们认为这种方式是最有效的。加拿大一些医学院校通过网络创办了"道德教育社区"。定期发布各类医疗道德事件,围绕着这些事件建立"道德聊天室","主持人"在学生广泛讨论的基础上发布具有正面导向性的观点,这无疑使道德观点的交流具有真实性和及时性,使道德教育具有开放性和互动性,从而大大增强道德教育的效果。

4. 通过早期接触病人,医德实践加强医德的途径 西方院校明确规定:早期接触临床的中心任务是医德教育和实践,培养未来医生对病人的责任感,把课堂医学教育内容运用于实际,把课堂理论教育、医德实践和医疗实践有机结合,注重"床边教学"。西方学家认为对医学伦理论内容的理解只是起点,体验和实践才是深入核心的根本途径。让学生早期参与临床医德实践是国外医学界和医学伦理学界医德培养的重要途径。

5. 强化专业课职业道德教育功能的道德教育途径 西方伦理学者认为,随着学生的主体意识增强,单独、刻板的德育教育越来越受到学生的排斥,因此,必须发挥专业课的"载体作用"和"渗透作用",在专业教育中拓展道德教育的空间。在美国、英国、加拿大等医学院校都把道德教育融入到专业课程之中。在专业课学习中学生会获得解决医德冲突方面的知识和技能,提高道德辨析能力,并使其意识到医德对每天医护工作的重要性。例如,在教授关于脑死亡和人处于植物状态的相关伦理问题时,最好是在学生学习神经解剖学和神经生理学课程的过程中传授。同样的,在解剖学讲解过程中也提供了一次与众不同的、对死者尊重及死亡教育的医德教育机会。在学习医疗诊断的课程时,如果很好的融入一些例如医生与病人之间关系,对真相的告知,保守秘密等相关的伦理知识,也会收到事半功倍的效果。

(三)我国医学生职业道德的培养

1. 紧扣以医学人文课程为基础的全程医德教育的途径 与国外医学人文教育相比,我国人文科学课程偏少,相关的职业道德教育力度不够,以至于我国的医学生底蕴薄弱,医德素质不高。一方面,我国的医学人文课程的内容应以实用性为主,把人文课程整合到医疗实践中去,达到医学与人文课程一体化,体现出"以病人为中心"、"密切联系实际"、"最终提高道德水准"的基本思想,避免我国教学内容比较注重理论,普遍侧重于范畴、体系的教授,而对实用性、实效性关注不够的问题。另一方面,学生应紧扣住目前我国正在改革的医德教育途径,以医学人文课程为基础,系统、全面地掌握学科的基本内容,力求知识的完备。积极配合学校课程及教师的安排,适当采用西方的评议、讨论、教学辅导、扮演角色、直接阅读、案例分析等方法来完成学校内的医德教育。

2. 医疗扶贫实践是医德教育的有效途径 借鉴西方经验,结合我国实际,可采用医疗扶贫来加强医学生的道德实践。我国是以大多数尚不富裕的大众为主要服务对象的。去贫困地区义诊,为他们服务,强化了治病救人乃医生义不容辞的职责,对病人一视同仁的医德观念,想病人所想,急病人所急,站在病人的角度考虑问题的利他主义。通过医疗扶贫实践可以使学生接受生动而又深刻的医德教育。这种体验将是刻骨铭心的、不易被遗忘。

3. 开辟学生自我能力培养的途径 长期以来,我们的部分高校的德育一直将德育的价值趋向与德育过程混为一谈,认为只要教师把道德观念和价值概念讲给学生,学生就能获得相应的品德。实际上受教育者从接受道德观念到形成道德行为是一个长期的反复的过程,必然伴随着道德思维水平的提高和道德能力的养成,这样才能保持受教育者自我道德素质的形成,否则就会使受教育者只会背记大量的理论、条例,而在道德实践中表现出不道德。因而,应借鉴西方的经验,学生应该要注重道德能力的培养和道德的自律,通过自我道德能力的培养,使自己从单纯的教育客体即受教育者转变为双重角色,既是受教育者又是教育者。这样,学生就由被动接受道德转变成主动生成道德,由"要我"的服从式转变成"我要"的追求式。

三、家庭美德的培养

事业成功,往往与美满的婚姻家庭密切相连。从恋爱到缔结婚姻、建立家庭,是人生的必经阶段。大学阶段,妙龄韶华,树立正确的恋爱婚姻家庭观,处理好复杂的感情和人际关系,有利于大学生的健康成长,顺利成才。

爱情是人类独有的情感,是一种特殊的人际关系。进入青春期的大学生,随着生理和心理上的发展和成熟,自然产生了对爱情的向往和关注。爱情不同于其他的人际关系,它在情感和行为上都有着自身的特性,因此弄清什么是爱情,如何处理爱情与学习的关系,摆正爱情在人生中的位置,是每一个大学生都应认真思考和回答的现实问题。

(一) 树立正确的恋爱观

1. 爱情在人生中的地位和作用 人们常说,人生有两大课题:事业和爱情。爱情是人生的重要组成部分,真正的爱情能给人以鼓舞,给人以力量,给人带来精神上的激励、情绪上的欢娱、生活上的充实。但人生除了爱情之外,还有比爱情更重要的东西,这就是事业。事业重于爱情,事业高于爱情。如果把位置颠倒了,将爱情摆在至高无上的位置,把爱情看作是人生唯一的追求,那么爱情就会抑制事业的发展,而失去事业基础的爱情就结不出人生的硕果。我们常说"饮食男女"朴素地道出了事业与爱情的关系。匈牙利诗人裴多菲的著名诗句"生命诚可贵,爱情价更高,若为自由故,两者皆可抛",就体现了把事业放在高于一切的位置上的高尚道德境界。人生需要爱情,但人生绝非只有爱情;只有与共同的事业、理想联结在一起的爱情,才能产生巨大的力量,才能经得起时间的考验。

2. 选择恋爱的最佳时机 人才的成长过程一般分为学习准备期、创造活动期、事业成功期等阶段。大学阶段属于学习准备的最后阶段,是人才成长发展的重要阶段。大学阶段是大学生学习知识、奋斗成才的黄金时期。一生的事业在这里奠基,成才的希望在这里播种,这一时期的作为在一定程度上预示着人生成就的有无和大小。历史上许多大器早成的人,大多是在大学阶段培养了对专业的浓厚兴趣,奠定了坚实的基础,才有了后来闻名于世的成就。正因为这样,一切有识之士都主张把学业追求作为大学阶段的第一任务。因此,面对大学繁重的学习任务,把本应用于学习上的时间和精力过多地抛洒在花前月下的谈情说爱中,那显然是极不明智的。

当然,爱情与学业也并非是绝对对立的,渴求爱情的愿望是大学生正常的心理反应。但需明白,渴望爱情未必就是懂得爱情,未必就能够把握住爱情。对于青年大学生来说,在时间和精力十分有限的情况下,合理地选择恋爱的时机就显得十分地重要。

(二) 家庭美德的培养

恋爱是缔结爱恋、组成家庭的前提和基础,婚姻和家庭则是恋爱的结果。婚姻和家庭是爱情在内容和形式上的升华。社会属性作为婚姻和家庭的本质,给人们理解和把握婚姻家庭的内涵与价值提供了重要的视角。

婚姻家庭的和谐稳定是社会和谐稳定的基础。因此,注重把握婚姻家庭演变的规律和现实状况,妥善协调婚姻家庭关系,既关系千家万户的幸福,又关系人际关系的和谐,以至社会的长治久安。

家庭美德在维系和谐美满的婚姻家庭关系中具有十分重要而独特的功能。家庭美德是每个公民在家庭生活中应该遵循的行为准则,涵盖了夫妻、长幼、邻里之间的关系。家庭美德的基本规范是:

1. 尊老爱幼 中国自古就是一个非常讲求父慈子孝的国度,"老吾老以及人之老,幼吾幼以及人之幼"的观念深入人心,反映了人们对需要给予特别关爱的老人和儿童的深厚情感,因而成为世代相传的道德信念。老人对社会做出了贡献,又为抚养和教育晚辈付出了心血,当他们年老体弱时,理应得到社会、子女及家庭成员的尊重与回报。儿童是未来的社会栋梁,是社会和家庭的希望,在他们还不能自食其力的成长过程中,需要得到成年人在物质和精神上的照顾与培育。在我国社会中,强调尊老爱幼具有很强的社会针对性,它对于解决日趋凸显的老龄化问题和独生子女的哺育问题,都具有重要的意义。

2. 男女平等　男女平等是我国重要的法律原则和道德规范,也是我国的基本国策。家庭生活中的男女平等既表现为夫妻权利和义务上的平等、人格地位上的平等,又表现为平等地对待自己的子女。

3. 夫妻和睦　夫妻是家庭的主要成员,夫妻关系是家庭关系的核心。忠于爱情、互敬互爱,是夫妻和睦、婚姻美满的基础。现在所强调的夫妻和睦,是在男女平等基础上的互敬互爱、互助互让。

4. 勤俭持家　勤俭是家庭兴旺的保证,也是社会富足的保证。常言道"勤是摇钱树,俭是聚宝盆,奢懒败家门"。勤俭持家既要做到努力工作,勤劳致富,也要量入为出,节约用费。在大学里,经济条件差的同学应当勤俭以励志,经济条件好的同学也应当勤俭以养德。同学们应当比品德、比学习、比情趣,而不能一掷千金,超前消费、攀比消费和负债消费,更不能向父母提出超越正常需要或超越家庭经济负担能力的不合理要求。大学生要尊重父母劳动所得,体谅父母的辛苦操劳,尽量减轻父母和家庭的生活负担。"可怜天下父母心",能认识到这一点并体现在勤俭的日常生活中,就是对父母和家庭最实际的贡献。

5. 邻里团结　邻里之间既无血缘关系又无法定关系,而是一种地缘关系。在当代社会,一个家庭不可能孤立存在,而是处于多维的联系之中,当家庭遇到困难甚至发生危机时,首先伸出援助之手的往往是邻居,友邻的作用常常胜过亲戚朋友。搞好邻里团结重要的是相互尊重。要尊重邻里的人格、民族习惯、生活方式、兴趣爱好等,互相学习,取长补短。邻里之间长期相处,难免产生误会和矛盾等,要本着互谅互让的原则,无理者主动认错,得理者宽以让人,这样才能化解矛盾纠纷,增进邻里感情。

第三节　大学生的人生追求

一、正确看待和追求人生价值

通过学习,使学生认识在实现人生价值客观条件和主观条件所包含的内容;懂得在人生价值的实现中必须发挥主观能动性的道理。使学生既能正确对待社会现实,又要珍惜生命,创造条件努力实现人生价值。

有个开公共汽车的老司机,在工作岗位上,因为心脏病突然发作去世了,在他生命的最后一刻,他做了以下几件事:先把车停在路边,关闭了发动机,然后打开车门,目送所有乘客下车后,带着微笑,倒在了方向盘上。他是一个尽职尽责的司机,他做了他该做的事,为人民做出了贡献。

上述例子在日常生活中常见,对此我们应该思考这样的问题:是不是只有像比尔·盖茨、李嘉诚这种轰轰烈烈的人物,才实现了自己的人生价值,才活得有意义?但我们不要忘了我们社会的绝大多数都是普通的小人物,他们虽然渺小,做的都是普普通通的小事,但我们的社会发展离不开这些人。他们同样在为社会做贡献,同样功不可没。

（一）价值观概述

价值一词最早是用来反映商品中凝聚的人的一般劳动,属于经济学的特定范畴。它是事物的一种属性,反映为一种事物满足另一种需要的事实和程度。价值不在事物自身,而在事物之间的联系,是一事物对他物的用途的表现。马克思说:"'价值'这个普通的概念是从人们对待满足他们需要的外界物的关系中产生的。"

由此可见,价值是人(主体)的需要与满足人的需要的外界物(客体)之间的一种关系。价值的主体只能是人,任何价值都是对人的价值、满足人的需要的价值。人生在世,"一要生存,二进温饱,三要发展",自然就有物质需要和精神需要,但由于人的社会性、群体性依存特性,人最需要的东西就是人,即人既是价值主体,又是价值客体,这是价值关系中人的特殊性所在。由此我们把价值分为三大类:物质价值、精神价值和人的价值。

(二) 人生价值

人生的道路有千姿百态,有的欢乐,有的痛苦,有的富有,有的贫瘠。为什么会呈现如此不同的形态呢? 那是因为各人对人生的认识和理解不同的缘故,你头脑里认为人生是什么样子。你的人生就会是什么样子。

人的价值不仅仅指构成人体的物质的价值,更指人的生命、生活的价值,即人生价值。由上可知人生价值指人的生命、生活本身所具有的价值,任何一个人都既可以是价值客体,作为满足他人或社会的价值需要的手段,同时又可以是价值主体,其本身就是目的。

人生价值是人生观体系中的一个重要的范畴,价值"具体"在人生观领域中表现。在一定意义上,人生的价值是人生的意义,评估人生"价值量"大小,可以理解人生的意义如何,理解人生意义大小。

(1) 人生价值在社会关系中确定:人生总是社会的人生,人生受各种各样的社会关系制约。人生的价值和意义,不是由个人评估,而是由社会关系衡量的。个人主观上,也许能够按人生意愿去演化自己的人生历程,但客观上,个人的这些人生意愿多大程度能够遂愿,不是个人一厢情愿,受社会关系诸多因素制约。

(2) 人生价值的价值量大小,由人生价值目标的境界及实现程度来决定。是否与社会总理想目标相一致,为实现这一目标做出了多大贡献决定了社会成员个体的人生价值,价值量的大小,社会成员个人人生价值与社会占主导地位的价值目标格格不入。如果态度上对实现社会总价值目标采取消极不合作或背道而驰。势必造成:己的人生价值被主流社会评价为低价值,无价值、甚至负价值,自己的人生理想,要么丧失实现条件,要么备尝人生的艰辛和苦难,经过艰苦卓绝的奋斗之后才能实现。

(3) 人生价值的确定及价值量的增减,也是个人人生拼搏的结果。社会关系和社会总价值目标对社会成员个体人生价值的制约,不应理解为个人人生的"宿命"。人生价值观上的宿命论是神秘的力量主宰与唯物史观不可同日而语。唯物史观强调社会关系对人生价值制约,强调人生的受动性,十分强调人的主观能动性在人生价值的创造中不可或缺的作用,没有人的积极拼搏,进取有为精神,就不能获得有价值和有意义的人生。人生价值包含自我价值和社会价值。一个人要从社会中得到满足,才能获得自我生存的有利基础。

1) 价值具有创造性:人的实践具有能动的创造性,人在实践中不仅可以能动地认识世界,而且可以能动性地创造世界。正是人的这种能动的创造性,才能满足人类本身存在和发展的需要,因此人的自由自在的创造性的实践活动是人的价值的第一特征。人的价值就意味着创造,没有创造就没有人的价值的产生。人的价值和人的创造不能混为一谈。"自我"的个体具有创造人的价值的潜在能力,只有当这种能力发挥创造性并转化为物质的价值形态,转变为对社会和积极作用和贡献时,价值才真正在个体身上体现出来。

2）人的价值具有二重性:作为主体,人有自身的需要,是价值享受者;同时人作为价值客体,又具有通过实践活动而创造物质的和精神的财富来满足自身和他人需要的特性,人又是价值的创造者。因此,人既是享受者,又是创造者,是享受和创造的统一,是目的和手段的统一。

人的价值具有社会性。人的价值本质上是一种社会关系概念。人的价值就存在于个人与他人、个人与社会的需要与满足需要的关系中,并且通过这种关系表现出来。如果离开了他人和社会的需要,孤立的个人是无所谓"价值"的。而且人的价值能力,是在长期的社会实践过程中形成的;人也只有在为社会创造物质财富和精神财富的过程中,才能实现他的价值。

(三) 人生价值评价的标准与实现条件

1. 人生价值评价的标准　所谓价值评价,是对已经形成的人生价观念或行为的判断,即运用一定的价值标准,通过个人心理活动、群体意识倾向和社会舆论,对他人或自己的与人生目的相关的社会行为进行衡量,分析其动机与效果,从质上判断其对社会是否有积极意义,从量上判断其积极意义的大小,从而表明对这一行为肯定或否定、赞扬或鄙弃的态度,并以此来引导自己的行为。

价值评价的复杂性。价值评价结果以或肯定或否定的形式出现,肯定、否定的层次和程度不同,等级不同,比如善恶问题,是两极评价还是级次问题? 又如价值评价必然会涉及主体自身状况制约,"仁者见仁,智者见智"的结果可以想象。这些都说明了价值评价的复杂性。

价值评价的客观性宏观上以"应该如何"作为价值取向和评价标准,对于人生至关重要。微观上对个体人生及行为活动,不仅要看客观效果、外在价值,还要看其主观态度和内在品性,看其内在价值。价值评价要把质的规定性和量的规定统一起来,量的规定性包括:个人满足社会需要的责任心强度、个人满足社会需要的效率、个人满足社会需要的总时间等。价值评价的经常性持续不断的评价活动才能不断丰富和发展人生价值的内容,并使其与社会发展的需要相吻合。

人生价值评价的根本尺度,是看一个人的人生活动是否符合社会发展的客观规律,是否通过实践促进了历史的进步。

人是社会的人,总是生存和活动于各种各样的社会关系当中,并受到一定社会关系的制约。在实际生活当中,人们会选择自己的人生道路,通过一定的方式实现自己的人生目的,以独特的思想和行为赋予生活实践以个性特征。不过,任何个体的人生意义只能建立在一定的社会关系和社会条件基础之上,并在社会中得以实现。离开一定的社会基础,个人就不能作为人而存在,当然也无法创造人生价值。人的社会性决定了人生的社会价值是人生价值的最基本内容。一个人的生活具有什么样的价值,从根本上说是由社会所规定的,而社会对于一个人的价值评判,也主要是以他对社会所做的贡献为标准。个体对社会和他人的生存和发展贡献越大,其人生的社会价值也就越大,反之,人生的社会价值就越小。如果个体的人生活动对社会和他人的生存和发展不仅没有贡献,反而起到某种反作用,那么,这种人生的社会价值就表现为负价值。

要比较客观、公正、准确地评价社会成员人生价值的大小,除了要掌握科学的标准外,还需要掌握恰当的评价方法,做到以下四个坚持:①坚持能力有大小与贡献须尽力相统一。②坚持物质贡献与精神贡献相统一。③坚持完善自身与贡献社会相统一。④坚持动机和效果相统一。

2. 实现人生价值的条件 人生价值的实现需要社会提供一定的客观条件,尤其需要发挥人的能动作用、全面提高个人素质的主观条件。实现人生价值需要社会提供一定的客观条件:

(1) 要以一定的生产力为基础:一个社会的生产力水平为人生价值的实现创造必要的条件,它制约着这个社会的人们的人生价值的实现水平。

(2) 要有一定的社会经济、政治文化条件人所特有的劳动创造力是人生价值的源泉,但是,人的创造力的形成和培养需要经过学习和训练,而这种学习和训练的条件又需要社会提供,即依赖于一定的社会经济、政治状况、科学和文化发展水平。人们创造力的利用发挥还需要一定的社会条件、工作条件以及社会多方面的支持。良好而必要的客观条件,为我们实现人生价值提供了基本保证。

二、"勿以恶小而为之,勿以善小而不为"

客观条件对人生价值的实现固然重要,但不是决定因素。它们在个人价值的实现中起着怎样的作用,关键还在于个人主观能动性的发挥。

1. 自我价值与社会价值相统一 个体价值目标的选择应该为社会所认同,以社会利益为中心。具体而言遵循"我为人人,人人为我"的准则。

2. 奉献与价值的统一 对于奉献与索取的关系,现实中有三种主张,需要学生正确认识、辨析:第一种:索取大于奉献论。第二种:索取与奉献均衡论。第三种:贡献大于索取论。

3. 确立进取的人生态度 人生态度是人们在一定社会环境影响和教育下,根据自我生活的体验,在人的生存及为了生存和发展而进行的各种活动中形成的较稳定的自我心理倾向,是人生观的一部分。它不是先天形成的,而是在后天的社会生活中不断形成和发展的。

在当今大学生中,不乏错误人生态度者主要表现为:

与世无争型:对人生、对社会抱悲观态度,对生活失去信心。于是他们学习上高呼"60分万岁",生活上松散拖沓,没有时间观和纪律观,人际交往上独来独往,漠不关心他人,更谈不上交上挚友;用一句话概括就是"什么都无所谓"。

享乐自私型:抱定"人为财死,鸟为食亡"、"人不为己,天诛地灭"信条,君不见,大学城外往往餐厅、舞厅、台球厅、礼品店、游戏机厅、卡拉 OK 厅生意兴隆。"消费发烧友"、"麻将先锋"、"舞林高手"出入其间。"甚爱必大费"(老子语),沉湎于物质追求,必耗大量时间和精力,而无暇追求人生的大志了。

唯我独尊型自认才高八斗,轻视他人,自我意识极度膨胀且嫉贤妒能,别人被他认为是"阿斗"。"人之生,不能无群"这是中国古人告诫后人的至理名言。不借助他人,不依靠社会,个人成功的机会太少了。

那么,当代大学生应具备什么样的生活态度呢?

首先要务实。人生是现实的,整日紧抓住梦的手,于现实有何益呢?其次要积极进取,不回避矛盾,勇于竞争。最后要乐观自信,矢志不移。诸葛亮说的"非淡泊无以明智,非宁静无以致远",意正在于此。要淡化自我,"心地无私天地宽",只有无私,才能无畏;而自我中心、充满私欲的人,往往会患得患失,贪图小利而贻误大事。忙碌—赚钱—养家—传宗接代,每个人都在走……人生的目标几乎相似,但是人生的境界却有不同。有人荣华富贵而精神贫穷,有人淡泊生活而性灵华丽。境界是一种无形的美,纯粹来自生命的体验与升华!

大学生应树立与追求正确人生价值观,努力做到"勿以恶小而为之,勿以善小而不为"。

思 考 题

1. 为什么说理想品德是大学生的立身之本?
2. 如何理解树立正确的政治方向是大学生成才的前提?
3. 医学院校的大学生应如何培养正确的职业道德?
4. 谈谈你对价值评价标准的认识。

第四章 教学管理

本章导读 大学的教学管理过程和中学的教学管理过程有很大的不同,大学培养的是学生的综合思维能力、创新能力和实践能力,其学习形式与学习方法与中学也有很大的不同。学生须要对大学教学管理的各个环节有个充分的了解,以便能尽快地融入大学生活,适应新的学习环境,在完成学业的同时,彰显个性发展。本章将介绍大学的教学管理机构和教学管理制度、课程的设置、学历与学位、等级考试等内容。

案例 4-1

张杰是某医学院的学生。高中时学习认真刻苦,成绩名列前茅,国内某知名财经大学是他的奋斗目标。但世事弄人,因高考时身体不适导致考分离目标大学有一定距离。这时的他面临选择专业的问题,父母和亲朋好友建议他选择医学院学临床医学专业,因为在他们看来当医生不仅收入高,社会地位也高。最后在父母的说服下,张杰填报了某医学院校的临床医学专业。可事与愿违,张杰并没有顺利的录取到临床医学专业,而是因为分数原因被调剂到了一个非医学专业。张杰特别沮丧和迷茫,来到学校后,更是感觉人生失去了奋斗的目标和动力,每天无心学习,精神萎靡,不与人交流,独来独往。他异常的状态引起了辅导员的注意,找到他进行了谈话。在得知原因后,辅导员对他进行了开导和劝解,还鼓励他参选班级干部,鼓励他加入学生会和社团,好好体验大学生活。日后,辅导员还介绍他认识了学院的专业老师,推荐他跟着专业老师一起做实验。一开始,张杰仅是碍于辅导员的情面,完成辅导员安排的"任务",随着时间的推移,在课程的学习中,在与老师和同学们的相处中,在各类活动中,张杰找到了大学生活的乐趣,慢慢喜欢上自己所学的专业,尤其特别喜欢跟着老师做科学研究,开始畅游大学这个知识的海洋。现在张杰已经考取了国内某高校的研究生,就等着毕业后去新的学校继续学习深造。他的研究生专业还是自己的本专业,他说,这个我曾经瞧不上的,别人眼里的"不好专业",通过这几年的学习,我深深地爱上了它,感受到了它的魅力,我将不断去学习去探索它,尽我所能发挥专业的作用,让我的专业造福人类! 张杰还说,专业不在于好不好,而是在于你有没有用正确的视角去看待它,只要你用心走向所学专业,成为专业的佼佼者,它将会给你带来无上的乐趣和意想不到的收获。

第一节 大学教学管理机构和教学管理制度

大学生在校期间有必要了解大学的教学是怎样管理的,它的机构有哪些,又有哪些规章制度去管理、制约它们,从而圆满完成学业。

一、大学教学管理机构

大学教学管理机构分为校级教学管理和二级学院(部、系)管理。

1. 校级教学管理　校级教学管理机构是教务处,是大学教学管理的核心部门。主要负责组织制定培养方案(或教育计划),指导编写课程教学大纲、教材建设和选用、编制校历、统筹编排课表、公共选修课程报名,以及教室的协调使用;完成学生学籍管理与学籍变动处理,审核学生毕业和学位资格,学历和学位电子注册;组织安排课程考试、等级考试;统筹实习安排,监督毕业论文管理;负责大学生创新创业项目的组织管理;等等。可以说教务处是全校教学管理的总指挥。

2. 二级学院(部、系)管理　不同大学的二级教学管理称呼略有差异,但不外乎学院、学部、学系等,一般以学院居多。在二级教学管理中,各学院的院长全面负责学院内的教学、科研等管理,一般设副院长协助院长主持教学日常工作,各教研室(教学实验室)负责执行本单位的各项教学、科研任务。教学秘书是各学院教学业务的主要工作人员,负责处理本单位的日常教学工作,接受校级教学管理部门的业务指导,起到校级教学管理部门与各二级院、部(系)教学管理中的桥梁作用。

二、大学教育管理制度

我们常说,没有规矩不成方圆,这里的规矩就是规章制度。一套行之有效的教学管理规章制度能使各项工作有章可循,有规可依,也借以拘束、激励师生,规范其日常行为,促进教学各项工作顺利开展。

1. 学籍管理制度　学籍管理制度是规范学生行为准则最重要的管理制度,贯穿了大学生涯的始终,从入学直到毕业。

(1) 入学:学生入学应当在各学校规定的期限内到学校报到,下一般不超过两周,如两周内无法到校,必须向学校相关管理人员请假,按学校考勤制度来管理。

新生入学三个月内,学校会按照国家规定对其进行资格复查,包括核查学生的身份信息及安排体检。如核查出新生的身份信息确系为冒名顶替者,学校将取消其学籍。而核查出体检结果不适合专业就读,如色盲或色弱者,由学校征询学生意愿,调剂至相应专业就读。

如因患病等原因无法到校就读的,应向就读学校教务处提出申请,并出具二级甲等及以上医院的疾病证明或相应证明,方可保留其入学资格。

(2) 转专业:新生入学后,经过对本校各专业的了解,结合自身兴趣爱好,希望调整就读专业者,一般可以向所在学校提出申请至其他专业就读,但必须严格按照学校相关管理规定进行。

海南医学院转专业相关规定简介

新生入学后,满一个学期后,可以申请转至其他专业就读,需满足以下条件:

1) 二本专业不可转至一本专业、文科生不可转理科专业;

2) 申请转专业前所修必修课须全部合格;

3）已修课程在 2 个专业之间的必修课相差不能超过三门,主要课程相差不能超过二门(大一学生需比对第一学期的课程,大二学生转大二专业需比对三个学期的课程,大二学生转大一专业只需比对第一学期的课程)。

但以下学生申请转专业可不受必修课程的限制:

1）入学后患有某种疾病或生理缺陷,经学校指定的医疗单位检查,证明不能在原专业就读,但可在其他专业就读的学生;

2）一本专业学生转入二本专业。

（3）休学与复学:学生在校期间若因生病、创业、经济困难或特殊原因等须暂时中断学业者,可以向学校教务处提出休学申请。但需注意,一般情况下,学生在校最长年限(含休学、留级)为其两倍学制时间,且休学期间不享受在校学习学生待遇,其医疗费和往返路费自理,学校不对学生休学期间发生的事故负责。

（4）复学:学生休学期满后,须向教务处提交复学申请,教务处复查合格后将其编入原专业的下一年级学习,若原专业已停止招生,则转入相近专业学习。学生如在休学期间,有严重违法乱纪行为,学校将取消其复学资格。

（5）保留学籍:学生应征参加中国人民解放军(含中国人民武装警察部队),学校应保留其学籍至退役后一年。复学后第一学年的考核成绩评定可按学校相关管理规定予以照顾,第一学年后与普招生等同。

（6）留级:学生期末考试不及格,教务处于下一学期初安排其进行课程补考。经过补考后,一学年累计有三门必修课程或两门主要课程(含因作弊或旷考不准正常补考的课程)不及格者,将作留级处理。留级的标准依据不同学校各有规定,实施学分制的学校亦可能按学分绩点计算。

学生留级后,已经考试"合格"的课程可以向教务处申请免修。特殊情况下,学生可向教务处提出跟班试读申请,跟班试读期间如再次达到留级条件者,则必须留至下一年级就读。

（7）退学:学生退学有两种情况:

1）因特殊原因自愿要求退学,需学生本人提出申请,并提交家长或法定监护人签字证明。

2）因达到相应退学条件,学校要求其退学者:

最常见的为课程原因,即学生经第一次补考后,一学年累计有四门及以上必修课程或三门主要课程(含因作弊或旷考不准正常补考的课程)不及格者。

特殊情况下,学生可向教务处提出留级试读申请,留至本专业下一年级试读,此期间若还有科目不及格达到退学条件者,则必须退学。

（8）毕业、结业:学生在校期间内,修完教育计划所规定的内容,并且德、智、体达到要求,准予毕业,颁发毕业证书,否则按结业处理,给予结业证书。

2. 考试管理规定 规定了学生考试的资格、成绩的认定以及缓考、免考等考核处理办法。

（1）课程考核与成绩记载:考核分为考试和考查两种。考试课程成绩按百分计,60 分为及格线。其评分包括平时成绩和期末考试成绩两部分,平时成绩占课程评分的 20% ~ 40%,它是对学生课堂提问、实验、实习、课外作业、平时测验(或期中考核)、课堂纪律等的综合评定。平时成绩不及格,不得参加该门课程的期末考试,须补足相关不足待平时成绩评定合格后,才能参加期末考试。期末考试成绩占本门课程成绩的 60%~80%,一般在学期结束前两周内进行考试,由教务处统一安排。

考查课的考核主要是根据课堂提问、实验、见习、作业、随堂测验(或期中考核)综合评定,也可在课程结束后组织考核,成绩分优、良、中、及格、不及格五级。

(2)查分:考核成绩一般不得更改,对课程成绩有疑问的学生可在第二学期开学后的第一周提出书面申请,教务处审批后,由教务处组织进行查卷,学生不能直接向教研室或教学单位查卷。确属有错误者,要由有关教师写书面报告,说明原因,教研室审查同意,经二级学院审核后,报教务处予以更正。

(3)作弊及旷考:考试作弊者,该门课以"零分"计,成绩档案中记"考试作弊",视情节轻重给予留校察看或以上处分;两人或两人以上参与作弊者(如替考、组织作弊、使用通讯设备作弊等),成绩档案中记"严重考试作弊",给予所有参与学生开除学籍处分。

未经批准擅自缺考或参加考试而未交卷者,以旷考论,该课程成绩以"零分"计,成绩档案中记"旷考"。旷考或作弊学生均不得参加正常补考,视其表现由教务处决定是否在毕业前给一次补考机会。

(4)缓考:学生本人因急、重病住院或亲人亡故等特殊原因不能参加考试者,应在考试前书面提出缓考申请,同时须提供相关证明,经教务处审批后方能生效,课程成绩记录为"缓考"。学生在课程开考后交送的缓考申请一律无效。

(5)补考:考核不及格的课程,在校期间可给两次补考机会,第一次在下一学期开学后进行,第二次补考安排在毕业实习结束后进行;补考成绩记载注明"补考",补考不得缓考。缓考者与"第一次补考"同步进行,缓考成绩按正常考试记录,缓考不及格者不再给予"第一次补考"机会。

3. 实习管理规定　实习是学校教育的重要组成部分,是实现培养目标、培养专业实践能力的重要阶段。

(1)实习安排:根据培养方案或教育计划的安排,各专业的实习任务在学生毕业前一年进行,由各二级学院制定实习预计划后报教务处审核,各学院按审核后的计划进行实习安排。

(2)分散实习:学生实习原则上由学校统一组织,集中安排。特殊情况下,可由学生自己联系实习单位,按分散实习管理。分散实习的单位必须满足学校关于实习的基本条件,能够完成实习指导。

(3)顶岗实习:顶岗实习是体现学校以人为本的管理理念,加强学生个性化培养、促进学生就业的种业途径。顶岗实习单位是指已经与我校学生签订就业协议并提出试用意向的用人单位。定岗实习由学生个人申请,教务处审批。

(4)实习管理:学生在实习期间由实习单位统一管理,须服从实习单位的领导,遵守各项规章制度。实习期间的考勤由实习单位负责,学生请假须按照按学校相关规定来逐级审批,不可擅离职守,否则按旷课进行处理。

第二节　课程设置介绍

从高校课程设置的系统过程来看,高校课程设置,正经历一种阶梯式的发展趋势,即课程设置职业化、市场化与科学化。高校课程设置进步的"阶梯"或发展的"趋势",有助于经济社会转型中发挥人才教育与培养的作用。

1. 职业化 高校课程设置的职业化，是指在高校课程设置中，以职业或专业为依据，进行课程设置和课程教学，从而使学生能掌握与职业或专业的相关知识。

2. 市场化 大学并不是纯粹意义上的"象牙塔"，而是为社会承担人才培养责任的一种功能性机构。社会的发展，离不开人才，人才的培养，离不开大学，大学的运作，离不开课程。良好的课程设置，才能培养出优秀的人才。大学培养人才也需要"市场化"，因此高校在"人才"培养的课程设置上体现了"市场化"，从而让学生更好地适应社会的需求。

3. 科学化 高校课程设置除了起步阶梯"职业化"、中层阶梯"市场化"外，还有一个高层阶梯"科学化"。"科学化"，是指高校课程设置，在遵循教学规律与学科规律基础上，既要考虑课程设置的专业性要求和统筹市场性要求，同时还要发展一些不实用的，但对哲学、科学等领域有潜在作用的学科，使得高校的课程设置更加科学化。

目前高校的课程设置主要从在第一课堂来实现。

一、第一课堂介绍

第一课堂教育又称第一渠道教育。第一课堂是学生学习知识的主要场所和主要途径。第一课堂教育是教师有目的有计划的引导学生迅速掌握人类长期积累起来的文化科学知识，使学生得到全面发展，实现社会主义教育目的，培养有理想、有道德、有文化、有纪律的合格人才的主要途径，主要在教育计划中体现。

教育计划是高等学校教育教学工作的纲领性文件，是国家教育方针、人才培养标准以及学校办学宗旨和教育目标的集中体现，是实现人才培养目标的总体方案，是学校组织教学活动和实施教学管理的主要依据，对人才培养规格和保证教学质量具有导向作用。学校的教育计划均会依据国家相关文件精神和相关行业标准，并在全面总结各学校近年来教育教学改革成果及现行本科教育计划制订与实施经验的基础上进行修订。一般为三到五年修订一次，修订教育计划过程中，会广泛征求上级部门、教师、学生、家长、用人单位等各方面的意见。

海南医学院本科教育计划简介

教育计划突出以学生为本的素质教育、创新教育、终身教育理念，注重对学生职业道德、实践能力和创新能力的培养，创建科学基础、实践能力和人文素养融合发展的人才培养模式，构建具有学科专业特色的课程体系，培养出"基础扎实、富有创新精神、实践能力强、综合素质高、具有岗位胜任力和领导力"的应用型专门人才。

教育计划里一般所含的课程有必修课、专业限选课及公共选修课；其中必修课程包括以下内容：通识教育课、专业基础课、专业教育课。

（1）通识教育课：分思想政治课程、军事理论课程及军训、体育课、公共外语课程、计算机基础及应用等必修课程，以及通识教育课程。

（2）专业基础课：包含学科专业课程实习与实践、学科专业基础课程、实验及课程设计。

（3）专业核心课：包括专业核心课及实验、课程设计、专业方向模块课及实验、专业实习及毕业实习、毕业设计（论文）以及专业限选课。

（4）专业限选是专业培养的重要组成部分，指为加深知识和拓宽知识面所设置的本专业和跨专业的课程，原则上必须修习。

（5）公共选修课：公共选修课（以下简称"公选课"）是指学生根据自己的兴趣、能力、爱好以及学科专业发展需要，在全校范围内选修的课程，包括文、史、哲、艺术和自然科学以及人文社会科学与医学交叉产生的边缘学科等方面的课程。本科学生按个人意愿进行选课学习。公选课一旦选定，学生必须参加，不得缺课，中途不得退选，并应完成规定的作业和实验环节。本科生必须获得一定的学分。

二、第二课堂介绍

大学生第二课堂是相对第一课堂而言的，涵盖了大学生参与的一切非学校教学部门开展的教育活动，主要包括大学生的课外文化、娱乐活动，社会实践等。第二课堂活动是第一课堂活动的重要补充，对促进大学生专业知识学习，丰富大学生校园文化生活，提高大学生的综合素养，促进学生个性发展，提升人才培养质量等方面具有重要意义。

（一）正确认识第二课堂活动

（1）大学生第二课堂活动是第一课堂活动的重要补充。第二课堂为大学生的成长提供了有益环境，可以让学生在第二课堂活动中受到教育、提高能力；第二课堂活动灵活多样，能够包容不同个性的学生，让学生能够各尽其才；第二课堂活动能够调动学生的主观能动性，激发学生的潜能，促进学生良性发展；第二课堂活动能够陶冶学生情操，维护学生的心理健康，促进学生养成健全的人格。

（2）第二课堂能够促进大学生专业知识的学习。大学生通过第一课堂的教学活动学习专业知识，通过第二课堂活动来实践和调整自己的专业知识，同时，拓展自己的社会科学、自然科学等交叉学科知识，进而完善自己的知识架构，对所学专业知识融会贯通。

（3）第二课堂活动能够拓展大学生的综合素养。第二课堂活动具有主题教育、丰富知识、文化熏陶、完善人格等功能，能够让学生在活动中主动完善知识，促进学生学习能力的提高；能够让学生早接触社会，缩短学生成才与社会需求之间的距离，让学生能够用社会评价衡量自身价值，促进学生社会化进程；能够让学生在活动中培养团队合作意识、竞争意识，正确面对成功与挫折所引起的心理过程，促进学生养成健全的人格。

（二）第二课堂活动的管理

第二课堂活动内容按照学分考核，与第一课堂学分共同构成学生综合素质评估体系，能更为准确、全面、科学地反映学生的综合素质状况。学校教务部门和共青团组织是学生第二课堂学分管理的职能部门，负责第二课堂学分的审核、确认、检查等工作。

第三节　学历与学位

一、学　历

1. 学历的概念　学历是指人们在教育机构中接受科学文化知识训练的学习经历。现实生活中，学历的概念有广义和狭义之分，广义的学历指学习者的任何一段学习经历，狭义的学历则具有特定含义、特定价值,指学习者最后也是最高层次的一段学习经历,并以教育行政部门批准、有国家认可的文凭颁发权力的学校及其他教育机构颁发的学历证书为凭证。

2. 学历的承认　国家承认的高等教育学历有专科、本科、硕士研究生和博士研究生四个层次。经国家教育部门批准具有举办学历教育资格的普通高等学校(含培养研究生的科研单位)、成人高等学校、民办高等学校颁发的学历证书,国家予以承认。另外,通过自学考试取得的自考毕业证书,经国家教育部门批准在党校、成人高校、军事院校设立的全日制普通班中就读学生所取得的毕业证书,普通高校远程教育颁发的毕业证书,以及符合《中国人民解放军院校学历证书管理暂行规定》所颁发的学历证书,国家同样予以承认。

3. 毕业、结业和肄业　毕业、结业和肄业指学习者在普通高等教育机构学习的结果,其颁发的学历凭证分别为毕业证书、结业证书和肄业证书。

(1) 毕业证书:学生在学校规定年限内,修完教育教学计划规定的内容,德、智、体达到毕业的要求,准予毕业,由学校颁发毕业证书。

对于毕业的相关条件,学生往往容易混淆或忽略的情况有以下几个方面:一是将必修课中的考查课程混淆为选修课程,对课程的性质把握不清;二是对学校教学大纲规定的公共选修课和第二课堂的学分要求认识不到位,思想上不够重视。

(2) 结业证书:学生在学校规定年限内,未能完成教育教学计划规定的内容,做结业处理,发给结业证书。

做结业处理的学生,在结业后一年内,可向学校申请补考、重修、补做实习或者补做毕业设计、论文、答辩,合格者可申请换发毕业证书,不合格者作永久性结业处理。对合格后颁发的毕业证书,毕业时间按审批日期填写。

(3) 肄业证书:学生入学一年或一年以上后申请退学,发给肄业证书。

国家实行电子学历注册制度,高等学校颁发的毕业证书和结业证书需在学信网进行电子学历注册,省级教育主管部门批准后报教育部备案,颁发的学历证书国家予以承认。

二、学　　位

1. 学位的概念　学位是标志被授予者的受教育程度和学术水平达到规定标准的学术称号。学位包括学士、硕士、博士三种,博士是学位的最高一级。在我国"博士后"指获准进入博士后流动站从事科学研究工作的博士学位获得者,不是学位。

2. 学位的授予　学位授予单位及可授予学位的学科名单由国务院学位委员会提出,经国务院批准公布。学士学位由国务院授权高等学校授予,硕士学位、博士学位由国务院授权的高等学校、科研机构授予。

各高等学校、科研机构根据《中华人民共和国学位条例》《中华人民共和国学位条例暂行实施办法》等要求制定本单位学位授予具体办法,规定获得学位的条件。

符合上述条件所授予的学位由学校在学位年报系统上报,经省级学位主管部门批准后报教育部备案,授予的学位国家予以承认。

三、学历与学位的联系和区别

学历指学习经历,强调的是过程;学位指受教育程度和学术水平高低,强调的是结果,两者的联系和区别也比较明显。

首先,取得大学本科毕业证书不一定能够获得学士学位证书,而取得学士学位必须首先取得本科毕业证书;

其次,学历证书是敲门砖,就业、考研、执业医师资格考试、职称晋升、工资晋级等对学历都有相应的规定和要求,而学位证书很多时候都不是必需的。当然,随着社会经济发展和就业形势的越来越严峻,用人单位对人才标准也在发生改变,已经从用人的数量向用人的质量方面转变,招聘本科毕业生时不仅要求提供毕业证书,还要求提供学位证书。

第四节　等级考试

大学生在校期间可以参加各类等级考试或资格考试,其中全国大学英语等级考试必须参加,全国计算机等级考试可自由选择参加。除了上述全国性考试外,海南医学院作为海南省医药卫生行业鉴定考核机构,还设有公共营养师、健康管理师、心理咨询师、保健按摩师等职业资格证书考试,可以为学生今后的求职、任职提供条件。

一、大学英语等级考试

全国大学英语等级考试作为一项全国性的教学考试由"国家教育部高教司"主办,分为四级考试(CET-4)和六级考试(CET-6),每年各举行两次,即6月和12月份各一次。CET是College English Test 的缩写,即大学英语考试,其目的是对大学生的实际英语能力进行客观、准确的测量,为大学英语教学提供服务。从2005年6月起,考试成绩采用满分为710分的计分体制,由教育部高教司委托"全国大学英语四六级考试委员会"发给考生成绩报告单。

1. 大学英语等级考试报名与考试时间

(1)报名时间:每年10月份、4月份。

(2)考试时间:每年12月、6月中旬,上午考四级,下午考六级。

2. 大学英语等级考试的内容和形式　四、六级考试由四部分构成:从分值上,听力理解占35%;阅读理解占35%;综合测试占15%;写作测试占15%。

根据要求,四级成绩不到425分的不能报考六级。四级成绩过550分或六级成绩过520分可以考口语。

3. 大学英语等级考试的报名资格　全国大学英语四级和六级考试的主要对象是高校普招本科、专科生;硕士研究生经所在学校同意,可在本校报名参加考试。

4. 大学英语等级考试的成绩效用　部分高等院校仍将大学英语四级作为学位评定的标准之一,本科学生的四级考试成绩达到学校指定分数线方有资格参加学士学位评定。

总之,大学英语四、六级考试既是以检查教学工作为目的的教学考试,同时也是以测量语言能力为目的的水平考试。

二、全国计算机等级考试

随着数字化和信息化的发展,计算机的应用越来越凸显出来,计算机应用基础是高校教学计划中的一门公共必修课程,计算机等级考试就成了提高计算机教学的一种手段。全国计算机等级考试成为就业的敲门砖。

1. 全国计算机等级考试简介 全国计算机等级考试(National Computer Rank Examination,简称 NCRE)是经教育部批准,由教育部考试中心 1994 年开始主办,面向社会,用于考查应试人员计算机应用知识与技能的全国性计算机水平考试体系。

2. 全国计算机等级考试等级设置 全国计算机等级考试设四个等级。它不以评价教学为目的,考核内容不是按照学校要求设定,而是根据社会不同部门应用计算机的不同程度和需要、国内计算机技术的发展情况以及中国计算机教育、教学和普及的现状而确定的;它以应用能力为主,划分等级,分别考核,为人员择业、人才流动提供其计算机应用知识与能力水平的证明。

3. 全国计算机等级考试报名资格 考生年龄、职业、学历不限,不论在校学生、在职人员、行业人员,均可根据自己学习或使用计算机的实际情况,选考相应的级别和科目。考生每次报考一个科目的考试,考生一次考试只能在一个考点报名。考生可根据自己的情况选考不同的等级,但一次只能报考一个等级。考生可以不参加考前培训,直接报名参加考试。

4. 全国计算机等级考试报名、考试时间

(1) 报名时间:12 月份、6 月份。

(2) 考试时间:上半年 3 月底,下半年 9 月中旬。

5. 全国计算机等级考试形式 考试采用全国统一命题,统一考试的形式。考试包括笔试和上机两个部分(一级只有上机,没有有笔试),笔试和上机考试分别进行。笔试时间二级为 90 分钟,三级、四级均为 120 分钟。上机考试时间一级、二级均为 90 分钟,三级为 60 分钟,四级三个科目暂不考上机。

第一次笔试合格但上机考试成绩不合格的,或者上机合格笔试不合格的,可以在紧接着的下一次考试中免试已经合格的部分。考生在下次考试报名时,可出具上次考试成绩单,其他手续不变。考试结束后,教育部考试中心将予以核实。

思 考 题

1. 转专业的条件和程序你知道了吗?

2. 大学英语四六级、全国计算机等级考试时间和报考程序你知道了吗?

3. 对于丰富自己的第二课堂活动有何打算?

第五章 大学学习

本章导读 大学生活是丰富多彩的,学习是大学生活的中心内容和主要任务,选择了医学院校,选择成为一名医学生,求知立志救死扶伤的信念便铭刻在每位同学的心间。但是,大学生的学习又不同于中学阶段的学习,中学阶段是知识型人才的塑造,而大学阶段更重要的是应用型人才的塑造,医学院校更是侧重于技能型人才的塑造。因此,了解大学学习的特点,掌握基本的学习方法,提高学习的效率,对每位医学院校的新生来说都是非常必要的。大学学习既包括第一课堂的专业学习,也包括第二课堂的素质拓展训练,如何有效利用第一课堂的教师的知识传授以及第二课堂的图书馆阅读与自学、参与大学生科研创新项目、学习撰写科研项目申请及论文等。大学生只有在大学期间加强专业知识的学习和专业素质拓展,努力建立合理的专业理论架构,才能在未来的就业市场中有所作为,有所成就。

案例 5-1

李开复博士曾任微软公司全球副总裁,微软亚洲研究院的首任院长。在学术领域,他是攻坚挫锐的科研天才;在管理层面,他又是运筹帷幄的领军人物。作为一位天资卓越的华裔学者,他正在创造着一个又一个奇迹。同时,李开复博士极为关注中国教育,先后给中国学生写了四封饱含关切之情的来信,在国内青年学生中产生了巨大影响。本案例节选自他给中国学生的第四封信:"大学四年应是这样度过。

在大学期间,学习专业知识固然重要,但更重要的还是要学习独立思考的方法,培养举一反三的能力,只有这样,大学毕业生才能适应瞬息万变的未来世界。大学生应该充分利用图书馆和互联网,培养独立学习和研究的本领,为适应今后的工作或进一步的深造做准备。大学生应当充分利用学校里的人才资源,从各种渠道吸收知识和方法,向自己的老师、高年级的学长学姐、甚至是同班同学学习。大学生的周围到处是良师益友。只要珍惜这些难得的机会,大胆发问,经常切磋,我们就能学到最有用的知识和方法。

第一节 大学学习的特点及方法

从中学到大学,是人生学习阶段的一个重要转折,大学的学习过程中不再像中学阶段,有教师的反复督促和家长的叮嘱,学习上要求高度自觉,更注重学习的主动性,明白自己为什么学习,学习什么,怎么去高效学习,继续发扬中学阶段的勤奋刻苦的学习精神,适应大学学习的规律,掌握科学的学习方法,这样才能顺利完成大学学业,成为社会有用之才。

一、大学学习的特点

1. "精学"与"泛学"相结合 中学阶段接受的是一种普通基础教育,大学学习是高等专业的教育。大学阶段接触知识的渠道更广阔，不再是中学阶段的教科书、参考书、习题集等，科学技术迅速发展，信息传播和知识共享程度不断加强，我们正处在一个知识爆炸的年代，尤其是医学知识，以3-5年为周期呈现知识的更新与衰变，这就要求大学生具有涉猎广泛知识的能力，广泛学习，拓展自己的知识面。然而，医学教育不是培养"通才"的教育模式，而是"专才"的培养。医学生进入大学都有自己的专业方向，大学期间的整个学习计划都是围绕这个目标进行，在这浩如烟海的知识信息中，萃取知识的精华，掌握精深的专业知识，为未来的职业发展打下良好的基础。

普通高等本科教育实行的是四年制的教育，但是医学教育实行的是五年制或七年制甚至是八年制的教育，五年制教育培养的是具有学士学位的本科生，为何医学生的学制长于其他专业的学生，因为医学生学习的课程、学习的环节相比其他专业要更复杂，要求更高。医学生在五年的本科学习过程中开设专业课程超过30门，总学时在3000以上，课程既有病理学、生理学、人体解剖学、生物化学、病理生理学、遗传学等基础医学课程，也有内科学、外科学、妇产科学、儿科学、诊断学等临床医学课程，除了课堂学习，还需要了解各个学科的发展动态，因此要求医学生采用"精学"和"泛学"相结合的方式，对于专业主干课程、经典书目要重点学习，反复练习，加以强化；对于拓展性的知识等我们可以采取"泛学"的方式，浅尝辄止。

2. "课内"和"课外"相结合 大学学习的形式是多种多样的，课内学习，或者称之为第一课堂，是大学生获取知识的主要渠道，但不是唯一的途径。除了第一课堂学习，还可以通过自学、讨论、讲座、实验、实习、科研活动、网络社区论坛、社会实践活动等形式学习，形式多样的学习是由学习内容的"精学"和"泛学"的需要产生的，这对于形成和完善大学生知识能力结构，提高大学生综合素质起到很好的作用。大学学习阶段，第二课堂的自主学习日益占有重要地位，大学的课程不是安排的满满的，而是留有更多的时间自主学习，这样大学生可以把这些时间投入到自己感兴趣的学习内容，另外，即使是在课堂教学中，教师的讲授也不可能像高中阶段一样精讲，对于我们存在疑点，有兴趣拓展的项目，这些都需要我们利用课余时间，借助图书馆查阅资料，或者在专业学习论坛中讨论、求助等。大学生撰写科研论文，完成大学生创新性项目，都是在老师的指导下，依靠同学们自主学习来完成的，第二课堂的学习，需要我们培养自主学习能力，学会自己安排时间，学会迅速查找和阅读各种专业资料，自主地获取知识。另一方面，大学学习的职业定向目标明确，因此，在掌握较高的理论知识的同时，加强实践和动手能力的培养具有特别重要的意义。

医学科技发展日新月异，课堂的学习、教材的编写只是反映该学科的基本规律和较为成熟的知识体系，对于学科的前沿动态、争议等，我们需要借助课外的时间加以拓展。随着人类科技的发展和疾病谱的变化，一些新的疾病或群体公共卫生事件不断涌现，如2003年的"SARS"、2008年"H1N1流感"、2015年的"中东呼吸综合征"等流感病毒在不断发生变异，考验着整个医疗卫生行业和从业人员的专业素质，这些现实问题，都需要我们结合课内和课外学习，不断充实和扩展自己的医学知识结构，以适用当今复杂的医学科技发展形势。

3. "理论性"和"实践性"相结合 大学阶段的学习，主要是要求学生掌握所学专业的理论知识和基本技能，既不同于中学阶段的一般性的文化知识和技能，也不同于中专和职业高中的专业学习，大学培养的是高级专业人才，中专和职业高中培养的是中等专业人才。因此，大学的学习具有一定的理论深度，要有一定的理论高度，不但要了解这些学科的最新研究成果及其发展趋势，高年级的学生还需要经常了解学科发展前沿，甚至包含一些具有争议、没有定论的学术问题。大学阶段的学习，要求学生不仅要掌握所学专业的理论知识，而且还要善于把所学的知识运用于具体的实践中去，以具有基本的实践能力和应用技能。因此大学阶段的学习，既有理论课程，又有各种形式的实践课程，其目的就是为了提高大学生的基本实践能力和应用技能。

医学研究的对象是人，不仅要打好基础学科的知识基础，更要在学习后期一边学习临床医学知识，一边进行临床实习。比如我们在学习《人体解剖学》课程时，除了理论学习外，还需要解剖尸体，了解人体构造；在临床实习过程中还需要对每一个病人进行观察和研究，提高对疾病的认知和诊断水平，对于一些常规的诊断手法、无菌操作、换药导尿、穿刺抽血等技巧，需要医学生不断地加强练习和实践。

4. "传承性"和"创新性"相结合　大学阶段的专业学习具有明显的探究性，大学的教学内容由确定性的论述逐步转为介绍各派理论观点和最新学术发展动向方面的知识。教师承担着知识传承的角色，要让学生了解知识的形成过程、了解专业发展状况、存在的问题以及解决这些问题的可能性，掌握专业的学习方法。同时，大学的学习不仅仅是对已有的专业理论知识和应用技能的掌握，还应在此基础上从事探索活动、发展创造能力、培养创新精神。大学生自身的智力条件和大学的教育条件为大学学习的创造性奠定了必要的基础。因此，大学生在学习的过程中要不断激发自己的创新意识，培养创新精神，了解本学科领域的前言阵地，激发学生的创造热情，为以后走上社会创造性的工作打下基础。

医学学习需要传承，传承的是前辈们的经验沉淀，传承的是医学延续下来的爱心、奉献和关注，医学的学习更需要创新，要在不断地学习中，思考，总结和探索，以适应诊疗技术的飞速发展和患者需求的改变。

大学生的知识学习与掌握，主要是继承前人积累的科学和艺术的遗产。列宁指出："只有确切地了解了人类全部发展过程所创造的文化，只有对这种文化加以改造，才能建设无产阶级的文化。"忘记了这一点，否认继承的必要性，盲目地去"创造新体系"，就会陷入虚无主义的泥坑。但是，作为未来的高级专门人才，大学生迟早要进入创新的过程。因此，在继承前人成果为主的知识学习与掌握过程中，还要时刻注重培养自己的创新意识。

在知识学习与掌握过程中，创新精神首先表现为一种科学的分析态度，在读书、听课或练习、实验等过程中，一旦发现了问题，就要认真思索，深入钻研，敢于提出不同的观点相见解，这当中就可能含有创新的成分。其次，知识学习与掌握中的创新要不怕细小、平凡，而要重于积累。只要有新思想闪光，就要立即抓住它加以发展，以养成创新意识和创新品质。

大学阶段学习的特点，新入学的大学生应充分了解和掌握，只有这样，才能因势利导，调整自己的心态，尽快地由中学生的学习心态和习惯转变为大学生的学习心态和习惯，进入大学学习的角色，适应大学生活，圆满地完成大学阶段的学习任务，在大学毕业后、顺利地适应相应的工作。

二、大学学习的基本原则

当我们踏进大学校园的第一印象是：学校校园面积很大，风景很漂亮，生活很自由，没有硬性的学习任务。同学们从一个很紧张的学习环境突然进入一个很宽松的学习环境，显得无所适从，高中阶段的学习都有老师的安排与督促，一味地放任自己、虚度光阴，还有许多学生始终找不到正确的学习方向，当他们被一纸补考通知唤醒时，当他们收到第一封来自应聘企业的婉拒信时,他们才惊讶地发现原来自己的大学生活是如此的空白,什么都没有学到。同学们只有了解大学学习的基本规律,真实适用大学的学习,提前做好规划,学习过程才能游刃有余,从容面对。

1. 学习和思考结合的规律 孔子说过"学而不思则罔,思而不学则殆"说明学习与思维是相互依存、相互促进、相辅相成,学习的过程中要加强思考,多问自己为什么,然后又通过学习的过程加以解决,具体来说,又包括以下两个方面:

首先是学习对思维的依赖性。学习的过程就是把知识转化为人的素质和能力的过程,需要经过大脑的分析、综合、归纳、推理等加工过程来处理过程。离开思维的加工制作过程,学习不可能真正达到获取知识和把知识转化为人的素质能力,因而使人的自身得到发展的最终目的。当然,思考还存在对知识的去粗取精、去伪存真的过程,也就是说学习的过程要善于质疑,有批判性思维,不要总是死守一种思维模式,不要让自己成为课本或经验的奴隶。在学习过程中善于思考,勇于创新,善于从全新的角度出发思考问题,激发学生的思考能力、创造能力和学习能力。

其次是思维对学习的依赖性,不仅学习离不开思维,思维也离不开学习。如果说思维是加工机器的话,学习中获得的知识就是原材料,没有原材料或原材料较少,思维的功能就不能很好地发挥。一个学习者,一天到晚不学习,就想着如何创新、如何发明,那么有可能实现吗?思而不学,那是无本之木,无源之水。牛顿也说过:"我之所以看得更远,是因为我站在巨人的肩膀上。"牛顿先生能发现如此多理论及规律,是因为学习前人的经验和成果,并进一步往前推进,总结和升华。由此说明,学习是思考的基础,离开了学习的纯粹的思维,就失去了思维的根据和内容,也就不可能使人的素质和能力得到真正的提高。

学习和思考相结合的规律说明大学学习阶段一定要处理好学习与思考的关系,学习的时候要充分发挥大脑的思维机能,开动机器,积极思考。尤其对知识的理解和掌握、甚至转化为科技生产力的过程中,思维的作用显得尤为重要。同时在思维和思考问题时,也需要不断摄取新知识。学习中有多重要的学习方法都是从这一规律派生出来的。

2. 循序渐进的规律 专业知识的是按照一定的规律和推演进化过程产生的,学习的过程也应按照一定的"序"一步步地"进",最终实现掌握知识并将知识转化为能力的目的。这里所说的"序"是指专业知识内在的逻辑联系,知识积累的顺序、智能发展的顺序等等,"进"是指学习的进度、速度、步骤等。

梁启超说过:"学问之功,贵在循序渐进,经久不衰"因为科学知识是有系统的学问,人类的认识是由浅入深,由近而远,一步一步地发展起来的,所以我们在学习科学知识的时候,也必须依照认识的发展规律去学,先学习一般知识,而后再学高深的。任何事物的发展变化都是一个由量变到质变的过程,学习也是这样,对知识的掌握和把知识转化为能力需要一个过程,那么,学习的过程中,我们应该从何处着手,按照什么顺序来学习,这些不是由我们学习的主体主观任意选择的,而是按照知识之间、能力之间、知识与能力之间的内在逻辑联系和结构形式以及学习者的接受程度从近到远,由易到难,由浅入深,有简单到复杂,由已知到未知,由具体到抽象的"序"来确定和进行。只有在"序"中学习,才能有学习上的真正意义的"进","进"以"序"为前提,"序"是"进"的基础、准备。没有"序"就没有"进"。"序"选择越符合实际,越合理,越有助于学习效率的提高和"进"的实现。

中国大学生在国际上获得认可的一大优势就是专业基础知识扎实,但是近期,不少成功人士的速成成功的例子使得在校学生的学习躁动不安,他们也迫切希望能够驾驶上成功的快车道,这就渐渐形成了一种追求速成的浮躁风气,这也是当今社会评价大学生"眼高手低"。因此学习的过程应按照学科的发展规律打好基础,打牢基础,在科技日新月异的今天,许多看似高深的技术在几年之后就会被新的技术或工具所替代,如果没有坚实的基础,大学生很难真正理解高深的应用技术。

3. 学习和实践结合的规律 在学习的过程中,将所学知识应用到社会实践和实际工作中去,一方面可以解决实际问题和改造客观世界,另一方面也能使得知识尽快地转化为人的能力,并进一步加深对所应用知识的记忆和理解。学习和实践联系得越紧密,学习效率和效果就越高。这一规律包括两方面的含义:

首先,学习离不开实践,学习必须与实践结合起来。其原因在于只有通过实践,学习中所获取的知识才能转化为能力,实践是知识转化为能力的最重要的条件。在实践过程中,可以使所用知识进一步加强与其他知识之间的碰撞、作用、联系和重新结合,可以对所用知识在实践中作进一步的检验和印证,从而提高和加深对所应用知识的记忆和理解程度。在实践过程中还可以获取新的事实现象类知识或其他类型的新的知识。有专家指出"只要有一些知识在实践活动中得到了应用,就是一种全面的或综合性的锻炼,其收获绝不仅仅限于学会了应用那一点点具体知识。"

其次,实践也离不开学习,实践必须与学习结合起来。实践最重要的目的是改造外部世界和解决具体的实际问题。如果一个学习者把这一重要或主要目的看作应用的唯一目的,把改造外部世界与改造、发展和提供自身的目的绝对对立起来。看不到实践的过程中也包含着改造自身和发展自身的目的,这样的实践过程也达不到获取知识、理解知识和把知识转化为能力的学习目的,即使有所收获的话,其收效非常小。因此,要想在应用中提高和发展自己,就应该把应用与学习自觉结合起来,在一定的意义上把实践的过程本身也看作学习的过程。

著名教育家陶行知强调"知行合一",就是强调学习和实践相结合的规律。这一规律对学习主体的最重要的意义就是努力做到理论与实际的结合,在强调学习的同时不要忘记实践,在强调实践的同时不要忘记学习。

4. 知识碰撞规律 学习是一个由未知到已知、再到能力的不断转化过程,在这个过程中必然有许许多多的知识相互之间发生作用、影响和碰撞。学习的深度和广度与知识之间的这种相互作用、相互影响和相互碰撞的次数、程度成正比关系。这就是知识碰撞规律。

学习作为一个获取知识的过程不是把知识一个一个地从书本上或他人的头脑中像挪动物品一样简单机械地搬到自己的头脑中来,而是头脑中已有的这样或那样的知识与正在接受的知识之间发生碰撞、作用、影响,相互结合而储存在学习者头脑中来。没有这种碰撞、影响,外部知识就不容易为学习者所掌握;有这种碰撞、影响,而且这种碰撞、影响越频繁、越深刻,外部知识就越容易为学习主体所记住、理解和掌握,而且对原有知识的理解也进一步加深。例如学习一个数学定理或公式,只是孤立地接受它,不可能真正记住和掌握。如果能够用已知的其他有内容、含义、功能理解必然深刻,就有助于记忆和运用。同时,在把知识转化为能力的过程中,也经常地把这一知识与所需要说明和解决的实际问题和实际知识发生碰撞,不仅有助于知识尽快地转化为人的能力,也更加深对知识的记忆和理解。因此,没有各种各样的知识特别是新旧知识之间相互作用碰撞,就没有学习的深化和发展。

知识碰撞规律在学习过程中发生作用两个基本条件:首先是学习主体原有的知识结构或认知结构越完善、越丰富、越合理。越有助于知识碰撞规律的发挥。知识非常贫乏或结构不合理的学习者的学习过程中,这一规律的作用程度相对较小。第二是学习主体必须积极主动地思维。也就是说,学习主体必须自觉主动地将头脑中已有的知识"迁移"过来有意识地去撞击、作用于新知识,这一规律才能起作用。如果学习主体已有较丰富、较合理的知识结构,然而却不能主动从储存知识的大脑中调取出来使之和新知识发生碰撞,这一规律在学习过程中同样不能起作用。如同一个生产者手中有较先进的工具,却没有想到或不会用它去作用于原材料,也就不可能有新产品、新结果。因此,知识碰撞规律的意义就在于要求学习主体建立较合理、丰富的知识结构,善于发现原有知识与新知识之间的内在联系,积极主动地使它们之间相互发生作用、影响和碰撞。

三、学习计划的制订与执行

学习成绩优秀者的经历证明,学业的成败不仅在于勤奋和刻苦,而且在于是否善于学习。人才学家认为,只有运用正确的学习方法,才能更好地发挥天赋的智慧和才能,才能事半功倍。大学学习与其说是知识的积累、增加,不如说是掌握科学获取知识的方法和手段。可见,掌握科学的学习方法对大学生来说有多么重要。

1. 制订科学的学习计划,做驾驭时间的主人 学习计划是指大学生需要时间耗费的学习的内容确定与划分,因人而异,一般可以概括为课业学习、课外阅读、课外活动和其他校园生活等四项内容。

大学生学习计划的时间安排,没有一定的标准,因人、因计划项的不同而不同,只要遵循若干公认基本的原则即可。如:

第一,按计划项的重要程度分配时间的原则。重要的计划项多分配些时间,反之则相对少分配些时间。

第二,计划可支配的时间,忽略不可支配的时间。

第三,连续累计满30分钟的时间,最好把它纳入计划之中。

第四,不要忽视零碎的短小时间,可将某些学习内容安排在这些零碎时间中解决,如背诵英语单词,思考问题等。我国古代先哲们在时间的利用上总结的"三上"即鞍上、枕上和厕上的著名经验,值得借鉴。

第五,留有余地的原则,就是不要把所有的时间都计划的丝丝相扣,每天都应有适当的机动时间,计划时留有一段机动的时间,以处理预想不到的某些事务,才能更有益于保证计划的实施。

设计制订学习计划,目的在于强化大学生珍惜时间的观念,形成科学利用时间的基本技能,掌握计划制订与实施的基本方法,提高学习、工作和生活的效率,并由此养成良好的习惯。这将是一件终生受益匪浅的事。

2. 敢于怀疑,养成批判性思维习惯 批判性思维是一种当我们作为一个听众或者阅读者的时候,采用反复提问的方式去考量演讲内容或者阅读材料的合理性,是否值得采纳的一种思维方式。在任何我们作为一个事实或者论证接受者的时候,都可以使用批判性思维。我们以"苹果好吃,我们应该去买"为例,说明批判性思维的建立过程。首先,我们就遇到一个有歧义的问题"好吃",这是一个程度概念,到底什么程度才好吃,况且苹果也有不同的口味,不同的口味适应不同的人群,好吃针对不同的人群,有不同的理解,如甲认为甜的苹果好吃,乙认为酸的苹果好吃,丙认为脆的苹果好吃,其他人可能还有更多的答案。接下来又有一系列我的问题,如我是否喜欢吃苹果,如果我不喜欢吃,是否还有必要买? 苹果的价格是多少,价格到什么程度,会放弃好吃的苹果购买? 有没有其他的替代品可以买足我的食欲? 比如吃梨、或者桃? 除了这一家卖苹果,其他商家的苹果是不是更好吃,价格更便宜? 吃苹果除了"好吃"满足食欲外,还有什么其他的功效,或者有没有副作用? 等你问完这些问题后,你会发现原来苹果应不应该买,这么复杂,也许你会想,吃个苹果怎么这么累,事实上不是吃苹果或是买苹果累,而是批判性思维的训练过程很累,但是他对于我们科学、全面地分析问题,追求真理,甄别有价值的信息有非常重要的帮助,批判性思维能够最大限度地将我们的资源应用在有价值的事情上。

批判性思维的基本原则是敢于怀疑,敢于发散性提问。怀疑的前提是自信,要通过不断的学习、思考、修正,提升个人素养和专业水平,有能力辨别是非、好坏、优劣,做到质疑有据、辨析有理。其次是胆识,敢于较真,勇于质疑,对存在的疑点和漏洞,要提出自己的看法,不人云亦云。批判性思维最核心的特征就是打破常规、倡导个性。批判性思维的养成需要一个相对宽容开放的环境,一种兼容并包的文化氛围。大学的学习环境恰好比较符合以上特征,年轻人对新生事物感兴趣,积极探索的精神以及"初生牛犊不怕虎"那种不畏权威的劲儿也是批判性思维养成的基本条件。

3. 善于综合和分析 分析,就是对事物的现状、矛盾进行分析、剖析,搞清其性质、范围、特点、发展的程度、产生的原因以及与其他各方面的相互关系等等。综合,就是对事物的各种现象、问题进行收集、归纳、概括,以认清其共同的本质特征。通过综合、分析,进行判断、推理,为形成正确的认识观提供正确的意见和方案。因此,这里所说的综合分析能力,包括了调查、汇总(归纳、概括)、分析和判断、推理等一系列能力。

提高综合分析能力,不仅有赖于思考能力和洞察能力,同时也和知识面以及占有的信息资料有关。倘若手中没有或缺少信息资料,就像战士手中没有枪或缺少子弹、加工工人手中没有或者缺少原材料一样无法操作。收集信息资料是综合分析的物质基础,尤其是一些最新资料,它可以给你提供急需的、新颖的事物发展动态,是我们进行分析综合时不可或缺的必备品。

在纷纭复杂、浩如烟海的资料、信息中,有反映事物本质的真实资料,也有不反映事物本质的虚假资料。我们在进行综合分析时要下一番工夫,去粗取精、去伪存真,由此及彼、由表及里,由分散到集中,由具体到概括的工作。切忌分析综合的主观、片面和表面化。

提高综合分析能力的另一个途径,就是要坚持多学习、多实践,要做到理论与实践相结合。必须勤动脑、善思考,这是有效地促进知识转化为能力的最重要的机制。那种懒于思考、不爱动脑筋的人,不可能具有高超的综合分析能力。

实践是增长才干的源泉,要善于抓住每一次实践的机会,将其视为培养、锻炼、提高分析综合能力的良机,倍加珍惜,这是非常重要的。我们应当认真对待在校学习期间的学习、生活内容,平时就注意各类信息的收集和整理(加工),定期撰写一些心得体会。这些都是提高分析综合能力的必要环节。

4. 见微知著,学会辩证思维 大学阶段,是学生辩证思维发展的关键时期,大学生身体的发育,尤其是大脑的发育成熟,为其辩证思维的发展并逐渐在思维发展中占优势提供了可能性。发展辩证思维是大学生自身发展的内在要求。

从对立中寻求转机或方案的辩证逻辑思维,其思维轨迹往往穿行于两个相互对立的事物之间,形成一条循环往复、螺旋上升的曲线。对立因素之间的联系,也是十分复杂的。对立双方的转化,往往是有条件的,只有当事物发展到一定阶段,对立双方确实具备转化的条件时促使其向着对立方向转化,才成为可能,这就是事物发展变化的"转机"。在这一思维过程中,关键在于能否把握对立双发的转化规律,及时捕捉转化时机,积极创造转化条件。

辩证逻辑思维方法不仅是科学认识的强大思想工具,而且是科学创造的强大思想工具。牛顿创立并运用分析和综合辩证逻辑思维方法进行科学创造工作,创立了牛顿力学。达尔文创立并运用归纳和演绎辩证逻辑思维方法进行科学创造工作,创立了科学进化论,如此等等

大学生的辩证思维发展具有多阶段的特点。大一新生的思维抽象性和概括性都有较好的发展,能够进行各种形式的逻辑推理,形式思维已经从经验型过渡到理论型。但是大多数学生,还未掌握辩证思维方法,大二年级是一个过渡期;大三-大四、大五年级的学生辩证思维发生了质变,他们掌握较多的知识和技能,社会经验也相对应增多,运用辩证思维解决问题的能力进一步得到发展,辩证思维能力在这个阶段的思维发展中占优势。

第二节　大学的课堂学习

一、有效利用课堂

1. 大学课堂　大学课堂是大学生完成课程学习的主要场所,不仅是师生活动交流最集中的场所,还是学生之间集体活动互相学习交流最主要的场所之一。课堂有狭义和广义之分,狭义的课堂即为教室,是指学校教学活动发生的主要场所;广义的课堂则理解为课程与教学活动的综合体,包括课堂实施、课程资源开发、教学活动、师生关系、教学环境等多种教育要素及其相互关系。本章节所描述的课堂指的是广义上的课堂。

2. 大学课堂教学　大学课堂教学与我国中小学有很大的差别(表 5-1),分别在课堂管理、教学模式和教学方法等方面都有不同。

表 5-1　中小学和大学课堂教学差异对照表

区别项目	中小学课堂	大学课堂
场地安排	班级固定使用教室	大班教学,课间更换教室
授课教师	一门课程一个老师全程负责	多个教师共同承担一门课
课堂管理	学生固定座位,老师管理为主	学生自由选座,学生管理为主
教学手段	黑板板书为主、部分使用 PPT	PPT 为主,板书辅助
教学方法	讲授式教学为主	实施讲授式教学、PBL 教学法、指导性自学、模拟教学法、床旁教学法、讨论式教学法、CBL 教学法、计算机辅助教学法等多种教学途径与方法,促进学生自主学习、主动学习。(各教学法详解见参考资料)
学生课堂行为	参与行为:学生积极认真、全神贯注参与教学	存在学生睡觉、走神、聊天、玩手机、做其他课程作业甚至逃课的非听课行为

3. 有效利用课堂 大学是培养人才的摇篮,而课堂是传授知识的主要场所。大学生在成才的过程中,要得到多方面的培养锻炼,要通过课堂这一主要的途径获取专业知识。在有限的时间里,就要做到有效利用课堂,并且是课前、课中和课后时间的有效利用。

(1)做好课前预习:大学课堂教学速度快,讲授知识点多,因此学生需在课前进行预习才能更好地在课堂上吸收所学知识。课前预习至少要做到总体浏览、心里有数、留有疑问,待课堂上授课教师讲解。

(2)正确使用课堂时间:蔡元培曾说:"大学生应当有职志、风度和仪容,要研究学问和道德修养并重,加强能力培养"。汲取大学教育培养的大学生,毕业走出校园时,内心是充实的,能够坦然地面对现实的风雨。而这就要求大学生不仅要有扎实的专业知识、强的实践能力,还要有良好的思想道德与职业素质、创新精神和终身学习能力等综合能力。在大学有限的学习时间里,大学生要学习培养如此多的能力,就需要明确目标,统筹协调好时间,在规定的时间做合适的事。在课堂有限的40分钟内,积极参与授课教师组织的各类教学活动,完成知识的汲取,钻研好自己的专业;在课余时间,参加一个组织,从事一项运动,培养一项爱好,充实大学生活,培养自身其他方面的素质和能力。

(3)做好课后作业和复习:课后使用一定的时间来完成作业或复习来加强巩固课堂所学知识。

案例 5-2

又是一年考研放榜季,某高校各专业纷纷组织"考研学习经验交流会"。交流会上,低年级同学非常活跃,都想借此机会好好向已经考上研究生的学长学姐们"取经"。交流会上,问及以专业第一名的优异成绩考上国内某知名医科大学的学姐学习方法和如何备考时,她笑着说:我不属于勤奋的学生,我贪玩,迷恋学生会工作和社团活动、也热衷于参加各类竞赛,除了正常上课时间,课余只用了部分时间用于学习,要说诀窍的话,就是在课堂上认真听讲,争取在课堂上将老师所讲的知识点都弄明白。好好利用课堂40分钟,理解并掌握老师讲的知识点,在各类考试复习将有事半功倍的效果。除了上课认真听讲外,我还特别喜欢讨论课,如PBL课,讨论课要求学生不仅要理解熟悉课本上的知识点还要查阅很多课本外的补充知识,并将这些知识点汇总,形成自己的观点和其他同学分享讨论。在讨论的过程中,同学们都会有不同的见解和知识点罗列,收获非常大。在后期的研究生备考中,要复习大量的知识,所幸大部分知识我已经在课堂上理解掌握了,所以复习起来快速且轻松。

我身边有些同学,在上课时由于各种原因,不太喜欢听课,玩玩手机、聊聊天,甚至觉得老师讲得不好或者贪玩就逃课的,然后在课后、考试前花大量的时间去学习。最终的结果就是,学习没有学好,因为时间使用不当,也没能很好的玩和参加其他的活动。大学几年过得很辛苦但是收获不大。

我建议大家一定要利用好课堂时间学习知识点,再结合自身情况制订学习计划,找到合适自己的学习方法。在获取知识的同时,充分利用好课余时间,做自己感兴趣的事,让自己的大学生活充实而又有意义。

参考资料:

海南医学院教学方法
——节选自《海南医学院临床医学专业认证自评报告》

我校实施多种教学途径与方法,促进学生自主学习、主动学习。采用的主要教学方法包括:

1. 讲授式教学 思想道德修养课程、人文社科课程以大班授课为主,生物医学课程和临床医学课程以中班、小班授课为主。全面应用多媒体技术、计算机网络技术等现代化教学手段,应用率达 100%。鼓励教师改变传统的以教师为中心的单向传授模式,增加授课中的引导、启发和师生互动环节,应用案例或问题引导的方式,将知识的学习与实际应用相联系(图 5-1)。

2. PBL 教学法 2007 年开始 PBL 教学模式改革的探索,2009 版教育计划中,生物医学和临床医学部分课程的部分内容安排 PBL 教学,共计 160 学时,约占这些课程总学时的 4%~9%,2013 版"卓越创新班"增加至 11%~15%)。PBL 教学以学生为主体,以问题为基础,以小组讨论为形式,在教师的指导下,围绕某一医学专题或具体病例的诊治等问题进行自主学习。在开展 PBL 教学过程中,通过编写《PBL 教师指导手册》《PBL 教学案例模板》、开展 PBL 优秀案例评选,促进 PBL 教学的规范化。编写出版《基础医学课程 PBL 案例集(教师版)》,收集案例 30 多个。2013 年启动"PBL 专项教学改革课题",立项建设 10 门,其中临床医学专业课程 7 门。

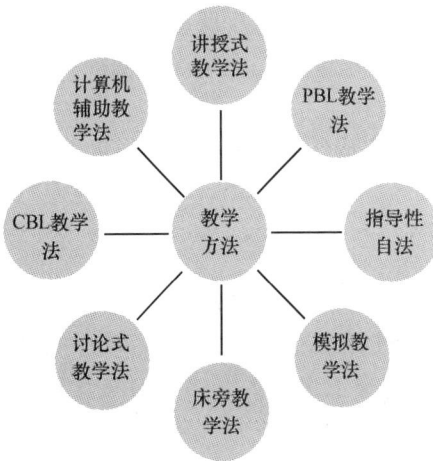

图 5-1 我校采用的教学方法

3. 指导性自学 生物医学和临床医学课程开展指导性自学,约占这些课程总学时的 11%~12%。学校制定自主学习指导手册,各门课程依据学校要求编制自学指南,引导学生有目的地开展自学。自学指南内容主要包括自学方向指导、自学资源介绍、辅导教师联络、自学内容评价要求及方法。指定部分教学内容由学生自主学习,教师在课堂上检查学习效果,并纳入期末考试范围。从 2009 级开始,在临床医学专业安排指导性自主学习 285 学时。

学校大力推进数字化资源建设,为学生自主学习提供保障。主要资源包括人民卫生出版社医学教学素材库、精品课程 38 门(含省级和校级精品课程)、网络课程 406 门、影像学多媒体素材库、英语学习系统、科研数据库系统(含热带病库、南药库、学校论著库等)、医学主干课程在线考试系统、PACS 系统、HIS 系统等。

4. 模拟教学法 根据教学内容,有针对性地模拟某种情景或景象进行教学。主要是临床技能教学方法,运用模型训练、仿真训练、模拟病人(SP)对学生进行临床技能训练。临床技能学、急诊医学等课程采用模拟教学法进行教学。

5. 床旁教学法 师生双方边教、边学、边做,理论和实践交替进行,突出学生动手能力和专业技能培养。主要在内科学、外科学、妇产科学、儿科学等课程的见习、实习教学中,通过学生参与管床、教师示教和床边教学、病史采集、学生汇报病例、教师总结答疑、教学查房、病例讨论、病历书写、观摩和实践诊疗操作等方式教学,激发学生学习的主动性,培养学生的自主学习能力,提高学生的临床技能和临床思维能力。

6. 讨论式教学法 由教师拟出涉及本学科基本内容和发展动向的讨论题目,学生根据问题查阅相关文献资料、撰写读书报告。然后分成若干小组展开讨论,得出结论后再由小组选派学生代表向全班阐述本组的结论、观点及支撑的理由,最后由教师根据各小组报告作小结,肯定学生报告中较好的东西,指出需要修正或有待进一步搜集材料证实的内容。部分思想道德修养课程和人文社科课程采用此法进行教学。

7. CBL 教学法 Case—Based learning(CBL),学生通过对病例分析,掌握一般分析原理,并借助这一原理独立分析和解决问题。2007 年起,学校在病理学、内科学、外科学、妇产科学、儿科学等课程的见习、实习过程中采用此法进行教学。教师提供病例,由学生自主进行分析、讨论,教师给予适度指导,培养学生的临床思维能力。

8. 计算机辅助教学法 Computer Assisted Instruction(CAI),将计算机用作教学媒体,为学生提供一个基于数字化网络课程平台的学习环境,学生通过与计算机的交互对话进行学习。教师自主制作 CAI 课件,获省级奖励 22 件。建设了数字化教学平台,开设 19 门省级精品课程和 406 门网络课程(与临床医学专业相关 276 门),数字化课程平台上有临床医学专业课程教学大纲、教案、习题、实验指导、课件、参考文献等教学资料,延伸课堂教学,创造有利于学生自主学习的环境,搭建师生互动的平台,为学生自学提供服务。

二、做好学习笔记

正确的学习方法对于同学们在学习过程中的重要性是不言而喻的,很多同学自主学习的能力较差,在中学阶段学习时主要靠教师和家长的指导,进入大学后,课程门类增多,课程难度增加,课堂信息量急剧加大,如果同学们不能尽快完成由被动学习到主动学习的转换,掌握正确的学习方法,很容易造成跟不上学习进度而出现挂科等情况,而在低年级时大量挂科会直接影响到同学们的毕业。

如何让学生尽快适应大学的学习方式已引起了广大高校教师的极大关注,根据多年的教学经验发现,学会做笔记是其中关键和有效的一个手段。俗语云:"好记性不如烂笔头。"可见,做笔记是多么重要,养成做笔记的习惯是多么重要。今天给同学们分别介绍一下如何做预习笔记、听课笔记和课后笔记。

1. 预习笔记如何记 大学学习与初高中学习的最大不同之处在于,大学课堂的信息量极大,大学教师讲课介绍思路多详细讲解少,主要是讲授重点和难点内容,一节课可能讲一章或几章的内容(一般一节课 40 分钟长达几十页),抽象理论多直观内容少。同学们如不做好预习,课堂上稍不留意,就跟不上教师的授课进度,长此以往容易因为跟不上而产生自暴自弃心理,进而影响学习成绩等。因此同学们要确保在上课前已经通读过授课内容并用对其有所了解,把不认识的名词、知识点等提前弄明白或做好标记,这样大家才能在听课的时候做到有的放矢,体现了做笔记的目的性。因为预习过,对所听的内容已经有一些大概的推测,听起课来,就觉得不困难。才能轻松地完成教学要求的任务。

预习笔记可以采用符号记录法,就是在课本、参考书原文的旁边加上各种符号,如直线、双线、黑点、圆圈、曲线、箭头、红线、蓝线、三角、方框、着重号、惊叹号、问号等等,便于找出重点,加深印象,或提出质疑。什么符号代表什么意思,同学们可以自己掌握,但最好形成一套比较稳定的符号系统。

2. 听课笔记如何记 对于听课笔记,给大家介绍一下康奈尔笔记法,又叫做5R笔记法(即:record、reduce、recite、reflect、review),是于20世纪50年代由康奈尔大学的Walter Pauk教授所设计的,这一方法几乎适用于一切讲授或阅读课,是记与学,思考与运用相结合的有效方法。具体包括以下几个步骤:

(1)记录(record):在听讲或阅读过程中,在主栏内尽量多记有意义的论据、概念等讲课内容。

(2)简化(reduce):下课以后,尽可能及早将这些论据、概念简明扼要地概括(简化)在回忆栏,即副栏。

(3)背诵(recite):把主栏遮住,只用回忆栏中的摘记提示,尽量完满地叙述课堂上讲过的内容。

(4)思考(reflect):将自己的听课随感、意见、经验体会之类的内容,与讲课内容区分开,写在卡片或笔记本的某一单独部分,加上标题和索引,编制成提纲、摘要,分成类目。并随时归档。

(5)复习(review):每周花十分钟左右时间,快速复习笔记,主要是先看回忆栏,适当看主栏。

以图5-2为例:

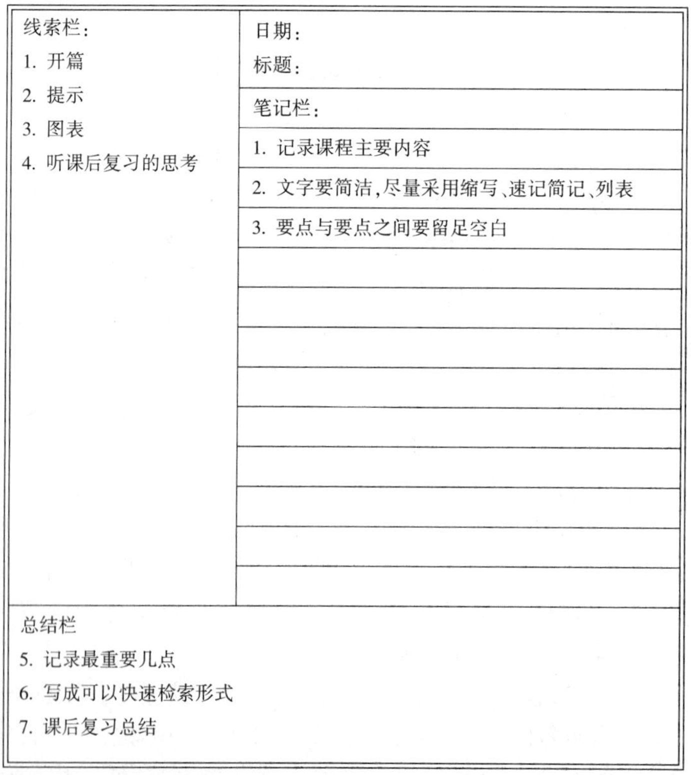

线索栏:	日期:
1. 开篇	标题:
2. 提示	**笔记栏:**
3. 图表	1. 记录课程主要内容
4. 听课后复习的思考	2. 文字要简洁,尽量采用缩写、速记简记、列表
	3. 要点与要点之间要留足空白
总结栏	
5. 记录最重要几点	
6. 写成可以快速检索形式	
7. 课后复习总结	

图5-2 听课笔记如何记示例图

康奈尔笔记系统把一页纸分成了三部分,就是左边四分之一左右和下面五分之一左右的空间单独划拨出来。右上那最大的空间是我们平时做笔记的地方,按照自己的习惯记录就行了。

左边那竖着的一条空间叫做"线索栏",是用来归纳右边的内容的,写一些提纲挈领的东西,这个工作不要在做笔记的时候做,而是在上完课之后马上回顾,然后把要点都写到左边,这样一方面马上复习了内容,另一方面理清了头绪。

下面那横着的一栏是用来做总结的,就是用一两句话总结你这页记录的内容,这个工作可以延后一点儿做,起到促进你思考消化的作用,另外也是笔记内容的极度浓缩和升华。

通过以上简单的一个划分,使得原来杂乱无章自己都不想看的笔记瞬间变得清新俊俏了,以后复习起来能够很快地提纲挈领,而且也容易促进你的思考,学习效率会有很大的提高,同学们不妨试试。

3. 课后笔记如何记 课堂上认真听课对同学们来说至关重要,但其实课后复习也同样重要。俗话说"温故而知新",就是说,复习过去的知识能得到很多新的收获。同学们在这个复习的过程中要将知识系统化并融会贯通。系统化的知识有利于记忆,道理很简单,孤立的事物容易忘记,而联系着的事物就不容易忘记。课后以及课程一段时间后进行复习时,用笔记来梳理会更好一些,这里向大家介绍一下图像记忆法。

图像记忆法即手绘图像,将各个知识点相互联系,相关知识串联在一起,描绘知识结构,形成知识网络,达到对知识和方法的整体把握,下面我们来看一幅网络上流传甚广的医学漫画笔记:

重症肌无力(图5-3)

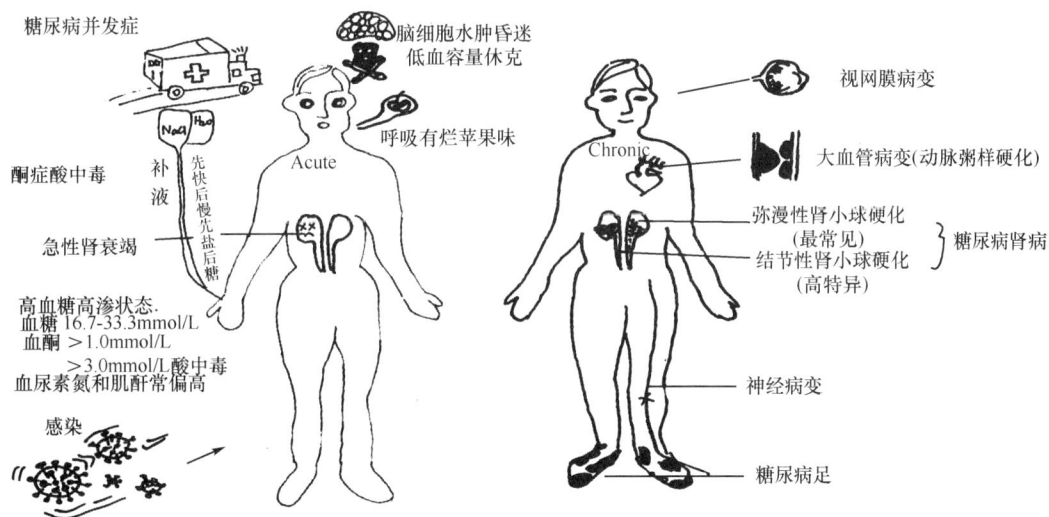

图 5-3 重症肌无力漫画笔记图

图像的记忆主要是靠右脑,在这里我们运用图文并重的技巧,把主题关键词与图像、颜色等建立记忆链接,充分运用左右脑的机能,利用记忆、阅读、思维的规律,协助人们学习。

课前做好预习笔记,课堂记好笔记,课后抓紧时间复习,同时辅以阶段性的总结复习,这一系列的笔记可以帮助同学们很快适应大学学习,取得优良的成绩。

三、课程考试

现代高等教育教学改革的重要方向是学生自主学习能力的提升,从注重知识传授向重视学生能力和素质培养的转变,凸显学生在教学中的主体地位。为提高教学质量,规范日常教学管理,各学校均非常重视课程考试的质量与公平,目前最重要的改革集中在形成性评价的实施以及教考分离。

1. 形成性评价 课程考核形成性评价改革坚持知识、素质和能力协调发展的原则,引导学生从以知识学习为主向知识、能力、素质并重的方向转变,增强学生自主学习能力、分析及解决问题的能力、沟通能力、获取信息的能力、批判性思维能力,充分调动学生学习的积极性、主动性和创造性。为了确保课程考核形成性评价的顺利实施,相关课程应在每学期开课初应把考核形成性评价实施方案告知学生。

形成性评价注重对学习过程的指导和改进,强调评价信息的及时反馈,旨在通过经常性的测评,提高学生的学习效率,并改进教师的教学。形成性评价的形式可灵活多样,应贯穿于教学全过程和各个方面,可以通过多种方式进行,如:建立学生档案、课堂行为评价、项目演示、座谈、采访、测验结果的分析等。

2. 教考分离 教考分离即承担课程教学任务的教师不负责期末命题工作。课程考试命题依据课程教学大纲要求进行,考试命题贯彻理论联系实际的原则,注重考核学生对基础知识、基本技能的掌握情况,侧重实际应用。考前由课程负责人在根据教学大纲制定命题双向细目表,教务处或第三方负责根据双向细目表在题库中完成考试课程试卷的组卷和审核。实施教考分离能够有效评价教师教学质量,以及客观评价学生的学习效果。

案例5-3　　　　　海南医学院五年制专业三阶段考试方案

为更好地提升教学质量,切实加强对人才培养的过程管理,学校实施三阶段综合考试,通过考试的学生方能进入下一阶段的学习或毕业。

(1) 实施对象:在临床医学、医学影像学、口腔医学、中医学、中西医临床医学、针灸推拿学等6个本科专业中实施。

(2) 考试方式及时间:三阶段综合考试包括专业基础综合考试、专业综合考试和毕业综合考试,其中前两阶段综合考试采用理论考核,毕业综合考试包括临床技能操作考核和理论考核两部分。

专业基础综合考试安排在第二学年末,考试内容为各专业两个学年内已完成的医学人文课程及主要专业基础课程。

专业综合考试安排在专业课程结束准备进入专业实习前,考试内容为医学人文课程和各专业的主要专业课程。

毕业综合考试安排在各专业学生临床实习结束返校后,考试内容参照各专业执业医师考试内容。

(3) 考试效用:三阶段综合考试均设三次应试机会。三次考试后任一次考试通过者可进入本专业下一阶段的学习,未能通过综合考试者,不能进入下一阶段学习,须重读或自愿选择其他本科专业就读。

四、撰写论文

论文主要分为两类,第一类是课程论文,第二类是毕业论文。课程论文指的是一门课程结束后,围绕课程的相关内容撰写的一篇小文章,用于衡量学生对所学课程的掌握及应用情况;毕业论文则是学生在毕业前需完成的一项重要的教学任务。以下我们重点介绍毕业论文的相关知识。

毕业论文是本科专业实现培养目标的重要教学环节,其在培养大学生探求真理、强化社会意识、进行科学研究基本训练、提高综合实践能力与素质等方面,具有不可替代的作用,是教育与生产劳动和社会实践相结合的重要体现,是培养大学生的创新能力、实践能力和创业精神的重要实践环节。

作为本科学生,要完成好毕业设论文,首先要注重以下几个方面:

1. 毕业设论文的选题　选题是在论文撰写的第一个环节。选题好,则对论文质量有好的影响。那么,如何选题呢?一般来说,撰写论文,采取指导教师命题、学生自选的方式。学生所在的学院会向学生介绍指导教师的研究方向,对选题提出具体要求等。论文题目和指导教师一般于毕业实习前一学期确定,以便学生有充分时间进行酝酿、准备和选择。

2. 查询、收集资料　学生在确定题目时要积极收集有关资料和信息,只有查询大量的资料才能了解所选题目的现状,并从中分析总结出自己的新观点和新方法,提出自己的研究思路和主张,为下一步论文的撰写做好准备。可以利用图书馆、网络等途径查询资料,充分掌握与选题有关的信息。另外,文献检索也是完成论文的必须环节,通过查新,可以降低选题的重复性,提高新颖性及可行性。学生应该勇于提出新问题,开拓新领域。

3. 毕业论文的撰写　撰写论文,要求学生运用所掌握的基础知识、基本理论和基本技能,对所选定的某个理论或实际问题进行调查研究和分析,初步掌握选择科研题目、查阅相关资料、拟定研究方案、运用实验手段、处理数据、撰写论文等方面的方法和本领。

一篇的好的毕业论文,应该有比较鲜明的观点和新意。学生必须在扎实阅读、调查、实验、分析和研究的基础上,将研究成果写成观点明确、论据充分、数据准确、语言流畅、条理清楚、结构严谨。符合一般科研论文规范体式的毕业论文,如引文、摘要、注释、正文和参考文献等。可以参照学校发布的论文撰写规范。

撰写好的论文需要经过多次修改,必须经过“大学生论文检测系统”进行检测,避免抄袭嫌疑,保证论文的质量。要完成一篇好的毕业论文,需要平时的不断积累和总结,培养一种严谨的、客观的、科学的研究态度,这些都将成为学生人生中一笔宝贵的财富。

4. 论文答辩　论文定稿后,一般在指导教师评阅、写出评语和初步评分意见的基础上,于答辩前两周送交相应的答辩委员会各位成员。答辩委员会根据实际情况规定学生的报告时间,学生对委员会成员的提问必须回答,委员会集体评议,确定论文成绩,并填写对论文的评语。

第三节 大学的课外学习

一、科学有效利用时间

不能管理时间,便什么都不能管理。

——彼德. 德鲁克

时间是最宝贵、最稀缺的资源,它无法再生,无法储存,人类的一切活动都要在时间中进行,人类社会也在随着时间变化发展。俗话说:"一寸光阴一寸金,寸金难买寸光阴。"成功与失败的界线往往在于怎样分配时间,怎样安排时间。谁能赢得时间,谁就能赢得知识,赢得智慧,赢得学业和事业的成功。国画大师齐白石长期坚持"不教一日闲过";达尔文说:"我从来不认为半小时是微不足道的很小的一段时间。"大学四年或三年,听起来很长,实际上许多即将毕业的同学都深感"只是转眼瞬间"。因此,大学生必须学会珍惜时间,有效利用时间,才能获取知识、增长才干。但可惜的是,仍有一些大学生不重视时间的管理,把最宝贵的青春时光花在了无所事事的闲聊玩乐中,致使学业荒废,学无所成。

(一) 把握时间的特性

1. 绝对公平性 时间广泛存在,人皆有之,对每个人都给予同等的待遇,在任何情况下不会增加、也不会减少,每天都是 24 小时。

2. 不可再生性 时间无法像失物一样能失而复得,它一旦丧失,则会永远丧失。花费了金钱,尚可赚回,但倘若挥霍了时间,任何人都无力挽回。

3. 不能储存性 无论过去、现在还是将来,时间都是来无影,去无踪,看不见,留不住,从不停留和中断。不论愿不愿意,我们都在消费时间,不能节流。

4. 不可逆转性 时间像东流的长江、黄河那样,总会沿着一个方向流逝,一去不复返,任何人、任何事物都不能阻止时间前进的步伐。李白曾作诗:"东流不作西归水,落花辞条羞故林。"说得恰是时间的不可逆性。

5. 不可伸缩性 时间既不能拉长也不能缩短,无论何时何地,它都以同样的状态存在着。时间本身并无快慢,但不同的人却有不同的感受,"志士嗟日短,庸人愁夜长"。

6. 不可替代性 时间绝无仅有,任何东西都不能替代它,任何活动都有赖于它。每个大学生都应牢记大剧作家莎士比亚的话:时间给勤奋者以智慧,给懒汉以悔恨。放弃时间的人,时间也放弃他。没有一种不幸可以与失去时间相比。

(二) 高效利用时间

1. 端正对待时间的态度 是不是重视时间,完全要看个人对时间的态度。作为大学生,不要总是认为,我的大学生活才开始,时间有的是;也不要总是说,我还年轻我怕啥,青春无极限。而要树立起珍惜时间、节约时间、提高效率的观念,养成"今日事今日毕"的好习惯,做到日有所学、天天向上。

2. 合理安排时间 首先要制定出时间安排计划,分配好每学期、每月、每周的学习时间。其次要合理分配每一天的时间,做到用合适的时间做合适的事情,不同的时间有不同的用途,发挥每一分钟的应有效用。再次,学会拒绝,确保自己的时间安排的有效实施。

3. 分清轻重缓急 在学习和工作繁忙的情况下,要学会分清事情的轻重缓急,把有限的时间集中在处理重要的事情上,有余力再处理小事杂事,切忌平均分配时间,这是时间管理的诀窍。

4. 适当分解任务 一些学生干部工作非常认真负责,积极努力,但由于没有处理好学习和工作的关系,事必躬亲,爱唱"独角戏",结果自己的学业很吃力,甚至挂科。因此,要学会适当分解任务,将任务落实到具体的人,调动大家的积极性。

5. 设定事情时限 惰性是人类的弱点,一首流行多年的打油诗说道:"春天不是读书天,夏日炎炎正好眠,秋多蚊虫冬又冷,收拾书包待明年。"克服惰性和拖延的好办法,就是给自己面临的任务设定时间限制,什么时间做,什么时候要完成,努力做到今日事今日毕,本周的事情本周解决,课上不懂的课后要弄懂,绝不拖延。

6. 努力提高效率 学习效率的高低不取决于时间的多少,而取决于是否善用时间。一方面要科学作息、劳逸结合,保证必要的睡眠时间,适当参加各种文体活动。另一方面,要善于利用最佳时间和零散时间,把最佳的时间用来学习最重要的内容,把零散的时间用来做零碎的工作,从而最大限度地提高学习效率。

二、课外阅读与自主学习

(一) 课外阅读

高尔基说过:"书是人类进步的阶梯"好书,像长者,谆谆教导;似导师,循循善诱;如朋友,心心相印。读书,积累语言,丰富知识,而且能陶冶情操,受益终身。在实施素质教育的今天,课外阅读更是提高大学生素质的重要途径之一。当今时代,一个大学生仅限于课本知识的学习是远远不够的。因此,要提高大学生的素养、拓展知识面,就应该养成课外阅读的习惯,从中获取知识,受到熏陶。

选书是读书的第一步。不同的人因阅读基础、阅读目的不同,其对书的需求也不同。那么,什么样的书才算好书? 如何在茫茫书海中为自己选好阅读的图书呢?

1. 选作者 保障书籍内容和质量的决定性因素就是作者。所以,如果你一直喜爱这位作者,那么买他的新书一般不会出太大的差错。有的时候,我们看着封面上的作者名字,并不知道他是究竟是谁。这时候,不妨到网上查查此人的背景。还有一个办法就是平时多读一些杂志,通过这个办法往往能了解到某个领域里大名鼎鼎的人物都有哪些,而后挑他们中的人写的书,就很难吃亏。

2. 出版社 文史哲方面,"商务印书馆" 和" 三联出版社"出的书,往往质量非常过硬。计算机领域,清华大学出版社和机械工业出版社就相对提供更多的质量保证。

3. 印数、印次和版次 一般来讲,首印数量太少的书,说明连出版商都对该书没有多大信心。好书,尤其是经典的书,往往会一版再版。这是读者投票的结果。1985 年,龙应台的《野火集》竟然在一个月内再版了 24 次,可见当时他的这本书带来的反响如何巨大。

4. 序、前言、后记 在书店读完整本书基本上是不可能的。不过,在书店肯定可以读完的是一本书的序、前言,以及后记。序往往是他人对此书的评价,而前言往往是作者向读者交代该书的大致内容、锁定的读者群体以及如何使用该书的一些建议等等。这些内容往往像一学期里的第一节课一样非常重要。而仔细阅读后记也是很好的一个了解作者的机会。

（二）培养自主学习能力是社会发展的需要。

俄国文学批评家皮萨略夫曾说："谁要是珍惜有思想的生活,谁就清楚地了解:只有自主学习,才是真正的学习。"

面对新世纪的挑战,适应科学技术飞速发展的形势,适应职业转换和知识更新频率加快的要求,一个人仅仅靠在学校学的知识已远远不够,每个人都必须终身学习。终身学习能力成为一个人必须具备的基本素质。在未来发展中,我们的学生是否具有竞争力,是否具有巨大潜力,是否具有在信息时代轻车熟路地驾驭知识的本领,从根本上讲,都取决于学生是否具有终身学习的能力,使学生在基础教育阶段学会学习已经成为当今世界诸多国家都十分重视的一个问题。正如联合国教科文组织出版的《学会生存》一书中所讲的:"未来的文盲不是不识字的人,而是没有学会怎样学习的人"而终身学习一般不在学校里进行,也没有教师陪伴在身边,全靠一个人的自主学习能力。可见,自主学习能力已成为21世纪人类生存的基本能力。

1. 培养自主学习能力的重要性

（1）培养自主学习能力是学生个体发展的需要。首先,自主学习提高了学生在校学习的质量。经过检验,高成绩的学生也是自主学习能力较强的学生,因为自主学习能够促进学生对所学内容的深度理解,符合深度学习的特征。

（2）自主学习能力是创新人才必备的基本功。据中国学者调查研究,在1992年"中国大学生实用科技发明大奖赛"中获奖的学生的学习活动都具有很强的独立性、自主性、自律性,表明学生的创造性与他们的自主学习是密切相关的。也正如著名的数学家华罗庚的论述一样:"一切创造发明,都不是靠别人教的,而是靠自己想,自己做,不断取得进步。"

（3）自主学习能力是个体终生发展的需要。自主学习是个体走出学校后采取的主要学习方式,而没有自主学习能力,个体的终生发展会受到极大的限制。

（4）培养自主学习能力有助于提高课堂学习效率的大幅度提高是实施素质教育的关键,更是课堂教学所必需的。课堂上的自主性学习并非独行其是,而是指学生不盲从老师,在课堂前做好预习,课堂上热情参与,课后及时查漏补缺,充分发挥主动性、积极性,变老师要我学为我要学,摆脱对老师的依赖感。真正意识到学习是自己学来的,而不是教师或其他人教会的,自己才是学习的管理者,这些有助于提高课堂学习效率。

2. 如何培养自主学习的能力

（1）激发学习兴趣:托尔斯泰说:"成功的教学所需要的不是强制,而是激发学生的兴趣。"兴趣是学习最好的老师。心理学研究表明,学习兴趣的水平对学习效果能产生很大影响。学生学习兴趣浓厚,情绪高涨,他就会深入地、兴致勃勃地学习相关方面的知识,并且广泛地涉猎与之有关的知识,遇到困难时表现出顽强的钻研精神。否则,他只是表面地、形式地去掌握所学的知识,遇到困难时往往会丧失信心,不能坚持学习。所谓"强扭的瓜不甜"也就是这个道理。因此,要促进学生主动学习,就必须激发和培养学生的学习兴趣。

（2）充分利用网络教学平台:网络教学作为一种面向未来的现代化教学形式,并不是对传统教学的全盘否定,而是在传统教学基础上发展起来的,是传统教学的有益补充。在通过网络教学平台提高学生自主学习能力的同时,网络平台的设计与开发以及网络教学资源库的建立是非常重要的。学校可以开发一个通用的网络教学平台,实现多门课程共享一个技术,避免重复开发。为网络教学中的每个学生提供丰富的教学资源。才能吸引更多的学生接纳网络教学,充分地利用网络教学进行独立自主的学习。

(3) 合理分配每天的学习任务:把自己的学习任务分解成每天能够完成的单元,并坚持当天的任务。当天完成,无论如何不能给自己以任何借口推迟完成原定计划。

(4) 合理规划每天时间:把必须完成的工作尽可能安排在工作时间内完成,把既定的学习时间保留出来,养成利用每天的零星时间学习的习惯。

(5) 按照既定的时间表行事:学习时间表可以帮助你克服惰性,使你能够按部就班、循序渐进地完成学习任务,而不会有太大的压力。

(6) 及时复习:为了使学习能够有成效,应该养成及时复习的习惯。研究表明,及时复习可以巩固所学的知识,防止遗忘。

(7) 向他人提问:在学习中碰到疑难问题,要及时向教师和同学请教,无论你认为自己的问题是多么简单、多么微不足道。应特别注意经常向周围同学请教、交流。

(8) 养成做笔记的习惯:做笔记既可以帮助你集中精力思考和总结、归纳问题,加深对学习内容的理解和记忆,又可以把学习内容中的重点记录下来,便于以后查阅和复习。

(9) 听讲座:大学里一般会有各种各样的讲座,主办单位会提前将讲座信息张贴,所以大家要留意校园信息栏或者学校网站信息。大学讲座,一般可以分为专业学术性和知识普及性,专业学术性讲座可以使你了解到本专业的最新动态和老师的最新研究成果;知识普及性讲座内容丰富,有哲学的、文学的、艺术的等等,对提升大学生的人文素质修养很有必要。

(10) 保持适量的休息和运动:休息和运动不仅让你保持良好的状态,也是消除压力的好办法。

三、积累知识的几种方法

聪明来自勤奋,知识在于积累。一个人要想在工作和学业上取得成就,养成积累知识的良好习惯是非常必要的。

资料是形成观点的基础,又是表达观点的支柱,只有注意积累我们才会有广博的知识,思想才能真正活跃起来。

有人曾算过这样一笔账,一只蜜蜂要酿出一公斤蜜来,需要在100多万朵鲜花上采料,飞翔上万公里;燕子垒窝善于大处着眼,从点滴做起,你看它,飞来飞去,一口一口衔泥,很少停歇,一直不停顿地把窝垒好。再纵观古今中外的大学问家和政治家,都十分重视知识的积累。马克思、列宁在汲取前人智慧,创造无产阶级革命理论的过程中,做过大量读书笔记、札记,搜集了丰富的资料。著名文学家蒲松龄,喜欢在街头摆下笔墨纸砚,利用喝茶聊天的机会,搜集对他创作有用的知识、素材,便立刻记录下来。他著名的《聊斋志异》,就是一部笔记体小说。

那么怎样积累知识呢? 可采取以下几种方法:

(1) 记笔记:在读书或调查研究过程中,把看到、听到的有用的观点、语言或心得体会,随时记下来。俗话说,好记性不如烂笔头,只有这样才能增强记忆,既积累了素材,也助于提高分析综合能力和演讲及写作水平。

(2) 作卡片:一般每张卡片摘记一个观点或一条材料,并注明出处。卡片多了要按内容整理分类,以便随时查找使用。

（3）剪贴：剪贴是笔者从上世纪六十年代末积累知识所采取的主要方法。就是将报纸杂志上的有关文章、资料裁剪下来，按不同内容分类贴在剪报资料本上。便于用时方便查找。

（4）删减：积累的知识、资料，必须从自己的实际情况出发，结合本职工作，有明确的目的目标，注意把眼光放开阔一点，有些暂时用不着而将来会有用的资料要保留下来，把感到长期保留价值不大的可删减掉。

知识的海洋是无边无际的，而我们每一个人的知识是有限的，要想增加自己的知识，开阔眼界，丰富头脑，就必须发扬蜜蜂采花和燕子垒窝的勤奋精神。做到细心、耐心、坚持不懈。要脑勤、手勤，处处做有心人。无论在读书、看报、看电视、与人聊天时，只要看到有价值的素材，就要随时记下来。日积月累，逐年增加，便形成一个知识的宝库。已收集到的材料，也要经常翻阅、熟悉，做到心中有数，这样在工作中运用时才能得心应手，发挥它应有的作用。

四、考研成功之道

考研，即参加硕士研究生入学考试。其英文表述是"Take part in the entrance exams for postgraduate schools"。考研首先要符合国家标准，其次按照程序：与学校联系、先期准备、报名、初试、调剂、复试、复试调剂、录取等方面依次进行。

考研，是国内大学生谈论的热门话题，是许多大学生正在准备做的事情。几年来，全国研究生报考人数不断增长。大学生要在激烈的考研竞争中取得成功，必须树立信心，充分准备，讲究应考技巧。

（一）树立信心

考研的过程中，信心是心态的关键。因为，考研需要坚持不懈的行动，而只有坚定的信念才支撑着人去坚持到底。因此，所有的认识上和所有的情感上的努力最终都要达成信心。没有信心，你的认识再对，也没有勇气去做任何事情；心情再好，也是自我麻痹，因为内心是怯弱的。这两者都不会促成行动。

信心是可以加强的——通过进一步的认识。这也是基于一个基本的心理学结论：任何心态问题都是认识问题。

所以，信心不等于盲目自信，它首先是一种认识。那么这些认识包括哪些方面呢？

微观方面的认识，也就是知己知彼、心中有数，由此而具备信心。包括对自己报考的专业的录取比例、考试难度的认识，对自己的优缺点、长短处的人是，从而心中有数并扬长避短。另外，考研的过程中要对将遇到的问题有充分的准备，告诉自己：这些我早料到了，我一定能解决。

宏观方面的认识，也就是通过对事物和自身最一般属性的认识，觉悟到无论如何，我们必须具备信心。这是最抽象意义上的信心，也正因如此也是最为稳固、最有用的。

那么，究竟信心从何而来呢？

1. 自己给自己信心　没有谁能给你信心，不要凡事长别人之气，灭自己威风。如果自己都不相信自己，谁会相信你呢？你又值得谁相信呢？相信一点，是一个人生活在这个世界上的基本条件：我相信我是强者，我愿做强者，而不做弱者。给自己信心最好的办法就是凡是多往好的方面想,少往坏的方面想,因为事态的发展,可能是很好,也可能是很坏,但在它未发生之前,谁也无法预知,因此,我们完全有理由往好的方面想。

2. 付出总有回报,坚持就是胜利　这是万世不变的法则,无论是从科学还是从宗教上讲。科学讲,一份耕云,一分收获;宗教上讲,凡事有因缘。不是不报,时候未到。只要努力了,总会有收获。所谓笨鸟先飞,笑到最后,笑得最甜,苦尽甘来等都是一个道理。相信这一点,就应该有信心了,因为前提是,我一定会努力。

3. 不给自己后悔的理由　后悔是双重的痛苦,而且比本身所承受的痛苦更痛苦许多倍。现在不觉得,但痛苦的一天,觉得也晚了。不要在乎结果,只是不要让自己后悔。任何时候,只要可以理直气壮地说这句话:我曾经努力过,心中便可无任何愧疚与失落。从某种意义上讲战胜自己才是真正的胜利,努力和拼搏才是人生永恒的主题。

4. 失败乃成功之母　如果不能坦然面对可能或已经存在的失败,那么就永远不会成熟。如果以前失败了,那么每一次失败都孕育着下一次成功的可能。

5. "我当然考得上"　我能考上吗? 这是最要不得的想法。既然选择了考研,就是冲着考得上来的。要知道,考研很大程度上,拼的是意志力,而非智力。如果你从一开始就认为自己考不上,那你干脆别考。

6. 相信奇迹　凡事皆有可能。拿破仑说:"不可能"三个字只有在愚人的字典里才能找到!"塞翁失马,焉知非福",要相信这世上不仅有奇迹,而且有大量的奇迹,谁知道奇迹不会发生在我身上呢?

(二) 充分准备,打好基础

1. 选择报考专业　决定考研后,第一个需要考虑的问题,就是决定考什么专业。选择专业时,必须考虑三个因素:一是职业目标,即报考的这个专业适合从事哪些职业,这些职业是不是自己想从事的职业。二是专业兴趣,即自己对这个专业是否感兴趣。三是专业能力,即自己的专业基础实力和专业学习能力。有些专业自己很感兴趣,但基础不足、专业学习能力不强,复习起来就非常吃力,考取的可能性极小。

2. 选择报考学校　确定报考专业后,就需要确定报考学校。选择学校应考虑三个问题:一是报考的专业,有哪些学校可供选择。二是专业的录取分数线,专业院系往年录取的平均分和最低分数。三是报考人数、招生人数和录取率,分析竞争态势。同一专业的不同学校由于质量高低、名气大小、地理远近的缘故,报考人数可能相差很大,竞争程度也就大不相同。因此,要结合自己的实力,尽量避开竞争焦点,提高自己被录取的概率。

3. 考试科目复习　考研科目一般是四科,英语和政治是全国统一出题,为必考科目;专业课由招生单位自行命题,不考数学的则考两门专业课。

在考研科目中,专业课相对于公共课来说分值更高,但难度也较大,需要阅读的资料很多。要想在专业课的竞争中获得胜利,最重要的就是要搜集专业课历年考试资料和最新信息,标准就是"准"和"全"。专业课的资料主要包括专业辅导书、课程笔记、辅导班笔记及最重要的历年试题,这些资料可以从研究生一年级的学生处获取,他们的信息和考试经验是最为可靠的。

公共课考试每年变化很大,有志考研的同学要研究最近一年的考试大纲,倾听专家的意见,这对自己的复习是很有帮助的。至于公共课的复习方法,要因人而异,按自己的复习计划进行,多做题多交流,强化理解记忆。

（三）讲究技巧，考出水平

1. 初试技巧　考试是一种沉思而紧张的思维活动，因此，临考前和进入考场后始终要保持头脑清醒、精神饱满、情绪平稳，使答题过程达到并保持最佳的思维状态，才能正常或超水平发挥。

答题时，要先仔细审题，抓住问题的要点，力求准确，不可急急忙忙答题。答题要先易后难，即使真的不懂，也要充分发挥主观能动性，尽情回忆、展开，把相近相关的知识点填上，或许某些知识点就撞上了正确答案。答案要层次分明、逻辑性强、篇幅适当，自己清楚、卷面整洁，给阅卷老师以美感，会适当增加你的卷面分或情感分的。

2. 复试技巧　大部分学校的复试一般分为笔试、面试、英语能力测试三部分。笔试大概就是大家考同一个专业的在教室里做一张专业课的卷子。面试就是 3~5 个老师依次对一个学生提一些专业问题或者是自己在一些题中抽一组题来回答。英语能力测试一般是听力或口语，也有可能是听力+口语。

复试第一天一般是资格审查，然后第二天体检（一般是走过场），第三天专业笔试+英语测试，第四天进行面试，面试完一般第二天就能出结果。

初试结束后，就应该为复试做准备。一是阅读各招生院校的相关院系指定的复试参考教材，为专业课综合考试做准备。同时了解目前该领域的研究热点以及跟报考导师的研究课题相关的知识，面试中，这些知识会让考生受益匪浅。二是复习英语，包括听、说、读、写、译能力，尤其是能用英语交流，基本没困难；能就日常生活、学习、工作中的一些现象用英语正确、清楚的阐述自己的观点。另外还有专业英语复习：记一定量的专业英语词汇，并练习翻译结构复杂的长句。三是一些科学学位的研究生复试中会加入实验技能考核，一些跨专业考生或高分低能的考生往往在试验技能考核中"阴沟里翻船"，这点考生需要注意。下面我们来看看我们应该如何来准备复试。

（1）别让专业课拖后腿：在考研复试中，无论是面试、笔试还是实验操作方面的考察，始终都离不开对考生专业知识能力的检验。初试考察的是考生综合知识的能力，而在与考官面对面的交流中，更注重的是考生的专业知识能力。因为考生如果对本专业足够了解，那么在以后课题研究中可以提供给导师新鲜的想法和创新的能力，这样的考生往往更受欢迎。

（2）不要忘记加强英语听力和口语准备：英语能力方面，中重点是听力和口语的准备。这些年复试老师对英语好的学生一般都会有所偏爱。因为导师都希望自己的学生能在国外核心期刊上多发表文章，提高科研领域竞争力。复试英语绝大多数是听力和口语考核，从三个方面进行评价：一是语言的准确性，即语法和用词的准确性、语法结构的复杂性、词汇的丰富程度、发音的准确性；二是话语的长短和连贯性，即内容的连贯性、寻找合适的词语而造成的停顿率及长短、表达思想的语言长短等；三是语言的灵活性和适合性，即语言表达是否灵活、自然，话语是否得体，语言能否与语境、动机和目的相适应。

（3）坦诚回答问题：真诚回答，积极带动考场氛围。在面试过程中，随时和老师互动交流，不要光机械式地回答老师的问题，要有自己的想法和见解，尽量获得主动权，同时也要调动考场的气氛，可以适当的发挥自己的幽默感，调动一下考场气氛。有时候，面试老师会就专业提一些比较难的问题，当考生遇到自己不清楚的问题，不要慌张，也不要不懂装懂，一定要诚恳地对老师说不太了解，请求换道问题，老师一般会同意你的请求的，这样，你的诚实又会给你加一分的;或者主动和老师交流,就自己的兴趣特长主动展现给考官你擅长的知识,显示出你的知识面,说不定老师反而会对你的另一面更加了解你,多了几分好印象呢。

诚实对于三跨考生来说显得更加重要。每年的考研大军中,三跨生占了很大的比例。所谓"三跨",顾名思义就是跨校、跨地区、跨专业的考生。"三跨"考生要面对的是一个陌生的学科领域,面临的竞争对手不乏积累了四年专业基础的本专业考生。怎样在面试中展示出和科班考生一样甚至更出色的能力呢? 这是每个"三跨"考生都值得思考的问题。三跨生该如何应对专业难题呢? 跨考老师建议:"面试时一定要坦诚,如果不会回答,可以说自己对这块知识没有关注,回去一定会多看。只要态度诚恳,老师一般都会谅解学生的。

学习是大学生的首要任务,而学会学习则是学习的根本宗旨。认识和了解学习的一般思维原理及其应用,掌握学习的基本知识和有效的学习方法,促进自己的学习,是大学生最为迫切的需要。精通专业而知识广博的人,才是时代最需要的人才。机遇本身是客观存在的,但机遇只垂青于那些有准备的人。大学是集中系统学习知识的时期,大学生应该抓住这一难得的机遇,努力成为"知识贵族"。

第四节　充分利用图书馆

一、走进图书馆

(一)图书馆的功能和类型

图书馆(library),原指藏书的地方,它随着科学、文化和技术的进步不断地变革和发展。现代图书馆将自动化、网络化、数字化等大量现代技术广泛应用于管理和服务,逐渐成为一个集藏书、阅览、展览、培训、讲座、文化活动于一体的文化服务综合体。

不同类型的图书馆在馆藏和服务上各有不同。在我国,根据服务宗旨、服务对象、收藏范围等的差异,图书馆被分为国家图书馆、公共图书馆、学校图书馆等。

1. 国家图书馆　国家图书馆负责收集和保存本国所有重要的出版物,是国家总书库,担负着引领全国图书馆事业的发展、与其他国家图书馆开展文献互换和协作采购、领导和协调国内各图书馆的文献信息服务如资源共享、馆际合作等职能,它反映着一个国家的政治、经济、文化教育水平。

2. 公共图书馆　公共图书馆是面向社会公众开放的图书馆,在我国通常按行政区划建立,如省市图书馆、街道图书馆等。公共图书馆的藏书内容涉及各个学科、各种等级和各种类型,服务对象包括各个阶层、各年龄段、不同文化程度、不同民族的读者,并同时担负着为大众服务和为科研服务的双重任务。与其他各种类型的图书馆相比较,公共图书馆更接近最大范围的普通读者,它在普及文化知识、提高全民族科学文化水平方面发挥着重要作用。

3. 学校图书馆　学校图书馆是指隶属于特定教育机构,为该机构的教师、学生、科研人员及其他相关人员服务的图书馆。高等学校图书馆以学术性和服务性为出发点和归宿,根据学校教学和科研的需要,搜集、整理和提供各类型文献信息资源为广大师生服务,是学校的文献信息资源中心。

（二）高等学校图书馆的作用和地位

在现代高等教育中，图书馆已经成为必不可少的教育设施，它与师资队伍、教学设备一起，并称为高等学校的三大支柱，被美誉为"大学的心脏"。高等学校图书馆的文献资源、条件设施、环境氛围，以及服务等都与大学生的学习生活息息相关。大学生从入学伊始就要学会如何利用图书馆，借助图书馆的资源进行拓展性和创造性学习，培养自主学习的习惯和终身学习的技能，这对大学生在校学习和今后的工作生活都至关重要。

二、充分利用图书馆

（一）纸质文献资源利用

1. 图书分类　图书馆持续不断的文献收集工作，使其拥有数量庞大的馆藏文献资源。为了方便读者迅速准确地获取所需的文献资源，必须对这些文献资源进行分类，并按照一定的科学方法进行排列。文献资源的分类是根据文献的内容，按照学科分类体系，分门别类地组织文献，使同一学科门类的文献在书架上集中在一起。我国大多数图书馆都依据《中国图书馆分类法》（简称"中图法"）对馆藏文献进行分类排架和编制分类目录。

《中图法》以科学分类为基础，结合图书资料的内容和特点，分门别类组成分类表，是一部等级体系分类法。《中图法》根据人类知识分为自然科学、社会科学的观点，将图书资料分为五大部类，二十二个基本大类：

部类一包含一个基本大类：A 马克思主义、列宁主义、毛泽东思想、邓小平理论。

部类二包含一个基本大类：B 哲学、宗教。

部类三是社会科学类，包含九个基本大类：C 社会科学总论；D 政治、法律；E 军事；F 经济；G 文化、科学、教育、体育；H 语言、文字；I 文学；J 艺术；K 历史、地理。

部类四是自然科学类，包含十个基本大类：N 自然科学总论；O 数理科学和化学；P 天文学、地球科学；Q 生物科学；R 医药、卫生；S 农业科学；T 工业科学；U 交通运输；V 航空、航天；X 环境科学、安全科学。

部类五包含一个基本大类：Z 综合性图书

以上二十二个基本大类是一级类目，类目按照概念之间的逻辑隶属关系，向下逐级展开，划分出更专指、更具体的类目。一级类目可分为若干二级类目，以此类推，可分为三级、四级或更多级类目。

《中图法》分类号采用字母与阿拉伯数字相结合的编码方式，每个基本大类用一个大写字母表示，在字母后用数字表示各级类目，号码的位数代表相应类目的分类等级。为了使分类号清晰易读，从左边开始每三个数字加一个小圆点"·"与后面的数字分隔开来。

如"R544.2 低血压"，它的类目从上至下依次是：

R 医药卫生

　R1 预防医学、卫生学

　R2 中国医学

……

　R5 内科学

　　R54 心脏、血管（循环系）疾病

R544 血压异常

R544.1 高血压

R544.2 低血压

2. 书刊排架

（1）图书排架方法:图书馆一般按照索书号对图书进行有序的排架,以方便读者查阅和科学管理。索书号是图书馆赋予每一种馆藏图书的代号,可以准确地确定馆藏图书在书架上的位置,也是读者获取图书的依据。

索书号,又称排架号,由分类号和书次号组成。分类号的作用是使同一学科或相近学科的图书集中排列,书次号是进一步区分相同分类但不同种的图书。

图书馆编目人员按照图书主题内容的学科属性,在《中图法》中找到并赋予相应的分类号。同类图书按入藏的顺序给予书次号。如《内科学》一书,其分类号为 R5,如果图书馆此前已入藏了两种 R5 类的书,这次入藏的该类图书为第 3 种,则其书次号为 3,索书号为 R5/3,前面两种分别为 R5/1、R5/2。索书号按分类号在上、书次号在下的结构,被打印到一个 2 厘米见方的标签(又称书标)上。书标一般贴在书脊(装订图书的一侧)下方的固定高度位置。

图书排架原则上按照索书号的顺序,以书架为单位,从上到下,从左到右排列。索书号排序分两步:①比较分类号,字母部分按字顺表排列,如"C 社会科学总论"排在"D 政治、法律"的之前。数字部分采用小数制,从左到右依次比较,如 R4 排在 R5 之前,R51 排在 R52 之前,R544 排在 R544.1 之前。②分类号完全相同,按书次号顺序排列,如 R544.1/1 排在 R544.1/2 之前。

（2）期刊排架方法:期刊有现刊和过刊。现刊通常指当年出版的期刊,以单期形式存放在期刊阅览室。过刊通常指往年的期刊,一般装订成合订本保存。过刊一般按刊名字母顺序(英文)或刊名的汉语拼音字母顺序(中文)排架,以书架为单元,从左到右、从上到下排列。如期刊 *Acta Medica Scandinavica* 排在 *Biomolecular Engineering* 之前,《癌症》排在《白血病》之前,《海南医学》排在《海峡药学》之前。现刊的排架方法有的按学科分类排架,也有按刊名字顺排架,各图书馆根据本馆实际情况不尽相同。

3. 馆藏目录查询　馆藏目录既揭示馆藏文献的内容,又反映藏书数量和地点,是读者了解书刊基本信息、快速获取书刊的重要途径。目前图书馆普遍采用"联机公共书目查询系统"(OPAC)为读者通过网络查询馆藏目录。

例如,查找某一学校图书馆收藏有关"心理学"的中文图书,通过 OPAC 检索步骤如下:

（1）打开 OPAC 网页。在该校图书馆主页,找到并点击进入 OPAC 主页。

（2）常用检索方法。书目检索系统大多分为简单检索(或快速检索)和复合检索,可以从书名、作者、主题、分类号等多种途径检索感兴趣的书刊。我们可以选择检索途径"题名",在检索输入框输入"心理学",确定文献类型"中文图书",点击检索。

（3）浏览检索结果。OPAC 列出本校图书馆收藏的书刊目录,点击其中一本书的书名,可以查看该书的详细信息、索书号、馆藏地和当前书刊状态。

（4）个性化服务。在 OPAC 系统中,读者还可以通过个人账号和密码登录进入个性化服务区,(一般以"我的图书馆"命名),查阅读者自身的借阅历史、当前借阅情况等,并进行图书续借、预约、荐购等操作。

(二) 数字文献资源利用

数字文献资源,又称电子文献资源,是采用电子手段,将文献信息数字化,存储在磁盘、光盘等载体上,并借助计算机及现代通讯设备传播利用的文献资源,包括电子图书、电子期刊、数据库等。与传统纸质文献相比,数字文献资源具有信息存储密度大、下载传输方便、检索功能强、图文并茂、可共享等优点。

1. 国内外科技文献数据库 文献数据库是文献及其有关数据的有序集合,它以各类型文献为内容,并提供多种检索方法,是人们获取科技信息的有效途径。如万方是囊括了科技期刊、学位论文、会议文献、科技成果、专利、标准等多种类型文献的知识网络平台,包含多个子数据库,既可以进行单库检索,也可以跨库检索;爱思唯尔 Clinicalkey 收录了 1100 多种参考书,其中包括《格氏解剖学》、《坎贝尔骨科手术学》、《尼尔森儿科学》等圣经级参考书,以及内外科视频、医学图片、循证医学专论、药物专论、临床试验、诊疗指南、患者教育等多种内容,为教学研究提供参考。常见中文科技文献数据库还有中国知网、维普资讯、中国生物医学文献数据库、中国科学引文数据库等,外文文献数据库有 PubMed、OVID、weily、Springerlink 等。

高等学校图书馆通过购买数据库使用权的方式,向本校师生提供数据检索、下载等服务。访问权限通常采用 IP 地址控制,即在学校网 IP 地址范围内访问不受限制,在学校教室、实验室、教研室、学生宿舍等均可无障碍免费访问,而在校园外区域无法获得全部权限。

2. 一站式检索系统 各个数据库收录的文献不同,检索界面、使用方法各有差异,如果读者想查全某一专题的文献,需要登录多个数据库,反复检索、浏览信息,给数据库利用带来极大的不便。一站式检索系统解决了这个问题,仅通过一个软件,可以同时检索多个数据库,并按统一的显示格式将检索结果排列,为读者查询文献、获取全文提供了极大的便利。目前在高校常用的一站式检索系统有读秀、国家科技图书文献中心(NSTL)、高等教育文献保障系统(CALIS)提供的"开元知海"(又称 e 读)、中国高校人文社会科学文献中心(CASHL)提供的"开世览文"等。

3. 移动图书馆 近年来调查发现,越来越多的人通过手机或平板电脑等移动设备读书看报,移动阅读正成为人们主要的阅读方式。移动阅读具有使用场景丰富、充分利用碎片时间、信息量大、更新速度快、互动交流等优点,但也存在垃圾信息太多、收费问题、浅度阅读多等不足。移动图书馆,是通过手机、平板电脑等手持移动终端设备,为读者提供搜索和阅读数字信息资源、查询馆藏、完成借阅业务,同时也有助于实现"深度阅读",实现了任何人、任何时间、任何地点获取所需要的任何知识的信息移动服务平台。

移动图书馆提供电子图书、馆藏查询、学术资源检索、学术视频、报纸、有声读物等服务内容,它正成为读者阅读、学习、研究不可多得的重要工具。

(三) 图书馆服务

1. 文献借阅服务

(1) 阅览服务:阅览服务是图书馆传统服务之一,是为读者提供阅览空间与设施,在馆内阅读书刊的一项服务。为了方便读者,许多图书馆将藏书库与阅览室合二为一,实行藏、阅合一的开架借阅管理方式,设立多个藏阅室,方便读者直接利用所在藏阅室内的文献资料。在藏阅室里,读者可按自己的专业、课题和兴趣的需要,自由地在开放的书架上选择文献资料在馆内阅览、学习和参考。

（2）文献外借服务：文献借阅服务是允许读者办理一定手续后，将文献资源借出馆外并在规定期限内归还的一种服务方式，能满足读者不受图书馆地理环境、开放时间等因素的限定而自由阅读的需要。有些纸质文献因复本数少、利用率高或特殊保存要求，不能外借，只能在馆内阅览，如辞典、百科全书、药典、现期期刊等。

1）外借手续：外借手续的办理可以自助完成，也可以由图书馆员帮助完成。目前，较多的图书馆都设有自助借还机，读者可以借此自助完成对图书的借还手续。自助借还机解决不了的，可由图书馆专设的流通服务台或借阅服务台的图书馆员来进行处理。

2）预约图书：读者所需图书如果已被他人借走，可以办理图书预约手续，待书还回后，预约该书的读者享有优先借阅的权利。图书预约可以自助办理或人工办理。自助办理可以登录联机公共目录查询系统（OPAC），检索到需要的图书，进入该书详细信息，自助办理"预约申请"。人工办理则可以向图书馆的工作人员提出预约申请，由图书馆员在相应系统中操作。被预约的图书，一经还回，图书馆将为预约该书的读者一定期限的优先借阅权利。

3）续借图书：读者所借图书快到归还时间，若需要继续使用，可以办理图书续借。一般情况下，图书可以续借一次，续借手续的办理与预约图书一样，可以登录 OPAC 自助办理，也可以通过图书馆员来人工办理。

4）馆际互借：多个图书馆之间在书刊资料所有权不变的前提下，按照约定的协议，互相利用文献资源，满足读者需求的服务方式，被称为馆际互借。例如，某学校学生小李发现自己需要的一本书《东西方艺术的交会》在本校图书馆没有收藏，从书目检索系统查询到另一所学校图书馆收藏了这本书，他可以到本地图书馆服务台提出借阅申请，由馆员负责向其他图书馆借回该书，小李只要等待本校图书馆的取书通知即可。当他阅读完毕或到借阅期满时，只需要在本地图书馆办理还书手续，有馆员负责将该书交还给原图书馆。有些地区的馆际互借服务需要读者交付一定的服务费。

2. 教学与培训　信息素质是指具有一种能够充分认识到何时需要信息，并有能力有效地发现、检索、评价和利用所需要的信息，解决当前存在的问题的能力。具备较强信息素质的人是一个懂得如何在信息社会实践终身学习的人。我国《普通高等学校图书馆规程》中规定，高校图书馆要通过开设文献信息检索与利用课程以及其他多种手段，进行信息素质教育。

图书馆围绕大学生信息素质培养，开设了相关课程和安排了多种形式的培训，以增加读者的信息意识以及获取和利用信息的能力。

（1）教学：掌握信息检索的基本技能是大学生开展学习和科研活动的一项基本功。高校图书馆一般会设立读者培训机构或从事信息检索的教学机构，面向本校学生开设信息检索课程，通过学习，学生可以较为系统地了解文献信息检索的基本知识、基本方法、途径和步骤，掌握常用学术文献数据库的使用方法，学会使用科学的方法和先进的手段独立获取学习、科研所需要的信息，提高自学能力和独立研究能力。

（2）培训：为了提高读者的信息意识和检索技能，从而能充分利用图书馆信息资源，图书馆通过有计划、有目的地开展系列培训，如在高校图书馆中，通常会开展新生入馆教育和以推广宣传利用某些资源或讲座为主的一系列培训，在这些培训讲座中，通过宣传图书馆的新进资源和新增服务，介绍更多数据库检索技巧，帮助读者了解图书馆馆藏组织和服务内容。

3. 参考咨询 参考咨询是图书馆为读者或用户查找文献、利用文献提供帮助的一系列工作,以协助检索、解答咨询和文献研究等方式向用户提供事实、数据、文献线索、文献原文和研究报告,是图书馆开发信息资源的重要手段。图书馆参考咨询服务的方式有传统的咨询台咨询、电话咨询,以及基于网络平台的 E-mail 咨询、网页留言簿咨询、实时在线咨询、常见问题解答(FAQ)、信息推送服务(RSS)虚拟互动式参考咨询等。

(1)科技查新:面向科学研究开展的文献参考咨询服务。科技查新以文献检索的结果为基础,运用综合分析与对比的方法,与科研课题中的创新点进行比较,得出新颖性的结论,为政府科研主管部门的课题申报和成果奖励提供客观的文献依据,有助于减少科研项目低水平重复和科技成果评审失准,增强科技投资效益。查新的工作流程分为受理委托、资料研读与交流、检索、撰写查新结论、查新报告审核等 5 个阶段,最后以科技查新报告的形式提交给政府科研管理部门,供专家评审时参考。

(2)定题服务:根据用户需求,通过对信息的收集、筛选、整理并定期或不定期地提供给用户,直至协助课题完成的一种连续性的服务。

(3)文献传递:文献传递服务是根据读者对特定文献的需求,由图书馆将需要的文献或其代用品在适当的时间内,以电子邮件、传真、邮寄等指定的方式传递给读者的一种服务。文献传递服务,是图书馆向读者提供本馆没有的文献资源的一种服务方式。

4. 活动交流 图书馆依托馆内场地、设施条件,为读者提供了丰富多样的活动交流空间。馆内一般设有集体研讨室、个人研讨室、会议室、学术报告厅、电子阅览室等,以满足读者学习共享、第二课堂活动、信息交流等方面的需求。

三、文 明 阅 览

图书馆是读者阅览图书、查询资料、学习交流的公共场所,图书馆设备设施、馆藏文献资料是国有资产,读者在这里的举止行为充分体现了个人文明素质和修养。

很多人理想的读书环境是幽静典雅、空气清新,如此才能够聚精会神、潜心贯注。为了有效保护图书和公共服务设施,保持幽雅清静的阅览环境,图书馆专门制订了一系列规章制度,以约束不文明行为。希望同学们从进入图书馆的第一天起,就能做一个文明读者,不断提升个人的道德情操,并与图书馆管理员一起,纠正和制止不文明行为,共同维护图书馆的环境。

1. 凭证入馆 高校图书馆以对本校师生开放为主,同时也兼顾向社会读者服务。为了保持阅览环境安静有序,避免闲杂人员入馆影响读者阅读学习,高校图书馆对非本校师生、外来人员入馆进行限制。读者入馆时要出示学校的一卡通或图书馆发放的借阅证,或者刷卡通过安检门。无证读者或来馆办事的社会人员,持个人有效证件登记后入馆。特殊原因如来馆参观、交流的,一般先联系后由工作人员迎接入馆。

借阅证或一卡通仅供读者本人持有和使用,不允许转借他人、随意污损、涂改,丢失后应及时到图书馆办理挂失。有的学校借阅证设置了使用密码,在借书时需输入密码才能完成借书手续,有的学校为了简化借阅手续没有设置使用密码,如果被其他读者拿去借书并将书据为己有,相应的赔偿责任将由证件人承担。

2. 注意安全

(1)消防安全:馆内收藏的图书报刊以纸质为主,有些书架、阅览桌椅是木质材料,都属于可燃、易燃物品。书籍较干燥且缝隙多，燃烧速度极快，书架也有助于加快燃烧速度、导致火势向纵深发展。同时因馆内较为密闭，燃烧带来的烟雾和热量不易发散导致轰燃现象。

图书馆的电子阅览室、技术服务区一般有计算机、交换机、集线器等大量的电子设备，许多机器同时运行易造成用电超负荷，而电子设备长时间运行容易引起元件过热、电源短路等，进而可能引发火灾事故。图书馆内读者比较集中、人员流量大，一旦发生火灾，将直接威胁到工作人员和读者的生命安全，而且多年收集的书刊资料短时间内迅速化为灰烬，损失无法弥补。

因此，图书馆一直是消防安全重点保护单位，不仅在各区域配置了消防设备，如灭火器、烟感探测器、疏散指示、安全出口、应急照明、室内外消火栓等，而且通过悬挂张贴安全标志、播放安全提示、制定消防安全应急疏散预案、定期对图书馆工作人员和读者进行消防安全演习或培训等方式，提醒工作人员和读者加强消防安全意识，学会初始火灾的扑救和引导人员疏散的方法以应对紧急情况，有效预防火灾发生，将安全事故和损伤降低到最低限度。

（2）信息安全：许多高校图书馆实现了无线覆盖，部分阅览室摆放了检索用电脑专门供读者检索馆藏文献，电子阅览室有供读者学习和检索文献信息、处理资料的电脑。在这样一个较为开放的网络环境中，读者应当自觉遵守法律、行政法规和国家其他有关规定，不得利用计算机信息系统从事危害国家利益、集体利益和公民合法利益的活动，不得危害计算机信息系统的安全。读者应保障图书馆计算机及其相关的和配套的设备、设施（含网络）的安全。

例如，发现电脑故障或设备异常，应放弃使用，并及时向管理员报告。不得私自更改电脑系统或下载安装系统软件。上网时对违反党和国家政策的信息、网站（如反党、叛国、涉黄毒赌等违法内容）应自觉抵制、拒绝访问。不擅自拆卸电脑配件自行安装，不随意插拔电源、搬动电脑机箱或显示器，扰乱正常的上机秩序，损坏设备设施，不在公共电脑上玩游戏。

3. 仪表仪态　古人对待读书怀有一种宗教式的虔诚和敬畏之心，对衣着、姿态、环境等有不同的要求，比如读书前要沐浴、焚香、清洁桌案、端正衣帽，读书时正襟危坐，心无旁骛。今天我们虽不一定要做到如此庄重，但也应认真对待，在进入图书馆前整理好个人的服饰，从身心两个方面进入学习的最佳状态。

案例：从2003年起，杭州市图书馆对所有读者免费开放，包括乞丐和拾荒者。图书馆对这些特殊读者的唯一要求，就是把手洗干净再阅读。曾有读者对拾荒者散发的异味表示不满，馆长褚树青回答"我无权拒绝他们入内读书，但您可以选择换个区域。"那些农民工兄弟或者是乞丐，其实在很多方面都很注意，比如在读书前反复洗手、安静阅读、遵守秩序。反而是那些觉得好像自我价值特别高的人，做得却不如那些农民工朋友，或者是乞丐他们做得那么好。

夏天天气炎热，很多同学习惯穿背心、拖鞋，或者在运动之后不洗澡换衣就到图书馆去，这样不仅会影响个人形象，也让周围的读者反感，因此要求读者做到以下几点：

（1）衣着整齐、清洁：入馆时不能穿背心、拖鞋。衣衫不整者，工作人员有权拒绝入馆。

（2）保持安静：在馆内保持安静，如需交谈，尽量低声而且不影响到别人；将个人移动通讯设备置于振动或静音状态，接听电话到角落偏僻处；搬动物品时应轻拿轻放。

（3）举止文明：图书馆是公共场所，读者在阅览和学习过程中的行为将对周围其他人产生影响。有不文明读者把脚放桌子上,或做出一些出格的行为举止,引起周围读者的反感。管理员发现后都会提醒和制止,同时读者之间也需互相提醒和监督,共同维护良好、优雅的阅览环境。

4. 维护公共卫生 在多数人眼里,大学生应该是文明素质和个人修养较高的人。平时要注意一些文明细节,注意个人卫生,不随时吐痰,不乱丢垃圾,垃圾及时扔到垃圾桶。

有的同学习惯将食物、饮料带入馆内食用,吸引苍蝇、蟑螂、老鼠等有害生物。有人认为,吃东西的时候会很小心,不会将食物残渣和包装袋随处乱扔。但是,食物残渣、碎屑、油脂很容易掉落或沾到桌椅、书籍上,气味散发,都会吸引苍蝇、蟑螂、老鼠,给阅览环境带来严重的卫生隐患。

为了方便读者餐饮、休息,图书馆一般专门设置了餐饮区或休闲区,在这里可以吃东西、休息、聊天交流。有的图书馆配备了咖啡馆、休息室,成为读者交流信息、分享学习体会的聚会场所。

5. 爱护书刊 图书馆购买的书籍、刊物、书架、桌椅、饮水机等,都属于国有资产,是向所有读者提供服务的公共设施。在平时阅览、借取的过程中,读者要爱护书刊,不可随意丢置、乱写乱画、撕页、藏匿。例如,有些练习册、习题集类辅导书,一旦乱写乱画或写答案,这类书就失去了应用价值,是对公共财产的直接破坏。有的同学发现书中部分章节内容是自己需要的,就直接撕掉,或将整本书私带出馆据为己有。图书馆将对这些行为视情节轻重进行批评、处分、罚款等不同程度的责罚。如果读者发现一本书或部分内容值得留存,建议复印、网上购买,也推荐通过手机或平板电脑的移动图书馆软件下载、阅读。

思 考 题

1. 案例中关于大学学习与中学阶段相比,有什么差异性?
2. 大学期间,如何高效地开展学习?
3. 大学的学习资源有哪些?如何利用这些资源开展自主学习?

第六章　人际关系

本章导读　人是社会性动物,通过与他人交往而发生社会行为、共同完成社会劳动,同时也在交往中寻求保护、安慰和发展。进入大学之后,大学生们面临着新的环境与群体,处理好与交往对象的关系成为新的生活内容。良好的人际关系不仅是大学生心理健康水平、社会适应能力的重要指标,也是今后促进其事业发展与成就人生幸福的基石。

> **案例 6-1**
> 　　新学期开始了,大一学生小丽心情压抑的返回学校。上学期自己和同宿舍的两个同学因琐事争吵后,宿舍生活变得尴尬和别扭起来,一直到现在,两位吵架的同学还丝毫没有要缓和的意思,小丽很担心,自己大学四年的生活都会在这么糟糕的室友关系中度过。

第一节　人际交往的概念与意义

　　戴尔·卡耐基曾说:一个人事业的成功,只有百分之十五是由于他的专业技术,另外百分之八十五是靠人际关系和处世的技巧。心理学研究表明:在正常情况下,一个人除了八小时的睡眠时间外,其余的时间中有70%用于人际交往。人际交往能力已经成为一个现代人生存、发展不可或缺的素质。

　　交往是人健康成长的基本条件,无论是人生的哪个阶段,都离不开人际交往。每个人的成长与发展、成功与失败、快乐与烦恼、幸福与痛苦都与他人的交往相联系,正如一位哲人说的那样:人生的美好是人际交往的美好,人生的丰富是人际关系的丰富。人际交往不仅决定着大学生学习积极性与创造性的发挥,而且也直接决定着他们的心理健康。如果人际交往良好,就会产生积极的心理适应,使人心情愉悦、舒畅地生活、学习;如果人际交往不良,就会导致人际关系失调,引起消极的心理适应,使人心情苦闷,紧张不安。我国古语云:"天时不如地利,地利不如人和。""人和"就是和谐的人际关系。因此,如何建立和谐的人际关系,培养良好的交往能力,掌握交往的技巧,是每一位大学生必须要学习的技能。

一、人际交往的概念

　　人际交往也称人际关系,是人与人之间心理上的关系。人际交往表现为人与人之间的心理距离,反映着人们寻求满足需要的心理状态。从动态讲,人际交往是指人与人之间一切直接或间接的相互作用,但都超不出信息沟通与物质交换的范围;从静态讲,是指人与人之间通过动态的相互作用形成的情感联系。

　　人际关系好比心理上的桥梁和纽带,显示着人与人之间心理上的距离。它反映在群体活动中,就是人们相互之间的情感距离以及相互吸引或排斥的心理状态。主要由三种心理因素构成:认知、情感和行为。认知表现为人与人之间是相互肯定还是否定,是人际关系的前提条件;情感表现为人与人之间是相互喜欢还是厌恶,是人际关系的主要调节因素;行为表现为人与人之间是相互接近还是疏远,是人际关系的交往手段。肯定、接纳、友好、亲密的人际关系是良好的人际关系,它可以使人精神愉悦、心情舒畅,对工作、生活和学习有积极的促进作用;相反,否定、排斥、敌对、紧张的人际关系则是不良的,它会使人烦恼压抑、心情苦闷,对人的工作、生活和学习有害无利。

二、人际交往的意义

亚里士多德说过:能独自生活的人,不是野兽,就是上帝。人需要与别人的交往,就像吃饭、睡觉一样,人际交往也是人生存所必需。人际关系在人的生活中,具有不可替代的作用。正常的人际交往与良好的人际关系是保持个性健康、心理健康与生活幸福愉快的必要条件。

(一) 良好的人际交往有助于个性的健康发展

每个人的个性除了受先天遗传因素的影响之外,更重要的是受后天环境的影响。这是因为人们的交往不仅是认知上的相互沟通、情感的相互交流,而且也是性格、个性、情绪相互影响的过程。如果一个人长期生活在稳定、和谐、友好与信任的人际气氛中,其个性会在他人与环境的影响和自身的努力下,变得开朗、豁达、勇敢、热情、积极;相反,一个人如果生活在不稳定的、不和谐的人际关系中,则会变得悲观、脆弱、冷漠、粗暴、自私,这反过来又促使人际关系更加恶劣。

(二) 良好的人际交往有助于促进个体的身心健康

每个人都具有生理和心理两个方面,二者相互联系、相互影响、相互作用。心理方面在这个不可分割的统一体中居于主导地位。而人的生理即身体状况在很大程度上取决于心理的状态。良好的人际交往主要就是通过促进个体心理健康而达到促进身体健康。

大量的心理问题、心理危机都与缺乏正常的人际交往和良好的人际关系相联系,那些生活在缺乏友好合作、融洽气氛的人际环境的人们,经常感到压抑、苦闷、情绪低落。我国已故的医学心理学家丁瓒说过:"人类心理的适应,最主要的就是对人际关系的适应,所以人类心理的病态,主要是由人与人之间的关系的失调而来。"每个人都有快乐和忧愁,需要与他人分享、分担。快乐与朋友分享能加强快乐的感觉,忧愁向朋友倾述诉就会得到减轻,倾诉的过程就是减轻心理压力、缓解心理紧张的过程。如果缺乏必要的交往会导致心理负荷过重,使人产生孤独、忧虑等消极情绪,可导致心理障碍的出现。

(三) 良好的人际交往有助于提升个体幸福感

日常生活中,有些人往往认为,人的幸福是建立在成功、金钱、名誉和地位基础上的,实际上对于人生的幸福来说,所有这些都远不如健康的交流与良好的人际关系重要。人际关系在人们生活中的地位,无法被金钱、名誉和地位所取代。心理学家克林格(E. Klinger)在1977年曾做了一个广泛的调查,结果发现,良好的人际关系对于幸福生活具有首要意义。

当人们被问到"什么使你的生活富有意义"的时候,几乎所有的人都回答,亲密的人际关系是首要的。自己的生活幸福与否,取决于自己同生活中其他人的关系是否良好。如果与别人有深刻的情感联系,就会感到生活幸福,富有意义;反之,则会感到生活缺乏目标、没有动力、不幸福。在这些被调查者的回答中,人际关系的重要性远远超过了成功、名誉和地位,甚至超过了西方人最为看重的宗教信仰。

(四)良好的人际交往有助于个体获得信息与知识

在与人交往的过程中,人们随时可能通过与他人交流而汲取对自己的学业、事业与生活有意义、有价值的知识和信息,以他人的长处填补自己的短处,发展和更新已有的知识体系。此外,良好的人际交往有助于人们不断增强竞争能力、沟通交流能力、开发创造能力,使自己的素质得到不断地发展和完善。

三、大学生加强人际交往的意义

进入大学后,大学生的成长环境、学习和生活方式都发生了较大的变化,这种变化对大学生人际交往能力方面提出了更高的要求。提高交往能力,构建健康和谐的人际关系,是大学生成长成才过程中必须面对的实践课题,对正处于学习环境、生活方式适应期和心理转型期的大学新生尤为重要。

(一)人际交往是维护大学生身心健康的重要途径

(1)人际关系影响大学生的生理和心理状况。处于青年期的大学生,思想活跃、感情丰富,为适应和熟悉新环境、新群体,大学生人际交往的意识极为强烈,渴望真诚真挚的友情,获得他人的支持、认同与帮助,消除陌生、孤独的人际障碍,满足自我精神与情感上的需要。此时,积极的人际交往,良好的人际关系,可以使人情绪饱满,精神愉快,充满信心与正能量,保持乐观的人生态度。一般说来,具有良好人际关系的学生,大都能保持开朗、热情、乐观的性格,从而正确认识、对待各种现实问题,化解学习、生活中的种种矛盾,形成积极向上的优秀品质,并且能够迅速适应大学生活。相反,如果缺乏积极的人际交往,不能正确地对待自己和他人,心胸狭隘,自私自利,目光短浅,则容易形成精神与心理上的巨大压力,难以化解心理矛盾,严重的还可能导致病态心理或心理障碍,如果得不到及时的疏导,则可能形成恶性循环而严重影响身心健康。

(2)人际交往影响大学生的情绪和情感变化。处于青年发展期的大学生,正处在人生的黄金时代,在心理、生理和社会化方面逐步走向成熟。但在这个过程中,一旦遇到不良因素的影响,就容易导致紧张、恐惧、焦虑、愤怒等不良情绪,影响学习和生活。实践证明,友好、和谐、协调的人际交往,有利于大学生对不良情绪与情感的控制和发泄。

(3)人际交往影响大学生的精神生活。大学生情感丰富,在紧张的学习之余,需要进行彼此之间的情感交流,讨论理想、人生,诉说喜怒哀乐。人际交往正是实现这一愿望的最好方式。通过人际交往,可以满足大学生对友谊、归属、安全的需要,可以更深刻、更生动地体会到自己在集体中的价值,并产生对集体和他人的亲密感和依恋之情,从而获得充实的、愉快的精神生活,促进身心健康。

(二) 人际交往是大学生成长成才的重要保证

(1) 人际交往是交流信息、获取知识的重要途径。现代社会是信息社会,信息量之大,信息价值之高,是前所未有的。人们对拥有各种信息和利用信息的要求,也在不断地增长。通过人际交往,可以相互传递、交流信息和成果,使自己增长见识,丰富经验,活跃思维,开阔视野,启迪思想。

(2) 人际交往是个体认识自我、完善自我的重要手段。孔子曾说过,"独学而无友,则孤陋而寡闻"。人际交往可以帮助大学生更全面的认识自己,并提高自己对别人的认识。在人际交往的过程中,彼此从对方的言谈举止中认识对方,同时,又从对方对自己的反应和评价中认识自己。交往面越宽,交往越深,对对方的认识越完整,对自己的认识也就越深刻。只有对他人的认识全面,对自己认识深刻,才能得到别人的理解、支持、关怀和帮助,自我完善才可能实现。

(3) 人际交往是一个集体成长和社会发展的需要。人际交往是协调一个集体关系、形成集体合力的纽带,而一个良好的集体,能促进青年学生优良个性品质的形成,如同情心、正义感、乐观向上等都是在和睦、民主、友爱的人际关系中成长起来的。良好的人际关系还能够增进集体的凝聚力,成为集体中最重要的教育力量。

四、大学生人际交往的基本特点

在全球化浪潮的冲击下,人类社会信息化的影响下,作为对社会变化反应最为敏感的群体,大学生的人际交往呈现出明显的特点。

(一) 大学生人际交往愿望的迫切性

迫切性是指大学生在人际交往的需求方面具有急切的特征。大学生自我意识逐渐成熟,对社会的参与意识增强,使其急于让他人了解和承认自己,期望得到他人的理解、关心和尊重。同时,大学生也有急于了解社会和他人的强烈愿望,他们普遍希望通过交往获得友谊。特别是大学新生,由于环境的改变,首次离开家庭,很容易产生孤独感,为摆脱孤独,他们急于与人交往。在交往中十分注重情感的交流,有时甚至以感情代替理智,例如一大学生仅仅因为同乡被人欺负便大打出手。同时,他们也希望通过交往获取更多的信息,拥有行为的参照对象。

(二) 大学生人际交往内容的丰富性

随着社会变革、环境变迁和经济生活的提高,各种载体不断出现,渠道不断拓展,大学生交往内容也随之丰富和多样。当代大学生交往的内容已经突破了专业知识的局限,扩展到文学、艺术、体育、政治、外交、人生、理想、爱情等各领域,涉猎学术探讨、艺术创作、才能展示、技能培训、社会服务等各层面。同时,大学生交往频率提高,由偶尔的相聚、互访,发展到较为经常的聊天、社团活动、聚会、体育运动、娱乐、结伴出游以及其他一些集体活动。大学生交往内容日益丰富有助于提高其自身素质,帮助其全面发展,但交往内容的丰富性也会使一些目标不明确、自控力较弱的学生把握不住重点,导致其浮躁心理加重,影响其主要任务的完成。

（三）大学生人际交往意识的独立性

随着年龄的增长、知识的增多和社会经验的丰富，大学生在交往中都表现出较强的自主性和独立性。一方面，由于大学生价值观已基本形成，心理日渐成熟，在人际交往中有了自己的主见，交往活动表现出较强的独立意识和认知能力。当代大学生从交往目的、交往对象、交往内容的选择直至交往活动的结束，一般都是自己决定，不愿意再过多地接受父母、师长、亲友的指导和帮助；另一方面，大学生的交往很少受外界的影响，强迫或被动的成分少，主动成分多。大学生的许多交往活动往往是由兴趣爱好所致，主观意愿所驱使，力求达到个人目的。由此可见，大学生在自我意识和社会关系相互协调的基础上开始形成自我的个性，更多地支持自己的主张，以独立的人格和态度处事，积极自主地开展人际交往活动。这个时期，大学生对于家庭往往已不再依赖，而是以成人的眼光参与和处理各种事务，充分体现个人的意志和性格，这使得大学生更容易接受新事物和新观念，更容易受社会思潮的影响。

（四）大学生人际交往媒介的现代性

在人类历史的发展中，每一次科技革命都会给人类带来新的交往媒介。随着高科技的发展，网络技术的广泛应用，大学生除了直接面对面的交流方式外，电话、短信、网络、微博、微信等方式已经逐渐成为他们联络感情、交往的主要形式。在大校园里，手机、电脑等现代交往媒介已经普及，大学生通过网络、短信、微信等媒介传递信息越来越普遍，特别是网络交往为大学生提供了新的手段和空间，成为人们之间的一种新型人际互动方式。大学生可以在网络构造的"虚拟环境"中扮演不同的角色，经常扮演与自己的实际身份和性格相差悬殊，甚至截然不同的虚拟角色。一方面，交往媒介的现代化具有方便快捷的优点，拓宽了大学生的交往渠道，扩大了大学生的交往范围；另一方面，交往媒介的现代化也不利于大学生之间的情感交流，较难深入地讨论一些问题，从而导致不少大学生感到同学之间感情淡漠疏远，会产生莫名的空虚感。

第二节　人际交往的基本原则

一、现实人际交往的基本原则

每个人都生活在群体中，需要他人的理解，需要与他人沟通。当代大学生面临一个更为开放而复杂的世界，如何与人交往，协调各方面的关系，营造融洽的人际环境，对于健全人格，培养合作精神，适应社会具有重要意义。人际交往的原则主要有以下几个方面：

（一）平等原则

心理学研究表明，平等是人际交往的第一原则。平等，不仅仅指经济、社会地位的平等，更是双方人格的平等，没有高低贵贱之分，不论职位高低、能力大小，还是职业差别、经济状况不同，人人享有平等的政治、法律权利和人格的尊严，每个人都应得到同等的对待。因此，人与人之间交往要平等相待，一视同仁。在人际交往的过程中，平等待人是建立良好人际交往的前提。没有平等待人的观念，就不能建立融洽的人际关系。

平等实际上就是尊重,任何人都渴望得到尊重,尊重他人就是尊重自己。尊重他人的最基本表现就是尊重他人的劳动,尊重他人的人格,尊重他人的生活方式和个人习惯。只有相互尊重才会相互信任,坦诚相待。尊重他人,是一个人应有的礼节。在人际交往中,不要拿手指指着教训别人怎么怎么样,当众指责别人的缺点,或用"胡说八道"、"你神经病"、"二百五"这样的话来伤人感情。不能嘲笑别人生理上的缺陷,更不要给别人起污辱性的绰号。对事情有不同看法,这是很正常的,但要注意对事不对人,多一些尊重,少一点人身攻击,不要因为日常小事闹到了拿人格开刀的地步,否则只能使关系越来越僵。

(二)宽容原则

由于受到成长经历、教育背景、家庭与遗传等因素的影响,每个人的性格、习惯、生活方式等方面各有不同。在与人相处、交往的过程中,要学会尊重和理解他人的生活习惯、个性特征和处事方式,不将自己的想法强加于人,做一个肯理解、容忍他人优缺点的人,具有大度能容的心胸和善良、宽容的优良品质,能忍善让,体现做人的风范,才会更加受欢迎。在与他人发生冲突时,要能站在他人的立场想问题,能够换位思考;在看到他人的优点和长处的同时,也要多关注自己的缺点和不足;结交朋友的时候,不仅要寻找与自己性格相近的,更应该结交那些与自己性格相异的人。只有这样,才能相互学习、取长补短,不断完善和提升自己。

(三)真诚原则

真诚是处理人与社会、人与人之间相互关系的基本准则。在人际交往的过程中,只有真心诚意地对待他人,才会获得更多真正的朋友,建立起良好的人际关系。以诚相待,心地坦荡,做一个纯洁、心无芥蒂的人,用人格去赢得友谊才能使别人对你充满敬意,产生信任感,愿意和你交流,在学业与生活上给予帮助,有什么缺点,也能直言相劝。如果一个人自私、伪善,处处算计或提防别人,或是当面一套背后一套,戴着面具做人,是不可能赢得别人的真心的。

当然,真诚必须是建立在讲信用的基础上的。讲信用是一种高尚的情操和品质,既是对他人的尊敬,也是对自己的肯定。与人交往中,应该坦诚相待,讲信用,用实际行动从心底感动他人,才能获得他人的尊重与信任。

(四)互利原则

人际交往是一种双向行为,古人讲:"来而不往,非理也。"人际交往是以能否满足交往双方的需要为基础的,其变化与发展取决于双方社会需要的满足程度。交往双方在满足对方需求的同时,还能得到对方的回应,那么这种交往关系将能继续发展下去。因此,没有双方需求满足的人际关系是不能长久的。

人际交往的互利原则不仅仅包括精神上的满足,还包括物质上的互利,在这两方面都讲求奉献与索取。精神上的互利如思想上的沟通交流,从而形成相同的价值观、社会观、人生观;通过沟通交流加深彼此间的相互了解进而消除隔阂、解除误会,在关心和帮助别人的同时也提升和锻炼了自己,进一步促进了友情的发展。然而,在社会主义市场经济高速发展的今天,由于受到各种社会因素的影响和利益的驱动,人们将权衡左右选择对自己有利的交往对象,获取对自己更有利的信息,但是过分地强调利益的人际交往注定是要失败的。

因此，人际交往过程中，一定要处理好奉献与索取的关系。一方面要有奉献的精神，要与人为善，不怕吃亏，乐于助人；要大度，古语讲"有容乃大，无欲则刚"，学会宽宏大度、容忍谦让，宽容能化解交往过程中产生的矛盾和误会，这样既维护了团结和睦，又避免了相互伤害。另一方面，在奉献的同时也要学会索取，要善于求助于人，在遇到困难和难题需要帮助的时候，应该主动地向朋友提出请求，别人帮助你克服了困难，解决了难题，他同样也会感到快乐和开心，这更进一步地促进了双方的情感交流。

二、网络世界交往的基本原则

随着信息技术及网络技术的广泛应用，网络越来越成为大学生获取知识、创新知识、集聚信息的重要渠道，成为大学生学习、生活的重要组成部分。网络为大学生提供了一种全新的交往环境，对大学生的人际交往行为产生了重要影响。

（一）网络时代交往的特点

1. 信息丰富化、社会多元化 互联网具有无限开放性和信息海量化等特点，可以扩大大学生的信息来源渠道，开阔大学生的眼界，提高信息量。通过网络人际交往，不仅能够方便迅捷地了解全球各地的资讯，还能够与网络中多种多样的角色进行紧密的交流和互动，激发和提高大学生的人际认知能力，促进人际交往实践。

网络交往间接、自由和平等，能够使大学生消除直面交往的障碍，允许人们有更充足的思考空间，而且一旦出现文化冲突可以利用文字、表情符号等多媒体形式来适时解释化解，从而避免直面交往产生的交流障碍。拓宽沟通网络，促进社会化多元发展。

2. 网络交往的匿名性 彼得·施泰纳曾经说过，"在互联网上，没有人知道你是只狗"。其实从这句话我们就能完全理解到匿名性这一特点。在网络交往过程之中，用户凭借着一个代号或者昵称来代表自己的身份。而这些虚假的身份就可以完全或部分隐匿个人真实身份。网络人际交往都是建立在这些代号或者昵称的基础之上，甚至于在现实生活中面对面时也会使用网上的代号或昵称进行称呼。匿名性和匿名行为已经俨然成为网络社会建立的基础之一。在网络世界中，大学生可以轻易地隐藏自己的真实身份，选择自己想扮演的任何角色，打破现实社会的种种束缚，消除人际交往的紧张感。当人们在网络世界中以匿名的方式进行网上交往时，无须担心会给自己带来什么影响，没有现实社会中人际交往所面对的各种压力。网上的人际交往比现实社会显得更加直接，交往中受道德、伦理、风俗、等级差别等因素约束的行为过程被简化了，人们往往直奔交往的主题。在网络交往中，人们在现实生活中不敢表达的情感或话都会更加强力地表达出来，会更加大胆、热烈地表达自己对他人的感情。在这里可以没有国界、地域等具体的地理位置限制，可以忘却身份、外貌等现实的客观条件，给人的想象插上翅膀，或去寻找在现实中寻觅不到的东西。

3. 网络交往简化社会性和规范性 在现实人际交往中十分看重的身份、职业、金钱、容貌、家世等交际主体的社会特征和社会地位，在网上的人际交往中可以全然不顾；在现实交往中要遵守的一些社会规范，在网络交往时也不必遵守，只要按照网络技术要求去操作，就可顺利完成网上人际交往。这种弱社会性、弱规范性的网络人际交往，容易使一些人暂时摆脱现实社会诸多人伦关系的束缚和行为的约束，甚至放纵自己的道德行为规范，从而造成非人性化的倾向。

（二）大学生网络交往的基本原则

1. 树立正确、健康的网络交往观 网络交往容易使一些学生产生"网络性心理障碍"问题，具体表现为上网时间失控、沉湎于游戏、依赖虚拟现实并由此忽视了现实的存在，或是对现实生活不再满足，常常导致离开了网络以后，现实生活中的身份丧失，出现角色混乱、反社会人格等偏差。有的学生甚至在心理上出现焦虑、忧郁、逃避等特征，以及行为上的违规、破坏、犯罪等现象及其衍生出来的一系列非正常表现。他们在网络中的表现与其现实中的表现有很大的反差，甚至判若两人。专家指出，隐匿自己的真实身份和性别进行持久的交流，也容易造成人格分裂，对自己的心理和他人的情感都会产生伤害，易引起交往双方的互相怀疑和不信任。据此，专家认为，不健康的网络交往易导致青年在现实世界反应退化，甚至无法与人正常交往，容易产生社交障碍症。

网络的最终目的并不是用来进行人际交往，大学生不能因为人际交往而终日沉迷于网络。上网自律并不是要抵制网络，而是应该清楚认识到我们应用网络的最终目的是什么，什么事应该积极做，什么事不去做。因此我们有必要来严格约束自己，树立正确的网络交往观，培养健康的人际交往观。

2. 网络交往应适时、适度，发挥网络交往的积极作用 网络交往较之传统交往除具有空间的广泛性外，更具安全性、间接性、随意性、隐蔽性。大学生可以在网上找到一个为自己忠诚保密的聊天对象，有时候在网上交往的双方并不知道对方真实身份，因而不必顾忌所表达的会引起别人的误会，也不必担心对方会泄露自己的秘密，在网络上更容易建立起相互关心、相互理解、相互尊重为基础的联结。因此，网络为大学生提供了一个吐露真情实感的场所。大学生可以适时、方便地通过网络真实地表达自己，倾诉自己的烦恼，宣泄自己的不良情绪。通过这一方式宣泄被压抑的不良情绪，对维护大学生的心理健康是有益的。

3. 以现实人际交往为主，网络人际交往为辅 网络通过传送文字、声音、图像，提供互动和交流，但这种交流是用符号连接起来的"人—机—人"的交往方式，个体只要进入网络，就进入了"人—机—人"相对封闭的环境中。网络社会是一种虚拟社会，与现实社会大相径庭，带有"去社会化"的特征，过多地依赖网络会导致现实中人际关系的疏离加剧，从而影响个体正常的社会化进程。

网络交流缺失了交往双方的表情和肢体语言等非言语的表达，与实际的交流情境相差很远。并且网络交流具有很多不确定性和虚假性，过多的沉溺网络交流，不但不能提高个体现实的交际能力，反而会拉大个体与现实世界沟通、交流的能力与距离，甚至对现实中的生活也产生了距离感，极大妨碍了大学生通过亲身的社会实践生活形成稳定、良好的社会情绪的体验。长期沉溺于网络世界，沉溺于虚拟空间，容易导致大学生与亲属、邻居、同学之间的感情联络淡化。因此，大学生在现实生活中应注意以现实人际交往为主、网络人际交往为辅的原则。

4. 对待网络舆论要理性，发表网络言论要守法 互联网被广泛称为"虚拟社会"，其实从来就不是"虚拟"的。它由真实的人构成，是现实社会在网络上的延伸。现实社会中对每位成员应有的约束和规范，在网络社会没有理由不遵守。网络社会也是法治社会，所有维护公共场所安全的法律，在网络社会也同样适用，只要行为越过了法律所允许的边界，就要受到法律的制裁。2013年9月我国最高人民法院发布《最高人民法院 最高人民检察院关于办理利用信息网络实施诽谤等刑事案件适用法律若干问题的解释》，为在司法实践中准确而有力地惩治利用网络实施的相关犯罪提供了明确的司法解释依据,网络推手"秦火火"则成为该法案出台后首个获罪的网络造谣者。

秦志晖,网名"秦火火",男,曾是北京尔玛互动营销策划有限公司员工,主要从事网络推手、网络营销等业务。为了扩大知名度、影响力,秦志晖及其公司员工组成网络推手团队,伙同他人,通过微博、贴吧、论坛等网络平台,组织策划并制造传播谣言、蓄意炒作网络事件、恶意诋毁公众人物,以此达到公司谋利目的。2013 年 8 月被北京警方刑事拘留,并于2014 年 4 月 11 日在北京市朝阳区人民法院第三法庭依法公开开庭审理。朝阳法院以被告人秦志晖犯诽谤罪,判处有期徒刑二年;犯寻衅滋事罪,判处有期徒刑一年六个月,决定执行有期徒刑三年。

"秦火火造谣事件"的依法处置,提醒每个网民网络是现实社会的一部分,不会也不能有超出法律规定的绝对自由。作为网络空间的一分子,大学生对网络信息应认真甄别、科学理性判断,发表网络言论、表达意见要禁忌造谣传谣,对那些违规违法者要给以谴责、绝不纵容。只有大家都行动起来,负起责任,才能真正构筑起一个文明有序的网络社会。

第三节 大学生人际交往的基本技巧和交往能力的提升

一、大学生人际交往的基本技巧

人际交往是一门科学,更是一门艺术,通过学习和实践,人际交往技巧可以得到改善和提高。大学生在与人交往时,应掌握下面一些基本技巧:

(一) 给人留下良好的第一印象

社会心理学实验表明,个体在初次交往中给交往对象留下的印象很深刻,个体会不自觉的依据第一印象去评价交往对象;同时,今后交往中的印象都被个体用来印证第一印象。具体来说,如果第一印象是积极的,则会促使个体在今后的交往中更倾向于挖掘交往对象好的质量;反之,如果第一印象是消极的,则会导致个体更倾向于发现交往对象不好的质量。

既然第一印象有如此强烈的定向作用,我们在与人交往时,应该怎样表现才能使自己给别人留下良好的第一印象呢?美国著名心理学家卡耐基在其《怎样赢得朋友,怎样影响别人》一书中,在自己大量成功实践经验的基础上,总结出了给人留下良好第一印象的六条途径:①真诚地对别人感兴趣;②微笑;③多提别人的名字;④做一耐心的听者,鼓励别人谈自己;⑤谈适合别人兴趣的话题;⑥以真诚的方式让别人感到他很重要。卡耐基用这些具体的成功交往技术,帮助许多人改善了人际关系,并使他们获得了成功。

(二) 积极主动的与人交往

心理学家研究发现,在人际交往过程中,许多人不是主动去接纳别人,而是被动地等待别人的接纳。现实生活中也发现,许多同学之所以缺乏成功的交往或出现交往困难,很多情况下,是因为他们在交往中总是采取消极被动的退缩方式,时时扮演的是交往的响应者角色。根据人际交往的互动性特征,如果要与别人建立良好的人际关系,就必须主动与人交往,例如经常与老师和同学保持联系;在与需要交往的陌生人初次见面时,主动介绍自己；遇到熟人时，主动先打招呼等等。这是获得人际交往成功的重要技巧。

（三）学会有效的赞美他人

美国心理学家威廉·詹姆士指出："渴望被人赏识是人最基本的天性。"回忆自己成长的经历，你有没有热切地渴望过师长的赞美？既然渴望赞美是人的一种天性，我们在人际交往中最好的顺应技巧就是多赞美别人。在现实生活中，由于有相当多的人不习惯赞美别人，从而导致我们的人际氛围缺乏发现美的愉快情绪体验。

作为一种有效的交际技巧，在交往中，赞美别人应注意以下几点：

1. 要真诚 赞美要取得效力，首先要让别人觉得你的赞美是真诚的、发自内心的。如果嘴上在赞美对方，内心却又显示出不情愿，这样的赞美自然会适得其反。

2. 要恰当 面对一位相貌平平的女同学，假如你要向她表示赞美，与其说她美如西施，不如肯定她的心地善良、性情温柔更有效。

3. 要具体 当想赞美或欣赏一个同学时，笼统说"我真的很喜欢你"，不如说"我喜欢你为人真诚，这使我和你相处时感觉轻松"的效果好。

4. 要独具慧眼 赞美别人不宜人云亦云，在别人习以为常的赞美上，多加重复，其效果不如挖掘对方不为人显知的优点加以赞美的效果好。正如法国作家巴尔扎克所说："第一个形容女人为花的人，是聪明人；第二个这样形容的人，就一般了；第三个再将女人比喻为花的人，纯粹就是笨蛋。"

（四）以微笑传递友好

微笑是一种最简单、最直接表示对他人友好的一种方式。微笑本身就是人际交往成功的一大秘诀，为此，有人把微笑称为人际交往的魔力开关。面对他人，只要你轻轻一展笑颜，就胜过千言万语，例如，请人帮忙时，带着微笑，别人不易拒绝你的请求；感谢别人时面带微笑，别人会加倍领受你的感激之情；紧张焦虑时，微笑可缓解你的烦恼；开心快乐时，微笑令你更加愉快。在人际交往中，灿烂的微笑、真诚的微笑、动人的微笑，都会令你魅力倍增。

（五）善于表达自己的感受

在与人交往时，常常会伴随积极或消极的情绪体验，若能准确并恰当地表达出来，有助于增进彼此之间的情感交流，缩短双方的心理距离。例如，当你与别人相处感到很愉快时，你可向对方说，"跟你在一起，我感到很愉快"；当别人惹你生气时，你可向对方说，"我不喜欢你用那种态度和我说话"。

（六）善于求同存异

世界上没有两片相同的叶子，人更是如此。作为复杂的、不断变化的个体，在交往中，对于兴趣、爱好等非原则性的问题，不妨求同存异。如果心理上过分苛求"志同道合"，无形中会拉大与他人之间的心理距离，不利于扩大交往。李斯在《谏逐客书》中说："泰山不让土壤，故能成其大；江河不择细流，故能成其深。"大同而小异，既不违背做人的原则，又不失友谊。

（七）理性处理矛盾与误会

同一屋檐下，朝夕相处，人与人之间有矛盾是在所难免的。如果同学双方有过矛盾，不要采取消极的"躲"的办法，"低头不见抬头见"，靠"躲"无助于问题的解决。如果不积极主动地及时化解矛盾，则可能会使误会加深，互相之间见面冷若冰霜，背后相互诋毁、攻击，形成交际中的恶性循环。

大学生人际交往的一个重要内容就是要善于消除误会。如果遭到误解，先要冷静对待，想想自己有没有责任，错了就坦率承认，表示歉意；如果自己没错，同样要冷静分析，对于那些不值得一提的小事不妨一笑了之；有不同的看法，可以保留自己的意见，不要强求对方接受己见。同时，不管过去与现在关系怎样，在工作、学习中仍要采取合作态度和保持积极的交往态度。很多矛盾是因误解而产生的，大多数人的本性是善良的，只是没能得到及时交流和沟通，而造成彼此间的隔阂与误解。

人际交往技巧不是万能不变的，任何一种交往技巧都需要交往者结合自身实际在实践中运用，并在实践中不断改进与提高。

二、大学生要提升人际交往能力

一项针对中国在校大学生交往能力的调查显示：中国在校大学生的人际交往能力属于中等偏下水平。一般人在新环境中比较拘束，适应较慢。在异性和非同龄人面前会有所紧张，不够大胆，不主动交往，甚至有少数同学有自闭心理。人际交往能力和方法的欠缺是影响大学生人际交往的原因之一。不少大学生缺乏交往的经验，尤其是成功的经验。他们想关心人，但不知从何做起；想赞美人，可怎么也开不了口或词不达意；交友的愿望强烈，然而总感到没有机会。交往中想表现自己却不能如愿，内心想表示温柔，言语却是硬邦邦的，这些情况阻碍了他们和他人交往的顺利进行，但绝大多数人都知道社交能力的重要性，想有所提高。

大学生提升人际交往能力可从以下几个方面着手。

（一）迈出主动交往第一步

人际交往本质上是一个互动的过程，但许多时候互动链的运行需要有人激发。事实上，许多交往成功的人往往会主动激发，开启人际互动链。即他们往往首先向别人发出友好的信号，主动关心别人，主动帮助别人，主动与人打招呼等等。

对有些大学生而言，在人际中持主动交往的态度似乎很难做到。他们要么缺乏自信，担心遭到拒绝，担心别人不能像自己期望的那样理解、应答，从而使自己处于窘迫的局面，伤害了自己的自尊；要么在人际关系方面有许多误解，如先同别人打招呼是否在别人看来就低人一等，"那些善于交往，主动交往的人都是左右逢源，都有些世故，有些圆滑"，等等。

（二）培养良好的交往品质

良好的交往品质包括：平等、尊重、真诚、理解、谦逊、宽容、关怀以及守信。作为当代的大学生，我们可能在以往的学习中很少有机会真正去了解和体会这些品质的内涵，如果从现在开始，你愿意努力去发展自己的这些品质，那么良好的人际关系的建立将不会是特别的难事。

(三) 提高人际交往魅力

1. 仪表魅力 仪表首先是外貌的美丑,也包括人的穿着、体态、风度等因素,它们对人际吸引力都有影响。风度是一个人的先天素质和后天文化教养相结合,在言谈举止中的表露。大学生是有文化教养的青年人,其风度应当体现为谈吐儒雅、举止得体、言行有礼有节、豁达开朗、宽厚容忍等。

2. 态度魅力 大学生要使自己在人际交往中具有魅力,就应培养真诚、信任、克制、自信、热情、没有偏见的态度。

3. 才能魅力 大学生的主要职责是学习和增长才能,因此大学生应当有过硬的专业知识本领,要不断地学习和把握本专业的新知识、新信息,逐步成为该领域的专家;要学会含蓄,适当地展示自己的才华;要谦虚谨慎,不恃才自傲,形成"学然后知不足"的良好学风。

(四) 克服人际交往的障碍

在大学生与不同人的交往中,人际交往障碍给大学生的学习、生活、健康等各个方面带来不良的影响。怎样认识人际交往中的各种障碍,怎样学会去调适,对于大学生来说是非常重要的。

1. 孤僻心理 孤僻指不愿与他人接触、交往,喜欢单身一人,独来独往,却又时常感到寂寞、空虚的心理现象。他人难以接受。因此,孤僻的人从心理上和行为上与他人有着屏障,自己将自己封闭起来,而内心往往很苦闷、压抑,感受不到温暖,容易消沉。如果被这种消极情绪长期困扰,对大学生身心健康是十分不利的。大学生孤僻心理的调适,首先应该正确认识孤僻的危害,正确评价和认识自己,找到自己的优点和缺点,要正确地认识别人和自己,多与别人交流思想,沟通感情,体会人际交往中的温暖。

2. 嫉妒心理 嫉妒是一种负性情绪,是指自己的才能、名誉、地位或境遇被他人超越,或彼此距离缩短时,所产生的一种由羞愧、愤怒、怨恨等组成的情绪体验。这种体验很容易转化为对比较对象的不满和怨恨,因而在行为上冷嘲热讽,甚至不惜采取不道德行为,通过打击对方达到自我心理上的暂时平衡,最终导致人际冲突和出现交往障碍,甚至还会损伤自身。

克服妒忌同样需要正确认识和评价自己,当嫉妒心理萌发时,能够积极主动地调整自己的心态,客观、冷静地分析自己,找差距和问题。学会扬长避短,充分发挥自身的潜能,缩小与嫉妒对象的差距,减少或消除嫉妒的心理。此外,应该学会接受他人。对于他人的成功,去接纳,去认同,要去找自己与他人的差距,这是成熟与坚韧的表现。最后充实自己,提高自己的能力是最为重要的。通过多参加有益的活动,学习各方面的知识,充实自己,把精力投入到学习上,而不是嫉妒别人上。要不断树立新目标,缩小与他人的差距,提高自己的能力。

3. 自卑心理 自卑是指自己瞧不起自己,它是一种消极的情感体验,表现为对自己的能力和品质评价过低。大学生自卑心理产生的客观原因:①对自身条件的不满意;②由于到了新的环境,周围有很多比自己更优秀的同学,有的同学不能很好地认识这点,便觉得事事不如别人而产生自卑;③由于来自贫困家庭的孩子,他们经济困难,也容易产生自卑。自卑是一种过低的自我评价。自卑的浅层感受是别人看不起自己,而深层的体验是自己看不起自己。有自卑心理的大学生在交往中常常是缺乏自信,畏首畏尾。遇到一点挫折,便怨天尤人;如果受到别人的耻笑与侮辱,更是甘咽苦果、忍气吞声。实际上,自卑者并不一定能力低下,而是凡事期望值过高,不切实际,在交往中总想把自己的形象理想完美,惧怕丢丑、受挫或遭到他人的拒绝与耻笑。这种心境使自卑者在交往中常感到不安,因而常将社交圈子限制在狭小的范围内。

改善自卑的方法:①要正确认识自己,能够客观地评价自己和他人,找到自己的优点和缺点,坦然面对自己的不足和缺陷,针对自己不如别人的方面进行自我调整和改变。②进行积极的心理暗示。暗示是用含蓄的间接的方式。对别人和自己的心理以及行为产生影响。在做一件事情的时候,心中默念"我可以,我一定能行"等积极的暗示,则会信心倍增。积极的自我暗示对于提高人的自信心,克服各种心理不适有非常重要的作用。③积极参加各种活动。在学校应积极参加各种学生团体,参加各种活动,不断发挥自己的优势,体验成功,这样就更容易克服自卑,更加积极自信。

4. 害羞心理 害羞是一种正常的心理现象,先天素质起了很大的作用。有些人性格内向,说话低声细语,见到生人就脸红,常怀有一种胆怯心理。同时,教育也是害羞的一个原因,在童年早期没有得到很好的引导,到青春期,随着自我意识逐渐成熟,使青少年敏感于别人对自己的评价,变得胆怯、拘谨。缺乏自信是另一个原因。有些人总认为自己没有迷人的外表,没有过人的本领,属于能力平庸之辈。这种状况不仅使他们长期体验不到成功的喜悦,而且更加不相信自己的能力,低估自己的认知偏差常常是导致害羞的最为重要的后天原因。此外,挫折的经历也会导致害羞。据统计,约有1/4的害羞的成人在儿童时并不害羞,这种人以前都开朗大方,交往积极主动,但由于他们在学习生活中曾经受挫,因而变得胆怯、消极被动。

克服交往中的害羞心理,首先要在思想上抛弃一切顾虑,即不要怕做错了事,说错了话,要认定说错了虽不能收回,但可以改正;做错了,只要吸取教训,能起到"前车之鉴"的作用;失败并不等于无能。这样,在行动之前就不会光想到失败,他们就会走出自我否定和自我暗示的阴影。其次,要树立自信,要肯定自己,发现自己的闪光点,而不是只看到自身的不足,这样有助于在交往中发挥自己的特长,最终有所成功,并在成功体验下对自己重新评价,开始相信自己的能力,如果再有第二、第三次的成功,害羞者就会对自己形成一个比较稳定的自我肯定认识,害羞心理就会悄悄地从他们身边走开。另外,学会交往也是克服害羞的有效方法。害羞者可以在与人交往中观察别人是怎样交往的,特别是要观察两类人:①观察交往成功者,看看他们为什么总是交往的中心,为什么能将各种复杂交往方法运用得如此得心应手;②观察从害羞中走出来的那些人,并向他们学习。

第四节 大学生要学会与不同的人交往

一、大学生要学会与父母交往

父母与子女间的冲突已成为了当今社会的一个普遍问题。社会的急剧变化,社会上的种种不良诱惑,家长对子女的高期待、严要求,学生面临的复杂环境、面对的竞争压力,学生思想观念的不断变化。使父母与子女之间产生了许多不同的意见、矛盾。那么,我们应该如何积极地解决这个问题呢?

尽管子女与父母之间有着区别于他人的血缘关系，但是，由于子女所处的年龄、性别、经历，以及在家庭中的角色不同，子女与父母会有不同的心理需求，对同一事物也会有不同的看法。比如，父母可能常常认为子女还是一个不懂事的孩子，缺乏人生经验。作为过来人，他们对子女的管教总是有道理的，子女应该多听大人的话，少走弯路。然而，子女却觉得自己已经长大了，应该有更大的自由空间，不必事事听别人的。其实，子女和父母的想法都有一定的道理，如果子女与父母从不考虑对方的想法是否有道理，而只是强调自己是正确的，二者之间的关系就永远不会得到改善和深化，大学生应学会如何与父母相处：

首先，应分析一下究竟是谁对准错。如果真是父母的问题，就应该诚恳地跟他们解释清楚。我们毕竟已经长大，可以拥有自己独立的观点，千万不要怨恨父母对你的不理解；倘若是自己错了呢，就乖乖地认错，再讨好讨好他们吧。无论哪种情况，打破僵局的都应该是你，因为父母永远是你的长辈，应该以一种尊重的态度对待他们。

第二，允许父母犯错误，父母是人而不是神。正如你在学校可能会遇到使自己不愉快的事情一样，父母也会在家里家外遇到不顺心的事，也会因为疲劳过度心情烦躁。如此说来，要求父母永远说有道理的话，永远做有道理的事，是不太现实的。

第三，理解父母、尊重父母。父母毕竟是从艰苦的岁月中走过来的，很可能与时代有点脱节，思想上的陈旧并不代表他们就不比你更懂得人情世故。即使你的学历更高，挣的钱更多，也不要因此看不起你的父母。他们能做到的你可能永远做不到，而你的所有成就却都有他们的功劳。你不一定都要听从他们的，但必须得尊重他们。

其实，父母有时并不像我们想象中那么不讲道理，我们必须了解他们作为父母的心理：看着自己的孩子慢慢长大，要挣脱自己的保护，父母心理肯定充满了不舍和担忧，但孩子却往往是"初生牛犊不怕苦"，冲劲十足，这样便容易产生矛盾。这种情况下，用你的坦诚去换取父母的理解与信任是最明智的做法，向父母提出你的合理要求，并说明原因，留给他们一个可以发表他们看法的机会，这样的话，成功率肯定大大上升。如果一开始便抱着父母肯定理解不了自己的态度，即使再据理力争，也只会是徒劳，父母很希望儿女主动和自己商量事情、征求意见，以表明他们的重要性，他们满意了，自然会留给你更大的民主。

第四，脚踏实地，以实际行动赢得父母的信任。更多的时候，我们需要用自己的行动，而不是用语言向父母证明自己的成长、成熟。换位思考，父母对我们的担心难道就没有道理吗？如果你平时做事总是丢三落四、马马虎虎、虎头蛇尾，在家里很少承担责任，父母有什么理由相信你有独立自主的能力呢？多给父母一些信任你的理由，不妨从日常生活中的小事做起，例如，在家里主动分担一些家务，争取做得又快又好，尽可能多地照顾好自己的饮食起居，减轻父母的负担等等。如果父母发现，每次你都能很好地完成他们交给你的任务，那么，他们不但愿意多给你一些自己做决定的机会，而且还会对你的能力大加赞赏。只有用自己的实际行动证明你有责任心，有独立的能力，才会赢得父母对你的认可与信任。

二、大学生要学会与老师交往

大学，你接触的是两种类型的老师，一是从事教学的老师，一是从事管理的老师，接触最多的是辅导员和班主任老师。进入大学之前的师生交往一直是教师采取主动，学生呼应就可以了。而现在，则要学生更多地采取主动。于是有的学生担心与教师走得太近会被人认为是拍马屁、打小报告，或者担心老师认为自己另有所图，因而顾虑重重，不知道应如何与老师进行良好的人际交往。与此同时,随着大学生身心的逐渐成熟,自我意识和自我观念也逐渐增强,思维也渐趋成熟,看待问题和事情有自己独立的视角和观点,自主意识增强,比较容易认同自己的观点或是同龄人的观点,挑战权威的意识也明显增强。因此在大学里,他们经常对老师的教学与管理进行评论,有时甚至是怀疑和否定老师的教学与管理水平。

作为新时代的大学生,思维比较活跃,反映比较敏捷,接受新鲜事物快,敢于发表自己的观点,但在老师面前,应持谦虚态度。主要是:一方面这是你待人处事的基本原则,不管和谁打交道,不管对方地位、身份、年龄、家庭如何,你都应谦虚地和人相处,这是做人的起码要求,同时也彰显出你的素养和品德。另一方面不管从事教学还是管理的老师,能在大学工作的老师总有一技之长。相对来说,老师的能力、水平、知识、经历、经验等都胜你一筹。一般说来,作为"传道、授业、解惑"的老师们,不是传给你知识和怎样涉猎知识的方法,就是教你怎样做人和怎样处事,直至辅你成长,导你成材,圆你梦想。也就是说,你在老师身上总能看到闪光点,你总能从老师那里学到一些有用的东西。因此,大学生应以尊重、谦虚、诚恳的态度与老师相处,而没有原则的阿谀奉承、虚情假意、夸大其辞,只会换来老师、同学的反感与非议。

三、大学生要学会与同学交往

在大学校园里,你身边的有各种各样的同学,有来自各个省市的同学,有的来自农村,有的来自城市;有的是独生子女,有的家庭经济条件好,有的不好;有的性格内向,有的性格外向等等。在这样一个大家庭里,要想和同学们都平等和谐的相处,和不同的同学交往,需要一定的方法和技巧。

第一,要提高自身的能力和素养。要有识别能力、鉴赏能力和交往能力,能识别出他(她)是哪种类型的人,要运用什么样的方法与之交往;

第二,交往时要坚持平等和真诚。在大学里,人与人之间的关系都是平等的。拥有任何先天的缺陷或者家庭贫穷的学生都不该自卑.其他的同学更不应该嘲笑。要接受别人的不完美,接纳别人和自己的差别。与任何同学交往,平等和真诚原则是最基本的原则,只有建立在平等基础上的交往,再加上真诚相待,友谊才能走得更远。

第三,交往时要多加宽容和理解,多看对方的优点长处,多肯定他人,少责备他人。"你怎么能那样讲呢?""你怎么那样做呢?"这在同学中也许是很平常的指责,但人际关系不好,有时候就因为自己自以为是,当面斥责人,好争辩,也许会把一场好意的讨论变成恶意的争吵。"人无完人,金无足赤",每个人都有自己的优点和不足,人际交往中,有时要难得糊涂,不能太较真,在一些无关原则的问题上,不必辩个对错输赢。为一些鸡毛蒜皮的小事,争得面红耳赤,对人际关系是无益的。"水至清则无鱼,人至察则无徒",清澈见底的水里面不会有鱼,过分挑剔的人也不会有朋友,没有包容意识,迟早会将人际关系推向崩溃的边缘。尤其是同寝室的同学长期生活在一起,偶尔出现磕磕碰碰也不可避免,这就要求大家都要有一颗包容的心。

第四,交往时要注意尊重他人。每一个人都有自己的人格和做人的尊严,大学生的自尊心都很强,期望在各个场合都能够得到尊重。因此,与同学交往时应注意尊重同学的生活习惯、兴趣爱好、个性差异等。

最后,和同学交往要注意把握度,也就是交往的时间与程度要适当。一方面,交往的时间要适当。在人的社会性需要中,除了交往以外,还有工作、学习、社会生活和家庭生活等内容。当然,必要的、良好的交往有利于各方面工作的开展,但更应该看到,两者在时间和精力上存在着冲突,因此,在时间分配上,精力的投入上需要把握合适的一个"度"。对于大学生而言,目前主要任务是学习科学文化知识,这个学习的过程需要投入大量的时间和精力,如果因过于强调交往的重要性而投入过多的时间和精力,将会影响大学生的首要任务。没有坚实的科学文化知识作为基础,再强的人际交往能力也将会成为空谈。另一方面,交往的程度要适当。每一位大学生都希望自己能有好的人际交往能力,然而良好的人际关系,和谐的人际交往环境,是在学习、工作和生活中自然而然地形成和发展起来的。常言道"距离产生美",对于交往双方在交往之初,需要更多的时间空间进行了解,在确保对方和自己是否志趣相投以前,最好保持一定的距离,把握一定的交往频率,不刻意的追求,也不必稍微有一点冲突就势不两立,把握好交往的程度,使得在今后的人际关系的发展上能够进退自如,既不伤害他人也不委屈自己。

四、大学生要学会与异性交往

凡事要有度,大学生与异性交往关键要把握适度原则,如与异性交往不适度,则会带来人际隔阂,乃至周围人的非议,影响自我发展。

(一) 正确进行性别角色定位

待人接物必须"定角色、讲规范"。大学生异性交往,双方都应明确在当时特定的条件下,彼此扮演何种角色。只有正确地确定了各自所应扮演的特定角色,才有可能使自己在彼此交往中表现到位。异性来自不同的交往层面和角度。如从层面上讲,有高年级的异性,有低年级的异性;就交往的具体个人来说,有活泼型的异性,有沉默型的异性;就交往目的来说,有学习帮助型异性,有情感倾诉型异性。明白了你和对方的关系,在处理彼此关系时,你对每一位异性都必须慎重,具体情况具体对待。理解异性对象的行为,不要会错意,而是冷静分别、观察,思考出发点、原因。唯有理解了,才能与异性交往轻松自如,不逾法度。通过你的行为,让对方也理解彼此的关系,大家相处起来就既轻松,又得体。

(二) 理性控制"青春冲动"

大学生在异性交往中,把握不好"度",往往来自于青春冲动。于是因为喜欢某个异性,而在言谈举止中流露出非同一般的表现:如在大众场合,眼光对异性进行长久的凝视;稍不留神,把手放在了异性的肩上,甚至把手搂在异性的腰上;控制不住要往异性宿舍跑;说话使用过于亲密的语言等。原本是要获得对方的好感,结果反而引来不屑。其实,因为喜欢更要表现出尊重,包括尊重自己与尊重对方,行为得体就是表达尊重的重要形式。与异性交往时应控制住自己的原始本能,展示作为文明人的修养内涵:男同学发扬绅士风度,女同学保持淑女风范。异性交往需做到"五有度":空间距离要有度,交往时保持必要的"距离空间"为 1 米到 1.5 米;交流时间要有度,异性交流不宜时间过长,尤其不宜在夜间长时间地单独相处;举止姿态要有度,站有站相,坐有坐相,走有走相,任何场合都不要在异性面前跷二郎腿;言谈话语要有度,不高声,不大笑,不使用过激或晦涩、亲昵的言辞;表情达意要有度,语气语调不卑不亢,表情平和,落落大方。

(三) 主动清除"性别障碍"

大学生在与异性交往中把握不好"度",还来自于性别障碍。这种障碍主要来自两个方面因素:一个是避嫌式相斥意识的影响,也就是对男女界限过于敏感,唯恐对方或其他同学误解自己,在与异性同学接触时,产生一种戒备、羞涩、疑虑甚至恐惧心理;二是挑剔式敏感作用,过分在意对方对自己的态度,过于自尊,往往对对方产生怀疑和不信任,交往时缺乏主动性和明朗度。于是,拒绝与异性交往,或者交往中过于拘谨,生活在同性圈子里自得其乐。显然这种障碍必须清除,请做到"一端正,二走出":端正一个认识,这是一个男女平等共融的时代,只要你出发点正确,没有人会关注或猜疑你的行为;走出同性圈子,借助班级、社团等载体,参加各种活动,接触异性,了解异性,掌握与异性交往的方法,尽快补上"异性交际"这一课。否则,走上社会,不会与异性同事交往,就会成为你人际交往上的弱点。

思 考 题

1. 当你和寝室同学出现矛盾与分歧时,应该怎么做?
2. 与异性交往时应该注意哪些方面?
3. 你将如何提高自己的人际交往能力?

第七章　大学生婚恋

本章导读　毫无疑问,在任何时候爱情都是"象牙塔"中的一个引人关注的话题。刚踏入大学的新生群体,有的是带着中学恋爱的问题或困惑走进了大学校园,有的是入学后不久遇到了情感新问题,甚至性困扰。他们对大学生爱情感到踌躇彷徨,不知所措,严重影响了学业和身心的健康成长。通过本章节的学习,大学新生们将正确认识与理解爱情,树立正确的恋爱观与恋爱心理,了解恋爱的利与弊,学会处理、协调恋爱中的各种关系和矛盾,调适性困扰以及正确对待大学生婚姻问题。

案例 7-1

2004年5月1日,天津师范大学三年级学生王洋与攻读天津大学博士学位刘航喜结良缘。王洋的20多名同学和众多亲友参加了他们的婚礼。王洋是天津第一个公开举办婚礼的在校大学生。这在整个中国非常少见。

2002年南京某大学自动化控制系女大学生王某在新生聚会上认识了与她同年考入该校法律系的男大学生程某,两人迅速堕入爱河,认识一年之后,趁新《婚姻登记条例》刚实施,就偷偷跑到当地民政部门登记结婚。结婚后,因为没有固定收入,又居无定所,直接影响到了这两人的学业。第二学年期末考试,程某有1门功课补考,王某则补考2门,而且都是主修课。在生活、学习出现问题后,两人开始相互埋怨,最后分居,2006年5月,王某将程某告上南京玄武区法院,要求离婚。法院审理后认为,原被告感情确已破裂。依据《婚姻法》,法院判决他俩离婚。因原被告婚后无共同财产、债务,法院没有主持财产分割。此案例成为首例大学生离婚案。

法国著名作家雨果说过,人生有两次出生:头一次是在开始生活的那一天;第二次,则是在萌发爱情的那一天。对大学生来讲,如果说进入了大学但从没想过爱情的事,也许不太现实,弗洛伊德意识理论中来说,就是意识状态没想潜意识也会想。大学生的恋爱问题一直来都是人们的关注的话题,也是大学生宿舍"卧谈会"中一个亘古常新的热门话题,正值花样年华的大学生,年龄介于18-22岁,处于青春发育成熟期,生理上最大特点就是性成熟,这就促发大学生萌发性意识,进而产生需要爱情的欲望。加上大学生入学前后环境条件变化,中学阶段被家庭或学校"禁锢"的不能与异性交往的"禁令"不复存在,在外部媒体、杂志的刺激下,大学生爱情意识迅速蔓延。但现实中许多大学生是生理上的"成人",心理上的"准成人"情况,生理与心理发展不平衡的矛盾,导致了需求爱情和懂得爱情的差异。由此引发的恋爱问题较多。

第一节　认知大学生活中的恋爱

根据美国著名精神病医生埃里克森的人格发展学说理论,大学生正处于人格发展的第六阶段(18~25岁),这一阶段人格特质的发展任务是获得亲密感与合作感,而爱情与生俱来的魔力恰恰满足了大学生的这个阶段的需要。刚踏入"象牙塔"的大一新生,远离家乡与家人,"黑色六月"的升学压力已全然解脱,初来乍到,对大学充满了好奇。他们发现曾经被家长和老师视为"洪水猛兽"、"生活禁区"的"恋爱"已渗透到大学的学习、生活、人生态度、理想等各个方面,成为了大学的必需品,生活的一部分。所以,大学生对爱情的欲望与追求,自然的在内心萌芽。在找朋友、会老乡,参与各种社团的过程中,与异性间的接触增多,就让封闭许久的心扉逐渐被打开,进入了恋爱前奏。

一、现代大学生的恋爱特点

(一)爱情的含义及其构成要素

《现代汉语词典》中将爱情解释为:"男女相爱的感情"。早期许多心理学家从自身理论基础出发对爱情下了定义。弗洛伊德认为,对性结合的欲望是情感的中心,当这种欲望被限制的时候,作为对这种挫折的补偿,人文就会将其他人理想化并堕入爱河。华生认为,爱情是一种由性感带的刺激引发的天生的情感。斯科尔尼克认为爱情是一种由情感、想法和文化表征建立起来的建构的体验。因此从本质上讲,爱情是一对男女基于一定的客观物质基础和共同的生活理想,在各自内心形成对对方的最真挚的仰慕,并渴望对方成为自己终身伴侣的最强烈的、稳定的、专一的感情。爱情的本质,是人的社会属性与人的自然属性相结合的异性间的崇高感情。简言之,爱情是"人们彼此间以相互仰慕为基础的关系"[2]。

爱情是由三个要素构成的特殊感情系统:一是性欲。这是爱情的生理基础和自然前提;二是理想。这是爱情的社会基础及理性向导;三是责任。这是爱情的社会要求,主要体现在自觉负责的感情态度上。

这三个要素缺一不可,缺乏性爱的爱情是畸形的,但只有性欲而没有感情升华的爱情也不是真正的爱情;没有共同理想,所谓的爱情就无所依附,就像海市蜃楼一样缥缈,容易破灭;没有自觉的负责人的感情态度,爱情难以维系。

(二)恋爱的含义及动机

恋爱在《现代汉语词典》中的解释是:"①男女相互爱慕。②男女相互爱慕的行动表现"[2]。大学教科书《思想道德修养与法律基础》提出:"男女双方培养爱情的过程或者爱情基础上进行的相互交往活动,就是人们日常所说的恋爱"。

所谓恋爱动机简单说就是为什么要恋爱,即恋爱目的。恋爱动机是产生恋爱行为的内部动力。"恋爱动机决定人们的恋爱目标及恋爱生活方式的选择"[3]。现代大学生的恋爱动机主要有以下几种:

1. 因为爱所以爱 有的同学认为"大学没有体验过爱情的幸福,就不知道生活的价值,大学是有所缺憾的",还有的认为大学的爱情是最纯真的,因为不含任何的物质杂念;有的认为大学中谈恋爱更容易些,也容易找到合适的伴侣,为此谈恋爱。

2. 因从众心理而恋爱 在大学中,恋爱在班级或寝室中成为了流行,就形成了从众行为。一个群体中如果大部分人都在谈恋爱,剩下的人也会受到影响。有的人甚至感觉到,不谈恋爱会被看不起,被认为无能或缺乏魅力。在这种从众心理的影响下,自己也加入恋爱的行列。

3. 因寂寞、空虚而恋爱 大学生由于目标的不明确,加之对大学生活的不适应,难免会形成寂寞、空虚。尤其是大一新生,由于高考后有将近三个月的休息时间,加之对所学专业目标的不明确,容易形成放任自流、自由散漫的状态。于是,爱情就以其特有的诱惑力吸引这些精神空虚的大学生。他们期盼从恋爱中找到精神寄托以及人生目标,于是对谈恋爱跃跃欲试。

4. 因安全需求而恋爱 现代的大学生大多未涉足社会,社会生活经验缺乏,刚刚从父母的翅膀中挣脱出来,世界观、人生观、恋爱观、婚恋观都处于形成阶段,心理上还不够成熟。面对不同于中学的高校生活以及未来的就业压力,容易形成恐慌,缺乏安全感,为此,期望通过恋爱的方式满足安全需求。

恋爱是一个严肃而认真的人生课题,容不得掺杂任何的功利性以及冲动性。恋爱是一种责任,这种责任不是义务,而是内心的自觉。扪心自问:你准备好谈恋爱了吗?请慎重思考。

(三) 现代大学生恋爱的特点

1. 恋爱普遍化 在大学生中流传一句话:"恋爱是大学的必修课,没有谈过恋爱的大学生不是合格的大学生",可见大学生恋爱已成为大学的客观存在,也是校园中普遍存在的文化现象。80、90 年代的大学生因高校对思想和行为约束的较为严格,大多数的恋爱主要出现在高年级或毕业生中,但随着现代大学生性心理成熟的提前,网络资讯的发达以及从众行为的影响,有的大学新生一入学就开始"物色"恋爱对象,恋爱人数逐渐上升。

2. 行为公开化 20 世纪 80、90 年代,受限于校规校纪和舆论的压力,大学生恋爱纯属"地下党",不敢在老师和同学面前公开亮相,主要通过信件、纸条、校园外幽会等方式进行"悄悄爱"。而当前高校对于在校生谈恋爱的态度是"不赞成,不反对",这就给大学生恋爱者自我暗示的借口即"学校不反对",认为不需要受纪律约束。于是部分热恋的大学生们抛开应有的矜持与含蓄,在荫荫校园的公共场合中其恋爱亲昵行为成为"视觉污染",甚至不乏一些"路边电影"的制造者全然不顾大众,其行为肆无忌惮,旁若无人,有碍观瞻,损害大学生的形象。

3. 态度的轻率性 "不求天长地久,只求曾经拥有",正是现代大学生的恋爱态度的写照。在恋爱过程中,有的同学态度轻率,重过程,轻结果,恋爱情绪化,见异思迁,频繁更换对象,只追求恋爱的浪漫,满足于精神享受,认为恋爱与婚姻无关,忽视了爱情的义务以及道德。其实,人类的任何情感都是必须承担一定的责任,只有高尚的道德为基建立起来的爱情,才是真正的爱情。

4. 性观念开放 性观念就是人们对性问题的看法及持有的态度。这个看法和态度是相对稳定的。随着时代的发展,当代大学生受西方思潮和社会不良风气的影响,传统道德观念淡化,对婚前同居、婚前性行为持开放、理解和宽容的态度,很少有关注发生性行为后的责任问题,甚至有的大学生在恋爱时在一些公众场合,旁若无人做一些过分的亲昵动作。由此可见,当代大学生的性观念日益开放。

5. 恋爱心理承受力较弱 大学中的"有情人"虽多,但"终成眷属"较少,大学中存在一批失恋大军,部分大学生无法摆脱失恋的情感危机,有的失去了生活与爱的信心,一蹶不振,自暴自弃,认为一切都失去了意义,悲观厌世,在学习、生活、人生观、心理等方面受到影响,就有可能导致心理疾病的发生,甚至出现伤天害理的事情。

二、大学生恋爱的利与弊

恋爱作为一种社会现象,对于大学生来说是一种重要的人生体验,对于大学生的发展具有重要的心理学意义,但我们也要看到恋爱是一把双刃剑,既能使人"衣带渐宽终不悔",也能使人"为伊消得人憔悴";既能催人奋进,也能让人一蹶不振。

(一) 大学生恋爱的积极功能

1. 促进大学生心理走向成熟 我们都知道,大学阶段是大学生生理与心理趋于成熟的重要阶段,在这个阶段,大学生需要从容完成社会化,逐渐适应从青春中后期向成人早起的蜕变,真正成熟。而恋爱在一定程度上缓解了蜕变带来的压力,填补了大学生空虚与寂寞的情感。

2. 强化大学生自我意识 法国喜剧作家莫里哀说得好:"爱情是一位伟大的导师,教我们重新做人"。恋爱中的大学生将彼此看作最重要的交往对象,因此,彼此的看法无疑是了解自我的重要途径。恋人间就好比一面镜子,恋爱者的自我意识将随着对方的影响而发展,通过对方发现自己的优缺点,学会在保持自身独立性的同时调整自身缺陷以适应对方,从而促进了大学生自我意识的提高。

3. 促进大学生人际关系的适应 恋爱作为一种亲昵的交往方式,在恋爱的交往过程中,"风云多变"的爱情容易产生各类恋爱矛盾与分歧,在解决这些矛盾与分歧时,可发现自己的为人处世方式,更重要的获得与人密切相处的直接经验,唤醒责任意识,领悟尊重人、关心人、体贴人的重要性。这些经历有利于恋爱者在进入社会后,适应更为复杂多变的人际关系环境以及驾驭各类人际关系。

4. 恋爱是大学生学业的强心剂 马克思对爱情有一个风趣的比喻:"一个人干不成事,要想美好地度过一生,就只有两个人的结合,因为半个球是无法滚动的,所以每个人的重要任务就是要找到和自己相配的那一半。"这一妙论更说明了人生爱情的必不可少及其美的本质。一般来说,志同道合、追求上进且能处理好恋爱与学业关系的大学生爱情对于大学生来说是一种催化剂,不仅不会阻碍学业进步,还会促进大学生身心的全面发展与自身基本能力与素质的提升,给予人鼓舞、给予人力量,形成一种动力,为促进学业提供强心剂。

(二) 大学生恋爱的消极影响

1. 社交范围缩小,自由度下降 广泛而充分的社交活动对于大学生成长起到非常重要作用。爱情本身是一种具有强烈排他性的感情,强调一对一,不容许他人分享,要求"眼中无他,只有自己",要专心致志的相携前进。而大学生恋爱从确定关系开始,就从兴奋灶转向两个人的世界,腻歪在彼此的爱情世界中,对班集体和周围同学的关注就相对减少。久而久之逐渐与原来的朋友、同学渐渐疏远,只能眼睁睁看着同窗好友一个个走远,最终结果必然是与周围人和事脱节,这些倾向可能导致形成"社会性适应不良综合征"。这对大学生的成长是不利的。尤其是对过早涉足恋爱的尚不成熟的大一新生来说,得不偿失,弊大于利。

2. 思虑与烦恼增多,精力分散 恋爱是一项复杂的人际关系工程,从相识到求爱,到相爱,到热恋,是需要耗费大量的时间与精力。恋爱前,大学生们将爱情想象为兴奋、喜悦以及惬意的一件事情。恋爱后发现,"不痛的不叫爱情",深刻领悟爱情的"痛并快乐"。在一起时,俩人容易为鸡毛蒜皮的小事"晴转多云",彼此产生不安与烦恼;不在一起时,又饱受相思之苦。另外,初恋者彼此容易患得患失,既担心对方变心,又纠结于毕业时将天各一方的悲伤。若一时冲动偷吃了禁果,更会给彼此带来一系列焦虑与烦恼。这些都将直接影响学业,导致考试吃"黄牌",耽误了各自爱好与特长的培养与发展,甚至引起颓废。

3. 冲淡理智,降低行动的计划性 热恋的大学生容易失去理智,往往将道德、舆论压力抛开,沉沦爱河,做出有损人格和伤风败俗的事情,待受到法规法纪制裁时悔之已晚。有的同学因为爱放弃了许多设定好的设想、目标,降低了行动的计划性。

三、大学生谈恋爱的误区

(一) 务虚化的恋爱动机

有的大学生的恋爱动机不是出自于爱情本身,而是"因为爱所以爱",即随大流的恋爱从众心理;有的是将爱情作为消除孤独的避风港,为弥补内心空虚、孤独,即所谓的"寂寞期恋爱",这类爱情不是真正意义的爱情,更多的是谁"同情"、"理解"我,谁就是我所爱的人,情感盲目性、片面性较大,带有感情冲动、随意性色彩。一旦寂寞消失了,"爱情"也就随之消失。有的则因虚荣而恋爱,这类人在选择恋爱对象时,并不是出于相互爱慕,而是以对方"对得起观众","能否带的出去","够不够面子"等为标准。这无疑为今后的爱情生活埋下了危机;也有些大学生因依赖而恋爱,即"情感寄托型"恋爱。由于习惯于他人的呵护与关爱,缺乏独立意识和自主能力。爱情是严肃的,随意的爱情足以给人生带来缺憾。

(二) 非理性化的恋爱行为

现代大学生在选择自己的恋爱对象时,往往重外表而轻内在。常因漂亮的容貌、迷人的风度、潇洒的舞姿、雄辩的口才等外在因素吸引而产生倾慕之心。另外,在网络小说和爱情文艺作品的影响下,大学生们择偶标准理想化、幼稚甚至片面,更加着眼于实惠性,即重视对方的经济状况、家庭背景等,忽略对方的生活态度、个性、品德等内在品质。在恋爱方式上,缺乏深刻的相互思想上的沟通,以吃玩乐体现。在恋爱行为上,重过程轻结果,受西方性解放的影响,一味追求感官刺激,传统性道德与性规范意识薄弱,"闯红灯""偷吃禁果"大有人在,甚至有的学生将恋爱作为"生活消遣",缺乏对自己、对他人、对社会的责任意识。事实上,爱情的忠贞与长久,取决于内在的品质,内在美才是永恒。

(三) 不稳定、多变的恋爱过程

由于大学生的年龄段属于"多事之秋"的阶段,加上精力旺盛、没有条条框框约束,恋爱需求不稳定,恋爱动机波动与更替,自我控制能力不强等心理特征导致了大学生恋爱属于"暴风骤雨",即"快餐式恋爱"。恋爱周期短、多变、朝三暮四、见异思迁。这种不稳定性与多变性以"跟着感觉走"的主旋律贯穿整个恋爱过程。另外,大学生受限于自身生活能力,缺乏正确对待和妥善处理恋爱感情纠纷的能力,就造成了大学生恋爱成功率较低。

(四) 将好感、友谊与爱情混淆

大学生时常容易将好感或友谊与爱情混淆,无法区分。有的同学将异性对自己学习、生活上的关心、同情、感激、钦佩等行为误认为是爱情或者爱慕。当然,在一定条件下,比如增加交往、相互了解,有心灵上的沟通,并产生性的吸引力的基础上,这些条件是有可能转化为爱情。友谊与爱情的共同之处在于:两者都是以理解、信任、关心和帮助为基础,都有吸引、愉悦、交往等外部表现,但不是所有的异性友谊存在爱情。友谊是相互的敬慕,是爱情的升华,而爱情则是友谊的延续。两者区别在于:爱情要求专一及排他,无法容纳"第三者"介入,同时,爱情是以"互爱"为基础;友谊则是开放、多向、相对自由的,是以"信赖"为基础。好感是对他人言行肯定的一种态度,对象是广泛且没有性别之分;它是产生爱情的心理前提。自作多情的事例在大学中屡见不鲜。

某男经常在操场、饭堂遇见本院一位活泼可爱的女生主动向其和打招呼,至此他脑海中都是女生的音容笑貌,最后鼓起勇气到女生宿舍找她,可女生在一见到他表现出了一种惊讶,忙问有什么事。他吞吞吐吐,没说上两句就告辞了。后来,他写了信给女生:"既然对我无意,你为什么"要朝我那样笑?。

这个案例是极具代表性的,它体现了部分大学生将"好感"与"爱情"混淆。由此,可以看出,尽管好感或友谊都有可能是爱情的前奏曲,但毕竟是存在质的区别。爱情除了需要好感或友谊这样的前提外,更多的是彼此的深入了解,是经过深思熟虑后的飞跃。

第二节　正确处理爱情与学业

"有这样的两对大学生恋人:一对经常逃课,腻歪在一起,与同学、老师关系疏远,吃喝玩乐,期末开始多门课程不及格,导致无法正常毕业,结果两人黯然分手。另一对恋人以考上同一个大学的研究生为目标,平日在学习上互相帮助,互相鼓劲,互相支持,毕业时实现了共同理想,考上了某重点名牌大学的研究生。"两对大学生恋人截然不同的大学生活,两种不同的结局,大学生是"爱江山还是爱美人"?值得我们深思。

一、清晰认识,正确处理恋爱与学业

当前,大学中主张"爱情至上"的人数越来越多,他们将大学当做"爱的天堂",纵情于恋爱而荒废学业。大学生的正业是"学习",处于恋爱的大学生势必面临最直接的问题就是爱情与学业的平衡。倘若恋爱关系处理得当,则有利于促进大学生的学业以及心理成熟等各方面的全面发展;处理不当将导致大学生精力分散,烦恼增多,情绪不稳,学业成绩下降。从这个角度来看,恋爱与学业是可调和的,只要处理好爱情与学业的关系就可以做到"鱼与熊掌兼得"。

大学时代是一个人成长成才的关键阶段,可以说是人一生中的"黄金时代",大学校园为校园为莘莘学子自我发展和自我完善提供了良好的环境,因此,大学生不能将爱情放在人生的首位。别林斯基说:"如果我们生活的全部目的仅在于我们个人的幸福,而我们个人幸福仅仅在于一个爱情,那么生活就会变成一片遍布荒茎枯冢和破碎心灵的真正阴暗的荒原,变成一座可怕的地狱。"为此,正确处理爱情与学业的关系,要做好以下三个方面:

首先要坚持学业第一的理念,恋爱要服从于学业。培根说道:"人的天性犹如野生的花草,求知学习好比修剪移栽。"可见求知可以改变人的命运,在我们的一生中是相当重要的。大学生应重视珍惜大学时光,最大限度用知识充实自己,通过努力赢得人生路上的发展机遇。"莫愁前路无知己,天下谁人不识君",学习取得丰硕成果,可为爱情打下良好的基础,那种抛开学习谈恋爱的做法不仅仅是愚蠢的,更是可悲的。因此,摆正学业与爱情的关系,分清主次轻重,学业与爱情就能相得益彰,这样你才不会错过人生中的"黄金时代"。

其次是学会学习。凡是谈恋爱的学生学业成绩上升的较少,普遍下降,尤其是大一,大二的学生。医学院校的大学生更是如此,医学院校大学生课程复杂,课业压力大,一旦没有处理好爱情与学业的关系大一、大二多门课程补考,连毕业都成问题,更不要说在竞争激烈的社会中站稳脚跟,对爱人承诺的"幸福、高大上"的生活也就无从谈起了。因此,就需要大学生在进入大学之际,明确专业目标,学业目标,重视大学职业生涯规划课程,学会制定生涯规划书,明确制定生涯行动计划,并坚持执行并落实。

最后是要学会恋爱。爱情是甜蜜,但在恋爱前是否思考过,我想要的他(她)是什么类型的?我需要爱情吗?当爱情来到的时候,我是否已经做好准备了?我能否承受恋爱的成功或失败?我是否具备了识别爱的能力(施爱、受爱、拒绝爱的能力)。大学生恋爱是符合马斯洛关于人的需要层次学说,是人性的需要。但低年级大学生,尤其是大一新生谈恋爱的条件尚未足够成熟,表现在:一是人生观未定型,爱情观较为模糊,无法理解爱情与婚姻的关系,择偶标准不科学,盲目性较大。二是阅历浅,缺乏应对突发性实践必须的应急能力。心理年轻不够成熟,情绪不稳定,易冲动,承受挫折能力较弱。三是爱情纠葛耗费大量的精力,刚刚踏入大学更应将精力放在学业上,快速进入大学学习状态,避免出现补考,影响毕业的现象发生。四是毕业去向不明确。对于爱情的结局把握性不大。

二、树立正确的恋爱观

当前,我国正处于社会转型时期,加之西方思想的不断渗透,传统思想与当代思想在相互磨合中难免发生碰撞,而隐藏在多元文化的背后,却是社会主导价值观的缺失与混乱,大学生获取信息的渠道多,在面对传统与现代"西化"思想时不知所措,对西方一些思想盲目跟风,在恋爱方面接受"只要曾经拥有,不求天长地久"、"干得好不如嫁得好"、"宁愿在宝马里哭泣,不愿在自行车后笑"等不正确的恋爱观点,使传统的恋爱观偏离了它应有的轨道。在当今大学生中间,由于恋爱,与异性交往产生困惑的大有人在,还有许多大学生因为不能正确地看待恋爱与失恋,导致他杀或自杀事件。

恋爱观是一个人的世界观、人生观、价值观的集中体现,是恋爱过程中所表现出来的对恋爱问题的基本观点、态度和情绪体验,是人们对爱情的一种认识心理[4]。正确的恋爱观是良好个性品质的推动力量,并对恋爱具有导向作用。

(一) 理解爱情在人生中的地位与作用

正确理解和对待爱情是树立正确恋爱观的前提。爱情是人生的重要组成部分,美好的爱情能给人鼓舞,给予力量,带来精神的激励。情绪上的愉悦,促进人的自我完善,促使人不断追求事业的成功,从整个角度来说,一个人是不能没有爱情,然而爱情并不是人生的全部,更不是人生的目的。人需要爱,但更需要事业。人生的目的在于爱的奉献,而事业正是通过这种奉献得以实现的桥梁。爱情应是以事业为基础,没有了这个基础,爱情就是空中楼阁,不够牢固。事业的追求与成功,是爱情美满的根源。

（二）树立正确的恋爱观

恋爱观是基于共同的理想，拥有一定的物质基础，赋予责任感的根本观点与看法。正确的恋爱观是具备如下几大特点：

1. 以志同道合为前提 所谓志同道合就是恋爱双方有着共同的理想、兴趣、爱好，也就是说，彼此具有相似或相近的"三观"（世界观、人生观、价值观）。看待事物方式方法相似或相近。这是促成恋爱以及确保爱情常青的前提。

2. 以自由恋爱为基础 恋爱双方互相尊重，享受权利与义务。这里强调"自由"，主要是指，爱一个人是你的权利，但是不能强迫对方也一定要爱自己，同时强调要承担相应的责任。

3. 以忠诚专一为原则 爱情的一个特性就是要求专一以及排他性。因此，对彼此的忠诚专一就是恋爱观的基本原则，确定恋爱关系后，就要把感情重点放在对方身上，要经得起时间、空间和各种条件变化的考验，同时，也要承担起相应的道德责任与约束。

4. 以遵守社会主义道德为标准 恋爱虽然是两个人的事情，但也会对社会、他人产生影响。部分大学生恋爱时，行为大胆开放，给校园文明带来不良影响。为此，大学生恋爱应是以社会道德为根本，服从社会道德规范，增强爱情的责任感、义务感和忠贞感，以高尚的情趣、理智的行为与恋爱对象相处。当高尚的爱情是与理智和责任相伴的，这样的爱情才是幸福的

（三）正确看待和处理恋爱问题

1. 正确对待失恋 爱情是一个互动交往的过程，多数人恋爱都希望能"白头到老"，但现实生活中，相识的人未必相知，相知的人未必相爱，相爱的人未必永久，相爱容易相处难。这就出现了恋爱或情感的中断，即失恋。情绪上表现为悲伤、抑郁、失望等。有的同学"执迷不悟"，自甘堕落，自卑绝望，甚至出现自杀念头；有的不愿意承认现实，继续纠缠对方，甚至出现抛弃自尊，想着还可能"柳暗花明"；有的由爱生仇，散布谣言，甚至想着以人身伤害方式进行报复。这些态度如果不能及时正确解决，必然严重影响大学生的身心健康和正常的学习生活活动，因此，大学生要正确面对"失恋"，明白"强扭的瓜不甜"，爱情是自由的，对方有选择的权利。即使失恋了也不应做情感的俘虏，要客观面对，用理智战胜痛苦，积极调试心理失衡，善于用"天涯无处无芳草"、"塞翁失马，焉知祸福"等辩证思维自我激励。主动寻求摆脱失恋痛苦的途径，转移注意力，让自己"忙起来"，即投入到丰富多彩的学习、运动以及各种意义的社会活动中去，通过新的追求确认和实现自我价值。

2. 合理疏导和调适"单相思" 有的大学生存在非理性的"相思成灾"。即单相思，又称为"单恋"。顾名思义就是单方面的爱恋思慕。可以说这是进入爱情的准备阶段，但也可能出现无法继续的状态。"单相思"分为"暗恋型"与"有感单恋型"两类。"暗恋型"通俗的说就是"世界上最遥远的距离，是我站在你面前，你不知道我爱你"。简单说就是对方不知道的爱恋之情。这类感情掺杂较多个人自我幻想，且带有偏执成分，一般发生在性格内向的大学生。"有感单恋型"，就是对方知道你感情，但是他（她）确不爱你。当你存在单相思时不要感到害羞，更不要觉得不可控，每个人都在这个年龄或多或少经历过单相思这个心理状态。只要控制在适度范围，随着时间推移，个人成长，最终都能从爱情幻想中解脱。当你知道他（她）对你存在单恋，请直截了当明确告诉对方你的想法。单相思并不算是心理障

碍的一种,但一旦这种"相思成灾"得不到合理的疏导与调适,轻者出现强迫症,重者导致抑郁症。

3. 谨慎面对恋爱 "恋爱多磨难"基本已经是大学生恋爱中的普遍规律。有的同学后悔自己"看错人",尤其是大一新生,因种种原因,开始了大学恋爱之旅,一段时间之后,经过深入了解发现,他(她)在性格上彼此存在不合意的地方,很容易为了琐事闹别扭,久而久之,感觉恋爱烦恼与痛苦多于甜蜜;究其原因,主要是自身不够成熟,意志薄弱、自控能力弱,缺乏爱的能力。大学恋爱是刻骨铭心的,因为包含了恋爱许多的"第一次",包括第一次约会、第一次表白、第一次亲吻等,对个人感情生活有着深远的影响。谨慎面对大学生恋爱就是要求同大学生们以严肃认真的态度去面对自己的"第一次"。

4. 理性恋爱,理性消费 如今的大学生情侣,特别是男生,为博心仪对象一笑,为爱一抛千金,特别是遇到生日、情人节等"非常时期"节衣缩食,甚至借债的大有人在,尤其是男生们"掏钱时潇洒",背地里却"勒紧裤腰带"过日子,可见"恋爱昂贵,投入需谨慎"。恋爱是美好的人生体验,但有的大学生恋爱将金钱直接作为衡量爱情的标准,将恋爱束缚在物质的镣铐中,这对大学生成长非常不利。为此,大学生要依据自身实际情况,理性恋爱,理性消费,避免因钱财纠葛引发不愉快甚至痛苦的回忆。这样的爱情才经得起时间的雕琢和考验。

三、培养正确的恋爱心理

(一) 大学生恋爱心理的发展

大学生的恋爱心理是一个发展的过程,大体分为萌芽期、爱慕期以及互爱期三个阶段。

萌芽期,也称之为好感期。这一阶段主要是在大学一年级,以对异性产生好感、友谊为主要表现。在高中阶段,紧张的复习生活压抑了大一新生对异性情感的需求。进入大学后,心理的放空让他们对异性产生强烈的向往与追求,热切期望能进行相互的情感交流,在彼此的交流过程中产生好感,这就是对异性的好感,是恋爱的必要前提。

爱慕期。异性彼此在好感期的基础上,深入了解彼此的兴趣爱好、性格品德等形成的深刻情感体验。这个体验使人心旷神怡,形成强烈、单方的想要恋爱的情感倾向,并在理智支配下发展成爱慕之情。

互爱期。单方面的爱慕并不是真正的爱情,只有双方互相爱慕、志同道合才可以成立。在此基础上,就可以建立以爱情为基础的恋爱关系。同时,大学生也要注意,单方面的爱慕过渡到彼此爱慕,有可能是同步的,也可能是不同步的,也会存在被拒绝,遭受挫折等磨难,这就需要保持冷静理智的心态。

(二) 大学生恋爱的心理障碍表现

1. 自我评价失当 有的大学生孤芳自赏,瞧不起身边的同学,自视过高,造成同异性交往障碍;有的自卑感强,过低评价自我,虽然渴望与异性交往,但总觉得别人无法接纳自己,不敢大胆表白,不敢接近异性。用回避异性接触的办法保护自尊心,因此陷入苦恼,甚至单相思。

2. 急于求成的心态 一些大学生,特别是大一新生,受周围环境影响,匆忙恋爱,缺乏爱的知识与责任,不能很好地处理恋爱中的纠纷,恋爱成功率低。另一部分年龄较大的女生或条件较差的男生,则担心毕业后找不到合适的对象,不惜降低择偶标准,随意恋爱,就有可能导致委曲求全,为日后的婚姻带来隐患。

3. 择偶心理不当 主要表现为,择偶标准不实际,动机不纯。有的同学择偶标准理想化,要求对方完美无缺,结果现实中找不到合适。有的不注重内在品质与素养,片面追求外在条件;有的则更看重家庭背景。恋爱是需要付出真感情,具有强烈责任感,择偶标准要贴合自身实际,不可以理想中的"白雪公主"或"白马王子"的形象去套现实中的异性。

4. 恋爱心理的自我指导

(1)摆正爱情位置:大学生要珍惜爱情,但不可置学业、班级、同学、家人、前途等不顾,在热恋时应牢记鲁迅先生告诫:"不能只是为了爱——盲目的爱——而将别的人生要义全盘疏忽了"。大学生应清醒看到,爱情只是作为人生的一部分,脱离学业、班级、同学、家人、前途的爱情是空虚、庸俗的,更是经不起时间考验的。

(2)适时进入恋爱:恋爱既是自然的事情,但也是严肃的事情。当你要跨出这一步,有必要问问自己是否已经做好了准备。一般来说,进入恋爱的时机主要看心理是否足够成熟,人生观是否相对稳定,学业是否稳定?从这个角度来说,大学新生心理依赖性较大,心理承受力弱,过早恋爱容易给自己心理和思想造成压力。就可能导致学习成绩下降,出现"流水落花春去,肠断悔恨空泣"的哀叹。所以,建议大一新生慎于恋爱。

(3)培养爱的能力:一是培养表达爱的能力。受限于中国传统文化的影响,大学生对爱情的表达较为内敛、含蓄。其实,只有经过表达的爱情才是具有生命力的。二是培养接收爱的能力。在面对别人的爱时,能及时做出准确判断,并做出接受、谢绝或再观察的选择。应了解自己喜欢什么,需要什么,适合什么。三是培养鉴别爱的能力。也就是能将爱情与其他情感区别的能力。学会分辨好感、友谊与爱情的本质不同。四是培养拒绝爱的能力。大学生要学会正确拒绝不合适的感情,注意使用"我和你只能是同学(朋友)的关系"等明确语言表达意图,最忌语焉不详,支支吾吾,给对方留下幻想。同时,也要在行动上落实。五是培养解决爱的冲突的能力。"爱有多深,恨就有多深",大学生恋人因性格差异、日常生活琐事极易形成摩擦甚至冲突,这就需要有足够能力去面对并努力解决。

第三节 对大学生婚恋的分析

一、正确对待性困惑

(一) 性生理的困惑

1. 性体象烦恼 大学生的体象进入成年早期发育基本完全,变化也较大。男生希望身材高大、体魄强壮以吸引女性;女生则希望容貌美丽、体型苗条、身材比例匀称丰满以吸引男性。当发现自己的体征不如己意时,就容易产生烦恼和焦虑。要正确对待自己的体貌特征,积极接纳自我,发展内在气质美,人不是因为美丽而可爱,而是因可爱才美丽。

2. 遗精与月经的困扰 遗精是青春期男子常见的正常生理现象,是性成熟的标志。传统观念认为这种行为伤及男性元气,事实上精液中99%是水分,其余为蛋白质、糖等。对人体影响微乎其微,作为医学生更不应该害怕,要理智看待。月经期及月经前几天是女性生理低潮期,身体耐受性下降,易疲劳,情绪不稳,这些都是正常的生理反应,无需紧张。这只是一个需要小心的"特殊时期"而已。

(二) 性心理困惑

1. 性冲动 大学生在性诱因刺激下,性兴奋强度增强并拟付诸行动正常生理、心理反应。调适的方法主要有:一是适度压抑性冲动。这是社会的需要,也是人性心理健康的反应。二是分散注意力。注意分散对性爱的注意力,培养其他兴趣和理智活动,比如运动、学习、阅读等。

2. 性梦 是指人在睡梦中梦见与性对象发生性接触而出现的性冲动或性高潮想象。我国性学心理学专家潘绥铭研究表明,95%的男生和56.7%的女生做过性梦。弗洛伊德认为,梦是愿望的满足。性梦的自然宣泄,起到了"安全阀"作用,可以缓解累积的张力。但性梦如果过多将影响大学生的精神。调适方法主要是:一是要重视了解性知识。正确看待性生理变化和性意识活动,才可以消除因性无知产生的不良情绪。二是睡前适当进行的运动,以利于上床后尽快入睡。三是避免过多接触涉及性方面的话题、活动。

3. 性幻想 也称为性想象,是人在清醒状态且没有异性参与的情况下,虚构的带有性色彩的精神自慰行为。是自我满足的性欲活动,故也称之为"意淫"。长期沉浸在性幻想中不愿意出来,神思恍惚,时间长了就容易影响学习、工作,不利于身心健康。调试方法主要有:一是树立文明性观念。敢于正视并科学对待性问题。二是多参加有益的活动,多看书,交朋友,让自己充实起来,没有时间去幻想。三是少接触不良信息。不看黄色低级网站,视频等。

4. 性自慰 又称"手淫",指通过人为方法刺激性器官以获得性快感的行为。男女都有可能出现。性自慰容易让大学生潜意识上认为有害,错误认为自己是下流、见不得人,进而产生悔恨、自责等负面心理,引起大学生自我消极评价,影响自我表现。另外,长期性自慰还会给大学生也会给心理带来的疲惫与压力,当形成恶性循环时,负面心理就会转化为躯体症状,导致失眠、多梦、疲乏、注意力不集中、记忆力减退等不良后果。调试方法主要有:一是改变认知。大学生要了解性自慰只是性宣泄的一种方式,对身体是无害,它的主要危害是来源于大学生对这种行为的过分担忧而引起的心理困惑。二是调整行为。改变不健康的生活习惯,通过人际交往培养广泛兴趣与爱好。三是心理干预。可以去学校的心理咨询中心进行咨询、治疗,检查是否具有精神发育迟缓或精神障碍等方面的问题。

5. 性变态 指性行为异常的性心理障碍。包括恋物癖、异装癖、虐待狂、露阴癖、窥淫癖、易性癖等。其共同特征是性兴奋的唤起、性对象的选择以及两性行为方式等出现反复,持久性异乎常态表现。以不寻常的露阴窥淫行为和性幻想作为性满足的根源。目前,性变态者通过药物、环境影响和教育等方法治疗收效甚微。我们建议寻求医院精神科医生对症治疗。性变态不仅仅是一种疾病,而且还会侵害他人,给社会造成混乱,是需要承担一定的法律责任。

6. 性洁癖 性洁癖是一种异常性心理导致的异常性行为,表现为有的对自己的身体,尤其是生殖器官、生理现象方案,认为丑陋或肮脏;有的厌恶异性正常的性行为,比如对接吻反感,一旦有之就会干呕头晕,甚至昏厥;有的对异性的肉体有洁癖。一旦怀疑自己患有性洁癖,应及时进行心理咨询,严重者可接受治疗。

(三) 正确面对性困扰

大学生的性心理还未完全成熟,因此,在成长过程中,性困扰势必存在,为此,就需要加强大学生自我的性心理健康教育,克服因性困扰带来的种种心理障碍。

1. 掌握必要的性知识　尽管当代大学生无不关心性话题,但性知识尚处于一知半解状态上,这就需要我们大学生要自主学习科学的性知识,通过知识保护自己、调节自己、完善自己,同时要自觉按照社会主义道德规范和法律法规约束自我性行为,树立健康合理的性观念。

2. 端正性态度　随着西方式生活观念的影响,现代大学生性态度日趋开放,表现为大学生"艳照门"事件、婚前性行为增多、性行为低龄化等。大学生应适度调节性冲动,在与异性交往过程中,女生重视贞操的纯洁,不可轻易放纵。男生则应懂得自尊自重,控制情绪,注意对方名节。大学生还要掌握与异性交往的分寸,明确哪些可以做,哪些不可以做。做到文明、有节制的恋爱。

3. 自觉抵制黄色诱惑　大学生是一群"正在长大"的成年人,稳定的性观念还未完成建立。在网络、新媒体时代,接触到黄毒的几率大大增加,因此,正在成长的大学生们要全面、深刻认识与性相关的问题,自觉拒绝黄色诱惑,加强人文修养与道德修养,正确面对性问题。

4. 增强法律意识　大学生正处于性欲的高峰时期,青春期的冲动以及对性的好奇均让大学生时期的性行为超出法律的界限,做出侵犯他人、违反法律的行为。为此,大学生要在处理两性问题时保持清醒,克制约束,控制情绪,平衡心态,掌握一定的法律知识,将自己的行为控制在法律道德允许的范围内,不至于"见性忘法"。

二、大学生结婚分析

当大学生恋爱已不再是"犹抱琵琶半遮面"时候,大学婚姻已经悄然进入我们的视野业,"校婚族"也越来越多。

(一) 大学生结婚的合法性

婚姻自由是法律赋予我国公民的一项权利,任何人都不能强制和干涉,这是公民民主权利在婚姻法上的体现。根据《中华人民共和国宪法》第 33 条规定:凡具有中华人民共和国国籍的人都是中华人民共和国公民;中华人民共和国公民在法律面前一律平等;任何公民享有《宪法》和法律规定的权利。我国《婚姻法》第 2 条规定:实行婚姻自由、一夫一妻、男女平等的婚姻制度。第 6 条规定:结婚年龄,男不得早于 22 周岁,女不得早已 20 周岁。由此可见,大学生享有结婚权在我国法律中是得到充分体现的,从法律上来看,适龄大学生是具有结婚的权利的,是否行使或放弃这个权利只能是由大学生自己决定。但 1990 年 1 月 20 日,国家教育部颁布实施的《普通高等学校学生管理规定》第三十条规定:"在校学习期间擅自结婚而未办退学手续的学生,作退学处理"。因此,很长时间在校大学生是否可以结婚成为争执许久的问题。

2003 年 10 月 1 日,新的《婚姻登记条例》正式实施,允许达到适龄的在校大学生结婚。而随着国家近几年对参加高考的年龄条件的放宽,在校大学生年龄范围、婚姻状况变得复杂,大学生组成也发生了变化,教育部对大学生结婚采取了开放的政策。2005 年 9 月 1 日,教育部颁布了新修订的《普通高等学校学生管理规定》,取消了原规定"在校学习期间擅自结婚而未办退学手续额学生,做退学处理"的条文。因此,允许在校大学生结婚真正得到法律上的界定和权利上的认可,是一种权利的回归。

(二) 在校大学生结婚利弊分析

俗话说"恋爱容易,结婚难"。恋爱是一种基于激情发展而来的感情,隐含自由、不确定、可更换的因素;而结婚则不仅仅是基于感情,更多的是基于现实。婚姻意味着男女关系的成为一种约束和规定,双方是互负法律义务的,双方在心理上也会发生相应的变化。恋爱是可以自私的,婚姻要求你不得不无私,从这个角度来看,就不难看出为什么恋爱轻松容易,婚姻则需要慎重了。总的来说,看待在校大学生结婚的问题存在两种观点。

第一种观点认为弊大于利。认为结婚涉及生活、生育、就业等问题,他们没有收入来源,大多依靠父母的经济支持,一旦结婚,无形中将增加父母的负担,同时住房、日常花费等一系列问题接踵而来,假如有了孩子,问题更加复杂,已婚大学生要分出大部分的精力经营婚姻及养育孩子,双方学业将受到严重影响。

第二种观点认为利大于弊。在校大学生结婚有利于实现真正意义上的互帮互学,可以相互监督,相互鼓励,在学业上共同进步和提高。有利于培养在校大学生的独立生活意识和责任意识。有利于积累人生经验,提高各项能力已婚大学生在大学生涯中生活充实,业余生活丰富,生活上可以互相照顾,对彼此都大有裨益。

(三) 理性看待大学生结婚

不限制大学生婚姻权利,并不是鼓励在校大学生结婚,只是赋予其法定的结婚全,法定权利相对于现实来说只是一种可能性的状态。尽管大学生结婚目前是具有了合法性,但大学生的天职是学习,从这个角度来说,大学期间不结婚或晚结婚是一种理性的选择。大学本科这一个时间段是大学生涯中精力充沛、求知欲最强的阶段,要树立"先立业,后成家"的婚姻观,从道德、法律的角度慎重处理大学婚姻问题。

在校大学生不具备结婚所需的物质基础。部分大学生长期在校园环境中生活,较为单一,缺少与社会的接触,不是完整的独立社会人,爱情观、婚姻观都尚处于萌芽阶段,还有较多不切实际的理想主义观点,对大学生爱情缺乏理性分析,面对婚姻的复杂性认识不足,忽略了"结婚是一种社会制度,必是涉及诸多利害的选择,有很多庸俗的问题要处理"[5]。事实上,婚姻代表着面对柴米油盐等家庭生活问题,面临家庭责任,很多事情的发生与处理绝不是大学生们所能预料的。大学生生活所需的大部分均为父母提供,而结婚将给大学生带来巨大的经济压力,经济条件就像一把利剑,约束着大学生的婚姻权。从这个意义上说,大学生婚姻是一个空中楼阁,缺少现实性。

在校大学生结婚存在角色冲突。作为大学生角色,学业压力大,大学生要充分利用大学时光完成自己未来事业的起步所需的专业基础,做好人生规划;作为婚姻角色,大学生要付出大量的精力经营婚姻,一旦这两种角色处理不但,就容易一损俱损。婚姻是具有共同生活的特点,而作为学生身份的在校大学生需要接受学校的统一管理,过集体生活,这就难以满足婚姻的共同生活的基本存在形式。大学生结婚,尤其是本科生结婚,往往既当不好学生,也无法扮演好婚姻的角色。承担相应责任。从这个意义上看,这种婚姻是不完整的。

思 考 题

1. 大学生恋爱的时代标准是什么？
2. 如何平衡恋爱与学业、人际关系？
3. 如何看待虚荣的恋爱观？

第八章 健康体质

秦牧《长街灯语·生命在于运动》:"让我们大家都来记住这句话:生命在于运动。"《新华月报》1952 年第 7 期:"发展体育运动,增强人民体质。"人在运动的过程当中,身体的结构会随着你的运动而变化,因此加强了自身的体质,所以运动是人类离不开的一种活动方式之一。教育部在 2014 年举办的新闻发布会上称,学生体质健康状况持续 20 多年下滑后,近年来出现了积极的变化,大部分指标止跌回升,个别指标甚至出现了连续上升的势头。但大学生体质健康下滑趋势依然没有得到遏制,甚至在很多指标上不如中学生。记者了解到,怕吃苦、沉迷上网成为大学生体质健康下滑主因。

> **案例 8-1**
>
> 2012 年 4 月 23 日,西安交通大学城市学院电信系大二学生张金东上体育课时突然晕倒,在被送往医院抢救无效后不治身亡;2012 年 6 月,烟台某高校 20 岁女生欢欢猝死,她因为考研跟找工作的压力,猝死前两个月长期熬夜;2012 年 11 月,成都大学生张炳强参加校园活动时猝死,生前他曾在网上留言:"10 天 4 个半通宵顺利完成作业"。广州大学学生小刘表示,熬夜主要的原因无非是三点,学习、游戏跟宵夜。他介绍,不少学生熬夜是因为功课忙。尤其是考研的学生,熬夜是稀松平常的事,很多人因此每天要熬到一两点才上床。除了学习,还有不少学生因为贪玩而熬夜。广东工业大学的小张说,在他们宿舍,即使晚上两三点,宿舍的走廊里还是会传来游戏声。他介绍,在大学生中非常流行的 DotA、英雄联盟等游戏是导致很多人熬夜的主要原因。针对部分学生作息时间混乱的问题,不少高校也有对策,例如广州大学就设置了凌晨 0:30 断网的机制来控制学生的上网时间。

第一节　运动与健康

一、大学生要经常运动

（一）运动的益处

1. 生理上

（1）运动有利于人体骨骼、肌肉的生长,增强心肺功能,改善血液循环系统、呼吸系统、消化系统的机能状况,有利于人体的生长发育,提高抗病能力,增强有机体的适应能力。

（2）运动是增强体质的最积极、有效的手段之一。

（3）运动可以减少你过早进入衰老期的危险。

（4）运动锻炼能改善神经系统的调节功能,提高神经系统对人体活动时错综复杂变化的判断能力,并及时做出协调、准确、迅速的反应;使人体适应内外环境的变化、保持肌体生命活动的正常进行。

2. 心理上

（1）运动具有调节人体紧张情绪的作用，有助于减轻或消除不良情绪，能改善生理和心理状态，恢复体力和精力；

（2）运动有助于增强团队合作精神和竞争意识；

（3）运动能使同学正确认识自我，陶冶情操，保持健康的心态，充分发挥个体的积极性、创造性和主动性，从而提高自信心和价值观，使个性在融洽的氛围中获得健康、和谐的发展；

（4）运动能有效预防常见的心理问题，是公认的有效心理治疗方法。

二、大学生自身锻炼的特点

国家体育总局对群众体育现状的调查结果表明，我国大多数人口，进入青年时期就中断体育活动的现象依然存在，并出现逐渐加剧的趋势。另一些研究也指出，由于没有形成自觉锻炼的习惯和终身体育意识，在体育课程结束后，大多数学生退出了体育锻炼，学生身体素质急剧下滑，体育课程期间的效果没有得到可持续发展。这与大学生坚持自身锻炼的特点和影响因素有很大关联。

大学生自身锻炼的特点：

（1）在体育课阶段，学生的自身锻炼基本上是有规律的，体育课程结束后，对学生身体锻炼没有硬性规定和约束，学生进行自身锻炼表现出较大的随意性；

（2）大学生体育锻炼具有阶段性和反复性，通常在假期和期末考试阶段很难坚持体育锻炼，这种阶段性的退出，在新的一学期一般又会恢复；

（3）在体育课期间没有养成锻炼习惯的学生，在体育课程结束后基本都不会坚持自身锻炼，因此，大学生退出有规律的自身锻炼多发生在大学二年级后，体育课程结束是一个明显的标志；

（4）学生毕业前的一学期也是自身锻炼退出的又一高峰期，这主要是毕业实习、寻找工作和考研等产生的影响。

影响大学生自身锻炼的诸多因素中，学习忙、没有时间在客观因素中占第一位，惰性大在主观因素中占第一位，客观因素的影响大于主观因素。女生受到各种不利因素（如缺乏体育锻炼场地和缺乏技术指导）的影响程度大于男性，因此，女生的自身锻炼的困难大于男生。

第二节 常见疾病的防治知识

一、流行性感冒

"流感"与"感冒"：

"流感"不是流行起来的"感冒"，而是两种完全不同的疾病。

"流感 influenza"，是流感病毒感染引起的主要累及上呼吸道的全身性疾病；

"感冒 common cold"，主要是由呼吸道合胞病毒、鼻病毒、腺病毒、冠状病毒和副流感病毒引起的上呼吸道感染。除了普通感冒,急性上呼吸道感染还包括急性咽炎、急性扁桃体炎、急性喉炎和急性气管炎等疾病。

通常流感比感冒症状重,并发症更多,而且可以伴随肺炎等严重情况,死亡率也较高。据美国疾病预防控制中心(CDC)估计,在美国,因流感住院的患者每年20万人,死亡3.6万人。但是,病人到医院就诊,即使症状非常象"流感",医生却很难下"流感"的诊断,只能下"流感样病例"的诊断。按照定义,只要体温(腋下温度)大于38℃,同时伴有至少一项呼吸道症状(比如:咽痛、咳嗽等),就可以诊断"流感样病例"。但是确诊"流感"需要"病原学诊断",包括从呼吸道标本中培养出流感病毒或检测出流感病毒抗原,目前大多数综合医院都没有病原学检测的能力。

流行性感冒是由流感病毒引起的急性发热性呼吸道传染病,经飞沫传播,临床典型表现为突起畏寒、高热、头痛、全身酸痛、疲弱乏力等全身中毒症状,而呼吸道症状较轻。本病常呈自限性,病程一般为3~4天。婴幼儿、老年人、有心肺疾病及其他慢性疾病患者或免疫功能低下者可并发肺炎,预后较差。

典型流感,急起高热,畏寒或寒战,头痛、身痛、乏力、食欲减退等全身中毒症状明显而呼吸道症状轻微。少数患者可有鼻塞、流涕及畏光、流泪等眼部症状。咳嗽、胸骨后不适或烧灼、咽干、咽痛也较常见。体温可达40℃,面部潮红,咽部及结膜外眦部轻度充血。肺部可有干啰音。发热多于1~2天内达高峰,3~4天内热退,退热后呼吸道症状较明显并持续3~4天后消失,但乏力可持续1~2周。此型最常见。轻型患者发热不超过39℃,症状较轻,病程2~3天。

治疗:

(1) 一般治疗:呼吸道隔离1周或至主要症状消失。宜卧床休息,多饮水,给予易消化的流质或半流质饮食,保持鼻咽及口腔清洁,补充维生素C、维生素B₁等,预防并发症。

(2) 对症治疗:对发热、头痛者应予对症治疗;高热、食欲不振、呕吐者应予以静脉补液。

(3) 抗病毒治疗等。

季节性流感在人与人间传播能力很强,与有限的有效治疗措施相比积极防控更为重要。主要的预防措施如下。

(1) 加强个人卫生知识宣传教育。

(2) 保持室内空气流通,流行高峰期避免去人群聚集场所。

(3) 咳嗽、打喷嚏时应使用纸巾等,避免飞沫传播。

(4) 经常彻底洗手,避免脏手接触口、眼、鼻。

(5) 流行期间如出现流感样症状及时就医,并减少接触他人,尽量居家休息。

(6) 流感患者应呼吸道隔离1周或至主要症状消失。患者用具及分泌物要彻底消毒。

(7) 加强户外体育锻炼,提高身体抗病能力。

(8) 秋冬气候多变,注意加减衣服。

(9) 接种流感疫苗:接种流感疫苗是其他方法不可替代的最有效预防流感及其并发症的手段。疫苗需每年接种方能获有效保护,疫苗毒株的更换由WHO根据全球监测结果来决定。

(10) 抗病毒药物预防:药物预防不能代替疫苗接种,只能作为没有接种疫苗或接种疫苗后尚未获得免疫能力的高合并症风险人群的紧急临时预防措施。应选择对流行毒株敏感的抗病毒药物作为预防药物,疗程应由医师决定,一般1~2周。对于那些虽已接种疫苗但因各种原因导致免疫抑制,预计难于获得有效免疫效果者,是否要追加抗病毒药物预防及投药时机、疗程、剂量等也应由医师来做出判断。

1) 中医预防:与流感患者有明确接触者:①儿童、青壮年,身体强壮者可用下方:金银花、大青叶、薄荷、生甘草,水煎服,每日一副,连服5天。②老年体弱者可用下方:党参、苏叶、荆芥,水煎服,每日一副,连服5天。

2) 饮食注意:患流感后,宜清淡饮食,进食易消化富含维生素的食物。同时应注意多饮水,以白开水为主。禁吃咸食:食用咸食后易使致病部位黏膜收缩,加重鼻塞。咽喉不适等症状。而且过咸的食物容易生痰,刺激局部引起咳嗽加剧。禁食甜、腻食物:甜味能助湿,而油腻食物不易消化,故感冒患者应忌食各类糖果、饮料、肥肉等。禁食辛热食物:辛热食物易伤气灼津,助火生痰,使痰不易咳出,故感冒患者不宜食用,尤其葱一定要少吃。不宜吃烧烤煎炸的食物:此类食物气味刺激呼吸道及消化道,易导致黏膜收缩,使病情加重,而且也不易消化。同时还应忌烟酒。

二、病毒性肝炎

病毒性肝炎,(包括甲型、乙型和非甲非乙型),是法定传染病,具有传染性较强、传播途径复杂、流行面广泛、发病率较高等特点;部分乙型和非甲非乙型肝炎病人可演变成慢性,对人民健康危害甚大。

(一) 病毒性肝炎的分类

根据病原学诊断,肝炎病毒至少有5种,即甲、乙、丙、丁、戊型肝炎病毒,分别引起甲、乙、丙、丁、戊型病毒性肝炎,即甲型肝炎(hepatitis A)、乙型肝炎(hepatitis B)、丙型肝炎(hepatitis C)、丁型肝炎(hepatitis D)及戊型肝炎(hepatitis E),另外一种称为庚型病毒性肝炎,较少见。

人类对各型肝炎普遍易感,各种年龄均可发病。

甲型肝炎感染后机体可产生较稳固的免疫力,在本病的高发地区,成年人血中普遍存在甲型肝炎抗体,发病者以儿童居多。

乙型肝炎在高发地区新感染者及急性发病者主要为儿童,成人患者则多为慢性迁延型及慢性活动型肝炎;在低发地区,由于易感者较多,可发生流行或暴发。

丙型肝炎的发病以成人多见,常与输血与血制品,药瘾注射,血液透析等有关。

丁型肝炎的易感者为HBsAg阳性的急、慢性肝炎及或先症状携带者。戊型肝炎各年龄普遍易感,感染后具有一定的免疫力。各型肝炎之间无交叉免疫,可重叠感染先后感染。

(1) 甲型肝炎的主要传染源是急性患者和隐性患者。病毒主要通过粪便排出体外,粪便中排出的病毒通过污染的手,水苍蝇和食物等经口感染,以日常生活接触为主要方式,通常引起散发性发病,如水源被污染或生食污染的水产品(贝类动物),可导致局部地区暴发流行。自发病前2周至发病后2~4周内的粪便具有传染性,而以发病前5天至发病后1周最强,潜伏后期及发病早期的血液中亦存在病毒。通过注射或输血传播的机会很少,唾液,胆汁及十二指肠液亦均有传染性。

(2) 乙型肝炎的传染源是急、慢性患者的病毒携带者:①输血及血制品以及使用污染的注射器或针刺等;②母婴垂直传播(主要通过分娩时产道血液,哺乳及密切接触,通过胎盘感染者约5%);③生活上的密切接触;④性接触传播(如果皮肤没有破损是不会传染)。此外,尚有经吸血昆虫(蚊,臭虫,虱等)叮咬传播的可能性。病毒存在于患者的血液及各种体液(汗、唾液、泪乳汁、阴道分泌物等)中。急性患者自发病前2~3个月即开始具有传染性,并持续于整个急性期。HBsAg(+)的慢性患者和无症状携带者中凡伴有 HBeAg(+),或抗-HbcIgM(+),或 DNA 聚合酶活性升高或血清中 HBVDNA(+)者均具有传染性。

(3) 丙型肝炎的传染源是急、慢性患者和无症状病毒携带者。丙型肝炎的传播途径与乙型肝炎相同而以输血及血制品传播为主,且母婴传播不如乙型肝多见。病毒存在于患者的血液及体液中。

(4) 丁型肝炎的传染源是急、慢性患者和病毒携带者。HBsAg 携带者是 HDV 的保毒宿主和主要传染源。

(5) 戊型肝炎的传染源是急性及亚临床型患者。通过粪、口途径传播,水源或食物被污染可引起暴发流行;也可经日常生活接触传播。

按照临床表现的特征可分急性肝炎(包括急性无黄疸型、急性黄疸型)、慢性肝炎(包括轻度、中度、重度)、重型肝炎(包括急性重型肝炎、亚急性重型肝炎及慢性重型肝炎)、淤胆型肝炎及肝炎肝硬化。

各型肝炎的潜伏期长短不一。甲型肝炎为2~6周(平均1个月);乙型肝炎为6周至6个月(一般约3个月);丙型肝炎为5~12周(平均7.8周)。

(二) 病毒性肝炎的预防

(1) 对传染源的预防:早发现,早隔离,早报告。

1) 甲肝——隔离期不少于30天;幼托机构隔离40天;疑似病人及密切接触者医学观察4~6周。

2) 戊肝——隔离期不少于21天;幼托机构隔离40天;疑似病人及密切接触者医学观察6~9周。

(2) 切断传播途径:乙、丙、丁型肝炎。

安全用血及血制品;正确的性教育,若对方为 HBsAg 阳性者,应接种乙型肝炎疫苗。

(3) 保护易感人群:甲肝、乙肝可以接种疫苗。

乙型肝苗:易感者均可接种(新生儿应进行普种-出生后24小时内)

乙型肝炎疫苗全程接种共3针,按照0、1、6个月程序

(对乙肝阳性母亲的新生儿,24小时内注射乙型肝炎免疫球蛋白和乙肝疫苗。)

日常生活和工作接触不会传播乙肝病毒;乙肝可以通过接种乙肝疫苗和其他措施预防。

三、肺 结 核

肺结核是由结核分枝杆菌引发的肺部感染性疾病。是严重威胁人类健康的疾病。结核分枝杆菌(简称结核菌,下同)的传染源主要是排菌的肺结核患者,通过呼吸道传播。健康人感染结核菌并不一定发病,只有在机体免疫力下降时才发病。世界卫生组织(WHO)统计表明,全世界每年发生结核病800万~1000万,每年约有300万人死于结核病,是造成死

亡人数最多的单一传染病。1993 年 WHO 宣布"全球结核病紧急状态",认为结核病已成为全世界重要的公共卫生问题。我国是世界上结核疫情最严重的国家之一。

结核菌属于放线菌目,分枝杆菌科的分枝杆菌属,为有致病力的耐酸菌。主要分为人、牛、鸟、鼠等型。对人有致病性者主要是人型菌,牛型菌少有感染。结核菌对药物的耐药性,可由菌群中先天耐药菌发展而形成,也可由于在人体中单独使用一种抗结核药而较快产生对该药的耐药性,即获得耐药菌。耐药菌可造成治疗上的困难,影响疗效。

(一) 肺结核的临床表现

(1) 全身症状:肺结核患者常有一些结核中毒症状,其中发热最常见,一般为午后 37.4℃~38℃的低热,可持续数周,热型不规则,部分患者伴有脸颊、手心、脚心潮热感。急性血行播散性肺结核、干酪性肺炎、空洞形成或伴有肺部感染时等可表现为高热。夜间盗汗亦是结核患者常见的中毒症状,表现为熟睡时出汗,几乎湿透衣服,觉醒后汗止,常发生于体虚病人。其他全身症状还有疲乏无力、胃纳减退、消瘦、失眠、月经失调甚至闭经等。

(2) 咳嗽:常是肺结核患者的首诊主诉,咳嗽三周或以上,伴痰血,要高度怀疑肺结核可能。肺结核患者以干咳为主,如伴有支气管结核,常有较剧烈的刺激性干咳;如伴纵隔、肺门淋巴结结核压迫气管支气管,可出现痉挛性咳嗽。

(3) 咳痰:肺结核病人咳痰较少,一般多为白色黏痰,合并感染、支气管扩张常咳黄脓痰;干酪样液化坏死时也有黄色脓痰,甚至可见坏死物排出。

(4) 咯血:当结核坏死灶累及肺毛细血管壁时,可出现痰中带血,如累及大血管,可出现量不等的咯血。若空洞内形成的动脉瘤或者支气管动脉破裂时可出现致死性的大咯血。肺组织愈合、纤维化时形成的结核性支气管扩张可在肺结核痊愈后反复、慢性地咯血或痰血。

(5) 胸痛:胸痛并不是肺结核的特异性表现,靠近胸膜的病灶与胸膜粘连常可引起钝痛或刺痛,与呼吸关系不明显。肺结核并发结核性胸膜炎会引起较剧烈的胸痛,与呼吸相关。胸痛不一定就是结核活动或进展的标志。

(6) 呼吸困难:一般初发肺结核病人很少出现呼吸困难,只有伴有大量胸腔积液、气胸时会有较明显的呼吸困难。支气管结核引起气管或较大支气管狭窄,纵隔、肺门、气管旁淋巴结结核压迫气管支气管也可引起呼吸困难。晚期肺结核,两肺病灶广泛引起呼吸功能衰竭或伴右心功能不全时常出现较严重的呼吸困难。

(7) 结核性变态反应:可引起全身性过敏反应,临床表现类似于风湿热,主要有皮肤的结节性红斑、多发性关节痛、类白塞病和滤泡性结膜角膜炎等,以青年女性多见。非甾体类抗炎药物无效,经抗结核治疗后好转。

总之,肺结核并无非常特异性的临床表现,有些患者甚至没有任何症状,仅在体检时发现。如伴有免疫抑制状态,临床表现很不典型,起病和临床经过隐匿;或者急性起病,症状危重,且被原发疾病所掩盖,易误诊。

(二) 患者体征

患肺结核时,肺部体征常不明显且没有特异性。肺部体征常与病变部位、性质、范围及病变程度相关。肺部病变较广泛时可有相应体征,有明显空洞或并发支气管扩张时可闻及细湿啰音。若出现大面积干酪性肺炎可伴有肺实变体征,如语颤增强,叩诊呈实音或浊音,听诊闻及支气管呼吸音。当形成巨大空洞时,叩诊呈过清音或鼓音,听诊闻及空洞性呼吸音。支气管结核常可闻及局限性的哮鸣音。两肺广泛纤维化、肺毁损时,患侧部位胸廓塌陷,肋间隙变窄,气管移位,其他部位可能由于代偿性肺气肿而出现相应的体征,如叩诊呈过清音,呼吸音降低等。

(三) 肺结核的治疗

抗结核药物治疗:

应坚持早期、联用、适量、规律、全程五项原则。一线药物指用于初治病人的药物,有异烟肼、链霉素等;二线药物基本用于复治病人,包括利福平、吡嗪酰胺等。

对症治疗

(1) 发热:主要用抗结核药物,体温太高时可酌情给小剂量退热剂。有继发感染时可适当选用抗生素。

(2) 盗汗:临床睡前可服阿托品或汗定片。

(3) 咳嗽、咯痰:刺激性干咳选用喷托维林(咳必清)、可待因等。

(4) 咯血:小量咯血严密观察,无需特殊处理。中或大量咯血时可采用如下措施:

1) 一般处理:病人应取半卧位或卧向患侧,并指导病人轻轻将血咯出,不让血滞在气道。精神紧张可给镇静药。剧咳者可给喷托维林,或在血咯出后,临时给可待因 15mg,1~2次。

2) 止血药的应用

3) 输血:反复大咯血可少量输鲜血。

4) 手术治疗:反复大咯血未能控制者,如病人情况许可,在了解出血部位时可手术治疗。

5) 咯血窒息:应立即采取措施恢复呼吸道通畅。应速取头低脚高体位,轻轻拍背,以利血块排出,并尽快挖出或吸出口、咽、喉及鼻部血块。必要时做气管插管或气管切开,解除呼吸道阻塞。

6) 呼吸困难:给予低流量氧气吸入。有继发感染时应用抗生素。有支气管痉挛时用支气管解痉剂。并发气胸或渗出性胸膜炎时给予抽气或抽液。

(四) 预防结核病的发生,应做到以下几点

(1) 养成不随地吐痰的良好卫生习惯。对结核病患者的痰要焚烧或药物消毒。

(2) 要定时进行体格检查,做到早发现、早隔离、早治疗。除此之外,还要按时给婴幼儿接种卡介苗,以使肌体产生免疫力,减少结核病的发生。

(3) 发现有低热、盗汗、干咳嗽、痰中带血、乏力、饮食减少等症状要及时到医院检查。确诊结核病以后,要立即进行治疗,同时还要注意增加营养,以增强体质。

四、细菌性痢疾

细菌性痢疾简称菌痢。是志贺菌属(痢疾杆菌)引起的肠道传染病。菌痢常年散发,夏秋多见,是我国的常见病、多发病。本病有效的抗菌药治疗,治愈率高。若疗效欠佳或慢性患者变多,可能是未经正规治疗、未及时治疗、使用药物不当或耐药菌株感染。

（1）传染源：传染源包括患者和带菌者。患者中以急性、非急性典型菌痢与慢性隐匿型菌痢为重要传染源。

（2）传播途径：痢疾杆菌随患者或带菌者的粪便排出，通过污染的手、食品、水源或生活接触，或苍蝇、蟑螂等间接方式传播，最终均经口入消化道使易感者受感染。

（3）人群易感性：人群对痢疾杆菌普遍易感，学龄前儿童患病多，与不良卫生习惯有关；成人患者同机体抵抗力降低、接触感染机会多有关，加之患同型菌痢后无巩固免疫力，不同菌群间以及不同血清型痢疾杆菌之间无交叉免疫，故造成重复感染或再感染而反复多次发病。

潜伏期一般为1~3天（数小时至7天），流行期为6~11月，发病高峰期在8月。分为急性菌痢、慢性菌痢和中毒性菌痢。

（一）细菌性痢疾的临床分型与表现

1. 急性菌痢　典型病变过程分为初期的急性卡他性炎，后期的假膜性炎和溃疡，最后愈合。主要有全身中毒症状与消化道症状，可分成四型：

（1）普通型：起病急，有中度毒血症表现，怕冷、发热达39℃、乏力、食欲减退、恶心、呕吐、腹痛、腹泻、里急后重。稀便转成脓血便，每日数十次，量少，失水不显著。一般病程10~14天。

（2）轻型：全身中毒症状、腹痛、里急后重均不明显，可有低热、糊状或水样便，混有少量黏液，无脓血，一般每日10次以下。粪便镜检有红、白细胞，培养有痢疾杆菌生长，可以此与急性肠炎相鉴别。一般病程3~6天。

（3）重型：有严重全身中毒症状及肠道症状。起病急、高热、恶心、呕吐，剧烈腹痛及腹部（尤为左下腹）压痛，里急后重明显，脓血便，便次频繁，甚至失禁。病情进展快，明显失水，四肢发冷，极度衰竭，易发生休克。

（4）中毒型：此型多见于2~7岁体质好的儿童。起病急骤，全身中毒症状明显，高热达40℃以上，而肠道炎症反应极轻。这是由于痢疾杆菌内毒素的作用，并且可能与某些儿童的特异性体质有关。中毒型菌痢又可根据不同的临床表现分为三型。

2. 慢性菌痢　菌痢患者可反复发作或迁延不愈达2个月以上，部分病例可能与急性期治疗不当或致病菌种类（福氏菌感染易转为慢性）有关，也可能与全身情况差或胃肠道局部有慢性疾患有关。主要病理变化为结肠溃疡性病变，溃疡边缘可有息肉形成，溃疡愈合后留有瘢痕，导致肠道狭窄，若瘢痕正在肠腺开口处，可阻塞肠腺，导致囊肿形成，其中储存的病原菌可因囊肿破裂而间歇排出。分型如下：

（1）慢性隐伏型：病人有菌痢史，但无临床症状，大便病原菌培养阳性，作乙状结肠镜检查可见菌痢的表现。

（2）慢性迁延型：病人有急性菌痢史，长期迁延不愈，腹胀或长期腹泻，黏液脓血便，长期间歇排菌，为重要的传染源。

（3）慢性型急性发作：病人有急性菌痢史，急性期后症状已不明显，受凉、饮食不当等诱因致使症状再现，但较急性期轻。

3. 中毒性菌痢　起病急骤，有严重的全身中毒症状，但肠道病变和症状较轻微。儿童多发，一般见于2~7岁。可出现中毒性休克或因呼吸衰竭而死亡。病原菌多为福氏或宋内氏痢疾杆菌。

（二）细菌性痢疾的治疗护理

1. 急性菌痢的治疗　卧床休息、消化道隔离。给予易消化、高热量、高维生素饮食。对于高热、腹痛、失水者给予退热、止痉、口服含盐米汤或给予口服补液盐，呕吐者需静脉补液。由于耐药菌株增加，最好应用≥2种抗菌药物。

2. 中毒性菌痢的治疗

（1）抗感染：选择敏感抗菌药物，联合用药，静脉给药，待病情好转后改口服。

（2）控制高热与惊厥。

（3）循环衰竭的治疗：基本同感染性休克的治疗。主要有①扩充有效血容量；②纠正酸中毒；③强心治疗；④解除血管痉挛；⑤维持酸碱平衡；⑥应用糖皮质激素。

（4）防治脑水肿与呼吸衰竭。

3. 慢性菌痢的治疗

（1）寻找诱因，对症处置。避免过度劳累，勿使腹部受凉，勿食生冷饮食。体质虚弱者应及时使用免疫增强剂。当出现肠道菌群失衡时，切忌滥用抗菌药物，立即停止耐药抗菌药物使用。改用酶生乳酸杆菌，以利肠道厌氧菌生长。

（2）对于肠道黏膜病变经久不愈者，同时采用保留灌肠疗法。

第三节　就医用药常识

一、就 医 常 识

就医看病，无论是检查、手术还是吃药，都直接作用于肌体，给肌体带来或多或少的影响甚至损伤，从某种意义上讲是不是要进行治疗、接受何种治疗是一个两害权衡取其轻的选择，因此应该树立正确的就医态度，审慎就医，并遵循这样一条原则——对自己的健康负责，健康靠自己，医生是协助者或辅导员。

（一）就诊医院不是越大越好

身体不适需要到医院就诊时，无论是急诊、门诊，还是住院，要根据病情选择就诊医院，不一定要去大医院。

大医院就诊集中，看病难，看病贵，其科室高度专科化，其专科医生处于卫生服务金字塔顶端，所处理的多为疑难重病，往往需要动用昂贵的医疗资源，以解决少数病人的疑难问题，他们的首要任务是排除专科疑难病，因而在接诊时较少考虑病人的期望与感受，这种工作方式往往会让常见病多发病的一般患者感到不适应、不愉快，感觉"花钱买罪受"。而中小型医院侧重于常见病、多发病的诊疗，可以为患者提供优质、方便、经济有效的医疗服务。

绝大多数人经济条件尚不富裕，医疗改革的总方针也只能是低水平、广覆盖，这就使我们在选择医院时不得不考虑到医疗费用问题。可以到几个医院了解一下大概的治疗费用，比较一下，在治疗这种病技术水平差不多的情况下，选择那些收费相对低一些的医院，包括单病种收费、检查费、药费。

选择好医院和医生后，在一定时间内要相对固定，不要经常变换，这样有利于医患双方互相了解，不断调节和磨合，也可避免不必要的重复检查和治疗。

（二）如何正确选择就诊医院

（1）根据疾病病种：对于一般老百姓来说，如果患的是简单常见疾病，在一般医院就可以解决。如果是疑难疾病应到大型医院治疗。某些专科疾病，例如，精神病、烧伤、肝炎、结核病等，应该到专科或专病医院诊治。

（2）根据病情：如果病情很急，尽管病情复杂，不允许长途搬运转院，应就近治疗。例如，患者突发心脏病，已经休克；患者某一部位因外伤造成大血管出血，且难以控制，等等，这些都必须到距离最近的医院抢救，待病情稳定后再考虑能否转院。

（3）参考医院的等级：国家卫生部根据医院的医务人员实力、所开展的新技术项目的数量及水平、医疗质量、医院的设备、床位数等，将医院分为三、二、一级医院，每级中又分甲、乙、丙。三甲医院为最高级别医院。一般地市级以上中心城市有三甲医院；县级医院基本为二级；乡、镇医院基本为一级。医院分级标准大致上反映了各医院的整体水平，但同级别医院差距甚大，例如北京协和医院和某一城市中心医院均为三甲医院，实际后者与前者在设备、技术实力等各方面差距甚大。

（三）就诊注意事项

（1）就诊时一定要对医生说明病史：就诊时对医生说明自己的病史，往往可以免去不必要的检查，帮助医生迅速确定诊断。

（2）医疗器械检查对人体有危害，尽量不做或少做没有必要检查。

（3）就诊过程中要与医生进行良好的沟通。

二、用 药 常 识

（一）如何科学用药

几乎所有药物都可能引起不良反应。据报道，由于药物不良反应而急症入院的占住院病人的 3% 左右，约有 15%~30% 患者在住院期间因产生药物不良反应而延长住院时间或死亡。我国每年死于药物不良反应者近 20 万人。因此，应积极掌握用药常识，学会科学用药，避免药物滥用。

1. 合理用药 "可用可不用的药物尽量不用"。

若能做到合理用药，可减少大量药害和 60% 的浪费。1987 年 WHO 提出合理用药的标准是：①处方药应为适宜的药物；②在适宜的时间，以公众能支付的价格保证药物供应；③正确地调剂处方；④以准确的剂量、正确的用法和用药日数服用药物；⑤确保药物质量安全有效。

2. 什么是好药 不是进口药、新药、贵药就是好药，最适合病情、毒副作用最小的才是最好的药。任何药都不可能完全无毒副作用，关键在于正确使用——趋利避害。比如治疗一般性感染，应从国家基本药物目录中常用药物入手选药，只要病原菌对所用药物敏感，就可获肯定疗效。

中药也有毒副作用。很多人认为中药无毒副作用，可以任意选用、长期服用，这种认知是有问题的。

（二）服用药物的十种常见禁忌

据统计，在我国每年有 500 万人因服药方法错误而住进医院，其中 20 万人因此丧命；每年 500 万聋儿中也有 50 万是此原因所致。此外，还有很多根本不知道是由于服药方法错误而导致的危险，时时在我们身边发生。以下就是最常见的十大错误服药方法。

（1）随一日三餐服药：药品说明书上写着"一日三次，饭前服用"，意思是将一天 24 小时平均分为 3 段，每 8 小时服药一次。如果把 3 次服药时间都安排在白天，会造成白天血药浓度过高，带来危险；而夜晚又达不到治疗浓度。而"饭前服用"则是指此药需要空腹（餐前 1 小时或餐后 2 小时）服用，如果刚吃进一堆零食，那此时即使是在"饭前"，也不等于"空腹"。而"饭后服用"则是指饱腹（餐后半小时）时服药。

（2）躺卧服药：躺着服药，药物容易黏附于食道壁。不仅影响疗效还可能刺激食道，引起咳嗽或局部炎症；严重的甚至损伤食道壁，埋下患食道癌的隐忧。所以，最好取坐位或站姿服药。

（3）干吞药：有些人为了省事，不喝水，直接将药物干吞下去，这也是非常危险的。干吞药一方面可能损伤食道，另一方面由于没有足够的水来帮助溶解，有些药物容易在体内形成结石。

（4）掰碎水溶后吃：有些人自己"吞"不下药或怕被药片噎住，就自作主张地把药掰碎或用水溶解后再服用，这样不仅影响疗效，还会加大药物的不良反应。所以，除非医生特别嘱咐或药物说明书上写到，否则不要这么做。不过如果是中成药，对于常见的大粒丸剂可以用清洁的小刀或手将药丸分成小粒后用温开水送服，还可以用少许温水将药丸捣调成稀糊状后用温开水送服。

（5）用饮料送药：正确的服药方法是用温度适中的白开水送服。牛奶、果汁、茶水、可乐、咖啡、酒精等各种饮料都会与药物发生相互作用，影响疗效，甚至导致危险。

（6）对着瓶口喝药：这种情况尤其多见于服用糖浆或合剂。这样做一方面容易污染药液，加速其变质；另一方面不能准确控制摄入的药量，要么达不到药效，要么服用过量而增大副作用。

（7）多药同服：多药同服时，药物之间的相互作用就很难避免，甚至还会引起一些意想不到的麻烦。例如，服用避孕药的同时如果服用了抗结核药物或防止脑出血的药物，就可能导致避孕药失效。如果怀疑自己正在或即将服用的几种药物可能产生不良相互作用，一定要主动向医生或药师咨询，但不可自行随意停药或换药。

（8）喝水过多：这样会稀释胃酸，不利于药物的溶解吸收。一般来说，服固体药物时，喝 1 小杯温水就足够了。对于糖浆这种特殊的制剂，建议喝完糖浆 5 分钟内不要喝水。

（9）服药后马上运动：药物服用后一般需要 30～60 分钟才能被胃肠溶解吸收而发挥作用，其间需要充足的血液参与循环。而马上运动会导致胃肠等脏器的血液供应不足，药物的吸收效果自然大打折扣。

（10）服药期间随意饮食：不是只有中药才讲究饮食禁忌，西药也是一样。服药期间不合理的饮食会降低药效，严重的还可能危及生命。例如服用降血压药、抗心绞痛药期间应该忌喝西柚汁、忌吃含盐高的食品；服用治疗头疼药期间忌饮酒；解热镇痛药不宜和卷心菜同食等。具体可以咨询医生。

（三）拒绝药物滥用

我国目前是世界上滥用抗生素最严重的国家之一，什么是抗生素滥用？凡是超时、超量、不对症使用或未严格规范使用抗生素，都属于抗生素滥用，主要表现在：

（1）医生在无明确适应证条件下使用抗生素及合成抗菌药物（如治疗病毒感染性疾病和无明显指征的预防性用药）；

（2）在抗生素及合成抗菌药物使用的剂量和疗程把握上，未遵循"最小有效剂量、最短必须疗程"的原则。如无菌手术后长期大剂量使用抗生素，不仅浪费了大量抗菌药物，而且最易诱导耐药致病菌株；

（3）药物的选用不按有效、价廉的原则选用基本抗菌药物，而首选价格高昂的新药、进口药；

（4）不首选对致病菌有效的窄谱抗生素而青睐各种广谱抗菌药物、甚至多种联用。

对药物滥用的控制一方面需要国家制定严格的管控制度，另一方面大学生更应充分了解药物滥用的危害，自觉杜绝药物滥用。

第四节　城镇居民基本医疗保险

《海南省城镇居民基本医疗保险省级统筹实施办法》从 2015 年 1 月 1 日起执行省级统筹，全省统一缴费标准、统一待遇水平、统一经办业务、统一信息管理。

（1）本市辖区在校（园）在册的未参加新型农村合作医疗保险的大学生、中专生、技校生、中小学生、幼儿园儿童（含非本市户籍人员）。均可参加海口市城镇居民基本医疗保险。

（2）在校学生每人每年 50 元，学校每年会集中收取。

（3）在我市各大（中）专院校就读的学生，入学当年缴费参保的，按学年开始享受城镇居民基本医疗保险待遇；在校期间连续缴费参保的，毕业后仍可享受已缴费参保自然年度的城镇居民基本医疗保险待遇。

各区社保中心的联系电话：

秀英区社保中心 68666725；龙华区社保中心 66891092

美兰区社保中心 65303335；琼山区社保中心 65855796

（4）学生看病就医，住院报销比例是多少？

1）到医保定点医疗机构就医时，须出示本人的居民医保卡、身份证或学生证等有效证件。

2）医疗费的报销比例为：一级医院 90%，二级医院 75%，三级医院 65%。

（5）怎样报销医疗费用？

1）参保人在本市定点医疗机构住院治疗结束时，必须在医院医保办办理报销手续。出院结算时，属于医保统筹基金支付的医疗费用由定点医疗机构与社保经办机构结算，属于个人自付部分的医疗费，由参保人与定点医疗机构结算。

2）参保人在异地医疗机构就医的，个人支付全部住院费用后，按规定提供以下资料到市社会保险事业局居保科或各区社保所报销：异地转诊审批表、住院发票、住院首页和出院小结、医疗费用汇总明细清单、报销人存折（账号）复印件一份，住院分娩的还需提供生育服务证和出生证原件及复印件各一份等相关资料。（医院提供的资料均需加盖医院印章）

3）海口市社会保险事业局各区社保所的具体地址及联系电话见表 8-1：

表 8-1 各区社保所的具体地址及联系电话

海口市社会保险社保所	具体地址	联系电话
龙华所	海口市城西路 16 号（新华陶瓷市场三楼 105 号房）	66973200 66970993
美兰所	海口市美兰区晋江村 433 号 （美兰区政务中心一楼）	65357926 65357826
琼山所	海口市府城镇文庄路 8 号 （琼山区人力资源和社会保障局办公楼一楼）	65879032 65879082
秀英所	海口市秀华路 4 号 （国税楼三楼）	68626576 68626575

（6）居民医保定点医院

1）一级医院（住院报销 90%）：社区卫生服务中心、乡镇卫生院、农场医院、高校医院、文庄医院、同仁医院、玛丽医院、中山医院、博德精神病院、海南南方中西医结合医院、琼山妇产科医院、新欣华中西医结合医院、海口仁心医院。

2）二级医院（住院报销 75%）：市第三人民医院、市第四人民医院、省干部疗养院、海口市妇幼保健院、海南省武警总队医院、海南妇产科医院、海南现代妇婴医院有限公司、海南现代男科医院有限公司、海南骨科医院、海南省计划生育生殖医院、海南新希望眼科医院、海南武警边防医院、海南省皮肤病医院、海南杏林肛肠医院、琼山区妇幼保健院。

3）三级医院（住院报销 65%）：省人民医院、市人民医院、农垦总局医院、海医附院、一八七医院、省中医院、安宁医院、省妇幼保健院、市中医院、海南省眼科医院。

思 考 题

1. 你是否有不良的作息习惯，将如何纠正？
2. 城镇居民医疗保险的报销程序你了解了吗？
3. 请拟定好自己能够持之以恒的运动计划。

第九章 日常生活

曾有人这样对比中学和大学:中学教师鼓励学生考上大学,而大学教师鼓励学生走向社会;中学教师采取"填鸭式"教育,而大学更注重"启发式"教育;中学教师"逼"着学生走,而大学生"追"着老师走;中学学生是被控式学习,而大学强调学生自主性学习;中学学习老师帮你掌握,而大学学习需要自己经常"反省";中学大家忙一样,而大学大家不一样的忙;中学强调标准,而大学鼓励创新;中学学生学习的问题越少越好,而大学希望学生学习的问题越多越好;中学把学生当孩子看,而大学把学生当成人看;中学靠别人管自己,而大学靠自己来管自己;中学需要别人帮助学生规划,而大学要学生自己规划自己。

案例 9-1

小周由于当时高考成绩不理想,没有进入心仪的大学,也没有录入喜欢的专业。以上了大学后,第一学期不知道所学专业到底是学什么的,将来是做什么的,很迷茫;后来,听说有大学有各种学生组织可以参与,但是又不知道要不要参加,最后错过了学生会、班委的竞选;住进大学宿舍,由于地域文化及家庭教育等因素,宿舍成员性格、习惯迥异,相处起来有困难,从开始做什么都结伴而行到后来慢慢开始有了小团体,出现分裂,互相不说话;后来又发现,大学的学习方式从"填鸭式"变成了"放羊式",课余时间很多不知道如何安排,于是烦躁不安,开始玩起游戏,整体沉迷于游戏,不能自拔,上课睡觉,甚至翘课,一学期下来挂了3科。

第一节 大学生日常生活的特点

一、认识大学生活新特点

大学是知识的海洋。这里有浩瀚的图书资料和先进的仪器设备,能使大学生接触广博的知识,培养必要的专业技能。大学是学生从象牙塔走向社会的最后一站,是社会与校园的结实纽带,合理利用大学中的时间,让自己的大学生活变得充实有梦想对将来走向社会有很大的正面效应。

掌握获取知识的本领,学会在知识的海洋中畅游冲浪,是同学们在大学阶段的主要任务,是顺利成长成才的重要基础。

大学有教书育人的良师。这里聚集着众多学者和专家,他们精通本专业的基础理论,了解最新的学术成果,具有丰富的科研实践经验,熟悉教育教学的客观规律。在这些良师的指导下,通过系统的教学活动和严格的科学训练,同学们可以系统准确地掌握基础知识和专业知识,接近学科前沿,提高专业能力尤其是专业创造能力。同时,通过耳濡目染还能从这些良师那里学到做人的道理,培养良好的学风,接受人格的熏陶。

大学有浓厚的学习研究和成才的氛围。这里是知识创新、传播和运用的基地,是培养创新精神的摇篮,是接受人文精神和科学精神熏陶的园地。引领学术风气,促进思想交流,陶冶品德操守,建设精神文明,是大学的灵魂之所在。同学们可以在大学里深入学习科学知识,广泛汲取各种新的思想和学术成果,不断提高自身素质,确立正确的世界观、人生观和价值观。党和国家为大学生提供了优越的学习和生活环境,就是希望同学们发奋学习,尽快成长为国家民族的栋梁之才。

有人打过这样一个比方:上大学之前,大学是一盏很亮同时很远的灯,同学们好像在黑夜里,除了这盏灯,周围的一切都看不清,大家只顾朝着灯跑。上了大学,好像天一下亮了,灯被淹没了,周围的东西却清晰了,才发现还有很多东西可学可比。

与中学生活相比,大学生活发生了显著的变化:

1. 学习要求的变化　大学阶段的学习,知识的广度和深度大大增加,专业方向基本确定,需要大力发挥学习的主动性、创造性。大学主要实行的是学分制,除了公共科目、学科基础课和专业课属于必修课之外,各专业还开设选修课,同学们可以根据个人兴趣和能力选修相关课程,自由支配的学习时间增多,学习的主动性大大增强。大学图书资料和各种信息丰富,获取知识的渠道更加多样化,熟练利用图书馆和互联网搜集资料和掌握信息,成了同学们必备的学习技能。广泛涉猎相关知识,掌握科学的学习方法,培养自主学习和独立思考问题、分析问题、解决问题的能力,是大学阶段学习的重要特点。

2. 生活环境的变化　进入大学以后,同学们离开父母独立生活,许多同学还远离家乡,衣食住行学等日常生活都要靠自己安排。同学们来自五湖四海,兴趣爱好、生活习惯可能存在差异,主动地加强沟通和交流,互相理解和关心成为一种需要。自理能力强的同学会很快适应,应对自如;自理能力弱的同学,则可能计划失当,顾此失彼。因此,同学们要尽快适应新的环境,既要学会过集体生活,又要学会独立处理学习生活中遇到的各种实际问题。

3. 社会活动的变化　进入大学后,党组织、团组织、学生会、班委会等组织活动增多;由志趣、爱好相同的同学自愿组织起来的各种学生社团的活动丰富多彩,同学们参加各种社会活动的机会大大增加。因此,同学们可以根据自己的特点和爱好、时间和精力积极参加各种活动,合理安排课余生活,锻炼组织和交往能力。

二、面对现实,主动适应

很多高中毕业生,到了大学以后,很久都不能适应大学生活。归根到底就是他们还活在高中的生活里面。由于生活环境、学习方法、同学关系的改变带来的不适应,大学新生容易产生诸多心理困扰,主要表现为以下几个方面:

(一) 期望值过高引起的失落心理

1. 感到学校或专业不理想　这是一种普遍存在的,影响很多新生情绪的消极心理。刚入校的新生往往自认为,由于高考发挥不好或志愿填报不当,自己没有考上理想的学校,产生对高考结果的失落感,上这所大学只是一种无奈,不是自己理想的选择,是抱着权宜之计来上学的。甚至是带着沮丧、遗憾和无奈等复杂情绪入学的,也有的学生在考虑退学或转系、转专业,根本谈不上有学习的目标与动力。大多数新生由于对录取学校所学专业不接纳、不认同,导致对前途的茫然、失望,心理上的抵触情绪和失落感比较严重。所上大学与理想中的大学差距太大。高中时代,老师为了鼓励大家努力学习,给大学生活赋予了许多神奇的色彩,使学生将大学生活过分理想化,把大学生活想象得很浪漫、神秘和多姿多彩。加之新生对学校的优势特色不了解,入学后发现现实并非完全如此,或感觉与想象中相去甚远,这种差距使得大学新生产生了极大的心理落差,而且新生往往容易从校园环境等表面现象对学校的实力做出评判。过高的期望值与大学的现实生活反差较大,导致部分新生入学后出现情绪波动和失落感。

2. 生活上不适应 对于大多数同学来说,上大学是第一次远离父母来到一个陌生的环境、新的天地。自我能否合理、有效的安排日常生活是生活适应的重要内容,进入大学校园,卫生要自己做,衣服要自己洗,饭要自己打,钱要自己算着花,许多生活上的事情需要自己处理。生活上的不适应还包括对自然环境的不适应,这主要指大学新生对学校驻地的自然条件(气候、地貌等)、风土人情、语言、生活习惯等情况的不适应。

3. 学习上不适应

(1)学习动机不适应:中学时学习动机相对单一,就是考上自己期望的大学。进入大学后动机呈现多元化趋势,如有的是为更好地报效国家而学习,有的同学是为了找份好工作而学习,有的同学是为了知识兴趣而学习,有的同学是为了完成家长的要求而学习,有的同学是为了获得毕业证书而学习,有的是为了以后的深造而学习,有的同学是为了"60分万岁"而学习等,不一样的学习动机,产生的学习动力强弱不一,学习的效果也有相应的差异。

(2)学习能力不适应:大学生要善于总结和提炼学习要点。大学招生一般面向全国各地,不同地域基础教育的水平差异较大,教育落后地域的生源进入大学后基础较差无法适应大学队学生学习能力的要求。

4. 教育教学模式不适应 大学的学习具有自主性、专业性、开放性和探索性等特点,教师上课时数明显减少,学生自学时间大大增加,学生更多要靠自学。以至于一些高考中取得高分的学生,入学后第一次考试都会出现不及格的现象。

环境上不适应

5. 环境上的不适应 主要表现在管理环境和人际环境等方面。对管理环境不适应主要是指大学新生对管理模式、管理制度等方面的不适应。进入大学后教师引导为辅,学生自我管理为主,更强调大学向社会的过渡,大学在教学管理、考试制度、奖学金评定、宿舍管理和饮食服务等方面与中学不同,使许多学生产生不适应。面对的是一些口音不同、性格不同、生活习惯不同、兴趣爱好也不尽相同的新同学。由于彼此之间的不了解和怕吃亏上当的自我保护意识的作用,起初不少同学之间都有一种相互设防的防范心理,习惯用假面具把自己伪装起来。因而在一定程度上影响了人与人之间的正常交往和人际关系的健康发展。

6. 经济上的不适应 市场经济环境下来自不同地域的大学新生经济条件存在巨大差异。新生往往都是由农村或者中小城市跨入大城市的,大城市的生活方式、消费水平及思想观念,在学生看来,与他们的生活格格不入,感觉到自己很土气,产生自卑感。再加之能力、外貌、家庭、经济社会地位等原因,很多学生会感觉到自己处处不如人,在校园里总是低人一等。

（二）如何适应大学新生活的要求并理解这种新生活的意义,是新生人生进取新起点的一项重要内容

现实生活本身是一本读不完的教科书,它丰富多彩又错综复杂,它既充满光明又道路崎岖。而生活中的每个人都不是、也不可能是学会了生活才开始生活的,关键是要面对现实、主动调整去适应这种转变,困难就会迎刃而解。

1. 调整生活方式 对绝大多数新生来说,进入大学是真正意义上独立生活的第一步。要学会独立生活,入学之初,首先要学会起居、饮食、穿戴、洗晒自己料理。还要学会理财,要考虑生活中哪些开支是必需的,哪些是可花可不花的。还要了解学校各项规章制度,明确什么是该做的,什么是不允许做的,安排好自己的课余生活。在熟悉新的生活、老师和同学的同时,还要迅速熟悉学校的教学及辅助设施,如教学办公地点、图书馆、实验室、复印室的开放时间和使用方法等。为了适应新的校园环境,多向高年级的同学或同乡请教,加强与老师、同学的接触,掌握各方面的信息,这样才能尽快适应新生活。

2. 调整学习方式 调整学习方式,是适应大学学习生活的重要一步。中学里以教师为主导的教学模式,大学里变成了以学生为主导的自学模式。课堂教师讲授知识后,学生不仅要消化所学内容,而且还要大量阅读相关方面的书籍和文献。学生自学能力的高低,成了影响学业成绩的最重要因素。所以,新生要逐步学会主动学习,学会自学。自己确定学习目标,自己制订学习计划,自己检查学习效果,主动找教师征询意见,主动请教老师问题,变"要我学"为"我要学",变被动为主动,以适应大学的学习环境。进入大学以后,由于专业设置的不同和个人发展目标的不同,使原来的学习名次上的竞争逐渐淡化,逐步形成了"大学习"观念上的综合评价体系。在这种体系里,竞争是潜在的,是全方位的,是更为激烈的。所以,要努力提高自己的综合学习能力。还要正确对待专业课、公共课和选修课。对专业课的学习,应目标明确具体,主动克服各种学习困难,不断提高学习兴趣。对待公共课,要认识到其实用的价值,努力把对公共课的间接兴趣转化为直接学习兴趣。对选修课的学习,应注意克服仅仅根据浅层的了解盲目选修的倾向。

3. 调整人际交往 入学之初,同学间的互相关心和帮助,相互信赖和理解,有助于减轻心理压力,减少孤独和寂寞,减少对父母的依赖感,较快地熟悉新的学习和生活环境。同学之间应多加了解,熟悉互相的生活习惯和性格,为以后的相处打下基础。在交往过程中应该做到:注意倾听他人的讲话,适当表达自己的见解,态度诚恳,措词文雅,处处替他人着想,切忌自我为中心,克服傲慢和嫉妒心理,还要积极参加集体组织的各项活动。如下人际交往原则,会帮助新生同学应到良好的人际关系。其一,给别人爱你的理由——主动原则。我们在交往中总是期待别人接纳自己,喜欢自己。你要别人爱你,你就得给别人以理由。坚持主动原则,给别人爱你的理由,就是你先要接纳别人,先要爱别人。你肯播撒爱的种子,才能有爱的收获。其二,别让人家抱定时炸弹——真诚原则。人都有安全的需要。出于这种需要,人们都希望自己周围的环境是可以把握的,自己的交往对象是能够把握的。而你不真诚就让人感到没法把握你,人家把握不了你,只能像躲避炸弹一样躲避你。其三,花香淡淡情味更长——距离原则。人都需要一个独享的心理空间,需要一定的心理自由度。所以,虽然你非常渴望友谊,还要注意保持适当距离,保持各自的自由空间。其四,路靠自己走——自立原则。在人际交往上,要防止人际依赖。面对新生活要坚持自强自立。因为新的一段人生旅程到底要靠自己走。

第二节 培养良好的生活习惯

一、习惯及其特点

是否真有幸福并非取决于天性,而是取决于人的习惯。

——爱比克泰德

做一件好事并不难,难的是养成一种做好事的习惯。

——亚里士多德

人喜欢习惯,因为造它的就是自己。

——萧伯纳

(一)雷伯在其所著的《心理学词典》中将心理学中关于习惯的含义概括为四种

(1)一般指一种习得的动作。本义是指运动模式、身体反应,现在已不限于此。

(2)通过重复而自动化了的、固定下来的且无需努力就轻而易举地实现的活动模式。这跟人格研究中使用的特质的含义比较接近。

(3)对药物的癖嗜,常用术语是药物依赖。

(4)指特定动物物种的特征性行为模式,如"狒狒的习性"。

他特别指出,最后的一个意思与前面的几种意义是大不相同的,它的内涵通常是指一种天生的、物种特有的行为模式,而其他几种意思都明确含有习得的行为之意。

(二)习惯的特点

(1)习惯是自动化了的反应倾向或活动模式或行为方式。

(2)习惯是在一定时间内逐渐养成的,它与人后天条件反射系统的建立有密切关系。

(3)习惯不仅仅是自动化了的动作或行为,也可以包括思维的、情感的内容。

(4)习惯满足人的某种需要,由此习惯可能起到积极和消极的双重作用。

人的各种习惯不是天生的,而是在后天的生活、学习、实践和环境中逐步形成的,一旦形成又是不大容易改变的。改变对事物的认识比较容易,而要改变多年形成的习惯却比较困难。

有这样一个寓言故事:一位没有继承人的富豪死后将自己的一大笔遗产赠送给远房的一位亲戚,这位亲戚是一个常年靠乞讨为生的乞丐。这名接受遗产的乞丐立即摇身一变,成了百万富翁。新闻记者便来采访这名幸运的乞丐:"你继承了遗产之后,你想做的第一件事是什么?"乞丐回答说:"我要买一只好一点的碗和一根结实的木棍,这样我以后出去讨饭时方便一些。"

可见,习惯对我们有着极大的影响,因为它是一贯的,在不知不觉中,经年累月的影响着我们的行为,影响着我们的效率,左右着我们的成败。

二、培养良好的生活习惯

(一) 生活习惯

是指人在日常生活中所表现出来的饮食习惯、睡眠习惯、卫生习惯、锻炼身体习惯及消费习惯等等。日常生活为每一个人所必需,因而生活习惯每时每刻都对人产生着影响。良好的生活习惯能使人休息好、学习好、身体好、心情好,并能在各种环境中克服困难,改造不良的环境,创造新的生活环境。大学生精力旺盛,又处于长身体、长知识的重要阶段,良好的生活习惯是确保顺利度过大学阶段的重要基础。

(二) 如何培养良好的生活习惯

为了让大学生活过得充实有意义,从一进大学起,就该切实重视这个问题,继续保持良好的学习和生活习惯,并给自己制定出切实可行的计划,让自己的生活充实忙碌起来,如此一来,就可以轻松地克服懒散的坏习惯。比如,高中时已经养成了很好的作息习惯,你仍可以继续坚持下去。早睡早起是一个很好的习惯,千万不能彻底放弃,要记住一个好习惯的养成并不是一朝一夕之功,当你彻底放弃它后,将来会后悔莫及,而继续坚持下去,却是毫不费力的事情。俗话说得好,一年之计在于春,一日之际在于晨。在绿荫遍地、空气清新的校园中,去跑跑步、跳跳高、打打球、活动活动筋骨,之后,再找一僻静处,伴着老教授打的二十四式太极拳,去高声朗读几段美文,此时此刻,你不仅仅学到了知识,更多的是是会感叹青春的美好和大学生活的美妙!

1. 首先要有规律的生活习惯 也许你已经习惯了在家两个月的"夜生活",但是一定要尽快从安逸中醒过来,因为有规律的生活能使大脑和神经系统的兴奋和抑制交替进行,天长日久,能在大脑皮层上形成动力定型,这对促进身心健康是非常有利的。

2. 学会合理地安排作息时间,形成良好的作息制度 大学新生应养成早睡早起的习惯,有的同学习惯在晚上卧谈,天马行空地一谈就是两三个小时,结果第二天上课的时候非常疲惫,根本无心听课。长期如此,不仅影响平时的课业学习,还容易引起失眠,甚至引发神经衰弱症。研究表明,大学生的睡眠时间一般每天不得少于 7 个小时。如果条件许可,午饭后可以小睡一会儿,但最好不要超过 40 分钟。良好的睡眠有增进记忆力的作用。同时要注意睡觉时不要蒙头,因为蒙头睡觉时,随着棉被内二氧化碳浓度的不断升高,氧气浓度不断下降,大脑供氧不足,长时间吸进污浊的空气,对大脑损伤极大。

3. 要进行适当的体育锻炼和文娱活动 "一张一弛,文武之道。"学习之余参加一些社团文体活动,不但可以缓解刻板紧张的生活,还可以放松心情、增加生活乐趣,反而有助于提高学习效率。听音乐、跑步、做广播体操、踢足球等等都有助于增强体质,提高对疾病的抵抗力,这是一种积极的休息。实践证明:7+1>8。在这里,7+1 表示 7 个小时的学习加上 1 个小时的体育文娱活动,8 表示 8 个小时的连续学习。也就是说,参加体育活动的 7 个小时学习比不参加体育活动的 8 个小时学习效果要好。所以建议同学们在条件允许的情况下,多参加一些社团,一方面可以锻炼自己的能力,另一方面还可以放松心情。

4. 要保证合理的营养供应,养成良好的饮食习惯 大学生"饮食不良"现象主要表现在两个方面:一是饮食不规律,很多人早晨起床较晚,来不及吃早饭便去上课,有的索性取消了早饭,有的则在课间饿的时候随便吃些零食。二是暴饮暴食。学生们主要在食堂就餐,但食堂的就餐时间比较固定,常有学生由于学习或其他原因错过了开饭时间,于是就吃点饼干、方便面来对付,等下一顿吃饭时再吃双份。

（1）吃好早餐:一直就有"早餐吃好、午餐吃饱、晚餐吃少"的说法,但由于早上时间最为紧张,有的孩子又赖床,就来不及吃早餐。这样,对大脑的损害非常大,因为不吃早餐造成人体血糖低下,对大脑的营养供应不足,而上午又是功课最多的时候,大脑需要的能量得不到供应,长期下去,会影响功课和大脑的发育。早餐中鲜牛奶最为适宜,它不仅含有优质的蛋白质,而且还含有大脑发育所必需的卵磷脂。

（2）饮水充足:水是人体的最主要的组成部分,研究发现,饮水不足是大脑衰老加快的一个重要原因。青少年每天至少要饮用8杯水,以保证身体的需要。参加体育锻炼。通过锻炼不仅可以使骨骼、肌肉强壮发达,依能促进大脑和各内脏器官的发育。

5. 避免吸烟、饮酒

（1）抽烟是指人体通过口腔将烟草燃烧时产生的气体吸入体内的行为,是一种不健康的生活习惯。在吸烟过程中产生的以烟焦油和尼古丁为代表的30余类致癌物质,可使吸烟者患唇、舌、口腔、喉、食道、膀胱等多部位癌症和慢性阻塞性肺病、冠心病等疾病的发病率增高。当吸烟危害吸烟者本身健康的同时,二手烟也影响非吸烟者。在许多吸烟的场所中,二手烟是最常接触到的污染物。抽烟时喷出的烟雾可散发超过四千种气体和粒子物质,大部分这些物质都是很强烈的刺激物,其中至少有四十种在人类或动物身上可引致癌病。在抽烟者停止吸烟后,这些粒子仍能停留在空气中数小时,可被其他非吸烟人士吸进体内,亦可能和氡气的衰变产物混合一起,对人体健康造成更大的伤害,除了刺激眼、鼻和咽喉外,它也会明显地增加非吸烟者患上肺癌和心脏疾病的机会。

（2）饮酒,在中国人的饮食文化中,酒扮演了非常重要的角色。在大学校园中发生的众多案例中,醉酒所引发的案例不在少数。大学生在日常生活学习、人际交往、恋爱中遭遇了挫折,往往会借酒消愁,反而更容易在醉酒后做出不理智的行为,悔恨终身。

第三节　安排好你的生活

大学是一个丰富多彩的舞台。初来大学,我们会对很多事情充满好奇与渴望:我们好奇着自己学科领域里那些奇奇怪怪的现象,我们向往加入各种各样的学生组织,我们憧憬清纯的校园爱情和美好的友情,我们渴望着网上冲浪给我们带来无限的信息和快感。对于一个懂得规划和安排自己的大学生活的人来说大学时光很美好,否则,大学四年转瞬即逝,雁过留声而已。在你对各种事物充满好奇与向往的同时,必须意识到一点:你仍然是一个学生,学习是你最重要的任务,但大学除了学习还有很多课余时间需要精心安排,大学是个小社会要学会建立良好的人际关系网络,我们还要成为网络的主人而不能被它左右。

一、认真完成大学课程,充分掌握自己的专业知识

大学不再像高中那样到处充满着紧张、竞争的气氛,学习也成了一件比较自由的事情,不再那么的枯燥乏味。你可以有无限的选择,各种各样的学科专业可能会让你不知所措。初进大学,当你认识新朋友的时候,问到或是听到的最多的问题就是"你是哪个专业的呀"或是"你是学什么的呢?"面对这样的问题你该怎样向你的新朋友介绍呢?所以第一步,你

要了解自己的专业。

(一) 充分了解自己的专业,让兴趣为你开启知识的大门

一直以来,学生选择专业主要依据两个方面的因素:一是自己的兴趣;二是就业市场信息的反馈。不管你是因为前者还是因为后者,当你踏入大学的校门以后,你就应该意识到以后你可能就靠你的专业生活了。所以在大学者四年的时光里你应该尽自己最大的努力将自己的专业知识学好。

什么是专业? 在《汉语词典》里它的定义是:高等学校的一个系里或中等专业学校里,根据科学分工或生产部门的分工把学业分成的门类。现在分开来说,专业指人类社会科学技术进步、生活生产实践中,用来描述职业生涯某一阶段、某一人群,用来谋生,长时期从事的具体业务作业规范。也指高等学校或中等专业学校根据社会专业分工的需要设立的学业类别。中国高等学校和中等专业学校,根据国家建设需要和学校性质设置各种专业。各专业都有独立的教学计划,以实现专业的培养目标和要求。

初进大学,你可以通过以下途径了解和认识自己的专业。第一,你可以问你的学长学姐,看看他们对本专业的认识,毕竟他们比较有经验。第二,你可以询问你的老师,问他们关于自己专业的东西。至于如何提高专业技能,就要好好学习本专业知识,大学期间,和老师交流也是很重要的。第三,你可以去人才市场或招聘会看看某些企业需要毕业生掌握哪些技能,有目地去学习,这样才能更有动力。第四,上网查询一些资料来了解自己专业,你可以浏览同专业其他高校就业动态,给自己提供更大的发展空间。

在学习上,最重要的就是兴趣。我国著名的教育家孔子说过:"知之者不如好知者,好知者不如乐知者。"美国著名心理学家布鲁纳也说:"学习的刺激力量乃是对所学教材的兴趣。"可见,兴趣是最好的老师,也是使学生能持之以恒地学习的催化剂,没有兴趣就没有求知欲。心理学上提到,所谓兴趣,是人们在认识过程中产生的具有倾向性的一种心理现象。兴趣的基础在于需要,对需要的满足就是成功,这种满足又会产生新的需要,即产生新的兴趣。对于学生来说,这种兴趣就是学习的积极性,学习的动力。有了这样的求知欲望,相信再难的专业都可以学得很好。

(二) 态度决定一切,专业不容忽略

新华都集团总裁兼 CEO 唐骏说:"学历不重要,就是一个证明,学问很重要,是一种沉淀,学习更重要,是一种态度!"

无论是在工作还是学习面前,态度决定一切。不同的态度,成就不同的人生,有什么样的态度就会产生什么样的行为,从而决定不同的结果。

有这样一个小故事:三个工人在砌一堵墙。有人过来问他们:"你们在干什么?"

第一个人抬头苦笑着说:"没看见吗? 砌墙! 我正在搬运着那些重得要命的石块呢。这可真是累人啊……"

第二个人抬头苦笑着说:"我们在盖一栋高楼。不过这份工作可真是不轻松啊……"

第三个人满面笑容开心地说:"我们正在建设一座新城市。我们现在所盖的这幢大楼未来将成为城市的标致性建筑之一啊! 想想能够参与这样一个工程,真是令人兴奋。"

十年后,第一个人依然在砌墙;第二个人坐在办公室里画图纸——他成了工程师;第三个人,是前两个人的老板。可见,一个人的工作态度折射着人生态度,而人生态度决定一个

人一生的成就。

虽然成功是由多种因素制约的,但态度是首要解决的问题。所以,作为大学生的我们做任何事情都应该有一个很好的态度,能够直面困难、解决困难,学习上同样是如此。

(三)充分掌握专业知识,未来方可安身立命

如果一个医生有很高的医德,可以看病不要钱,但是他的医术却不怎么高明,你会去他那里看病吗?

知识就是力量,知识经济时代,科学技术是第一生产力。在当今这个社会,应试教育处于顶峰的社会,更加需要的是有广博知识的人,所以从专业知识扎实的学生总是能够更容易找到更好的工作。同样,应聘的时候绝大多数老总招人第一道门槛就是你的专业知识水平。

专业知识不仅能使我们学到更多的东西,更加重要的是它能增加我们未来知识的认识与吸收,大学期间专业知识学习成绩能够从某种程度上说明我们的学习能力-也就是从学会到会学。一个人如果没有专业知识作为基础,那么他即使拥有再好的人际关系,也很难在这个社会上站稳脚跟,更何况是追求更高水平的物质精神生活呢?这就好比在大学生生活里,如果你过多的参与课外活动,搞好了你的人际关系,的确忽略了你的学习,那么即使你的人际关系再好,但总有一天会被大家所嫌弃,这和你当初上大学学更多知识的初衷产生了矛盾,不是吗?比尔盖茨也不是靠什么人际关系而成为世界首富的,他靠的是他对计算机这行专业知识的充分掌握并且学以致用,才成为微软公司的总裁。乔布斯的成功也是基于对电脑知识的精通和对未来市场的敏锐嗅觉,才建立了苹果公司。

二、科学安排课余生活,让自己全面进步

大学是人生最美好的阶段,是过渡到成人的关键时刻,也是实现自我价值的理想场所。进入象牙塔的我们有着充足的课余时间。据有关部门统计:除去每天 8 小时的睡眠时间,以每周 40 节课每节 40 分钟计算,每周上课时间为 1600 分钟,而课余时间为 5120 分钟,是上课时间的 3 倍,那么大学生应该如何安排这每周 5120 分钟的课余时间呢?绝大多数大学生课余生活用在上网、运动、阅读、看电影电视、外出逛街等;部分大学生开始谈恋爱以满足感情生活的需要,来充实自己的课余生活;也有一部分选择在学习的同时做些兼职工作,增长阅历,丰富知识,锻炼自己。作为成人的我们,应该学会合理的安排课余时间,让自己得到更大的提升。

首先,你要先保证自己的学习。然后,大学有丰富多彩的学生组织,学生会、团委、社团、班委等都为大家的综合素质的提升,广泛结交朋友提供了平台。其次,是参加各种学术科研、社会实践、校园文化等活动,赚取学分的同时,也充实了大家的大学生活。再次,身体是一切的本钱,体育锻炼是必不可少的,最好能根据自己的身体状况和客观条件制订出一个体育锻炼计划。其次,为自己专门制订一份休闲计划,针对一些节假日和休闲项目做出妥当的安排,这样能使你的休闲和学习有条不紊地交叉进行,使身心得到有效地放松和调适,还能够体现生活,增长见识。此外,还要善于利用课余时间,开展一些有益的文娱活动,如唱歌、跳舞、下棋等等;尽量培养自己有多种兴趣爱好,这样可以增添你的情趣,使你的生活充实丰富。若能够拥有一项或多项自己有兴趣而又擅长的爱好,那是再好不过的了,这

样会给自己的人生增添无穷的乐趣,也有利于建立自信心,增强社会适应能力。还可以利用课余时间阅读一些自己喜欢的书籍报刊。以读书为乐事,既可以排遣烦忧,愉悦性情,又可以获取知识,增长智慧,对大学生身心的健康发展非常有利。

三、树立正确的交际理念,构建良好的人际关系网络

在大学的校园里,我们会接触到来自五湖四海的人,对于刚离开父母家乡的大学新生们来说,许多人在人际交往方面处于迷茫的状态:他们不知道如何让自己变得很有人缘,如何才能交到更多的好朋友,还有一些人认为自己属于性格很内向的人,不像别人那么活泼,那么善于交际,更不懂得如何敞开心扉让自己,也让他人接受自己。可想而知,那些平常善于与别人打交道的人让人觉得很有魅力,而那些不善于交际的人则拥有很小的人际圈,不能和更多的人结交成为朋友。

牢固树立以下9种交际理念:①假定人都是善良的,真心对待每个人。②挖掘每个人的优点,真诚赞美别人。③朋友要全面撒网,重点培养。④知己可遇不可求。⑤真诚助人,不求回报。⑥学会说不,别让友情成为负担。⑦尝试让别人去读懂你,好过挖空心思去读懂别人。⑧保持独立性,不要丧失自我。⑨志同道合的人成为至交,其他同学成为亲密的同学,道不同的同学求同存异。⑩多一些包容,就像别人包容你一样。

对于大学生来说,怎样才能处理好人际关系呢?

首先,塑造自己良好的公众形象。大学是一个小型社会,作为一个有素养的大学生,要时刻注意自己的一言一行。比如,有的人会在公共场合大吵大闹、喝酒抽烟,一副吊儿郎当的样子,这样给人的印象就不好,就会产生远离你的想法。

其次,保持热情。人与人之间的交往应该是互动的,不要总是等待别人来主动与自己交流,而要主动地与周围的同学进行交往沟通。如果你是一个内向的人,你也要尝试着开朗点,多主动的和别人交流,锻炼自己。因为只有通过交流,人们才能知道你的想法,这不管是在学习上、生活中、工作中都显得很重要。

再者,交往时要学会理解尊重。每个人都有自己的气质和特点,他们来自不同的地方,有着不同的成长背景和生活习惯,所以在与同学交往的过程中,要互相理解尊重,这样大家的关系就会很容易变得融洽。

还要,以诚相待。人与人的交往,最重要的就是真心诚意,这也是做人的基本原则。经常口是心非,虚假傲慢的人是很难有朋友的。

学会宽容谅解。俗话说:"人无完人,金无足赤。"我们周围的同学都还处于成长的阶段,遇到问题时,可能处理问题会有一些不妥之处或是与他们有不同见解,这就要求我们能够从对方的角度考虑问题,相互谅解,就不会产生敌意了。

大学里,良好的人际关系至关重要,只要你树立正确的交际理念,交往的过程中以心交心,就能让你的人际关系变得很好。

四、合理利用网络

在21世纪,随着计算机科技和互联网飞速发展,网络成为了席卷全球的风暴,人类已经步入了一个崭新的网络时代。网络也已经渗入到人类生活的各个层次和角落,影响并且改

变着人类生活的内容与方式。国际互联网协会主席兼首席执行官 Donald. M. Health 曾经说过:"我认为互联网是人类有史以来最伟大的创举。互联网在近几年中爆炸性的发展对我们的生活的方方面面产生巨大的影响。"这足以说明了互联网的发展之快及对人类的影响之大。

对于我们当代的大学生来说,网络已不再陌生。但是,我们该以怎样的态度去对待互联网呢? 又该如何合理利用网络来促进我们的个人发展呢? 消除网络的不利因素,我们又该如何做一个讲究道德、懂得礼仪和文明的好"网民"?

(一) 认清网络的虚拟与真实

网络似乎成为了万能的平台。在互联网上,你可以做到从前可以做到的一切事情,也可以做到从前并不可能会做到的事情。譬如说,你可以向远方的,身在异国他乡的亲朋好友发送电子邮件;你可以与全世界各地的朋友或者素未谋面的陌生人聊天、玩游戏;你可以收集到全世界关于"中国梦"的报道和各种评论;你可以进入任何一个高校的图书馆或是国家图书馆查阅你想要的参考资料;你可以了解任何一个国家在奥运会中拿到的金牌数量或是金牌得主;你可以在网上订购你所需要的任何物品,国外代购同样也是流行的;你可以在互联网上向全世界推销你的"老坛酸菜";你也可以在互联网上关注股市动态,一夜暴富;你也可以在互联网上展示某些视频或是图片,让自己一夜成名……

网络对人们的吸引力自然是毋庸置疑的。它向人们提供了意想不到的平台,集中了通讯、计算机、数据库及电子信息交换等系统,也曾被人们称作是在报纸、广播和电视之后的第四大媒体。其本身所具有的特点也是其他所无法比拟的。

1. 信息容量大 随着信息技术的发展,网络用户的数量在不断增加,同时网上信息也随着信息源的增加涌涌而至。据调查显示,1983 年以前全球的数据库总容量为 3.1 亿条,1984 年达到了 10 亿条,1995 年达到了 81.6 亿条,到 2000 年已经超过了 100 亿条以上。当然,截止到目前,全球信息总容量数字会更加的庞大。海量的网络信息使人们开阔了眼界,为人们的学习、研究和文化交流等方面提供了丰富的资料,让人们的生活也变得更加丰富多彩。

2. 即时又高效 网络信息的传播是以电磁波作为载体传递的,网络传输可以每秒 30 万千米的速度送达世界各地,传输速度的极快使信息呈现即时性。当然,这也是其他的传播媒体无法比拟的。

互联网集结了世界上最多、最高等的信息,让世界的信息在每个人之间传递着,方便快捷,成为获取信息的不二之选。总而言之,网络上海量的信息,高速的传播速度使网络展现信息的"高速公路"的本质。如今在人们的思想深处,网络已经与传统的媒体有了天壤之别。

3. 开放性 "网络传播无国界",网络传播空间理论上没有国家和地区的限制。任何一个国家或地区,如果不是采取特别的技术措施对境内外个别有害网站实施封锁,世界上任何一个网站登载的内容,都有可能供全球网民访问、浏览和下载。当然,世界上任何一个具备上网条件的地方,均可轻松浏览全球网站。人们可以在网络上交流的内容可以是政治、经济、文化、科技、体育、音乐、影视以及娱乐。同时,不同种族、不同宗教信仰、不同社会地位以及不同文化背景的人都在这里享受到了自由平等的交流。网络的开放性为思想文化交流、碰撞提供了一个广阔的舞台。网络技术在真正意义上实现了"地球村"。

4. 虚拟性 网络是一个虚拟化的数字空间,是人们生存和发展的另一个世界。网络信息技术也把真实世界与虚拟世界变得界限模糊了,网络信息都是以数字符号的形式传播的,甚至连人类自己在网络上也是以数字的形式出现的,这样一来,本来生活在现实中的人类就变成了一系列的符号集合。在现实交往中所存在一些个人的性别、年龄、身份、外貌、职业等等信息,在网络上就很可能被掩盖了,显示的只是符号而已。网络的虚拟性也正是吸引更多网痴沉醉其中的重要原因。

在网络上,人们可以摆脱真实环境中的各种束缚,按照自己的意志去做自己想做的事情。比如,你可以参与虚拟社团的活动、参与虚拟课堂的学习与讨论等等。甚至你也可以在网上策划开展一些虚拟的活动或是社团。总之,网络可以让人们舒适地生活在一个看得见只是无法触摸的"虚拟世界"。

(二) 深刻了解网络对大学生的影响

在众多的网民群体中,大学生也属于最活跃的一个群体了。新一代的大学生能够很快地接受新鲜的事物。网络环境下出现的一些新的生存方式和生活方式,正慢慢地影响着大学生们的认知、情感、思想、心理。

1. 网络对大学生的积极影响　现在在高校中,网络建设已经非常发达了,而且在大学生中电脑已经变得非常普及了。优越的网络条件为大学生的学习、生活提供了很大的方便。

(1) 快捷的咨询服务:大学生可以在最短的时间内查到自己想要的大量的参考资料,方便快捷。大学生也可以在网上认识世界,了解世界最新的政治、经济动态。大学生也可以拥有更宽广的交往领域,极大程度地开阔视野,给大学生活带来了巨大的乐趣。

(2) 提供了展现自我的舞台:通过网络可以促进大学生的个性发展。网络是一个提供无限发展机会的环境。青少年可以在网络上寻找到自己的发展方向,利用网络进行学习、研究,发掘出自己更多的优点,从而实现自己的人生价值。

(3) 促进学业的发展:大学生可以在网络上选择自己喜爱的学习资料,也可以找到对自己帮助的课程或者是老师。很值得一提的是,很多大学生对于现实中课堂上的学习很反感,相反,他们更喜欢网络上自由的学习方式,网络为他们提供了更好的学习天地。

(4) 提供创新创业的机会:很多的大学生并不仅仅满足在学校学到的理论知识,他们也渴望着通过自己的智慧创造出一些财富。很多人选择在课余时间在网络上做兼职或者是创业,尽管很艰难,但很多人渴望去尝试,为自己挣得人生的一桶金。

总之,上网已经成为大学生生活中不可缺少的组成部分。网络正更深层度的渗透到大学生活中的方方面面,以它自己独特的魅力改变大学会的学习方式、思想方式、人际交往方式,影响着大学生的行为方式、心理发展和道得观念。当代的大学生拥有良好的网络素养才能为国家未来在网络世界占有一席之地做出贡献。

2. 网络对大学生的负面影响　凡事都有两面性,网络也不例外。网络对于青少年来说也是一把"双刃剑",同样也有对人们不利的一面。

现在,有个新的问题就是网络人。网络人就是那些迷恋上网的人、离了网络便生活不了的人,也指网络影响下的一般公众以及将来与网络融为一体的电子虚拟人。想想就是一件可怕的事情,人都生活在虚拟的世界中,那我们真实的世界存在又有什么意义呢?网络人的存在可能给世界带来前所未有的动荡,甚至引发政治、经济、社会、伦理等的不安与混乱。而现在,网络人已经在大量产生了。

很多的大学生会沉溺于网络中无法自拔。他们有的沉溺于网络游戏,有的痴迷于网络虚拟人物故事,长此以往的结果就是荒废了自己的学业,耽误了自己的人生,脱离了真实的社会交际,当醒悟的时候已经来不及了。

认清网络的虚拟与现实,更好地使用网络,让自己得到更大的发展才是当代大学生正确的做法。

(三) 让道德的阳光洒满网络

网络作为传播工具,并不单纯局限于"工具",它还是人与人之间交往的手段与媒介,人们可以利用网络建立与现实完全不同的人际关系。虽然网络是一个虚拟存在的世界,但是它又没有完全地脱离现实,无论如何的虚拟,其实质仍然是人与人间的交往,人与人的行为的互动。然而,要维持这种互动,就要保障网络的有序性。除了法律法规的强制性以外,还需要每一位网民道德的维持。网络道德也是维持网络自身发展的内在需求。

道德什么? 道德是一种调节人与人之间,人与社会之间的一种规范。社会的道德需要大家的共同努力。什么是网络道德呢?

(1) 从道德的本质和基本含义来看,马克思主义伦理学认为:道德是一种社会意识,是用来调节人与人之间,人与社会之间的一种规范,它反映了一个社会或阶级的行为规范和要求。而网络道德就是在网络的背景下用来调整人行为的一种规范。通过网络道德引导和约束网上人与人之间的行为,从而达到保障网络有序的运行的目的。

(2) 从网络本身来看,网络具有虚拟性、开放性、自由性等等的鲜明特征,这些特征使得人们在网络上可以自由发挥自己的看法、观点,实现匿名与他人交流等等,这些虚拟化的形式容易让人们做出一些与现实完全不同的事情来。网络道德则是为了适应网络社会的发展而提出的一种自身的要求。

(3) 从道德的形成来看,道德虽然是根据社会的发展而形成的一种意识,但其发展却具有独立性。我们的世界是一个高度自由、开放的世界,因此也使得人们在网上渴望与他人进行更宽容、更文明、更平等、更友善的交往。这也是人类道德文明的发展趋势。另一方面,也是因为网络的高度自由和开放性,社会对于网络道德的要求更加的苛刻和严格。

总结以上,我们可以得到的结论是:网络道德就是指以善恶为标准,通过社会舆论、内心信念和传统习惯来评价人们的上网行为,调节网络中人与人之间以及个人与社会之间关系的行为规范。

那么,网络道德具体包括哪些内容呢? 不同的学者或是组织对此有不同的意见或是规范要求。但是以下具有比较好的借鉴意义。

美国计算机伦理协会为计算机伦理学所制定的十条戒律:

不应该用计算机去伤害他人;不应干扰别人的计算机工作;不应窥探别人的文件;不应用计算机进行偷窃;不应用计算机作伪证;不应使用或拷贝没有付钱的软件;不应未经许可而使用别人的计算机资源;不应盗用别人的智力成果;应该考虑你所编的程序的社会后果;应该以深思熟虑和慎重的方式来使用计算机。

我们作为当代青年,上网时我们应该遵守哪些网络道德标准呢?

1) 要加强思想道德修养,自觉按照社会主义道德的原则和要求规范自己的行为。

2) 要依法律己,遵守"网络文明公约",法律禁止的事坚决不做,法律提倡的积极去做。

3) 要净化网络语言,坚决抵制网络有害信息和低俗之风,健康合理科学上网。

4）要了解网络安全,学会自我保护,当心网络诈骗。

网络跟我们的生活密切相关,随着网络的普及,各种安全问题日益突出。例如:大一某同学在暑假前上去哪儿网购买了一张返乡的机票,回家前一天,收到一条短信:尊敬的某某某,很抱歉地通知您,您乘坐的＊＊航班由于航空管制取消航班,退票请拨打电话＊＊＊,退票有 200 元赔偿。【＊＊航空】该生由于没有经验,也没有想太多就打短信中告知的电话进行退款,打算重新买票,结果在操作中不知不觉银行卡被转走 2000 元。

思 考 题

1. 请列举出几项目前还不能适应的大学新生活,并分析原因。
2. 请列举出你不好的生活习惯,并提出改进措施。
3. 请做一份课外生活安排表,同学间展开讨论。
4. 请思考你每天用于网络上的时间花费,收获如何?

第十章 心理健康

本章导读 希望通过本章节的学习,同学们能了解到大学生心理健康的标准是什么,了解自我、接纳自我,并掌握在校期间常见各种心理问题的原因、表现,出现心理问题或疾病时如何寻求帮助和如何进行自我调适。

案例 10-1

小明,男,18 岁,某大学一年级学生,身高 1.70 米,体态正常,家住农村,父母均为农民,家庭经济条件一般。小明在上大学之前没有集体生活的经验,在家时,除了学习,其他事情不用自己操心,全权由家人代劳,他不懂得料理自己的生活,也不喜与人沟通。可上大学后这些优势都不复存在,在学习和生活的压力之下,小明感到自己处处不如人,很痛苦、很自卑。他觉得其他同学懂很多东西,会玩、会学、会生活,而自己则像一个孩子似的无知。他的舍友是 3 个当地生源的同学,他不会说当地方言,也听不懂他们说话的内容,不能与他们交流,他感到很孤独,很寂寞,觉得自己万分的痛苦,快要发疯了。小明说,"最近我感到非常痛苦,看不下书去,听不进老师讲课的内容,担心坚持不下去了";"只有我一个人,孤零零的,似乎被整个世界遗忘了。我害怕,我害怕自己要疯掉了";"已经一个多月了。您快帮帮我吧"。

小吴,男,某重点大学二年级学生。自进入大学后,一直很自卑,父母都是农民,家境贫寒。以前因为在中学时成绩拔尖,深受老师和同学的器重,自己也因此似乎忽视了家庭的贫困和普通。为了他上大学,家里负债累累。进了大学后,自己又借了不少钱以掩饰自己的贫困和普通。原以为到了大城市,会有很多机会,可以通过打工来补贴自己,但实际上很难。自觉得与城市的同学相比,自己有很多东西不懂,不懂如何与别人打交道,不懂如何说话,自己身上有种种的不足,为了缩小差距,曾想了许多办法来提升自己的素质(比如参加社团、人际关系课程、看书、考证书等),但实施之后,往往都是半途而废,从而感到自己没有能力,脱离不了贫穷,走不出社会底层的地位,自己不会有好的前途,甚至找女朋友都很困难。

第一节 大学新生的心理适应

一、环境的适应

大学新生进入大学校园后所要面对的首先是环境的适应,如生活环境、生活范围、生活方式、生活条件等,特别是异地求学的大学新生,所有的环境都是新的,需要快速地去适应这种改变,否则容易出现环境适应不良等问题。

（一）大学新生常见的环境适应问题

1. 生活环境的变化　大学新生面临的第一个不适应是对环境的适应。很多新生是从不同的省市、不同城市、不同的乡镇农村来到我校读书的。他们需要快速适应以下的变化：

（1）城市环境：每个城市都有她特有的风土人情与文化背景。对于一个离开家乡到陌生的城市求学的新生来说，怎样才能让自己迅速地融入其中，更好地适应校园内外的城市环境呢。

首先，了解城市的历史，提高人文素养。多方面的了解这个城市历史文化，有利于我们了解这个城市的风土人情。比如当地人讨厌是什么、喜欢什么等此类的问题，只有知道了这些与当地人进行沟通的时候才知道该如何找到话题，同时言语中要流露出对当地的文化观念认可。这样当地人就很愿意接受你，你也会顺利的融入这个城市。

其次，了解城市的概况。主要指城市的地理概况、交通情况和经济水平。只有这样，我们出门的时才不会成为一个迷途的小孩"或者是被"欺生"。我们也该知道怎样搭乘公共汽车，知道如何与小商贩问价还价、知道哪里和怎样能买到价有所值的商品，这些具体的的生活经验需要我们积极主动地获取，有利于减少因新环境的变化而导致生活的种种不适而带来的烦恼和不适应。

（2）校园环境：入校后能否迅速地了解熟悉校园环境，将影响大学新生能否快速地在大学环境中自如的生活和学习。

首先，要尽快熟悉校园内部环境，了解日常学习和生活的各种相关情况。例如：教学楼、实验楼、图书馆、体育馆、食堂、商店、银行等各种活动场所的地理位置；食堂开饭的时间、饭卡存钱的时间、图书馆开放的时间、宿舍开门与关门时间等种种的细节问题。还有如何在寝室里安全地保管自己的物品；校园证件（如一卡通、学生证等）丢失后挂失办理和补办程序等各种问题的预防和解决方法。这样才能比别人更快、更好、更有效地解决各种问题。遇到小问题时也别惊慌失措、束手无策。也可以向高年级的同学或是老乡请教，这是熟悉校园环境的一个最快的方法。

其次，尽快熟悉校园附近的地形，大学的管理模式多是开放性的，校园附近往往是一派繁荣景象。了解这块"地形"，对今后的生活也是很有益处的。因为校园附近的一些商品，比较符合学生的特点和经济状况，可以减少购物的麻烦和时间，最主要的是价格上会便宜很多，有利于提高我们的理财能力。

（3）语音环境：在大学新生的群体中，很多学生来自不同的省份，说着不同的方言，普通话是同学们日常交流的主要语言。要想适应语言环境、克服语言障碍，首先要学习普通话。新生在平常的生活和学习下中要尽量用普通话进行交流，同时也要克服心理障碍，不怕别人笑话，敢于开口说话，发现错误及时纠正，积极地向周围的同学请教。其次，掌握一些必要的方言也有助于适应话音环境。因为走出校园的时候很可能与讲方言的当地人打交道，特别是海南方言，只要会说当地的方言，交流起来就会很方便。也能避免可能发生的"欺生"现象。

二、学习和生活方式的适应

大学的教育与中学教育不同，大学的教育以知识的传授为主，学习的方式也不一样，以学生为中心,强调自主学习。生活上,相对宽松的管理,更多需要学生们独立管理好自己的日常生活和财务。

1. 学习任务　中学阶段是基础教育阶段,学习各种科学文化基础知识,主要任务是为高一级的各类学校输送合格新生。大学的学习虽然也学习一些基础知识,但更重要的是学习更深的专业知识,掌握专门的专业技能,为我们将来走向社会做好准备,为将来从事某项专业工作打好基础。故要认真学好知识和技能,这是应聘工作和胜任工作所必备的条件。

2. 学习内容　中学阶段所开设的课程内容,基本上是数年一贯制,变化很少,知识面也较窄,基本上没有选修课。而大学的学习具有专业性、探索性的特点,几年里要学三十多门课程。除公共课、基础课、专业课外,还有选修课。除了学习新开设的课程外,还要翻阅大量的参考书,查找大量的文献资料。学习内容比中学阶段要多得多,知识面也要宽得多。这是提升自身素质最好的时段,也是知识积累最多的时间。

3. 学习方式、方法　无论是教学方法还是学习方法,大学与中学都有很大的区别。中学的学习方式是以教师为主导、以课堂教学为中心。学习的每个环节都在教师安排、指导、监督下进行,学生的学习大多处于被动状态,对教师的依赖性很大,探索性和自主性不强。而大学的学习方式则是以学生为主导、以自学为中心。这就要求学生做到独立思考,融会贯通,举一反三。一些新生不善于自学,不会安排学习时间,思想上感到有压力。

4. 生活方式　步入大学,过上了集体生活,开始独立生活。每个同学的日常生活需要自己照顾,例如:整理房间、床铺、洗衣物、计划自己的花销,要学会精打细算等。

三、人际交往的适应

大学新生进入大学后将面临着完全陌生人际关系,比起中学时的人际关系要复杂得多,大学校园就是一个小社会,大学新生们将要处理各种不同的人际关系。常见的人际关系有师生关系、同学关系、老乡关系等。

(1)师生关系。大学教师除教学之外,还要承担着科研任务,有的老师还肩负着管理工作、社会工作的重任,时间紧。故大学教师不能像中学老师那样"保姆式"地长期守护在学生身边。这种突然的、宽松的空间距离对于一直被父母和老师严格看管的新生来说很不适应,因此有些学生不敢跟老师打招呼,有问题也不敢问老师,也不知如何与老师交流。为了更好地适应这种师生关系,我们要主动找老师征询意见,请老师帮助解决困难,定期向老师汇报学习状况,也可以把自己的各种困惑提出来与老师共同探讨。

(2)同学关系。大学的人际并不像中学里的人际关系那么的单纯,大学的人际关系要复杂得多并带有一定的功利性。当面对着并不单纯的同学关系时,有些同学可能不知如何应对了,也有些同学可能会失去信心而导致心情郁闷和不快乐。大学新生们要处理好大学的人际关系就要做到心胸宽广,不要自私自利,不要自我中心。在平时生活中要主动与同学们打招呼,笑脸相迎并乐于助人,这样才能交更多的好朋友。在班里要有主人翁精神,主动为班级和同学们做事情,以获同学们的好感,这样的同学关系才会融洽。

(3)老乡关系。老乡来自相同的地域,互相之间有相同的语言、相同的习惯、熟悉的话题,心理距离较小,相互交往可以寻找感情上的慰藉和生活上的帮助。老乡之间彼此较为信任,高年级老乡乐于帮助低年级老乡,有助于大学生新生更快地认同新的环境、融入新的环境。但老乡会容易形成拉帮结派的小集团,危害和谐校园的构建,也不利于新生们与其他同学的关系维护,故新生们不应在老乡会上投入过多的时间和精力。

(4)恋爱关系,生理上的成熟和性心理的发展,青年大学生们很容易被异性的神秘感所吸引,因交往而产生好感就会自然而然走到一起并谈起的恋爱。青年大学生考虑爱情问题无须指责,但一定要正确认识爱情,树立正确的恋爱观。大学生的任务还是读书,不能因为谈恋爱浪费了大量的时间而影响到学业成绩,最终影响到毕业,就违背了读大学的初衷。如何做到谈恋爱与学习两不误是值得大学生探讨的问题,也不乏学习助长型的恋爱关系,不但没有因为谈恋爱而影响到学业成绩,反而因为二人的共同努力,学业取得了更好的成绩,这种恋爱关系是我们所希望的。

第二节 大学生自我意识的发展

一、认 识 自 我

从我们诞生那一刻起,我们就在不断地探索自我。但我是个什么样的人？我有哪些优点,哪些缺点？

(一) 了解自我

首先,在下面的写出 20 句"我是怎样的人"。请尽量选择一些能反映出你的个人风格的语句,如:我是个开朗/忧郁…的人,避免籍贯、性别等描述。这可能要花些时间和精力,但是认真填写之后,你会有更多的收获。

1. 我是一个_____的人。
2. 我是一个_____的人。
3. 我是一个_____的人。
4. 我是一个_____的人。
5. 我是一个_____的人。
6. 我是一个_____的人。
7. 我是一个_____的人。
8. 我是一个_____的人。
9. 我是一个_____的人。
10. 我是一个_____的人。
11. 我是一个_____的人。
12. 我是一个_____的人。
13. 我是一个_____的人。
14. 我是一个_____的人。
15. 我是一个_____的人。
16. 我是一个_____的人。
17. 我是一个_____的人。
18. 我是一个_____的人。
19. 我是一个_____的人。

20. 我是一个 _____ 的人。

然后将你填写的20项作下列归类：

a. 身体状况(即体貌特征,如年龄、身高、体形、长相等)

编号: _____

b. 性格(如:乐观、主动、随和等)

编号: _____

c. 能力(如:口才、文采、记忆等)

编号: _____

d. 情绪状态(如:痛苦、开心)

编号: _____

e. 人际关系(如:受欢迎的、乐于助人的、害羞的等)

编号: _____

最后,评估一下自己的描述是肯定,还是否定的。如:"我是一个悲观的人"就表示否定,相反,"我是一个聪明的人",则表示肯定。肯定的描述记+1分,否定的描述记-1分,将所有的项目得分加起来,得到一个总分。如果总分大于零,则表示,你对目前的自己还比较满意;如果,总分小于零,则表示,你对目前的自己还不满意。

(二)"我"的构成

我到底是什么样的人呢？我们就来进一步了解自己吧。

(1)生理的我:生理的我包括:我的长相、身材等。

(2)心理的我:心理的我包括:性格、能力、情绪状态等。

(3)社会的我:我们生活在特定的社会环境中(如家庭、学校、社区等);与他人交往的过程中,我们会形成一部分的自我,这就是"社会的我",主要指我们的道德品质、人际交往能力等。

大家可以把20个"我"分别按生理、心理、社会的我进行归纳,看看你最关注的到底个那个自我,有利于大家更加地了解你自己。

二、悦 纳 自 我

做了上面的测试之后,是否对自己有了更清晰的认识呢？那么,有哪些是你喜欢的,哪些是你不喜欢的？哪些是你接纳的,哪些是你不接纳的呢？

你能接纳自己的体貌吗？如自己的相貌、身高、体重等？

你能接纳自己的现状吗？如自己的家庭、自己的学习成绩等？

你能接纳自己的优点和缺点吗？如开朗、乐观或内向、孤傲等性格？

你能接纳自己的情绪体验吗？包括正性情绪(开心、惊喜等)和负性情绪(焦虑、悲伤等)？

我想大家可能对自身的积极方面,如高挑的身材、优异的学习成绩、开朗的性格、愉快的心情,都是乐于接受的;而对于自身的消极方面,如平凡的相貌、贫穷的家庭、害羞的性格、抑郁的情绪,则几乎没有人愿意接受。

不接纳自己的人常常会有某种程度的自我否认和自我排斥。例如,一个大学生是这样描述自己的:因为我没有考上理想的大学,所以刚入学时,我内心充满了矛盾与痛楚,我责怪自己,为什么平时没有多努力一些,考场上没有发挥得更好一点。我甚至觉得在这个学校里一点前途都没有了。这种矛盾与痛楚折磨了我很久。但是,这个大学生后来认识到了只有接纳自己才能有自信,带着那么多对自己的不满和拒绝,是不能成长的。所以,她后来谈到:我当时想,无论怎样,我都不要再苛求自己,要学会包容,学会从跌倒的地方爬起来。现在我已经停止了否认和逃避自己的负性情绪,变得自尊和自爱。同时也更加自信了,我又找到了真实的自己。

的确,自我接纳是一个人健康成长的前提。一个人如果连自己的问题都不敢正视,对自己有那么多的不满与失望,甚至是否定和拒绝,那他怎么能引导自己成长?所以,我们应该坦然面对自己的人生,停止苛刻的要求自己,不去无端忧虑和自责,做到自我接纳,接纳全部的自己。

(一) 自我接纳的概念及意义

什么是自我接纳呢?自我接纳是指个体对自身以及自身所具特征所持的一种积极的态度,不因自身优点而骄傲,也不因自己的缺点而自卑,即能够坦然接受现实中的自己。

一个人,如果能够清楚地认知自己、准确地评价自己,就能够制定现实可行的目标,进而采取有效的行动,充分发挥自己的长处,最终取得成功;相反,如果不能清楚地认识和评价自己,对自身的评价并不稳定,时而自卑,时而自负,就会影响自身的发展。

(二) 如何做到自我接纳

如何才能做到自我接纳,主要有以下几种方法:

1. 正视自己的缺点 不论自己有多少缺点和不足,做了多少傻事、蠢事,从现在起,都停止对自己的挑剔和责备,要学习为自己辩护。如果一个人能够正视并且接纳自己的弱点,那就意味着他不但正确地认识到了自身的局限性,同时也停止对自己的不满和批判。这可以使我们不把时间浪费在自责和沮丧上,而是集中精力去发掘自己的优势,或者增强自身的能力,这样就可以少走弯路。

2. 正视自己的负性情绪 我们每个人或多或少一定的负性情绪,如:紧张、生气、嫉妒、恐惧、愤怒。如果我们产生了负性情绪,不要去压抑、否认、掩饰它,更不要责备自己,苛求自己。而要坦然地承认并且接纳自己的负性情绪,不论它是沮丧、愤怒、焦虑还是敌意。

因为负性情绪是生命中不可避免的一部分,例如,不小心扭伤了手脚,我们会感到疼痛;家人生病,我们会感到痛苦;当受到威胁时,我们会感觉恐惧;有人离开时,我们会感觉悲伤,这就是生活,是合情合理的痛苦。人类基本的情绪,如恐惧、愤怒、悲痛等,它有保护作用,提醒我们对现状要有所警觉,恐惧驱使我们对潜在的危险格外小心谨慎,愤怒激起我们的勇气,悲痛促使我们反思生命的意义,它是促使我们改变现状的先决条件。如果一个人不为自己的成绩差而沮丧,他就不会想努力学习;如果一个人不为和别人的矛盾而苦恼,他就不知道自己的人际交往方式需要调节。所以,不要怕产生负性情绪,也不要否认或逃避,要首先接纳它,然后再想办法解决引起负性情绪的问题。

3. 无条件地接纳自己 日常生活中,我们每个人也应该无条件地积极接纳自己。绝大多数人从小就受到种种条件的限制,或者父母、学校严格的管束,致使很多人以为只有具备某种条件,如漂亮的外表、优秀的学习成绩、过人的专长、出色的业绩等等,才能获得被自己和他人接纳的资格,于是,很多人背上了自卑的包袱。由于曾经被他人挑剔,也就逐渐习惯于用挑剔的目光看待自己,无法接纳自己。在这里,我们提倡的无条件地接纳自己就是,不管我们外表如何—美丽或平凡,甚至是丑陋,不管我们能力如何—过人或平庸,还是低人一等,不管我们性格如何—被人喜欢的或不被人喜欢的,等等,这些都是我们的一部分,所有这些构成了这样一个独特的我。我就是这样的一个人,我接受这样的自己,不带批判,没有是非对错。

第三节　宝贵的心理品质

一、树立健全的独立人格

培养自主意识,实行自我管理,最根本的是塑造独立的人格。只有拥有独立的人格,才能做到自主独立、自我管理。

(一) 独立人格

个体独立的过程是在摆脱依赖的过程中,形成了内在的自我力量,能够自我做主,并与周围环境的协调平衡。大学生独立人格可分为:

心理独立:摆脱对父母老师的依赖,按自己的意见、观点判断和分析问题。对于学生而言,要自我控制,自觉抵制不良习惯、不良风气的诱惑,在学习上具有坚持性。

经济独立:在经济上摆脱对父母的依赖,具有自我谋生的能力。尤其对于大学生来讲,勤工助学是维持现实生活,而就业准备则是为未来生活作打算。

社会独立:指成为独立的社会成员,具有独立承担一定的社会义务和社会责任的能力。

(二) 如何塑造独立人格

人格品质不是天生就有的,而是通过后天环境影响和教育熏陶逐渐形成的。如何培养独立的人格特质呢?

当代大学生应学会说三句话:"我能行!""太好了!""需要我的帮助吗?"这三句看似平常的话,反映了独立自主、自信自强、关爱仁义等重要而优秀的人格特质。

1. 学说"我能行!"　敢于说"我能行",首先要具备良好的思维品质,具有独立分析问题和解决问题的能力;其次要自觉主动地控制自己的行为,具有经受挫折的耐受力。"我能行"这种观念的内化,有助于帮助青年学生树立独立自主的意识,最大限度地发挥潜力,自信、自强,从而更好地创造开拓。如果现在小事都不能行,怎能指望他们将来成就大事?

2. 学说"好极了"　遇到问题时,不是只是抱怨"烦死了""郁闷",或者去寻求他人的帮助,而是从积极的角度去思考,保持开朗的心境,学会控制和调节自己的情绪,建立积极、健康的情绪状态。

3. 学说"需要我的帮助吗?"　青年学生,从小到大都习惯于接受他人的帮助,而很少去关心别人是否需要自己的帮助。学说"需要我的帮助吗?"这句话,可以让青年学生学习如何帮助他人,培养其关心他人、乐于助人的优秀品质。可以使他们在帮助他人的过程中,关心他人的乐趣,逐渐建立独立意识,摆脱依赖心理。

总而言之,当代大学生追求卓越的人生,必须具备独立的人格。而只有通过了解人格的内涵,掌握塑造独立人格的途径和方法,才能使人格素质趋于完美。

二、树立自信,超越自卑

当代学生思维活跃,知识面广,生活的道路较为平坦,阅历也比较简单,在遇到挫折时,容易出现一些不良的行为表现。不良的行为表现主要是源于错误的认知及脆弱的承受力。有调查显示,对挫折的错误认识主要表现在三个方面:一是认为挫折不应发生在自己身上。他们认为学生时代应是丰富多彩、充满快乐的,大学学习也应是轻松愉快的,人际关系同样也应是和谐的;而对于挫折,他们缺乏思想认识和心理准备。因此,一旦遭遇挫折就会出现不良的行为表现。二是以某方面的挫折来否定整个自我。如一次考试成绩差便认为自己的能力差,不是读书做学问的料子,前途完了。这种以一两件事来评价自身价值的认知方法,其结果往往会引起强烈的挫折反应,自暴自弃。三是把某一次挫折的后果想象得非常可怕,对挫折缺乏正确的认识。比如有的学生一次生病,便害怕影响学习,害怕考试不及格而退学。可见,目前最重要的是改变他们悲观自卑的态度。化悲观自卑为乐观自信需要以下几个步骤。

1. 改变消极的思维方式 当我们遇到挫折和困难时,我们只需把自己的思维向乐观方向转一转,就可以看到希望。而如果能养成乐观的思维习惯,那么你就能长期保持积极乐观的心态了。

消极思维方式的改变是由悲观转为乐观的关键。那么,如何改变消极的思维方式呢?我认为,可以从艾利斯等人的认知疗法和合理情绪疗法中找到答案。

艾利斯的 ABCDE 理论认为,人的情绪不是由某一诱发性事件本身所引起,而是由经历了这一事件的人对这一事件的解释和评价所引起的。他提出了 ABC 理论,A 是诱发性事件,B 代表信念,是人们对 A 的信念、认知、评价或看法;C 是指特定情境下,个体的情绪及行为的结果。通常人们会认为,人的行为反应是直接由诱发性事件 A 引起的,即 A 引起了 C。艾利斯认为,诱发性事件 A 只是引起情绪及行为反应的间接原因,而人们对诱发性事件所持的信念、看法、解释即 B 才是引起人的情绪及行为反应的直接原因。例如,一位大三学生走在校园的路上,迎面碰到自己的辅导,但辅导员没有跟他打招呼,径直走过去了。于是这位同学就得出了这样的结论:老师对我印象不好,我很悲观。这里的 A 是老师的客观行为;B 是我认为老师对我的印象不好;C 是我很悲观。其中 B 是这位同学的对事件的认知,是一种不合理信念。找到了不合理信念后,就要对自己所持的不合理信念进行辩驳,从而改变旧认知,形成新的认知,达到改善情绪的目的。例如,可以这样与自己的不合理信念辩驳:老师没有跟我打招呼就说明他对我印象不好吗?他当时可能正在想别的事情,没有注意到我,即使是看到我没有理睬,也可能有其他的原因,并不一定是老师对我的印象不好。经过与自己的不合理信念辩驳,我们就能重新建立新的合理信念,达到改善情绪的目的。辩驳的过程用 D 表示,达到的效果用 E 表示。ABCDE 就是消除不合理信念的整个过程。我们可以根据自己的不合理信念,用 ABCDE 的方法改变旧的不合理的认知,形成新的合理的认知。

2. 改变消极自卑的行为方式 消极自卑的行为方式是指由于自卑而采取回避的方式与别人交往,避免别人看出自己的缺陷和不足,在学习和生活中说话犹豫,思前顾后,缺乏应有的胆量和气魄,在公共场合表现拘谨,不善于表现自我等行为方式。这样的行为方式使人不能够积极进取,才华得不到充分发挥,游离于集体之外,没有集体感。

消极的思维方式消除之后,还要改变掉消极自卑的行为方式,将积极的思维方式化为指导我们的日常行为,使之形成习惯,久而久之,便能化消极自卑的行为方式为积极自信的行为方式。

3. 改变消极自卑的语言方式 语言是一个人精神风貌的反映,它不仅反映了人的内心所想,而且对人的意志、行为具有反作用力,也就是说,积极的语言方式会给人积极的心理暗示,消极的语言方式会给人消极的心理暗示。

消极语言,是一种消极暗示,这种话说多了,就会产生自卑心理,使人意志消极,失去自信,一事无成。虽然消极语言危害如此之大,为什么人们还要说呢?这与人的心理状态有关。当生活、工作、学习不顺利的时候,消极话便脱口而出,对自己进行全盘否定。如有些人常说:"我不行,我总是不行的"、"总之,我无能为力"、"总之,注定是要失败的"等等,这些全是否定自己的话,使本来可以做得好的事,也就做不好了。

由此可见,一个人要想树立自信,使自己的事业获得成功,就应该改变消极自卑的语言方式,即使一些消极自卑的话浮现在你的脑海里,也要避免说出来,并尽量告诉自己"我行"、"我一定行"。使用积极自信的语言方式常常会使一些难度较大的事情做起来得心应手,不信你就试试吧。

4. 改变消极自卑的生活方式 乐观自信心态的形成并非一朝一夕,它需要我们与消极的思维、行为、语言和生活方式进行长期的斗争,需要经得起困难和挫折的考验。

面对挫折,我们应该大胆正视它、面对它。有位名人说得好:"每个人的心中都有两盏灯光,一盏是希望之灯光,一盏是勇气的灯光。有了这两盏灯光,我们就不怕海上的黑暗和风涛的险恶了。"霍奇斯曾说:"失败往往是黎明前的黑暗,继之而出的就是成功的朝霞。"当你冲破"黑暗",看到"朝霞",当你走完终点时,蓦然回首,你会发现自己的心变得如此坚强,生命如此充实。这难道不是挫折对我们的磨炼吗?

同学们,当你面对挫折时,不要低头,不要丧气,昂起头,挺起胸,用希望与勇气去战胜它,铸造一个丰富而充实的人生!

三、做情绪的主人

概括地说,情绪和情感是人对客观事物是否满足自身需要而产生的态度体验。客观事物是否符合和满足人的需要将极大地影响人们对它的态度。能够满足人的需要或符合人的愿望的事物,将引起积极的体验,如愉快、喜悦、满意、爱慕等;反之,则使人产生否定的态度,如不愉快、愤怒、憎恨、恐惧、悲哀等。然而,即使是同一件事物,由于不同人的需求不一样,也会引起不同的内心体验。

了解情绪,知道如何管理自己的情绪,是当代大学生必须掌握的基本技能。

(一) 不良情绪的调适

情绪对我们的影响是无处不在的,异常的情绪会使心身健康受到损害,良好的情绪唤醒状态则有利于提高学习和工作效率。

1. 学会驾驭自己的情绪 我们可以通过对情绪的自我调控,培养健康的情绪,克服不良的情绪,保持良好的情绪状态。情绪的发生及表现与人的认知直接相关,一个人对周围的事物或自己的行为、思想作出什么样的评价,则可能导致相应的情绪反应。

(1)化解不良的情绪(见艾利斯的 ABCDE 理论)。

(2)善于克制和宣泄情绪:在日常生活中,每个人都难免会遇到不良刺激而出现情绪反应,这就需要大学生对一些不良情绪加以克制,要善于制怒和适当忍让、回避,以减少和避免激情爆发。尤其是当激情发生时,要用理智告诫和提醒自己,或者接受他人劝解,转移注意力。当然,克制情绪并不是无限度地压抑自己的情绪反应,需要进行有效的情绪宣泄和释放,疏导负性情绪。

2. 应注意培养幽默感　幽默本身就是一个人愉快乐观的体现,幽默有助于个人适应新环境,它可以使窘迫、难堪的局面在笑语中消逝,可以使紧张的情绪变得轻松,可以使痛苦、烦恼、忧愁消失。当代大学生人格正处于发展、完善、成熟之中,可通过健全自己的人格来培养幽默感。学会情绪的自我调控,首先要从提高自己的修养入手,培养幽默感。一个具有良好修养的人,懂得控制和调节情绪的意义,能够有效地控制和调节自己的情绪。

3. 要培养自己宽阔的胸怀　要培养自己豁达的度量,面对现实,接受现实,对自己要有正确的认识,多交朋友,对周围的人多一些理解与宽容。也可以通过音乐来调节自己的情绪,如听一些旋律优美、悠扬婉转、意境广阔、充满活力的音乐,以消除烦恼、保持愉快。

(二)建立积极的自我思维

人的情绪表现和体验常常与对自己的看法相一致。很多人常常这样来评价自己:"我热情开朗","我是个天生的乐天派","我这个人爱发脾气"等。想要调节、改变自己的情绪活动,使自己成为情绪上主人,必须建立积极的自我思维。

1. 把注意力集中于成功的经历　把注意力集中于成功的经历,从中悟出道理,并养成记住成功而不拘泥于失败的习惯,是建立积极的自我思维的重要途径。积极的自我思维意味着对自己的积极评价,而积极评价来源于成功的经历。过去的情绪活动上有过多少失意和失误并不重要,重要的是汲取并强化那些成功和积极的情绪经验。这样,就可能把自己情绪活动纳入良性循环的轨道。

2. 从想象和装扮入手　著名英国滑稽演员斯图尔特,年轻时有羞怯的毛病,与人谈话支支吾吾,极为胆怯,甚至不敢向行人问路。为此,斯图尔特吃尽了苦头。后来他终于找到了办法:同陌生人谈话时,自己就装扮成另一个显赫的重要人物,用同这个人物身份一致的语调说话。这使他受益匪浅,难为情、拘谨、羞怯的毛病,在社交中不再出现了,而且,朋友们很快注意到,他模仿别人太像了,并收到令人快乐的滑稽效果。从此,他开始步入舞台,走上成功之路。

斯图尔特的实践验证了心理学中的一条重要的原理:装扮一个角色会帮助人们体验到他所希望体验到的情绪。但装扮成一个自己所希望成为的人物时,就会有意无意地用相应的标准来要求自己,并按照相应的行为方式行事。当然,这种装扮或想象活动,在开始时确实是很费劲的,不过只要坚持下去,就会逐渐自如并习惯起来。

(三)给不良情绪找个出口

1. 提供一个正常的宣泄通道　不良情绪要进行宣泄,不要无限度地压抑自己的情绪反应。高声歌唱、打枕头、捶沙发都是情绪宣泄的通道。

2. 用诉说代替抱怨　将心中的压抑、担心、焦虑统统说出来。去说给那些愿意倾听,并且真心实意帮助自己的人。说出来时往往就好了一大半。只有吐露那些困扰自己的东西，才能感到踏实。可以打电话给亲人或朋友。"找个时间，你陪我聊一下这件事吧"，这是一种诉说。"我烦透某某了，他……"这是一种批评。批评和抱怨无益于解决问题，而且你的朋友可能会因为你的批评和抱怨而远离你这个情绪垃圾制造者。

3. 用行动带动情绪 为了改变自己的感受，必须改变自己正在做的事情。当心情不佳时，实实在在地开始做些事情可以从自己或他人那里获得正面的反馈。

当心情不好时，有人常对自己说："我觉得情绪好差，没办法做任何事情，当我心情好一点，我再开始工作"。

"行为可以改变感受"，这是心理学家研究的一大发现，研究表明，一些忧郁的人有着非常低度的活动力，而且他们比非忧郁者更少从事令人愉悦的活动。可是，当情绪低落时真的会比情绪高昂时难以采取行动吗？假如坚持要等到心情好些才开始做事，将浪费很多时间。其中，当忧郁者懂得将更多令人开心的活动带入他们的生活时，他们的心情会变得更好。

4. 反向心理调节 面对困境，情绪沮丧。怎么从不良情绪中摆脱出来呢？有一种方法，就是从相反的方向思考问题。心理学上把这种运用心理调节的过程称为反向心理调节法，它常常能使人战胜沮丧，从不良情绪中解脱出来。

人生之路不可能一帆风顺，总会有困难，有挫折；叹息也好，焦急也罢，都无助于问题的解决。与其在那里唉声叹气，惶惶不安，应从相反方向思考问题，使情绪由"阴"转"晴"，摆脱烦恼。

如："要是你的手指扎了一根刺，那你应该高兴，挺好，多亏这根刺不是扎在眼睛里。""以此类推……照我的劝告去做吧，你的生活就会欢乐无穷。"当我们遇到困难、挫折、逆境、厄运的时候，运用一下反向心理调节，就能使自己从困难中奋起，从逆境中解脱。

5. 转移注意力 所谓转移就是从主观上努力把注意力从消极或不良的情绪状态转移到其他事物上去的一种方法。能对自己的情绪产生强烈刺激的事情，通常都与自己的切身利益有着很大的关系，要很快将它遗忘常常是很困难的。因此，单靠消极的躲避不行，更有效的办法就是进行积极的转移。

科学研究表明，在发生情绪反应时，大脑中心有一个较强兴奋灶，此时如果另外建立一个或几个新的兴奋灶，便可抵消或冲淡原来的中心优势。当情绪不好时，可通过转移自己的注意力来平静自己的情绪，如外出散步、听听音乐、跳跳舞、打打球、找朋友聊天、读本轻松的书、看场电影等。

四、挫 折 应 对

(一) 何谓挫折

挫折普遍存在于人们生活的方方面面，任何人都不能幸免。那么，什么是挫折呢？从心理学的角度看，挫折是指人们在某种动机的推动下，在实现目标的过程中，遇到了难以克服或自以为无法克服的障碍或干扰，使其需要或动机不能获得满足时所产生的消极情绪反应。

（二）大学生面临的主要挫折

人在遇到挫折时，往往会感到缺乏安全感，心情烦躁，学习和生活都会受到影响。那么，对当代大学生而言，主要存在哪几方面的挫折呢？

1. 学习上的压力 对于大学生而言，他们不但要学好专业知识，而且要过英语四六级，通过计算机水平考试，还要在课余时间打工、实习，现在社会上流传的"毕业即失业"的说法也让毕业生们感受着强烈的就业压力。

2. 人际关系上的矛盾 现在大多数孩子是独生子女，常有任性、自私、不善交际、缺乏集体合作精神等不良习性，使得人际交往能力较差，不懂得朋友之间相互忍让，从而容易引发人际关系上的矛盾。如果这些人际矛盾不及时解决，会造成严重的后果。不但易使大学生诱发心理疾病，还会使人产生暴力倾向和行为。

3. 情感上的挫折 现在的大学生，大都谈恋爱，那么情感上的不顺利包括失恋，已不是什么稀奇的事，这也是大学生必须面对的问题。大学生为情所困而自杀或他杀事件常有不少报道，这就是大学生因不能适应情感上的挫折而导致的悲剧。

五、积极乐观面对挫折

积极正面的面对挫折，自我调节，学会乐观自信。

（一）树立正确的挫折观

有一个心理实验，是给一组小白鼠以电击或其他挫折情境，使其产生紧张状态，然后让它们正常发育。这组小白鼠长大以后就能比较轻松地应付挫折。而另一对照组没有经受过这类挫折的小白鼠，长大以后遭受电击等痛苦刺激就显得怯懦和行为异常。同样的道理，人也有类似的现象，一个从小受过逆境磨炼的人，成年以后能更有效地适应环境，对紧张状态的反应有较大的灵活性，遭受挫折刺激而造成的伤害也比较小。幼年时挫折太少，长大后一旦面临挫折往往不知该如何处理，容易产生激动情绪和不良的生理反应。现在的学生，从小娇生惯养，父母对他们百依百顺，有求必应。这些孩子都是在以我为中心的顺境下长大的，很少有对待挫折的经验，一旦遭受挫折和打击，就会产生消极心理，或是惊慌失措，或是任意而为，其承受力很低。

挫折教育就是让学生形成正确的挫折观，认识到遭遇挫折是人人都要经历的，对挫折的认知和遇到挫折后的处理方法才是人生成功的关键。敢于坦然面对，吸取教训的必能成功；敢于直面挫折、失败，从中吸取经验，将是你成功的真正关键所在。不要被挫折所击退，迎难而上，最后的胜利必在其中。

（二）自我调节，缓解心理压力

调节不良情绪，保持良好心境。挫折产生后，谁都会感到紧张、烦闷，行为也不免有些失常。心理健康者经常能保持愉快、自信、满足的心情，善于从行动中寻求乐趣，对生活充满希望，情绪稳定性好。

在各种不良情绪出现时，要采取相应措施进行调节。当要动怒时，可立即离开当时的环境和现场，转移注意力；当悲伤时，就干脆痛哭一场，让泪水尽情地流出来；当受了委屈，一时想不通时,千万不要一个人生闷气,最好找亲人或朋友倾诉苦衷;当苦闷不堪或烦恼不安时,可以欣赏音乐,用优美的乐曲帮你排解烦恼和苦闷;当思虑过度时,应立即去户外散步、消遣,呼吸大自然那新鲜的空气,或者做自己喜欢的事情;当妒火中烧时,要变换自己的角度,进行有意识的控制,增强个人修养。

分散挫折的压力。不要把痛苦闷在心里,应当主动向老师、同学或亲友倾诉,争取别人的谅解、同情与帮助。这样可以减轻挫折感,改变内心的压抑状态,以求身心轻松,从而让目光面向未来,增强克服挫折的信心。

转移视线。遭受挫折后,一般人都会感觉度日如年,这时,要适当安排一些健康的娱乐活动,走出户外去。丰富多彩的闲暇活动可以使挫折感转移方向,扩大思路,使内心产生一种向上的激情,从而增强自信心。

升华。人在落难受挫之后,奋发向上,将自己的感情和精力转移到其他的活动中去。如大学生在感情上受挫之后,将感情和精力转移到学习中去。这也是大学生在受挫之后一种很好的调节方法。

善于化压力为动力。遇到挫折和失败或者即将遇到挫折、失败,会面临很大的心理压力。在这个时候,你是气馁,当逃兵,还是奋起,继续勇敢的追寻?这是一个很大的考验。其实,适当的刺激和压力能有效地调动肌体的积极因素。

失败是成功之母,人们最出色的工作往往是在逆境中做出的。就像很多的古人、伟人在挫折和失败面前,从不低头、气馁,而是善于化压力为动力,从逆境中奋起。他们的成功值得我们大家去深思,去学习。

第四节 心理健康与生活

一、心理健康与生活

(一) 心理健康的概念

心理健康(mental health),也称心理卫生,一般认为心理健康就是以积极的、有效的心理活动,平稳的、正常的心理状态,对当前和发展着的社会、自然环境以及自我内环境的变化具有良好的适应功能,并由此不断地发展健全的人格,提高生活质量,保持旺盛的精力和愉快的情绪。

我国心理健康的标准,包括①智力正常;②情绪良好;③人际和谐;④适应环境;⑤人格的完整。

(二) 当代大学生心理健康标准

根据我国大学生这一特殊群体的年龄特征、心理特征和社会角色特征,其心理健康的基本标准可归纳如下:

1. 智力正常 智力正常是大学生学习、生活、工作最基本的心理条件,是大学生胜任学习任务、适应周围环境变化所必备的心理特征,也是衡量大学生心理健康的首要标准。

2. 接纳他人,适应环境 人生活在社会中,就像鱼生活在水中一样,离开了他人,离开他人的帮助,人将无法生存。较强的适应能力是心理健康的重要特征。

心理健康的大学生,应能与社会保持良好的接触,对社会现状和未来有较清晰正确的认识,思想和行动都能跟上时代的发展步伐,与社会的要求相符合。

3. 认识自我、悦纳自我 大学生要有正确的自我概念,并对自己采取现实主义态度,客观地进行自我评价,这是大学生心理健康的重要条件。

一个心理健康的学生对自己的认识,应比较接近实际,有"自知之明",恰如其分地认识自己,摆正自己的位置,既不以自己在某些方面高于别人而自傲,也不以某些方面低于别人而自卑。了解自己的长处,才会清楚自己的发展方向;了解自己的缺陷,才会少犯错误,避免去做一些自己力所不能及的事情。对自己的优点感到欣慰,但又不狂妄自大;对自己的弱点既不回避,也不自暴自弃,做到善于接纳自我。

4. 具有健全的人格 健全的人格指个人的所想、所说、所做都是协调一致的。大学生人格完整的主要标准是:人格结构的各要素完整统一,具有正确的自我意识,不产生自我同一性的混乱,能以积极进取的人生观作为人格的核心,并以此为中心把自己的需要、愿望、目标和行为统一起来。

5. 心理行为符合大学生的年龄特征 人的心理行为表现是与人的不同阶段的生理发展相对应的,不同的年龄阶段往往具有不同的心理行为特征。对心理健康的人而言,其认知、情感、言行、举止应与其所处的年龄段相符合。如果一个人的心理行为,经常严重偏离自己的年龄和性别特征,这就意味着心理有问题。

6. 有和谐的人际关系 和谐的人际关系具体表现为:交往动机端正,乐于与人交往,有稳定而广泛的人际关系;在与同学的交往中能保持独立的人格,有自知之明,不卑不亢;能客观地评价他人和自己,善于取他人之长补己之短,并且宽以待人,乐于助人。

7. 行为与社会角色相一致 社会角色,通俗地讲就是"身份"。在现实生活中,每个人在不同的场合或从不同的角度来看,都充当着不同角色,即有不同的身份,社会对各种角色有相应的要求或规范。如果个体的行为与其充当角色的规范基本一致,则说明其心理处于健康状态。

8. 有较强的情绪调节能力 情绪健康包括的内容有:愉快情绪多于负性情绪、乐观开朗、富有朝气,对生活充满希望;情绪较稳定,善于控制与调节自己的情绪,既能克制又能合理宣泄自己的情绪,情绪的表达既符合社会的要求又符合自身的需要,在不同的时间和场合有恰如其分的情绪表达;情绪反应的强度与引起这种情绪的情境相符合。当一个人心理十分健康时,他的情绪表达恰如其分,仪态大方,既不拘谨也不放肆。

二、遇到心理困惑怎么办

大学生常见的心理困惑有:

(一) 新生适应问题

1. 环境适应不良 环境适应不良的表现:紧张、焦虑、情绪低落、孤独、不愿说话、不愿离开宿舍或学校、睡眠不好,不思饮食、行动减少等。

解决方法:调整认知,人终要长大,终要离开父母独立生活,给自己一个独立生活机会,好好锻炼自己独立生活的能力。同时积极面对环境改变,主动了解学校内外环境,如饭堂、刷卡中心、教室、图书馆、行政办公楼、报告厅、银行、公交车站等。如以上不良表现超过一个月仍不能有效解决,请到学校心理咨询中心找专业心理咨询师咨询解决。

2. 生活方式适应不良

(1)表现:不思饮食、胃口差、消瘦、睡眠不好、情绪低落、孤独、烦躁、焦虑等。

(2)解决方法:调整认知,人终要长大,终要离开熟悉生活环境,给自己一个机会去了解不同地方的生活习惯。主动出击了解周围的环境并找到一个适应的方法,如学校内外可能有不同风格的饮食店,可以找到适应你口味的方式或买一些合适的调味品等。

3. 学习方式适应不良

(1)表现:听不懂老师讲什么、学习成绩跟不上、不愿上课、迷恋上网、不愿与人交往、情绪低落、烦躁、焦虑等。

(2)解决方法:大学老师上课内容多、速度快,故课前要有预习,课后要及时复习。同时大学的学习以自习为主,要安排好时间学习,可多请教老师、学长们如何学习的方法等。

(二)人际关系问题

1. 宿舍关系问题

(1)表现:与舍友关系不和、经常吵架、被孤立感,容易生气、不愉快、烦躁、焦虑、抑郁等。

(2)解决方法:换位思考,理解、包容他人。宿舍里的同学可能来自不同的地方,生活习惯、学习习惯、睡眠习惯等都有可能与我不同,需要相互包容、谦让。平时多换位思考,理解他人,主动参与宿舍活动、交流,主动帮助和关心他人,你的主动付出肯定能获得舍友好的回报。

2. 同学关系问题

(1)表现:个人主义严重,与班里同学交流少,不愿参加班集体活动,有被孤立感,心情郁闷、烦躁。

(2)解决方法:没有规矩不成方圆,多参加班集体活动,多与班里同学交流,主动帮助和关心他人,个人服从大局,你的个性得到班集体的支持才能更好地发挥。

3. 师生关系问题

(1)表现:很少与老师交谈、交流,什么事都憋在心里不懂寻求帮助,学习、生活上很多问题不能解决,故情绪抑郁、焦虑等

(2)解决方法:大学老师不像中学老师一样主动关心你的学习和生活,你有了困难,需要你主动告知老师,并寻求老师的帮助。在学习上多与任课老师或辅导员交流,找到合适的学习方法,对于学业成绩才有帮助。

4. 恋爱关系问题

(1)表现:不少同学根本不懂得爱情的真谛是付出,谈恋爱只是为了解决寂寞、孤独,甚至是从众心理,别人谈恋爱我也要谈,不能认真对待爱情,不懂得珍惜和付出,只想索取。有的同学在谈恋爱上花费了太多的时间,影响了学业,得不偿失。有的失恋了,会变得消沉,不能自拔,心情抑郁、焦虑等。

(2)解决方法:正视恋爱关系,理解爱情的真谛是付出,正确处理了恋爱与学业的关系,做到恋爱、学业双不误。失恋了也很正常,分手说明你俩不合适,为了他(她)好,尊重他(她)的选择,合适你的他或她在未来的不远处等着你。如果失恋30天后仍不能自拔,请到学校心理咨询中心寻求专业心理咨询师的帮助。

（三）考试焦虑

（1）表现：平时学业成绩不错，但每临近考试时候就焦虑不安，头晕、头痛、心慌、心悸、失眠、身体不适等，甚至影响到了考试成绩。

（2）解决方法：正视焦虑，考试前焦虑是正常了，适度的焦虑有利于考试，不逃避不紧张。积极的思维有利于克服过度的焦虑并且有助于考试的发挥。如果感到自己无法调适请请到学校心理咨询中心寻求专业心理咨询师的帮助。

（四）网络成瘾

（1）表现：每周上网时间在 38～40 小时，即可能为网络成瘾者。在校大学生的网络依赖者不仅耽误了学习，而且由此产生了消极的心理。网瘾会导致社会孤立和焦虑感，增加抑郁和孤独等消极情绪，并且减少实际生活中的社会参与度，还会产生头晕、恶心等生理反应，影响身心健康水平和人格的发展。

（2）解决方法：青年学生网瘾的形成与不懂得缓解压力、逃避现实、不能合理安排时间、缺乏符合自身特点的具体目标和生涯计划等因素有关。网瘾的问题较为严重，需要专业的心理咨询帮助。

（五）常见的心理疾病

心理疾病的特点：是与心理社会因素有关，无相应的器质性病变，具有精神和躯体两方面症状，病程时间长，学习、生活有影响，主动要求治疗等一组心理疾病。类型有焦虑症、抑郁症、恐惧症、强迫症、躯体形式障碍、癔症等，此类心理疾病需要寻求专业心理医生进行心理治疗和药物治疗。

常见的心理疾病有：

1. 焦虑症　持续存在的过度焦虑和担忧；坐立不安；头晕、心慌、心悸、呼吸急促、出汗、尿频、尿急等；睡眠障碍、注意力集中困难；易激惹、高度警觉。学习、生活有影响、持续时间大于 6 个月。

2. 抑郁症　情绪低落、兴趣缺乏、思维迟缓、意志减退、精力不足、易疲劳、失眠、焦虑、自罪自责、　自杀观念、自杀行为等。学习、生活有影响、持续时间大于 3 个月。注意自杀的预防。

3. 恐惧症　以恐惧为主，对某些客体或处境有强烈恐惧，恐惧和程度与实际危险不相称；发作时有焦虑和自主神经症状；反复或持续的回避行为；知道恐惧过分、不合理、或不必要，但无法控制；常见有场所恐惧症、社交恐惧症、特殊物体恐惧症（如羽毛等）。

4. 强迫症　以强迫思想为主，包括强迫怀疑（反复怀疑门窗、煤气是否关好等）、回忆、强迫性对立观念、穷思竭虑（如先有鸡还是先有蛋的问题等）、害怕丧失自控能力等；以强迫行为（动作）为主，包括反复洗涤、核对、检查、或询问等；学习、生活有影响、持续时间大于 3 个月。

5. 躯体形式障碍　对躯体症状过分担心（严重性与实际情况明显不相称）；对身体健康过分关心，如对通常出现的生理现象和异常感觉过分关心；反复就医或要求医学检查，但检查结果阴性和医生的合理解释，均不能打消其疑虑。学习、生活有影响、持续时间大于 3 个月。

6. 癔症 身体上无相关疾病,但却表现出癔症性失语、失明、手脚不能动、不能走路、遗忘等。起病与心理、应激事件密切联系,病程时间长且反复。

(六)常见的精神疾病

精神疾病的特点:病因未明,具有感知、思维、情感、意志和行为等多方面的障碍,以精神活动的不协调或脱离现实为特征,通常意识清晰,智能多完好。多起病于青壮年,常缓慢起病,病程长,不主动求医。此类精神疾病治疗以药物为主,心理治疗为辅。

常见的精神疾病:

1. 精神分裂症 病人以妄想、幻觉为主,有被害感、幻听、幻视、情绪不协调、强制哭笑、思维松散破裂,行为愚蠢、木僵等。学习、生活功能受损,病程、治疗时间长。

2. 急性短暂性精神障碍 在两周内急性起病,起病前有精神刺激事件发生,可出现被害感、幻听、幻视、情绪不协调、强制哭笑、思维松散破裂,行为愚蠢、木僵等症状。学习、生活功能受损,在2~3个月内痊愈。

(七)人格障碍

人格障碍的特点:人格特征明显偏离正常,形成了一贯的反映个人生活风格和人际关系的异常行为模式。这种模式明显影响其社会功能和职业功能,可造成对社会环境的适应不良,病人为此感到痛苦。现年18岁以上,症状至少已持续2年以上。

三、心理健康教育与咨询

(一)心理健康教育

我校较重视心理健康教育,设有心理健康教育领导小组,专门指导学校各院系开展心理心理健康教育工作。我校心理健康教育起步时间早,是省内高校的先行者,教育模式、研究成果突出,海南省大学生心理健康研究指导中心就挂靠在我校人文社会科学部。我校心理健康教育的形式有:

(1)新生入学的团体心理辅导活动,让新生快速地从心理上适应新环境。

(2)入学第一学期即给全校新生开设了大学生心理健康教育课程,让心理健康知识快速的普及到每一位大学生,大学减少了心理问题的发生。

(3)每个班级均设有一名心理委员,负责班级学生的心理健康教育及普及。学校会定期组织心理委员学习,由专业心理老师讲授心理健康知识。

(4)学校每年5月均会开展系列的心理健康月教育咨询活动,要求有校级、院级的系列心理健康教育活动和讲座,如心理讲座、心理宣传咨询、心理电影、心理沙龙等。

(5)学校开设了系列的心理选修课程,如积极心理学、社会心理学、医学心理学、营销心理学、管理心理学、犯罪心理学等。

(二)心理咨询

学校设有心理咨询中心,安排了专业的心理咨询师和心理医生值班。

值班地点:第一教学楼西侧楼一楼心理咨询中心

值班时间:每周一至五,16:00--18:00,19:30--21:30

周六、日时间需预约

值班电话：31350935

思 考 题

1. 你曾经遇到过哪些挫折，最终如何解决？

2. 自我心理调适的方法你学会了吗？

3. 遇到心理问题，你会去找专业的心理咨询老师吗？

第十一章 审美修养

本章导读 美存在于我们的生活之中,时时处处和我们发生着千丝万缕的联系。比如,我们经常按照自己的评判标准对一些事物做出评价。当看到有人随地吐痰时,就会自然而然地产生了一种厌恶的情感,认为这种行为是不美的;当我们置身于名山大川之中,陶醉于奇峰异岭的险峻时,会深深地感到大自然的壮美;当我们看过一本好书,掩卷深思时……;当我们与久别密友相聚,畅谈一番后……;我们都会有不同于一般的感受,并希望能再次享受到自认为是美的事物或感受,而不希望再次经历令自己厌恶的事物或感受。当然,生活中也会出现这样的情况,面对同一个事物或同一个环境,人们的感受却迥注不同,甚至会大相径庭,原因就在于人们对美的认识以及审美标准不同。作为接受高等教育的大学生不仅是美的保护者,也是美的创造者,因此,大学生更应该对美有深刻的理解和认识。要真正发现美,鉴赏美,创造美,必须首先弄清什么是美和审美。

案例 11-1

众所周知,雕塑《米洛岛的维纳斯》是一件具有永恒之美的艺术作品。这是为什么呢? 美学之美的判定标准与审美的价值的判定标准是不难解释这件具有永恒之美的伟大作品的:

这是一尊大理石雕像,雕刻的是一位半裸的少女。一个少女半裸着身体,这是从来也是永远都有激发情绪与情感的能力的。"维纳斯"微侧着身躯,左腿也微微弯曲,整个身体就像被微风吹动的柳枝,充满了弹性与生命。维纳斯的身材比例也非常恰当。值得注意的是维纳斯的两只乳房,它们呈圆锥形,似乎没有受到重力的作用,这让我们感到,维纳斯是多么的轻盈、饱满与健康。而让人感到特别惊奇的是,这样一个半裸的少女的雕像却不会让人产生丝毫的淫邪之心与非分欲望,而只会使人们对少女的身材、性格与气质等产生强烈的喜爱与追求之情。笔者认为,这正是这件雕像让我们感到美的原因所在,同时这也是这尊雕像的美的价值的成功体现,因为很显然,如果这尊雕像能使人产生非分之想,那么这尊雕像就不会被很多人认为是美的了,同时也就没有伟大价值可言了。

虽然现在我们所看到的"米洛岛的维纳斯"少掉了两条胳膊,这似乎会影响这尊雕像的美感,然而笔者却认为,这一点缺憾,由于一方面能增加观赏者的情绪与情感的强度,另一方面则会把观赏者的目光与注意力集中在雕像的两臂之间的主体部分,再一方面,这能激发人们的联想与想象,能激发人们的探究兴趣与欲望,因此,"维纳斯"少掉了两条胳膊,这不但不会使这尊雕像显得美中不足,恰恰相反,这反而使得这尊雕像显得更加的美。

最后,这件艺术品所具有的历史价值与文化价值也能强烈而持久地激发人们的情绪与情感。

　　总之,《米洛岛的维纳斯》的美是一种让人充满想象的美,是一种令人震撼的美,是一种永恒之美。

　　大学生们,你们赞同上述文字对于美学中关于美的价值及审美判定标准的看法吗?

第一节　什么是美

一、美的本质和特征

（一）美是什么？

这是一个古老而又现实、既简单又奇妙的问题。说它简单,是因为我们每个人经常都能看到和感受到美,也都有一定的审美判断能力。说它奇妙,是因为它一下子很难说清楚,即使是美学专家,对"美"这个词也一直争论不休,至今没有个令人满意的公认的定义,也许这正是美的魅力所在。当然令人欣慰的是,美的这种模糊性,并不影响人们对她的向往和追求。

"美"这个字,从字源学或词义学的角度来分析,在汉字里是一个很古老的字,甲骨文里就有这个字。甲骨文的研究学者们认为:美,上部是一对羊角,下部是一个人,合起来就是一个人头上戴着羊头或羊角。原始社会人们称它为"羊人曰美"。这说明在远古时代我们的祖先就把那些善于猎取野羊并圈养为家羊的劳动者,称为美人。他们不仅把野畜圈养为家畜,而且向人们提供肉食和皮毛,使大家得以温饱,因而赢得了人们的尊敬。但到了奴隶社会,劳动者降为奴隶,美的概念就从人转义为羊了,称为"羊大为美"。奴隶主把"美味"作为享受的内容,越是大肥羊,味道越鲜美。汉代许慎在《说文解字》中解释说,美这个字的含义是"美,甘也。从羊,从大",也就是羊大则美。这是我国古代对美这个概念的一种朴素的解释。这个解释告诉我们,美是人类社会生活的产物,美来源于生活。

既然美来源于社会生活,那么到底什么是美,或者说美的本质是什么？对于这个问题,两千多年来许多思想家、艺术家为它绞尽脑汁,试图回答,但至今仍众说纷纭,莫衷一是。正如俄罗斯文学家托尔斯泰所说:"多少博学的思想家写了堆积如山的讨论美的书,'美'是什么,这一问题却至今没有完全解决,而且每一部新的美学著作中都有一种新的说法"。黑格尔说:"乍看起来,美好像是一个简明的概念,但不久我们就发现,美可以有许多方面。这个人抓住的是这一方面,那个人抓住的是那一方面。纵然都是从一个观点去看,究竟哪一方面是主要的,也还是一个引起争论的问题。"

古今中外许多思想家、艺术家从不同角度对美的本质进行了探索,归纳起来有四种观点:

一是客观美说。这种观点试图从客观世界的特征出发来说明美的本质,认为"美在形式",即美在客观事物本身。如客观事物的"对称"、"和谐"、"秩序"、"匀称"、"明快"、"多姿"等,就是美。客观美说的合理之处是坚持了唯物论,承认美的客观性;缺陷是忽视了人的社会生活实践,有明显的直观性、机械性。

二是主观美说。这种观点认为,美的本质是"理念"。如柏拉图就提出"美是理念",认为这个理念是先于美的事物而存在的,是美的事物的创造者。黑格尔认为"美是理念的感性显现","只有心灵才是真实的"。休谟认为"美是人的主观感受",即你感觉它美,它就美;你感觉它不美,它就不美;美与不美取决于人的主观感受。

主观美说的合理之处是把人的审美心境、审美态度、审美感觉等这些主观的东西相结合,把心灵引入了对美的本质和规律的探索,突出了美的价值评价主体的能动作用。但是把美与美感等同起来,把美的价值与主体对美的价值体验等同起来,就陷入了唯心主义。审美心境、审美态度这些主观的东西在审美过程中确实起作用。"情人眼里出西施",就是审美态度在起作用,不美的东西你也觉得它很美。相反,如果心境不好,再美的东西你也觉得它不美。但是,美与不美还是有客观规定和客观标准的。否则,世界上不同的民族和国家在一起,就无法共同评出最佳健美选手和最佳影视片了。所以,美学家李泽厚说的好:"如果'美'真的完全是任意的、主观的,并无任何客观的规定性或客观的规律和标准,那一切艺术将是多余的,一切装饰也无必要了"。

三是主客观相统一的美说。这种学说认为,美既不是纯客观的,也不是纯主观的,而是在"心物之间",是主观与客观的统一。苏轼在《琴诗》中就写指出:"若言琴上有琴声,放在匣中何不鸣?若言声在指头上,何不于君指上听?"所以,琴声的美既不在手指上,也不在琴上,而是人作用于琴的结果。从主客观的关系上来研究美,是中国古代美学思想的一个特点。中国古代艺术家所追求的美的境界是意境,就是心与物、情与景的统一。它不是纯客观地描写自然,而是把自己的思想感情、审美情趣与自然景物融会贯通,化景物为情思,为意境。如杜甫的名句:"随风潜入夜,润物细无声",既表现了春夜怡静的气氛,又表现了诗人愉快的心情。短短两句诗,十个字,表现出的意境却是如此深刻细腻,特别是"随"、"潜"、"润"、"细"这几个字用得精巧,能唤起读者丰富的联想和想象。

主客观相统一的美说虽然弥补了前两种学说的某些缺陷,但是还没有从人的社会实践的高度来认识美的本质。学者们说美是主客观的统一,但这二者为什么能统一,是怎样统一的,在这些至关重要的问题上,主客观相统一的美说没有做出令人信服的回答,所以它也没有提示美的本质。

四是马克思主义的美说。按照马克思主义的观点,美既有自然属性,又具有社会属性。所谓美,从其本质上来说,是人的本质力量的对象化,是自然属性与社会属性的辩证统一。

(二) 美的基本特征

1. 客观性　美是一种具体性的客观存在,不依赖于人的主观意识。客观事物本身提供了美的物质基础,但又离不开人的客观的社会实践活动。美的客观性正是源于人的实践的客观社会性。同时美的标准也具客观性。

2. 形象性　又称具体可感性。凡美的事物都以具体的感性形象出现,都是可见、可闻、可触、可感的。青山、绿水、美丽的花朵、绚丽多彩的物质产品、精美的雕塑、鲜活的艺术形象、生活中优秀的人物典型,都以鲜明的形象性给人以美感和愉悦。

3. 社会性　美是与人紧密相联而普遍存在于社会之中的。美的本质是人的本质力量的对象化,同时审美也是人的审美,是人在社会中的体验、理解和创造。

4. 愉悦性　美的事物都能给人带来审美的愉悦。人在观赏自然美时,会获得愉快的体验,心情格外舒畅。在欣赏艺术美时,常常能达到忘我的境地,那勾魂摄魄的力量常使我们心摇神荡、畅快淋漓。就是在观赏悲剧时,也能获得美感,如《红楼梦》中的"黛玉焚稿"、"宝玉哭灵",不知让多少有情人为之落泪。悲剧直接给人以痛感,继而转化为一种美的意境,使观赏者情感上得到一种满足。

综上所述,美是客观地存在于人类社会范围以内的具体形象,是人类社会实践的结果。人通过社会实践,不仅获得物质享受,同时还有精神上的享受。实践所创造的不仅是物质的产品,同时也是实践者的思想、情感、聪明和智慧等这样一些本质力量的实现,而在这些本质力量实现过程中,人感到了愉悦和幸福,感受到了美。马克思说劳动创造了美,动物只依照它所属的物种的尺度和需要来塑造,但人类能够依照任何物种的尺度来生产,并且能够运用内在的尺度到对象上去;所以人类也依照美的规律来塑造。生活中千姿百态的美正是人类塑造的结果,作为主体的人应该懂得在创造中去认识美,感受美。

(三) 美的形态

美的形态是多种多样的,但不外乎两大类,即现实美和艺术美。

现实美又分为自然美和社会美。所谓自然美是指自然界的事物和现象的美。日月星辰、雨露霜雪、山川岩石、花草树木、江河湖海等自然景物,都属于自然美的范畴。社会美是相对于自然美而言的。所谓社会美,是指在特殊的历史发展阶段上,以人与人之间的关系为中心的社会生活中所呈现的一种综合美。其包括:人格美、精神美、风尚美、心灵美、行为美、语言美、环境美等。

艺术美是按一定的审美目标、审美实践的要求,根据美的规律所创造的一种综合美。它是自然美和生活美在观念形态上的反映,但又比现实美更集中,更典型,更带有普遍性。

二、审美的含义和标准

(一) 什么是审美

面对空旷的原野、幽静的山谷、飞泻的瀑布、缥缈的烟雨,捧读伟大作家的经典杰作,聆听贝多芬雄浑有力的交响乐,静静地站在达·芬奇或毕加索的绘画前,我们会不由自主地从心底涌出一种说不清道不明的情感体验,这便是我们所说的美感或审美感受。审美是人的生理活动和心理活动统一的过程,个体通过感官直接感知审美对象,从而形成对美的直观感受、体验、欣赏和评价,是美感产生的实践过程。审美是一种综合的活动,它服从认识的一般规律,即从生动直观的感性认识到理性思维。但其又有特殊的规律,即主要通过形象思维的方式去感受、认识和评价美,始终伴随着具体的感性形象和丰富的想象及情感活动,往往在感性阶段就产生了审美快感,继而引起形象与观念相统一的审美意象,推动着主体不断地创造美和发展美,因此审美活动实际上是一种认识和创造的统一,是人从精神上把握世界、改造世界的方式之一。

(二) 审美标准

审美标准是人们在审美活动中用来判断对象美丑的准绳。战国时期辞赋家宋玉在《登徒子好色赋》中说:"天下之佳人,莫若楚国;楚国之丽者,莫若臣里;臣里之美者,莫若臣东家之子。"东家之子"之所以成为天下最美的女子,因其是"增之一分则太长,减之一分则太短,著粉则太白,施朱则太赤。眉如翠羽,肌如白雪,腰如束素,齿如含贝。嫣然一笑,惑阳城,迷下蔡"。这是宋玉断定人的标准。审美标准是主体在长期的社会实践和审美实践中形成,既有对审美对象的审美属性的概括,又有主体审美经验的凝结。审美标准具有相对性、差异性,不同的时代、民族、阶级、个体,审美标准有所不同。但审美主体的审美感受总是以审美对象作为前提和基础的。只有符合客观真实、符合审美对象的实际审美价值、符合时代精神的审美标准才是正确的、健康的审美标准。

随着时代的进步和人类文明程度的不断提高,审美标准也在不断地进步和提高。面对丰富的人生实践,我们该坚持怎样的审美标准呢?

1. 劳动和创造是美的 人的劳动具有伟大的创造力量,自由、自觉的劳动是劳动者表现和肯定自身、实现自身价值的基本方式,劳动中,可使劳动者享受到极大的乐趣,体验到人生的幸福与价值,从而使精神得到净化。树立劳动和创造是美的这一标准,使我们在新时期更加崇尚和赞美那些敬业爱岗、无私奉献、勇于献身的社会主义建设者。

2. 生活是美的 我们讲的生活美不仅指生活条件、生活环境的美化,还包括生活中人与人的关系、人与环境的关系成为一种超越功利的情感关系。我们越来越倾向于认为那种平等、互助、协作、友爱、理解、尊重、共同奋斗的人际关系美的。同时,也认为美化我们的生存环境、改善人的生存空间的实践活动就是美的。

3. 心灵与人格美至上 心灵美作为生命的高级形式,超越了个人狭隘的欲求,走向一种无私的自由境界,表现为智慧美、道德美和情操美。它使人的外在美赋有一种无穷的魅力和永恒的力量。它在生活中的表现,形成个体至高至大的人格美。

每个人在事业、生活、历史的活动中,都应将劳动与创造、生活的美和心灵美统一和谐起来,去追求一种全面发展的人生之美。

三、美感的特征

美感是什么?美感是在审美活动中,客观存在的美在审美主体身上所引起的愉悦感受和欣赏、评价等心理活动与心理过程。又称审美感受。

美感具有情感性。人们在审美活动中,总是伴随着好恶爱憎,充满了情感色彩。美感的情感性是由美具有感染作用的特点决定的。美感,因为文化背景、社会经历、道德情操甚至是心情波动,它都使人们很难达到统一。但是美感又具有共同性审美活动中尽管存在着个体的、时代的、民族的、阶级的差异,但我们不能把这种差异绝对化。事实上,即使是不同时代、不同民族、不同阶级的审美主体,对同一审美对象往往仍能找到一些相近或相似的审美感受,这便是审美活动中的共同性。比如对全球女子整容整形的问题。这是一个普遍存在的被许多人公认的追求美感的方法和手段。从西方到东方,从明星到平民,都不惜在身体上动刀,来改变自己。但是整容整形的危害性,也是有目共睹的,随着各国关于整形整容手术失败,假体危害至死的报道,人们更加呼吁自然美,完整美内在美。使整容整形这个话题一直在风口浪尖上,永远存在着支持者和反对者。这就是对美感持有不同观点的最好例证。

美感是一种带有明显的主观色彩的特殊的社会意识,是人们以独特方式进行的综合心理过程,是通过感觉与思维观照到审美对象中人的本质力量所产生的包含着认识与评价的情感愉悦,是人类认识世界、改造世界不可缺少的一种独特的思想情感方式。在人类漫长的净化活动中,只有社会实践才能完善人的肉体组织,完善人的心理、意识、情感的发展。如果说,美是从客体方面对人的自由创造的积极肯定,那么,美感则是主体从精神方面对人的自由创造的自我观照。从整体上说,美感有以下三个特征:

(一) 美感的直觉性

美感的直觉性,是因为美具有形象性的特征,美是具体可感的,离开了具体可感的生动形象就谈不上美。当生动的形象通过感官传入欣赏者的大脑时,便马上唤起了以前长期储存的所有的与此有关的审美经验而形成直觉性的美感。

所谓直觉包含着三层含义,一是指审美感受的直接性、直观性,即整个审美过程自始至终都是形象的具体的,在直接的感知中进行;二是在审美中对审美对象从全局整体上而不是支离破碎地感知;三是指审美感官愉快,不是先有理智的思考和逻辑的判断而是直接产生的,即在美的欣赏中无须借助抽象的思考,便可不假思索地判断对象的美或不美。爱迪生指出:"有一些不同物质的变化方式在一眼看到时心灵马上就判定它们美或丑,不需预先经过考虑。"这种直觉性贯穿美感的一切形态之中。

美感的直觉性,并非不包含理智的成分在里面。因为在人们长期储存的审美经验里,就包括理智的认识在里面,只不过极为不明显罢了。正如我们在很远的地方听到了熟人的脚步声,便不假思索地说出是谁来了一样。这好像是完全是凭直觉的,但这直觉却是以长期对熟人走路的认识为基础的。巴甫洛夫这样说过:"记得结果,回答得正确,却忘记了自己的先前的思想经过,这就是何为直觉的原因。我发现一切直觉都应该这样来理解:人记得最后结论,却不记得他接近它和准备它的全部路程。"

直觉说是现代西方影响较大的美学学说之一。美感的直觉性,历来是世界各国美学家们所关心的问题。早在 1750 年,德国美学家鲍姆嘉通创立美学时使用的"Aesthetic"一词,原意就是"感觉学"。他创立这门学科的目的,就是专门研究感性认识。朱光潜先生甚至认为,这个字也可以翻译成"直觉学"。朱光潜先生指出:"所以'美感经验'可以说是'形象的直觉'。这个定义已隐喻在 Aesthetic 一个名词里面。它是从康德以来美学家所公认的一条基本原则。当然,直觉说的代表人物应当首推意大利美学家克罗齐(1866—1952)。克罗齐把自己的哲学称为精神哲学。他认为,精神就是整个实在,除了精神,没有其他实在。精神创造了一切,精神是世界万事万物的基础。克罗齐认为,人类的精神活动可以划分为两大部分:认识活动与实践活动。而认识活动又包括直觉和概念两种形式,实践活动则包括经济与道德两种形式。克罗齐认为,人类的精神活动就是包含着以上两大部分和四种形式,与之相对立,克罗齐将他的精神哲学也划分为四门科学即美学、逻辑学、经济学、伦理学,他还亲自分别撰写了著作来论述这四门科学。其中的每一门科学,研究相对立的一种形式,如美学研究直觉、逻辑学研究概念等。以上这些内容,就构成了克罗齐精神哲学的体系。在克罗齐看来,直觉形式是人类四种精神形式中最基本和最关键的,由此,产生的美学也是四门科学中最基础的科学,其他三门科学都必须建立在美学基础之上。克罗齐之所以如此推崇美学,是因为他特别强调直觉的重要性,而研究直觉的美学也就成为克罗齐的心灵哲学的重要组成部分。克罗齐在他的《美学纲要》中指出:"不把全部心灵弄透彻,要想把诗的性质或幻想创造的性质弄透彻是不可能的;不建立美学,要想建立心灵哲学也是不可能的。

直觉的存在是不容许否认的。科学与艺术史有许多事实早已证明,在人类思维活动中,的确存在着与逻辑思维迥然不同的思维方式,它能使人在瞬间领悟和理解,造成人对现实的理性把握。当然我们应该看到艺术活动中的审美直觉与复杂的科学理性逻辑判断是既有联系又有区别的。

我们应该分别两种根本不同的直觉:一种是低级的、原始的、相当于感觉也可说是在理性阶段之前的直觉。一种直觉可以理解为一种高级的、经过长期经验积累的、实际上是经过了解性认识阶段的直觉。

审美直觉与感觉式的低级反映是不同的,但它与一个复杂的理性逻辑判断的反映,倒有本质的相同之处。它们都须通过一个曲折复杂的认识道路而形成,它们都反映客观存在的某些深入本质的方面。它与复杂的逻辑判断不同,一个是经过一连串的严格的推理或演算过程而自觉达到,一个是通过潜在的方式不自觉地达到。二者本质相同:它们都是对客观事物的一种深入正确的把握。

所以我们视审美直觉为能够把握和认识真理的一种人类高级的反映形式,虽然它所采取的形式是感性的。不难看出,审美直觉是奇异的但不是神秘的。艺术是美的集中表现。在艺术美的欣赏中,美感产生的过程就是审美意象再造的过程。

(二) 美感的情感性

美感具有情感性的特征,是因为美感的产生是人们心中形成的一种感受,人们在欣赏美和创造美的整个活动中,一丝一毫都离不开情感的参与,如果离开了情感,也就没有美感可言,更谈不上欣赏美和创造美了。车尔尼雪夫斯基曾说:"美感的主要特征是一种赏心悦目的快感。"就能很好地说明,美感是一种感情的投入而产生的美,它必须有感情的介入。

情感,是人的需要能否得到满足的体验。人的需要是多方面的,可概而言之为物质需要和精神需要。这两种需要是人的本质的需要,而这种需要能否得到满足,都会在内心激起肯定或否定感情,而情感中的美感,则是满足了人对美的需要时所产生的一种愉悦的情感,因而美感具有感性的特征。

正因美感的情感性特征决定,因而人的情感的活动又会影响对美的事物的感受。列夫·托尔斯泰在《战争与和平》中写安德烈两次看到同一棵老橡树的不同感受,可以说明这一问题。他在第一次看到老橡树时,是他在军队里伤愈回家后又碰上他的妻子不幸死去,使他精神上受到了很大的创伤,心情非常苦闷。这时他看到的老橡树是:"它生有不匀称地伸出的不好看的大胳臂,又生有多结节的手和指头,它像一个古老的、严厉的、傲慢的怪物一般站在含笑的桦树中间。""在这棵橡树下面,也有花草,但是它站在它们中间,依旧板着脸,僵硬、丑陋、冷酷。"老橡树这样的形象,是受了安德烈苦闷、孤独、冷淡、绝望的心情的影响,是安德烈移情于老橡树的结果。在他第2次见到老橡树的时候,他的心情发生了很大的变化,对生活也充满了新的希望,他对老橡树的感受也与第一次不同:"那棵老橡树完全变了样子,展开一个暗绿嫩叶的华盖,如狂似醉地站在那里,轻轻地在夕阳的光线中颤抖。这时那些结节的手指,多年的疤痕,旧时的疑惑和忧愁,一切都不见了。透过那坚硬的古老的树皮,以致没有枝子的他方,生出了令人无法相信那棵老树会生得出的嫩叶。"这并不是由于橡树本身的变化引起的,而是由于安德烈情感的变化造成的。马克思说:"忧心忡忡的穷人甚至对最美的景色都无动于衷。"这也说明穷人因忧心忡忡而连最美的景色也引不起他的美感。我国古人说"逆境心生悲,观物亦凄然"(佚名《旅次抒怀》)和"以我观物,故物皆着我色"(王国维《人间词话》),就是说的人的感情对美感的影响。

(三) 美感的功利性

关于美感的功利性问题.历来有两种根本对立的意见。一种意见是从"美善"同一说出发的,既然美与善不分,那么美感与道德感也就没有本质差异。如西欧18世纪启蒙主义美学就主张美感的道德作用和功利性质。这种进步美学观的缺陷在于．对美感心理的特殊性注意不够。另一种意见则极力强调美感的非功利特点,如近代西方美学,常常将美感与道德乃至认识绝对分割开来,抹杀或忽视审美意识深刻的社会教化功能和伦理作用。但其中的某些阐述包含着某些值得重视的东醒。康德说过:"只有对于美的欣赏是唯一无利害关系和自由的愉快,因为既没有官能方面的利害感,也没有理性方嘛的利害感来强迫我们去赞许。"也就是说,美感既不是生理快感,也不是伦理的判断,而是无功利的愉快。

功利性有两种:一是个人狭隘的实用功利观念,这在美感运动过程中是应当完全排除的。二是社会功利性,由于审美对象包含着特定的理性内容,由于审美主体在美感萌发时内蕴涵着理解、评价和审美判断,使得美感能够潜移默化地感染人、教育人,推动人们从事改造世界的吏践,因而具有社会功利性质。从辩证的角度来看,美感应是非个人实用功利性和社会功利性的统一。绝对肯定或绝对否定美感中的功利性,都是缺乏具体分析的片面观点。

美感功利性的根源及表现美感作为一种特殊的表现形式,是有社会功利目的的。美感的功利来源于美的对象的功利性所表现的社会生活内容。美的生活内容是对自由创造的肯定。人欣赏美,正是欣赏对象中的客观的自由创造活动。美感的情感愉悦性正是人体验到这种自由创造的喜悦。如原始人的美感,他们喜欢用某种动物的皮、爪、牙装饰自己,因为在他们看来,佩戴这些兽类身上的东西,是战胜这些兽类的标志,可以显示自己的力量、勇敢和灵巧,因而引起自己对创造的无限喜悦。

第二节　大学审美教育的特殊性

一、大学生的审美是较高层次的审美

由于其身心成长和社会身份逐渐形成的原因,大学生的审美呈现出较高层次较复杂的特点。

(一) 宣泄情感

情感化是大学生审美心理活动最重要的特征。情感是审美活动中最活跃的心理因素,在大学生审美心理中具有很重要的作用,审美心理是通过情感作为中介,形成了统一的审美心理。大学生在审美心理活动中情感特征主要体现为宣泄自我,释放压力。他们在人际关系日趋紧张,就业压力非常大的多种矛盾氛围中,面临巨大的心理冲突,他们既寻求对自我生命和生命需要的价值认定,又苦闷于现实生活中的挫折和失落。为了解决这一困惑,他们在对审美理想、审美趣味的追求中,通过审美活动的展开、实现和审美对象的发现,不断克服现实生活中的孤独、挫折和消沉状态,然而网络歌曲、流行文化是他们特有的情感发泄的重要元素,成为宣泄情感的重要方式,迎合了他们宣泄苦闷、紧张、压抑和失落等需要。青春在"宣泄"中获得了审美的放松和快乐,感受到了生命内在的自由权利。

(二) 感性追求

审美感知是对事物形式特征的整体把握,是将杂乱无章的对象形式改造成一定的形式,一定的结构完形。审美感知是一种与普通的感知不尽相同的心理过程。感性化在大学生审美心理主要体现在追求感性,刺激感官。随着社会竞争的日益激烈,大学生容易产生浮躁心理,在审美需求上也易选择娱乐性强、轻松快乐,非理性的艺术作品,接受更加感性的艺术,使得部分大学生在审美价值观上产生异化,体现"快乐"的原则。他们的审美趣味明显地停留在生理的层面,追求感官的刺激和满足。从服饰、化妆品到MTV、商品广告,从流行歌曲、摇滚乐到健美比赛及电视综艺节目,审美的感性自觉与追求日渐高涨。大学生遵循着享乐主义和快乐原则,沉迷于网络空间、网络游戏,追逐时尚。当他们审美的感性欲望被无限地夸大,不仅放纵了他们的感官的肉体欲望,而且不自觉地降低了自身的审美趣味、生活品位,最终导致理想的丧失,精神的麻木。

（三）崇尚世俗

审美的世俗化就指审美心理贴近现实的世俗生活。大学生由于中西方思想的共同影响,网络化的冲击。审美心理体现为低俗、媚俗,追求娱乐性、流行性、休闲性和刺激性,主要体现在审美对象的选择上,古典严肃的文学艺术受到冷落,通俗浅薄的文学作品的流行,不再追求和欣赏那些能够陶冶人的情操、净化人的灵魂的美的东西,美丑观念渐渐淡化,满足于在调侃的作品中寻求轻松和开心。在审美方式上,他们追求浅显直接,更愿意从诗歌走向对话,从交响乐走向网络歌曲,从学术专论走向随笔漫谈;在审美追求上,他们追求物质享乐,把审美与现世功利结合起来。所以,他们在审美心理的世俗体现在日常生活、行为处事和社会交往等倾向,注重自己的外表形象,重视自己的穿着打扮。

二、大学生的审美是主动追求的过程

在大学生的审美心理形成与发展过程中,由于其生活经历、社会环境、教育以及遗传因素的差异等等,会形成不同的性格状况,造成鲜明的个性心理特征。这种个性心理特征影响着个体的审美需求、审美能力、审美取向和审美趣味。但是,作为大学生,个性心理特征在审美心理方面最为突出的是主动追求,肯定自我,表现他们内心强烈的自我愿望和自我价值,重视自己个人独立的艺术口味和审美方式,执著于审美标准,审美追求的个性化,做事注重突出自己的个性,崇尚"只要自己喜欢,不管别人怎样评价"的生活方式,享受自我审美追求、选择和满足。

三、大学生的审美是更加理性的审美过程

大学生的审美的理性可以表现为在审美的功利心中,又勇于创新。

功利即功效利益,就是对人类有用、有益、有利。人们在进行审美之时,在体验美的愉悦时,还在追求美的事物对人对己的有用、有益性。大学生在审美心理上显著追求现实有用,功效利益特征。随着经济的飞速发展,高科技的日新月异,给人们带来了丰富的物质享受和价值观念的变化,西方的思想文化以及市场经济的负面影响使他们在审美价值观上发生偏差和错位,存在着一种功利和实用化心态,把有用与否作为判断人和事物美与不美的标准,过分注重自我表现,片面强调个性和自我的发展。所以我们要在审美心理过程中非功利化,实现对自己命运的关怀思考,从功利观念中超脱出来,获得精神上的提升。

审美心理不是一般的审美接受的心理,而是一种富于创造性的心理,它在感知审美对

象,获得审美情感的同时,会根据一定的审美理想,通过联想、想象以及诸如通感、错觉等形式,进行创造或再创造活动,创造出尽可能独具个性特色的审美对象。就文化创造心理而言,大学生作为身处变革时代的人,由于良好的教育背景、快捷获取的网络信息,在审美心理活动中容易接受新事物,并勇于创造。喜欢恶搞,含有搞笑、夸张、颠覆等多种元素;网络上出现了火星文,由英语、韩语、日语、简体中文、繁体中文、生僻字、符号等组合起来,同时夹杂外来用语、方言以及注音不选字的综合体;个人打扮通常是吊带露脐、穿碎布裙、爆炸头、穿耳洞、烟熏妆、涂黑色指甲等;另外喜欢自拍,而且道具多是手机、摄像头,方便随时随地自拍,自拍照都是向下 45 度方向的脸部特写,或痴迷、颓废的表情,招牌动作是瞪眼、嘟嘴、剪刀手,部分用头发挡上半边脸。这些创新摆脱了传统文化,脱离了社会现实,只是主观想象,这些充分体现了他们的想象力,是审美感知和审美欣赏的创造。

第三节　大学生塑造自身美的一般要求

一、树立正确的审美理想

在现实生活中,由于审美经验的不足和审美能力的缺乏,导致一些大学生难以分清善恶美丑,在生活和审美活动中,往往抱着错误的审美理想,留下了人生修养中的缺憾。

1. 以丑为美　这里的丑是指那些畸形的、病态的、片面的、消极的现象与形态,是和美相对立的。大学生是思维非常活跃的群体,随着改革开放的不断深入,少数学生学到了西方资产阶级的生活观和道德观,贪图安逸,腐朽颓废,寻求刺激,"惟洋为美"。表现在生活和学习不思进取,追求享乐,放松自己,缺乏责任感,讲究"哥们儿义气",弄虚作假,考试作弊等。

2. 以异为美　大学生在生活和审美活动中追求个性色彩、追求新奇,这倒:无可厚非,但有的同学——味追求异于别人,认为美就是时髦,美就是新奇,这样审美理想就出现了偏差。如有的男同学为引起别人的注意,故意留起披肩长发,认为是有艺术家的气质。还有的在恋爱中,故意在大庭广众之下作出亲昵的行为,甚至为追求新奇,频频更换男友或女友,朝秦暮楚。有的同学经不住社会上灯红酒绿的诱惑,为追求新奇和刺激而丧失了自尊,走上了犯罪的道路。

3. 自我欣赏　大学生是自我意识较强的群体,向往和追求自我发展和自我完善,但也有的学生却妄自尊大,视同学朋友为累赘,视班集体为羁绊,而盲目追求自我。他们欣赏自身的能力和行为,却漠视别人的友谊和感受,整日独来独往,名曰独善其身,实是逃避责任和集体。这种孤芳自赏的心态和行为不仅没什么美可言,反而会使其走向孤独的境地。因为人是社会关系的总和,离开了群体的自我是难以得到认可和欣赏的。因此,只有融入集体中,大学生身上的个性魅力才会显现,人生才会充实而有意义。

4. 重表轻里　当今的大学生,追求异常丰富,对穿着打扮、容貌仪表很是注重,他们以充沛的精力投入到每天的学习生活中,显示出当代大学生朝气蓬勃的英姿。但也有的同学一味追求穿名牌,讲新奇,摆阔气,消费比档次,讲脸面,生活中多是注重外表而忽视了内在美,成为才识学浅的庸俗之人。因此,大学生要真正成为时代的骄子,必须注重自己内心世界的修养,树立远大的理想和信念,心胸坦荡意志坚强,思维敏锐,品德高尚。这样,我们的外在美才会具有永恒的魅力。

审美观有健康和褊狭、正确和错误之分。错误和不健康的审美观往往使人无视美、歪曲美,甚至以丑为美,严重影响着人们正常的审美活动。因此作为大学生来说,要获得有意义、有价值的美感,塑造美的人生,必须树立正确的审美理想,即要将认识"真"、"善"、"美"的统一起来。

人类在改造自然的社会实践中,要认识、掌握和运用自然规律。通常人们将客观事物所蕴含的这些自然规律叫"真"。实践主体按客观规律有目的地去改造世界称为"善"。人们在改造客观世界中,使人的本质力量对象化,便是"美"。可见,"真""善""美"三者统一于人类的社会实践,既相互区别,又相互联系。

(1)"真"是"善"和"美"的基础和前提:当人们的主观目的按照客观规律去实践得到了预期的效果,主体的目的性和客观的规律性得到了统一,即"真"与"善"交会融合起来。其中,"真"成了"善"得以实现的前提和基础。没有"真"的"善"是伪善,其本质则是恶。一座大桥、一幢建筑是为人服务的,但它之所以能建成,则是遵循了"真"。同样"美"的产生也是人在实践中,以对"真"的认识和把握为前提的。"真"本身并不就是美。只有人的实践的加入,才能使客观的规律得到认识、掌握,并创造出生动的形象。因此,"美"的产生是个人在实践中不断认识和掌握"真''的结果。

(2)"善"是"美"与"真"的归宿:"善"是一切价值的归宿,因此"真"和"美"最终是走向"善"的。客观存在的"真"被人们孜孜地追求和探索,目的就在于推动人类进步和社会的发展。否则"真"就失去了其存在的价值。牛顿定律、爱迪生的发明最终带给人类的是功利和实惠,这是"真"最终要走向"善"方显其价值的体现。同时,"美"的归宿也是"善"。高尔基说"美学是未来的伦理学",表明了"美"与"善"之间的内在联系。"美"受"善"的驱使,会在更高的精神层次上满足人们的社会需要,走向或实现更高目的的"善"。

(3)"美"是"真"和"善"统一的形象:合目的性的"善"与合规律性的"美"的统一是具体的、现实的,这就是活生生的可感形象。因此,"美"离不开"真"和"善",通过生动的形象,使"真"、"善"得到更充分的体现。

"真"、"善"、"美"的统一,代表着一种理想的人格追求。无数的时代风尚人物如雷锋、焦裕禄、孔繁森等是我们时代"真"、"善"、"美"统一的典范。他们的一言一行、所作所为,体现了先进的民族精神和光辉思想,同时也是合乎历史发展的必然性的。他们的光辉形象和生动事迹会激起我们的共鸣,自觉产生荡涤净化灵魂,去追求"真"、"善"、"美"的强烈愿望。

二、修炼人格美

人是社会的存在物,社会美在人身上的体现亦十分丰富,具体表现为人的内在美与外在美的统一。人的内在美,即指人格美,包括人的智慧、道德、人格、情感等。作为生命的高级形式,人格美美就在于经过长期的社会实践,在审美教育和审美修养的作用下,个体超越了狭隘的功利欲求,走向自由无私的境界。外在美指人的形体美、仪表美和行为美的总和。健康匀称、充满活力的身体是形体美的表现。五官端正透出神采、衣着合体大方是仪表美的体现。而言谈举止得体,谦虚礼貌,温文尔雅,潇洒自如,求实进取,当需要自己献身时,表现出大无畏的英雄气概等是行为美的特征。人格美和外在美构成人性美的两个不可分割的层面,理想的人性是二者的和谐统一。但生活中却出现了实际情况并非完全如此的形象。有许多心灵美、品德高尚者,却外表平平甚至丑陋,如《巴黎圣母院》中的敲钟人卡西莫多,相貌奇丑,却有着无比美好善良的心灵,他的"内秀"完全盖过了其外在的丑陋,不仅说明人的内在美具有一种强大的力量,还可以升华为对外在形象的感受。一个人不能离开心灵美而片面追求外表的漂亮,否则只能成为"金玉其外,败絮其中"的绣花枕头。因此,大学生在塑造美好人生时,应注意自己的仪表和形象,更要注重自己的心灵和品德,做到人格美与外在美的和谐统一。

三、积极参加审美实践

在人类的社会实践中,懂得如何去发现美、欣赏美、享受美,同时还要懂得人类实践活动的最大特点还在于它的创造性。因此,人们不仅仅局限于审美和享受美,更注重实践美,注重从实践美与享受美的统一中更加完善自己。

(一) 要认识实践是美的源泉

一件件精美绝伦的艺术品,无不凝聚着创作者的劳动和创造。同样,在改造自然和社会的实践中,人类同样会把自己的才智、灵巧、愿望、勇敢、坚毅等在实践对象中加以凝聚和表现,从而创造出美的社会和生活。可以说,创造的过程是和享受的过程同时进行的,体验和感受了创造本身的美。

(二) 创造是大学生创造美的具体形式

当前我们处于知识经济时代,最显著的特点是科技日新月异的发展,科技创造、科技革命的浪潮一浪高过一浪。大学生是一代掌握知识技能的高层次人才,民族的兴亡、国家的强盛关键是看其培养的人才能否掌握最新的科技成果,不断地进行科技创造和发明。因此对于我们大学生来说,大学时期,不仅是知识的汲取和技能的培养,更要积极投身于科技的创造中去,通过对美的规律的认识和把握,通过科技创新活动,来体现其中劳动成果的美,从而激发强烈的求知欲望和创造欲望,享受充实而美好的大学生活。

(三) 生存和学习环境的美应成为大学生生活美的主要内容

人们都希望生活在一个青山绿水、空气清新、洁净明朗、生态和谐的环境之中。我们已经遭受到了工业化社会所带来的环境恶化、生态失调问题。我们渴望洁净的蓝天,渴望与琅琅书声相伴的是鸟语花香和绿树成荫。但美丽的校园需要每一位大学生的关心与参与,从自身做起,养成良好的卫生习惯,通过参加扮美校园的劳动来获得那美好的感受。但目前,与校园环境美化极不协调的是,许多同学劳动观念淡薄,卫生习惯差,寝室里狼藉一片,气味难闻,远大的理想与抱负,实现美的人生,应从身边做起,通过美化自身的生存环境和学习环境,真正做到创造美与享受美的统一。

第四节　大学生自身美的训练

让我们先来看两件美术作品。

作品一:向日葵是一种很普通的植物,但是在凡·高的油画《向日葵》里,我们却明显地感受到,向日葵已经被他画活了。在他的《向日葵》里,似乎有一种积极的、顽强的生命力在膨胀、在扩张、在成长,同时这种生命力也在激励着欣赏者要积极进取,要永不放弃,欣赏者在欣赏时会明显地感受到自己充满了自信与能量。这种独特的审美感受是如何产生的呢?让我们先来看画面的色彩。这幅画的主色是黄色与红色,这两种颜色都具有激发人的积极向上的情绪与情感的能力。再看这幅画的线条,向日葵的花瓣都是弯曲的,且方向都与重力的方向相反,是向上的,这是与兴奋、自信等积极情绪与情感是"同构"的,因此,画中所用的线条也具有激发人的兴奋、自信等积极的情绪与情感能力。最后,所有的向日葵都是插在一个坛子里的,其生长条件受到了限制,但向日葵仍表现出顽强的生命力,这是与我们的人生经历是很相似的。总之,这幅画无论是它的整体结构还是它的局部结构,它们都能应构出人的积极情绪与情感,并且使我们对人生产生很大的鼓舞和激励作用。另外,由于它们的应构效果是相似或相同的,因此它们给予人的情绪与情感的体验也就非常强烈。正是由于《向日葵》的独特的结构与人的情绪与情感具有独特、广泛和深刻的情——物联系,才使得《向日葵》具有异乎寻常的美感、魅力和影响。

作品二:让我们再来看一看罗丹的《思想者》。这是一尊全身裸体雕塑,是准备安放在群雕《地狱之门》门顶上的,其总的构形是一个弯曲成一团的全裸的"人体"。从这个全裸的"人体"身上,我们可以看到,"他"的身体像一把弓充满了"张力"(格式塔艺术心理学家鲁道夫·阿恩海姆非常看中的一个概念),具有极其强烈的激发情绪与情感的能力,加上人物的面部表情凝重、庄严,甚至有点冷酷,全身肌肉紧张,血管暴凸,棱角分明,这些都能够给人以一种强烈的激动甚至是震撼效果。在这里,雕塑"人物"的面部表情、肌肉、棱角、弯曲的身体以及人类的前途等都与人的情绪与情感有着极为牢固与强烈的情——物联系,因此,这尊雕塑能够激发人的强烈的情绪与情感是一点儿也不令人奇怪的。

具有形象的视觉艺术都可以塑造一个可见的事物通过人体内的情——物联系来应构人的情绪与情感,那么大学生在生活中又是如何来训练构建自己的自身美呢?

一、以进步的观点和良好的心境来进行审美活动

以进步的观点和良好的心境来进行审美活动,需要个体不断地投入到审美的活动中去,并运用积极的心理,对审美情趣的诸多形态进行训练、升华。

(一) 良好的心境与进步的观点相结合

良好的心境是指审美活动中客观事物的审美特征刺激人的感觉器官而产生的瞬间美好感知。我国著名美学家朱光潜在谈到三种不同的人看待一棵古松的态度时讲到,木材商只是用实用的态度看待古松,追求功利,心理活动是抽象。植物学家用科学的态度看待古松,追求的是客观真理,心理活动是逻辑推理。而只有那位画家朋友看到古松时,"他只把古松摆在心眼面前当作一幅画去玩味。他不计较实用,所以心中没有意志和欲念;他不推求关系、条理、因果等,所以不用抽象思考。还必须与进步的观点结合,即进一步与人的审美想象活动、情感活动、理智活动结合,才能上升到进步的阶段,形成丰富完整的审美活动。因此,良好的心境上升为进步的观点阶段,才会使个体形成正确的审美判断,在审美中深入到社会生活的内部,形成符合时代的审美情趣和审美理想。

（二）正确进行审美移情

审美移情即把审美主体的情感投射到客观事物上去并和事物产生共鸣和交融的现象。"感时花溅泪,恨别鸟惊心","登山则情满于山,观海则意溢于海",不同的心情、不同的心境产生不同的审美效果。因此,大学生在审美中,应以一种积极、乐观的正常心态与客观事物进行交融,追求美好与高尚,形成积极乐观的生活态度。

（三）运用联想,获取对美的深刻理解

看到梅花,我们会想起坚强不屈的性格,看到杨柳吐绿,会感到春天的来临、事物的美好。这种由当前感知的事物而回想起有关的事物,或由一件事物而想起另一件事物的心理活动就是联想。1851 年 12 月,路易·拿破仑发动政变推翻了法兰西第二共和国。这天,法国著名雕塑家巴尔托迪正在巴黎街头,天渐黑时,有个女郎手持火炬高喊着:"前进",这时,路易·拿破仑的军队向这位女郎开了枪。这位无名女郎,成了巴尔托迪心中的自由神,后来他在创作自由女神像时,便想到了这位女郎,以她为摹本,以雕塑模特儿的体形和自己母亲的容貌,雕塑出举世闻名的自由女神像,她身穿宽大的长袍,右臂高举火炬,庄严、高贵、慈祥,被人们看作是追求自由、追求理想的象征。联想在审美创造和审美欣赏中起着重要的作用。

大学生应充分运用联想,激发自己对美好事物的情感,并丰富自己的内心世界,使审美活动不断升级,获得对美的更深刻、更鲜明的理解。

二、从我做起,从点滴做起,自觉投身审美实践

通过体验,从我做起,从点滴做起,激起对美好形象的珍爱,自觉投身审美实践。审美体验即是审美主体通过对审美对象的品位与领悟。达到与对象相融相合、共感共鸣的心理过程。审美体验最终走向心灵与情感的满足与愉悦,超越审美对象和功利杂念,达到主体与对象的融合。审美体验中,心灵直接观照到美的客体,我们会感到"至美至乐",实现了与客体的情景交融与共鸣。"千山鸟飞绝,万径人踪灭。孤舟蓑笠翁,独钓寒江雪"。柳宗元的《江雪》使读者体验到的是一老翁独坐在小船上冒雪垂钓,周围万籁俱寂,一尘不染的意境美,使我们领悟到作者独立前行去追求真理的执著精神与情感。我国著名美学家宗白华谈道:"风烟靖寂的郊外,清凉山、扫叶楼、雨花台、莫愁湖是我同几个小伙伴每星期日步行游玩的目标。……湖山情景在我的童心里有着莫大的势力。一种罗曼蒂克的遥远的情思引着我在森林里,落日的晚霞里;远寺的钟声里有所追寻,一种无名的隔世的相思,鼓荡着一股心神不安的情调;尤其是在夜里,独自睡在床上,顶爱听那远远的箫声,那时心中有一缕说不出的深切的凄凉的感觉,和说不出的幸福的感觉结合在一起;我仿佛和那窗外的月光、雾光融化为一,飘浮在树梢林间,随着箫声、笛声孤寂而远行——这时我的心最快乐。"可以说,这种积极而深刻的审美体验,培养、陶冶和训练了人的审美心理与意识,使我们在审美活动中,珍惜美好的事物努力地去追求和探寻,明确自身的社会责任感,代表时代与社会理想的要求,向社会和人生发出强烈的审美召唤。

三、丰富生活阅历,不断提高自身的文化素养

大学生的良好审美情趣,不是自然形成的,需要大学生发挥自身的主观能动性,努力学习,积极参加审美实践活动。大学生需要丰富自己的社会生活阅历,不断提高自身的文化素养,升华审美情趣,实现审美理想。

审美升华是审美主体强烈的审美情感向纵横方向扩充的心理状态。通过不断的审美升华和良好的审美情趣的培养,主体不断超越自我,形成一定的审美理想,这是"真"、"善"、"美"的综合反映,它能用来衡量和识别生活中的真与假、美与丑、善与恶,揭露现实矛盾,鼓舞人们为光明的未来而奋斗拼搏,从而创造更加美好的世界和人生。

(一) 在学习和实践中提高审美能力

审美实践告诉我们,审美能力的高低,一般与审美主体的知识水平是成比的。一个有知识的人,才可能更敏锐地感受美,进而借助于情感和想象而达到对美的理解。否则,就不可能比较准确、深刻地理解一定对象的美,其审美情趣也不可能高雅。以前曾有一个"文化衫里面没文化"的故事,在让人忍俊不禁的同时,会给我们一定的启示。一天,一位打扮新潮的姑娘在街上行走,迎面来了个外国小伙,在姑娘面前停住了,笑眯眯地用英语说:"可以吗?"姑娘没听懂,大概觉得对方怪有趣,就微微一笑。小伙子以为受到鼓励,就乐颠颠地在姑娘脸上亲了一口,然后"拜拜"一声,扬长而去。姑娘愣了,醒过味来就大喊抓流氓。外国小伙觉得很冤枉,理直气壮指着姑娘胸前,说是征得过同意的。原来姑娘穿的是文化衫,胸前印着一排很大的红色英文字母"KISS ME"。这行字母意思很明确:"吻我"。姑娘恍然大悟,羞红了脸。当然大学里也有许多学生爱穿文化衫,有的印着精美大方的图案,有的印上"祖国卫士"的字样,给人以青春朝气和阳刚之美,和大学生的身份也很协调。有的就不敢恭维了,譬如"千万别爱我"、"难得痛快"、"没钱"、"烦死了"等等。作为一名大学生,如果陶醉于这种虚浮的文化品位,是很糟糕的事。因此,培养良好的审美情趣首先必须通过学习,提高审美理解能力。

要认真学习马克思主义美学知识。马克思主义美学知识是认识美的思想武器。我们要通过学习马克思主义的美学理论,正确认识美的本质、特征、内容、形式、类型,准确把握美与人的本质的关系,美与社会实践的关系,美与真和善的关系。在学习中要特别注意掌握马克思主义的立场、观点、方法,并把马克思主义的美学理论与自己的审美实践结合起来。只有这样,才能正确地掌握审美评价的基本原则和方法,才可能沿着正确的方向提高自身的审美能力,才可能按照美的规律来发现美、理解美、欣赏美和创造美。在此基础上认真扩充关于审美对象的专门知识。

(二) 在实践中训练感知能力

良好的审美情趣要靠审美实践来培养,大学生应该积极参加对美的鉴赏活动,以提高辨别美丑的能力。我们并不一概反对大学生接触一些并不很美的事物,但是对于鉴别能力还不够高的人来说,首先要通过对美的事物的鉴赏来掌握正确的审美标准,从而在审美实践中逐步增强辨别美与丑的能力,以形成良好的审美追求和情趣。正如歌德所说:"鉴赏力不是靠观赏中等作品而是靠观赏最好的作品才能培育成的。所以我们只有让你看最好的

作品,等你在最好的作品中打下牢固的基础,你就有了衡量其他作品的标准。"

1. 积极参加对自然美的鉴赏　自然美包括人工自然和纯粹自然中各种景物和现象的美。自然美归根结底是一定社会实践或社会生活的产物,正是由于社会实践的发展,自然事物才越来越多地进入人类的视野,成为人们可感的审美对象,欣赏自然美,能使我们为人类(包括自己)发现美的智慧而兴奋,更重要的是能使我们对人民、对民族的创造力量产生由衷的赞美,培养高尚的情操,寄托崇高的理想。我们伟大的祖国山河锦绣,名胜古迹遍布各地,当我们在祖国的锦山秀水之中流连忘返,当我们为祖国的秀美景色所陶醉时,会由衷地为自己是伟大祖国的保卫者和建设者而自豪;会激励自己更坚定地为使祖国变得更加美好而努力工作。让我们来欣赏一段桂林山水的录像。

2. 积极参加对社会美的鉴赏　社会美是社会生活中各种事物和现象的美,突出地表现为反映时代精神的人和事。体现爱国主义、社会主义、集体主义精神的新人新事新风尚,深刻地反映了历史进步的必然趋势和广大人民群众的根本愿望,既是伟大的"真",也是高尚的"善",又是无比的美。从这些美的典型身上,我们可以更深刻地认识社会美的本质和社会主义新人的美,从而更加坚信,正义、进步和光明必将战胜邪恶、落后和黑暗,美必将战胜丑,激励自己更加自觉地抵制丑、清除丑,为建设祖国美好的未来而斗争。

3. 积极参加对艺术美的欣赏　艺术美的内容十分广泛,包括音乐、舞蹈、美术、戏剧、小说、诗歌、影视等方面的美。艺术美来源于客观存在的现实美,是对于现实美的典型而集中的反映。现实生活生动、丰富,但往往显得零碎、粗糙,缺乏一定的感染力。艺术家对现实生活中的素材加以选择提炼,加工制作成艺术作品,源于生活而又高于生活,使之具有真实深刻的内容、独创完美的形式、生动鲜明的形象、真挚动人的感情。通过艺术鉴赏,我们可以从中受到潜移默化的影响,许多优秀作品,对于提高一代又一代大学生辨别美丑的能力,升华大学生追求真善美的情感,都产生了巨大的作用。我们应尽可能多地去鉴赏美的艺术,从中吸取丰富的营养。

思 考 题

1. 理解和掌握美学与审美的基本理论知识。

2. 请运用美学与审美理论知识,分析和鉴赏生活、自然及艺术领域的审美现象。

3. 请运用美学与审美理论知识指导实践,提高审美塑造的自觉性和在生活中训练自身美的能力。

第十二章 安全教育

本章导读 大学就读期间是莘莘学子的一段美好又难忘的时光。而这一切开始的时候，不易被同学们重视的注注是安全问题。安全是什么？安全是幸福生活的保障，是生命的基石，是每一位大学生完成学业、健康成长的基本条件。近年来，全国各地各种校园意外事故频繁发生，校园安全问题必须引起我们的高度警惕和重视，我们要时刻敲醒安全的警钟，多一份安全思想，少一份事故危机。本章通过校园生活中的人身安全、财产安全、消防安全、网络安全、就业安全、灾害预防和应急救护培训等教育，引导大学生加强安全意识和安全防范技能。

> **案例 12-1**
>
> 2012 年 9 月 15 日晚上 8 时许，海南省某高校学生公寓 15 号楼 513 房间发生火灾，室内所有物品损失殆尽。经查，该起火灾的起火原因为有位同学将手机充电器和手提电脑的电源长期插在电源插座上，而插座一直放在其床头，手机充电器和手提电脑的电源长期通电工作过热，引燃床铺引发火灾。
>
> 2008 年 7 月海南某高校学生李某去见高中同学时，被骗入传销组织，后经校方以及当地公安部门的通力协作，才将其解救。

第一节 大学生活中的人身安全

一、校园生活中的人身安全

大学生校园生活中的人身安全包括学习中的安全和生活中的安全。在高校校园所发生的大学生人身安全事故中，绝大多数是可以通过教育、防范和加强安全管理来提前采取措施避免的。

（一）拒腐蚀、提高免疫力

大学生人身生命受伤害，有时候是自身存在的不良习气、不健康思想、不道德行为引起的。因此，大学生要减少或避免人身生命伤害，还要自觉拒绝不健康思想的侵蚀：一是警惕西方资产阶级人生价值观、生活方式的侵蚀，特别是所谓性解放的影响。二是抵制世俗风气的影响。例如，借过生日、入党、获得奖学金等机会吃吃喝喝；三是克服庸俗习气的影响。例如，赌博、酗酒、个别吸毒、拉老乡、搞哥们儿义气，炫匹夫之勇等。

（二）尽量避开遭受侵害的因素和环境

在日常生活中，尽量慎重出入治安复杂场所，远离不法分子侵害，减少遭受伤害的概率。一是尽量远离治安复杂场所,尽可能不到偏僻无人或极少有人活动的林间、山路、沟渠、废旧建筑工地等处活动逗留,尽量避免在午休、夜深人静、黑暗时单独滞留或夜不归宿等,不给不法分子可乘之机。二是认识不法分子侵害的手段。尽量以机智灵活的方法、义正词严的态度应对分子的暴力、欺骗或软硬兼施,设法努力避免、减少不法侵害的发生。

(三) 正确应对各类灾害事故

正确应对各类灾害事故,就能有效地减少或避免伤害。一是灾害和事故具有演进性和规律性。凡灾害、事故的发生,都是由渐变到突变的过程,因此,平时就要积极做好预防工作,把灾害、事故化解在演进的过程中。二是灾害、事故的发生具有偶然性和突发性。这种突如其来的灾害、事故,往往会让人们的心理造成极度的恐慌。为避免或减少其造成的伤害,应做到处乱不惊,保持清醒头脑;有生命危险时,设法保护人身生命安全,及时报警,防止事态进一步扩大。三是出现各类灾害事故后,应面对和接受现实,树立信心,利用现有条件或积极创造条件,努力把伤害减少到最低程度。

结合大学生的实际情况,制定以下几点防范措施。

1. 科学就餐 校内就餐场所之所以会出现问题,往往是由于学生们由于不太了解一些饭菜搭配的常识以及不注意饮食卫生,导致饭后会出现呕吐、腹泻、腹痛等食物中毒症状。另外,大学生们在聚会聚餐时,难免会喝酒、抽烟,这也是损害身体健康的主要因素之一,并且在酒后还容易滋事,导致伤害案件的发生。

2. 科学锻炼 在锻炼场所之所以会出现问题,绝大多数都是学生们在参加体育锻炼时,太过于"投入",而忽视了合理的科学锻炼方法,导致自己受伤。还有一些同学,因为不能很好地控制自己的情绪,在一些集体项目上发生斗殴等事件。这就要求同学们一定要严格按照老师的要求,发扬团结友爱精神,适当地进行运动。

3. 在住宿、教室、实验室场所必须严格遵照学校各项安全管理规定 大学生的人身生命安全遭受伤害,除了主要由不法分子侵害因素外,有时往往是因自身原因引发的。因此,大学生为了自身生命避免遭受伤害,还必须从自身做起。学生在教室、实验室学习和工作时,要严格遵照各项安全管理规定、操作规程和有关制度;涉及使用易燃易爆危险品时,一定要按照规定一丝不苟地进行操作,避免火灾、爆炸伤及人身安全。遵守学校的宿舍的管理规定,不乱接拉电线,不躺在床上吸烟和乱扔烟头,不在蚊帐内点燃蜡烛、不随地焚烧杂物,不使用易引起火灾的各种电器。

二、社会生活中的人身安全

(一) 大学抢劫案件的特征及预防措施

1. 大学抢劫、抢夺案件及其危害性 大学抢劫案件是以大学生为侵害目标,使用暴力,胁迫或其他的方法强行劫取学生财物的行为。这类案件在一定情况下往往容易转化为伤害、强奸、凶杀等恶性案件,造成被害人精神、肉体的伤害甚至危及生命安全,具有极大的危害性。大学生只有充分认识其危害性,不断提高自我保护能力,才能在遇到危险时采取防范措施,减少不必要的伤害和财产损失。

2. 大学抢劫案件的特点

(1) 时间的规律性:高校抢劫案一般发生在行人稀少时、夜深人静及学校开学,具有一定的规律性。因为在行人稀少夜深人静时,同学们往往孤立无援,而犯罪分子却人多势众,容易得手;学校开学时,同学们一般带有一定数量的现金,特别新生入学时,有的新生及家长携带有较大数额的现金,为犯罪分子所垂涎。

(2) 地点的隐蔽性:抢劫犯罪分子作案,大多数选择校园内较为偏僻或校园周边地形复杂、人少及夜间无路灯的地方。因为这些地方犯罪分子比较容易隐藏,不易被人发现,抢劫后也容易逃脱。

(3) 目标的选择性:犯罪分子抢劫的主要目标是穿着时髦、携带贵重财物、单身行走、在无人地方谈恋爱的大学生情侣等。

(4) 人员上的团伙性:为了抢劫财物这一共同目的,不法分子往往结成团伙,共同实施抢劫。

(5) 手段多样:不法分子实施抢劫手段通常有:抓住部分大学生胆小怕事的心理,对物色到的目标进行暴力威胁或言语恫吓,实施胁迫型抢劫;利用部分同学的单纯幼稚,诱骗大学生上当,实施诱骗型抢劫;犯罪分子采用突然袭击、殴打或捆绑等行为实施暴力型抢劫;冒充老乡或熟人的朋友,骗得同学的信任后、寻找机会用药物将同学麻醉,实施麻醉型抢劫等。

3. 遭遇抢劫案件的应对措施

(1) 沉着冷静不恐慌:在遭抢劫,首先要保持镇定,克服畏惧恐慌情绪,其次要有正义必然战胜邪恶的信念。只有这样,才能从精神和心理上压倒对方,继而通过灵活的方式战胜不法分子。

(2) 力量差异悬殊时不蛮干:不法分子实施抢劫作案,一般都做了相应准备,要么人多势众,要么以凶器相逼,有的同学由于年轻气盛,性格刚烈,鲁莽行事,引起事态升级,易被不法分子伤害。

(3) 快速撤离不犹豫:如遇到抢劫时,对比双方力量,感到无法抗衡时,要看准时机向有灯光或人员集中的地方快速跑去并大声呼救,不法分子由于心虚,一般不会穷追不舍,可有效避免劫案的发生。

(4) 巧妙周旋不畏缩:当同学们已处于不法分子的控制之下无法反抗时,可先交出部分财物缓和气氛,再向作案的不法分子劝说,晓以利害,造成犯罪分子心理上的恐慌而终止作案,或在犯罪分子心理产生动摇放松警惕时,看准机会反抗或逃脱并伺机拨打110报警。

(5) 留下印记不放过:同学们一旦遭遇抢劫,要注意观察作案的不法分子,尽量记下其特征,如身高、年龄、发型、体态、衣着、胡须、特殊瘢痕、语言及行为等,有机会的话,还可趁其不注意在其身上留下暗记(如在其衣服上擦墨水),便于为公安机关侦破案件提供线索。

(6) 报案:在案发过程中伺机拨打110报警。案发后要立即拨打110报警或者到就近的派出所报案。

(二) 大学性侵害案件的特征及预防措施

性侵害是指违背当事人一方意志的性行为。它严重侵犯了受害人的人身权利,极大地损害了受害人的身心健康。

1. 大学性侵害案件的特征

(1) 暴力式性侵害:采取暴力式性侵害的主要是社会上的不法分子。有的直接以强奸为目的,有的以抢劫、盗窃为目的,在实施抢劫盗窃过程中,见有机可乘,随即实施强奸,并演变成暴力性侵害。也有的是因恋爱破裂或单相思,走向极端,对方给以性施暴等。暴力式性侵害往往因为遭到女性的强烈反抗或担心暴露极易演变为凶杀。因此,暴力式性侵害对女大学生的危害也就最大。

(2)胁迫式性侵害:性侵害者一方大都是强者,往往以其特殊的身份、手中的权力、经济上的控制,或以女大学生隐私进行要挟,迫使侵害女大学生就范。

(3)诱骗式性侵害:不法分子把性猎取的目标锁定在女大学生身上,他们先冠以谦谦君子,把真正企图掩盖起来,而后以金钱引诱,或以交朋友谈恋爱相处,或以安排工作相许,或以娱乐相邀,设法投其所好,女大学生一旦失去警惕而上钩,不法分子便会撕下伪装,实施性侵害。

(4)社交式性侵害:现在大学生的社会活动也越来越多,一些女大学生缺乏社会经验,交友不慎,结识一些社会不良人员时,有可能遭到性侵害;大学生利用假期节假日、社会实践等机会勤工助学,承揽服务性工作(导游陪游、家庭陪聊陪酒、坐台等),有时也可能跌入性陷阱;涉足歌厅舞厅、酒吧、咖啡屋等场所时,也可能遭到性侵害。

(5)流氓滋扰式性侵害:往往是社会上的流氓分子混入校园,用下流的语言,用推、拉、摸等动作耍流氓,或偷窥女大学生洗澡、解手等进行流氓滋扰。当女大学生孤立无援时,便可能发展成为暴力式性侵害。

2. 大学性侵害案件的预防措施

(1)提高自身素质:一是要树立正确人生价值观,不为世俗庸俗所影响,不为腐朽思想所腐蚀。二是不轻率,不占便宜,不过于看重钱财,防止授人以柄。三是言行举止得体大方,不追逐时髦,不过于暴露轻浮。四是慎重交友,不轻易相信初识人,更不要轻易接收初识"朋友"的馈赠。

(2)避开性侵害容易发生的时间、环境和场所:一是夜间外出活动不要过晚,午休时间最好不要一个人单独外出活动。二是不要单独滞留、活动于偏僻黑暗角落。三是不要去治安环境相对复杂的"娱乐"、"服务"场所等。

(3)严格遵守女生宿舍安全管理规定:一是尽量不要独自一人住宿。二是不私自让异性进入宿舍。三是睡觉时要关好宿舍的门窗。

(4)正确对待性侵害:一旦遭到性侵害,能否正确对待,妥善处置,其结果也大不一样。因此,作为女大学生,当遇到此类问题时,还必须正确对待,妥善处置,力争把损失减到最低程度。

1)保持沉着镇定:不论遭到何种方式的性侵害,都要沉着镇定,冷静分析当时的情况,思考脱身和对付不法之徒的办法。要敢于大胆维护自己的尊严,要设法采取有效手段和办法震慑对付不法之徒。一方面,可考虑高声呼救,以此震慑不法分子,同时争取外援;可以利用身边一切可以利用的物品,如钥匙、笔、发夹、砖头、灰沙等同其搏斗;还可采取抓、踢、顶、撞等方法猛击其要害部位,争取逃跑的机会。另一方面,如果当时的情况不允许硬干时,切忌蛮干,一定要用智慧设法"(必要时牺牲部分利益有所让步)创造条件和机会争取外援、脱身。不论采取何种办法,都要设法记住不法分子的特征(年龄、身高、体态、口音等),尽可能留住物证(血迹、精液、阴毛、指纹等"),为日后破案创造条件。

2)要敢于依法打击犯罪,维护尊严:一旦遭到性侵害,不能怕影响名誉而不向公安机关报案或私了,要立即报案,依靠组织和法律,使不法之徒尽快得到严惩,使自己的合法权益得到维护。

3）正确对待失身：一是虽遭性侵害，因是无辜的受害者，周围同学和社会舆论不会另眼看待。二是要破除"一朝失身，终身有瑕"的精神枷锁，正确对待人生道路上的曲折和挫折。三是要接受教训。如果也有自身某些方面不慎所至，就要吸取教训，提高自己的抵御能力，使自己更加成熟。总之，要调整心态，正确认识，必要时进行心理咨询。

（三）预防艾滋病

艾滋病传播的途径。艾滋病病毒（HIV）主要存在于艾滋病病毒感染者和艾滋病患者的体液中，包括血液、精液、阴道分泌液、乳汁、伤口渗出液等。能够引起体液交换的行为，都有传播艾滋病病毒（HIV）的可能。已经证实的艾滋病传染途径主要有三条：性接触传播、血液传播、母婴传播（也称围产期传播）。一般的接触并不能传染艾滋病，如共同进餐、握手等都不会传染艾滋病。

艾滋病的预防措施：

（1）遵守性道德、洁身自爱、反对性乱，不要有婚前和婚外性行为；遵守政府法令，不搞卖淫嫖娼。

（2）不到消毒不严密或不消毒的理发店、美容店和浴室去理发、美容、文眉、文身、穿耳眼、修脚；刮脸刀避免交叉感染。

（3）就医时要到正规医院，使用经严格消毒的注射器及治疗器械；不到不正规的诊所就诊、打针、拔牙、针灸或手术等；在救护流血的伤员时，要设法防止血液直接沾到自己的皮肤或黏膜上。

（4）不要擅自从国外带入血液制品，不使用未经检验的进口血液制品；有必要输血时，要使用艾滋病病毒抗体检验合格的血浆。

（四）外出旅游安全

现在大学生喜欢在长假和周末出门游玩。然而，由于大学生的年轻气盛，再加上社会经验少、喜欢冒险和和年轻人好奇的个性，使他们不拘泥于传统的景点旅游，而是更喜欢远足探险，安全事故时有发生。由于缺乏自我安全保护意识和足够安全指导，大学生旅游安全问题备受关注。因此，在旅途游玩的过程中应该注意下面的问题：

（1）不能携带大额现金。改变携带大额现金出行的方式，利用银联卡取款，避免一路上担心被盗而神经紧张，而被小偷盯上。

（2）旅途中同身边旅客闲谈时，不要随便暴露自己行程计划，不要"露富"。不要接受陌生人馈赠的香烟、饮料、酒以及其他食品，避免犯罪分子实施麻醉抢劫等。

（3）乘车时，个人随身的行李物品要放在视线能观察到范围内，并随时观察，特别是火车到站时，旅客上下车人多拥挤，更要注意自己行李物品的安全。

第二节　大学中的财产安全和消防安全

一、大学生的财产安全

随着我国经济的发展，人民的生活普遍提高，大学生在校期间的私人财产也逐渐增多，在集体生活环境中，个人贵重物品管理是一个难题，一些不法犯罪分子往往会利用学生社会经验不足、安全意识薄弱,疏于防范的弱点,进行诈骗、盗窃甚至抢劫。

(一) 盗窃案的特征及手段

聚焦案例:

2013 年 4 月 10 日上午七点,海南某高校学生公寓李某某、王某等报案称:他们所在寝室发生盗窃案,被盗物品有笔记本电脑三台、手机二只、当天晚上使用电脑,和手机,用完后放在桌子上后就锁门睡觉了,醒来后发现桌子上的贵重物品被盗。

案件分析:

该案例中,虽然同学在出门时已将寝室门锁上,没有考虑到窃贼会利用阳台经过阳台门进入宿舍进行盗窃。由此看来,要预防此类案件的发生,首先必须了解窃贼所惯用的伎俩,只有了解了窃贼常用的偷盗方法,才能做到心中有数,有备无患。

1. 大学校园盗窃案的特征

(1) 大学生的作息很有规律性,小偷往往了解学生宿舍在什么时候没人,他们一般会寻找上课期间、就寝后、周末、开学时和放假前这些时段伺机作案。

(2) 高校有其独特的地域性,图书馆、学生宿舍、学生食堂、运动场所、网络中心、教室等都是人员聚集的场所,这些地方最易发生盗窃案件,作案者一般都对学校环境比较熟悉,地点目标明确。

(3) 高校盗窃案件,高校学生内盗或者内外勾结占有相当大的比例。有些学生在同学之间相互交流攀比中心理失衡或者个人修养存在问题,爱占小便宜而萌发偷盗之心,进而在行为上表现出来;内外结伙盗窃,是指在校内居住人员与校外人员结伙在校园盗窃,由于校内居住人员对校园环境和学生宿舍比较熟悉,由其提供钥匙或其他信息给校外人员实施盗窃,具有较大的危害性;还有社会闲杂人员潜入高校实施作案;其次是校内务工人员;

2. 学校发生盗窃案件的手段

(1) 顺手牵羊盗窃:这类盗窃案件多发生在图书馆、运动场、教室、食堂等公共场院所。不法分子利用物品在、人不在,或物品在、人睡着了而实施盗窃,还有一部分人见财起窃意而实施盗窃。

(2) 溜门盗窃:此类案件大多数发生在学生宿舍,不法分子利用门未锁而溜进行盗窃。在室内有人的情况下,作案分子是陌生人的话,则会以找人或推销一些商品等找借口来掩盖自己,如果不法分子是熟人,则会以"串门"为由,宿舍没人就进行偷窃,有人就稍作攀谈后离开。

(3) 利用钥匙入室作案:不法分子主要利用万能钥匙或事先配好的钥匙开门入室盗窃。

(4) 利用银行卡(存折)进行盗窃:这类盗窃案件的不法分子大多是利用同学、朋友的特殊关系或者暗自观察而得到被害人的银行卡(存折)及其密码,伺机进行盗窃。这类案件具有一定的隐蔽性。

(二) 大学校园盗窃案的防范

认识了大学校园盗窃案的特征,又了解了盗窃案发生的原因后,我们就可以有针对性地来进行预防。

要想改变高校校园盗窃案件频发的现状,做好的防盗工作,要从以下几个方面入手:

1. 学生宿舍的防盗

（1）要养成离开宿舍随手关窗、随手关门的良好习惯，一时的大意往往后悔莫及。

（2）年轻人热情好客很正常，但不能违反校舍管理规定留宿外来人员，更不能丧失警惕。

（3）对形迹可疑的陌生人要提高警惕。学生对形迹可疑的陌生人的警惕，会给他们感到无机可乘，而不敢贸然动手，客观上也起到了预防作用。

（4）现金、贵重物品妥善保管很重要。应将现金存入银行，贵重物品随身携带或放在上锁的安全地方。不能随意放在桌上、床上等显眼的地方。

（5）对于混进宿舍进行推销人员要坚决予以拒绝，并及时报告宿舍管理人员和学校保卫部门。

2. 公共场所的防盗

（1）到教室、食堂、图书馆等公共场所，要暂时离开，书包和携带物品要脱离你的视线范围时，一定要请熟悉的同学来看管，若没有人看管，必须将书包和携带物品带走，即使是去卫生间，也麻痹不得。

（2）在运动场上参加体育锻炼等项活动时，应注意事先将贵重物品锁在抽屉、柜子里，不要带到运动场上去，以防被不法分子顺手牵羊或乘人不备盗走。

3. 银行卡、银行存折的防盗取　银行卡、银行存折要妥善保管，密码要记在心中，不能泄露给其他人（包括朋友）；不要把写有密码的纸条、身份证和银行卡、存折放在一起；设置密码不能太简单（如出生日期、手机号码等）。

（三）发生盗窃案件后的应对方法

（1）保护现场，及时报案。一旦发生被盗案件以后，应保护好现场，并及时向学校保卫部门或者拨打110报警报告，不得先翻动查看自己损失了什么东西，以免破坏盗窃分子留在现场的作案痕迹，给勘查现场、认定盗窃分子带来不必要的麻烦。

（2）如果发现存折被盗，应尽快电话挂失，然后补办相关挂失手续。

（3）积极配合前来勘验和调查的公安干警、保卫干部提出的各种问题。回答要认真回忆，提供情况，反映线索，力求全面、准确。不可凭想象、推测。

二、诈骗案的特征及防范

（一）诈骗案的特征

1. 推销文具、以帮助勤工俭学的方式诈骗　犯罪分子以推销文具骗取钱财。在大学校园里很常见，同类犯罪手段还有：以帮助勤工俭学为诱饵，推销化妆品、电话充值卡和超市打折卡，甚至蛊惑大学生参加非法传销等。

2. 冒充大学生进行诈骗　不法分子冒充某大学的学生，通常两至三人结伙，借口以骑自行车远足，身上没钱，或通过描述遭遇变故（如车祸，钱包被偷等）来博取大学生们的同情，以借手机打电话、借手提电脑发电子邮件、借银行卡进行转账等名义骗手机、骗钱、骗电脑。

3. 手机电话、短信诈骗　短信诈骗，是指利用手机发布虚假信息、通过银行转账骗取财物的行为。短信诈骗犯罪是由境外传入我国的一种高科技金融犯罪形式，具有成本低、收益高、涉及区域广、打击难度大的特点。

目前手机短信诈骗最常见的方式有以下几种:

(1) 假冒 10086 进行诈骗:给学生发来假冒 10086(网址前缀是 10086,但是加后缀"m",实为"10086m. com",这是钓鱼网站)网址,告知你已经中奖,你登录网站后,网页会提示你中奖的信息,想要得到奖金,就得按照要求在网页上输入自己的银行卡号和提款密码,当你按提示进行操作,你的密码就被不法分子盗走,卡内存款被转走。

(2) 以点歌的名义套取话费:打你接到"您好,您的朋友为您点播了一首××歌曲,以此表达他的思念和祝福,请您拨打×××收听。"当您按提示拨打收听时,您的话费被有偿服务套取。

(3) 冒充同学或者朋友诈骗:打电话给手机用户,自称是老朋友,让对方"猜测我是谁",但你猜测是某位朋友时,对方就说猜对了,并称即将来看望他。一步一步骗取机主信任,随后又谎称在看望其途中出车祸或其他突发事由等,让机主汇钱给他救急。

(二) 诈骗案的防范

(1) 提高防范意识,学会自我保护。大学生必须积极参加法制和安全防范教育活动,多掌握一些防范知识。在学习生活中,要做到不贪图便宜;不能轻信花言巧语;不能用不正当的手段谋求择业;上当受骗后要及时向公安部门报案、大胆揭发,使不法分子受到应有的法律制裁。

(2) 注意个人资料的保密。不向不熟悉的人谈论和提供自己或同学的姓名、家庭住址、电话、社会关系等个人资料,以免因个人信息泄露而被不法分子利用来诈骗。

(3) 不贪图小便宜。诈骗分子为了达到其目的,有时也不惜血本投其所好,吃小亏占大便宜,诱学生上当。

(三) 发现诈骗案时的应对方法

(1) 观察判断,有效识别。在发现不法分子有疑点时,要保持头脑清醒,认真观察对方的神态表情及举止动作的变化,看对方所持的证件以及有关材料与其身份是否吻合。

(2) 巧妙周旋,有效制止。在发现疑点无法确定真假而又不愿意轻易拒绝的时候,要采取一定的谈话、交往策略,有礼有节,在交锋中发现破绽,通过与其周旋印证自己的猜测。必要时,还可以采取一些吓唬的言辞,使对方心存顾忌,不敢贸然进行诈骗。

(3) 及时报案。在受骗后,要及时报案,主动提供线索,配合调查。保持积极的心态,切勿因为估计面子而放弃报案,让行骗的不法分子逍遥法外,继续祸害民众。

三、大学校园消防安全知识

古人云"火善用之则为福,不善用之则为祸",自从人类发明火以来,人们的生活发生了翻天覆地的变化。但也因用火不慎、违章用火,也给人类带来了不少的灾难。尤其是近些年,重特大火灾频发,造成了惨重的人员伤亡和财产损失,痛定思痛,人们对消防安全工作越来越重视。常言道"消防连着你我他,平平安安靠大家"。随着消防知识进学校,学校的消防工作越来越受到重视。下面从几个方面与大家分享消防安全常识的一些体会:

（一）火灾的起因

①明火火灾。如违章点蜡烛、点蚊香、吸烟、使用液化气和焚烧垃圾等；②电气火灾。如违章用电、使用电器不当；③违反实验室操作规程。

（二）校园火灾的特点和类型

①具有火灾事故突发、起火原因复杂的特点。学校的内部单位点多面广，设备、物资存储较为分散，生产、生活火源多，用电量大，可燃物特别是易燃物种类繁多。有人为的原因，也有自然的作用；②高层建筑增多，给火灾预防和扑救工作带来巨大困难。学校因高层建筑和密集建筑增多，形成了火灾难防、难救、人员难于疏散的新特点，有的高层建筑和密集建筑还存在消防设备落后、消防投资不足等弊端，这些都给消防安全管理工作带来了一定难度；③火灾容易造成巨大的财产损失。学校教学、科研、实验仪器和图书资料多，一旦发生火灾，损失惨重。珍贵的标本、图书资料是一个学校深厚文化积淀的重要标志，须经过十几年、几十年甚至上百年的积累和保存，一旦发生火灾损失会极为惨重；④人员集中，疏散困难，火灾往往造成人员伤亡，社会影响极大。学校人口密度大，集中居住的宿舍公寓多，宿舍公寓内违章用电、用火较多，一旦发生火灾，在人员密度大、影响顺利疏散逃生的情况下，难免会造成人身伤亡。

（三）火灾的预防

学生宿舍火灾预防：①要自觉遵守宿舍安全管理规定，严禁在校园内吸烟；②不在宿舍内使用电炉子、电热杯、热的快、电饭煲等大功率电器；不在宿舍使用煤气炉、酒精炉、液化气炉等明火做饭；不在宿舍使用煤油灯、酒精灯及蜡烛等明火照明；③在宿舍不私自乱拉电线和乱接电源，不要为了便宜购买不合格的电源插座，如闻到电器胶皮烟味要及时报告；④不在宿舍内或公寓楼道内焚烧信件、纸张和衣服等物品；⑤大家离开宿舍时一定要养成人走闭灯或拉闸断电的好习惯；⑥不存放易燃、易爆物品和硫酸、火碱等化学物品；⑦要搞好室内卫生，不要在室内堆放报纸书刊和旧鞋旧袜子旧衣服等杂物；⑧爱护消防设施和灭火器材，不随意移动或挪作他用。

（四）消防安全标志

消防安全标志由安全色、边框、以图像为主要特征的图形符号或文字构成的标志，用以表达与消防有关的安全信息。

1. 火灾报警和手动控制装置的标志（图 12-1）

消防手动启动器　　　　发声警报器　　　　火警电话

图 12-1　火灾报警和手动控制装置标志图

2. 火灾时疏散途径的标志(图 12-2)

紧急出口　　　　　　　滑动开门　　　　　　　推开拉开

推开

拉开

击碎板面　　　　　　　禁止阻塞　　　　　　　禁止锁闭

图 12-2　火灾时疏散途径的标志图

3. 灭火设备的标志(图 12-3)

灭火设备　　灭火器　　消防水带　　消防梯

地下消火栓　　　　　　地上消火栓　　　　　消防水泵接合器

禁止放易燃物　　　　　禁止带火种　　　　　禁止燃放鞭炮

图 12-3　灭火设备的标志图

（五）灭火的基本方法

（1）隔离法:将着火的物质与其周围的可燃物隔离或移开,燃烧就会因为缺少可燃物而停止。实际运用时,将靠近火源的可燃、易燃、助燃的物品搬走;把着火的物件移到安全的地方;关闭电源、可燃气体、液体管道阀门,终止和减少可燃物质进入可燃区域;拆除与燃烧着火物比邻的易燃建筑物。

（2）窒息法:阻止空气流入燃烧区或用不易燃烧的物质隔离空气,使燃烧物得不到足够的氧气而熄灭。实际运用时,如用湿棉毯、湿麻袋、湿棉被、湿毛巾被、黄沙、泡沫等不燃或难燃物质覆盖在燃烧物上。

（3）冷却法:将灭火剂直接喷射到燃烧物上,以降低燃烧物的温度。当燃烧物的温度降低到该燃烧物的燃点以下时,燃烧就停止了。或者将灭火剂喷洒在燃烧物附近的可燃物上,使其温度降低。冷却法灭火的主要方法是用水和二氧化碳来冷却降温。

（4）抑制法:这种方法是用含氟、溴的化学灭火剂(如1211)喷向火焰,让灭火剂参与到燃烧反应中,使游离基连锁(俗称"燃烧链")反应中断,达到灭火目的。

（六）校园火灾的扑救

一旦发生火灾,一定要头脑冷静,任何一起火灾,都有一个从小到大的发展过程,通常分为三个阶段:即初起阶段、发展阶段和猛烈阶段。

（1）在火灾的初起阶段,火焰面积小,燃烧温度弱,易于扑灭,只要及时发现当机立断,采取正确的灭火方法和有效的措施及时补救,就能将火扑灭,或把损失减少到最低限度。学生应掌握火灾扑救的基本常识,力争将火灾扑灭在初起阶段。其方法:一是发现初起火灾不要惊慌失措,要以最快速、最有效的办法进行灭火,同时呼喊其他同学帮忙。扑灭时要在确保自身安全的前提下进行,如烟雾大要用湿毛巾捂住口鼻,将灭火器对准火焰根部喷射,并尽量使自己处在上风位置。二是如果是电器导致火灾发生,首先要切断电源,防止救火中触电。

（2）在火灾的发展阶段,如果火势过猛不能扑灭,要一边灭火一边报警(火警电话119)。报警时应注意以下问题:①发现起火要冷静观察和了解火势情况,选择恰当的报警方式,防止惊慌失措、语无伦次而耽误时间,甚至出现误报。报告时要沉着镇定,讲清起火的地点部位、火势情况、起火的对象、火灾燃烧的程度、类型和范围②信号要明确,让人听到后立即明白是发生了火灾,报警时要报告报警人的姓名和联系电话号码,便于消防部门随时联系。当对方讲"消防来了",即可将电话挂断,派人到校门口和必经的路口等候,引导消防车迅速到达火灾现场③不能谎报火警,制造混乱。《治安管理处罚条例》第19条规定:谎报险情,制造混乱,尚不够刑事处罚的,处15日以下拘留,200元以下罚款或者警告,构成犯罪的依法追究刑事责任。

（七）火灾逃生与自救

火灾的猛烈阶段,火灾发生后如被大火围困,最重要的是保持头脑冷静,千万不能慌张,应选择最佳的疏散方法进行逃生自救。一场火灾中,能否顺利逃离火场,这与火势大小、起火时间、楼层高度以及建筑物内消防疏散通道的畅通、消防设施等因素有关。但是主要还是取决于受害者的自救能力及逃生知识。每个学生都应掌握一定的逃生知识,在火灾发生时,沉着冷静,选择有利时机、路线和方法逃出危险区域。如果惊慌失措,慌不择路,盲目冒险,就有可能酿成严重后果。

(1) 立即离开危险区。一旦发现自己处在火场的最危险地区,生命受到威胁时,要立即停止一切工作,争分夺秒设法脱险,脱险时要观察判断火势情况,明确自己所处环境的危险程度,以便采取相应的逃跑措施和方法。

(2) 保持镇静,明辨方向。突遇火灾时,首先要强令自己保持镇静,千万不要盲目的服从人流相互拥挤,乱冲乱撞。如楼房着火时,首先要选用安全楼梯、室外疏散楼梯、普通楼梯、消防楼梯等。特别是防烟楼梯,室外疏散楼梯,更为安全可靠,在火场逃生时应充分利用。若以上通道也被烟火封锁,可考虑利用建筑物的阳台、窗口、屋顶等攀到周围的安全地带,沿着下水管、等建筑上的突出物,也可滑下楼脱险。

(3) 简易防护,掩鼻匍匐。火场上的烟雾含有很多有毒有害成分,因此逃生时要注意隔开浓烟,可用湿毛巾、湿口罩捂住口鼻做好个人防护,以防止烟雾中毒、预防窒息。如果出口被火封住,冲出险区有危险,可以将身上浇冷水,或者用湿床单、湿棉被将身体裹住,有条件的可以穿阻燃服,然后迅速离开危险区。若无水时,使用干毛巾、干口罩也可以。在穿过烟雾区时应尽量降低身体或爬行,千万不能直立行走,以免被浓烟窒息。

(4) 寻求暂时避难,等待救援。在所有通道都被烟火封锁又无人救助的情况下,应积极寻找暂时避难所。利用设在电梯间,走廊末端等避难间或卫生间,躲避烟火的侵害。若发现有烟进入室内,应关闭迎火的门窗,打开背火的门窗。用湿毛巾湿布等织物堵住漏烟的缝隙,或用水浸湿棉被,蒙上窗户,然后不停地向高温处或地面洒水,淋透房间,以延缓火势蔓延的时间,防止烟火渗入。同时用湿毛巾捂住口鼻做好个人防护,坚持到救援人员或逃生机会的到来。

(5) 传送信号,寻求帮助。被烟火围困时尽量待在阳台、窗口等易于被人发现和能避免烟火近身的地方。在白天可向窗外晃动鲜艳的衣物等,在晚上,可用手电不停地在窗口闪动或敲击东西,及时发出有效求救信号。在被烟气窒息失去自救能力时,应努力滚到墙边或门边,既便于消防人员寻找、营救,也可防止房屋塌落砸伤自己。

(6) 缓降逃生,滑绳自救。高层、多层建筑发生火灾,通道全部被火封锁时,可迅速利用身边结实的绳索或窗帘、床单、被褥等撕成条自制简易救生绳,用水打湿后,然后将其拴在牢固的窗框、床架或其他牢固物件上,从窗台或阳台沿绳滑到下面的楼层或地面逃生。

第三节　大学生活中的网络安全和就业安全

近年来,随着我国高等教育的发展,大学毕业生的人数呈跳跃性增长的态势,大量的学生毕业后进入人才劳动力市场自主择业。当前,就业形势严峻,广大毕业生为了能早日找到一份满意的工作,通过各种方法和途径收集需求信息,发布个人简历,踊跃应聘,这是积极的就业态度。由于就业市场不够健全、不够规范,社会不法分子的乘虚而入,利用毕业生求职心切的心理和社会经验不足等弱点,采取各种手段,如以试用期、收取不合理的各种费用、许诺高工资、无偿占用智力成果等五花八门形式出现的就业陷阱。欺诈毕业生及其家庭的钱财,甚至对毕业生本人的人身安全构成威胁。大学生遭遇就业陷阱,因缺乏法律意识和合法解决手段,大部分都选择了忍气吞声。就业过程中学生上当受骗的新闻报道也不时见诸各大网络媒体。因此,加强大学生的就业安全教育,增强安全意识和自我防范能力,十分必要、刻不容缓。毕业生安全就业是关系学校稳定的大事。

一、大学生就业安全教育的必要性

（一）加强大学生就业安全教育，是维护社会稳定和建设社会主义和谐社会的需要

毕业生安全就业工作涉及千家万户，关系到学校的稳定和发展。学生求职时是否顺利、安全，将关系到学生能否正确认识社会，并对他们的世界观、人生观、价值观产生深远的影响。一旦发生学生就业安全事故，不仅仅是个别学生受到伤害的问题，还会牵动学生家长，波及其他学生的情绪，影响学校正常的教学秩序。就业安全教育是维护学生安全的一项基础教育，是学生素质教育的一部分。要时刻把学生安全教育工作摆在重要位置，切实把学生就业安全教育工作提高到营造优良育人环境、维护校园和社会的稳定、实现高等教育培养目标这一高度来认识。加大教育力度，实现全员、全面、全过程教育。调动各方面力量，齐抓共管大学生安全教育，依靠学校相关管理部门、学生社团组织等各个部门，形成齐抓共管的局面。在开展日常宣传教育的同时，加强管理，从管理上增强学生安全防范意识，多种形式开展安全教育。

（二）加强学生就业安全教育，是由就业市场现状决定的

在社会主义市场经济中，毕业生走向市场，通过人才市场进行双向选择，这无疑是社会主义市场经济发展所需要的。然而当前人才市场仍存在诸多不健全和不完善的方面。随着我国经济体制的改革，非公有制企业在安置就业中起着越来越重要的作用，逐渐成为大学毕业生就业的重要渠道。但由于我国目前还缺乏严格的资信披露制度和权威的信用评级机构，大学生对于外企、私企、民企等用人单位的资信状况无从考察，从而加大了求职风险。大学生在求职途径上也有多元化倾向。现在大学生求职的途径主要有：人际求职、人才招聘会、互联网、招聘广告、人才中介机构、短信和单位直接进校招聘等途径。其中，人才招聘会、网络成为大学生使用频率最高的两大求职途径。人才招聘会是公司企业招纳人才的传统方式，但我国目前各地人才市场对于用人单位到场招聘或发布信息的资质只进行书面审核，其安全性有待提高。网络求职的方法因其可免去奔波之苦、查询方便、信息量大、可选择面广，能让求职者降低求职成本而成为大学生的求职新宠。

但网络带来便捷的同时也带来了安全隐患，发布信息单位本身是否具备资格许可证，人才网站的诚信与保密技术是否过硬等都值得求职大学生与用人单位进行洽谈或在网上发送个人资料之前仔细思量的。

（三）加强大学生就业安全教育，是提高毕业生自我防范、自我保护能力的需要

大学毕业生涉世不深，缺乏社会经验，防范意识淡薄，自我保护能力不强是学生就业安全危机滋生的土壤。大学生由于从小都是在父母和老师的呵护下长大，没有经受什么挫折，思想比较单纯，对社会上的不良风气和一些坏人坏事不能作理性的认识。有的与大学生不了解正规机构、单位应具备什么样的条件，不懂得如何对招聘单位进行"去伪存真，去粗取精"，缺乏一定的甄别能力有关；有的与大学生不看现实，好高骛远，企图不费力气、不靠平时积累就能轻轻松松找到一份高薪、稳定、体面的好工作观念有关；有的与就业形势的严峻和用人单位买方市场的现实有关，许多学生总是迫不及待，疏于防范，不善于多看、多听多问、多长心眼,尤其对于一份心仪的工作,不敢大胆怀疑,对于用人单位所开列的福利待遇,提供的工作岗位,要求的工作期限与地点等具体内容既缺乏打破沙锅问到底的精神与勇气,更缺乏将之诉诸劳动合同的防范意识和法律手段,因此才会出现一些诸如"试用骗局"、"合同骗局"等上当受骗案例。面对就业欺骗,缺乏心理准备和自我保护意识。多数大学生选择了忍气吞声。因此,必须加强大学生的就业安全教育,增强安全意识和自我防范能力。

(四)加强大学生就业安全教育,是实施素质教育的需要

教育本身是为了培养学生综合素质,而不是单纯的灌输科学文化知识。大学生从幼儿园开始,接受的就是应试教育,知识结构不平衡,能力结构不合理。从知识结构看,一些大学生有专业知识,而个人的外延知识(如法律安全知识)严重缺乏。处事实践能力(如妥善处理人际关系、正确开展社会交往、解决各种问题和矛盾、适应形势、环境生存、自我保护的能力)较弱,形成强烈反差。他们有较强的自我意识、参与意识,但却缺乏自我保护能力和社会协调能力,阅历浅、承受能力差。因此,一个拙劣的伎俩就能使很多大学生就范,被骗、被诈、被拐卖。如果学生连基本的安全知识都不懂,不具备自我保护能力,将来很难面对成长道路上的重重困难和考验。所以对大学生开展安全教育,帮助他们在错综复杂的社会环境中明辨是非,才能全面培养高素质的合格人才。

二、大学生就业安全应注意的事项

为维护毕业生的合法权益,保障毕业生人身财物安全,增强安全意识和提高自我防范能力,大学生在毕业求职过程中要特别注意以下几点:

(一)从可靠性高的信息渠道收集就业信息

获取就业信息的渠道是多种多样的,如通过学校就业部门、教师、亲友、网络、报刊和人才市场等。种类繁多的用人招聘信息真伪难辨,鱼龙混杂。一般来讲,为防止虚假招聘信息,学校对就业信息的审核是比较严格的。对于初次联系的用人单位,学校审查并留存用人单位营业执照副本。因此,毕业生在校外选择就业信息时要选择可靠性高的信息渠道。

(二)提高对信息的筛选和甄别能力。

通过报刊、网络、人才市场收集的用人单位信息一定要进行核实,如查阅用人单位营业执照等合法登记手续、通过电话核实、通过单位周边群众了解单位情况、非正式走访单位等。利用多种方式,尽量较多地了解单位的内部情况和资料。招聘信息中如有以下情况,应谨慎辨别。

(三)谨慎保护个人信息

毕业生在求职过程中要谨慎流露个人信息,尤其在网上投递简历时本人的家庭住址、联系方式等基本信息要慎重填写。在发布个人简历时,要慎重考虑是否公布私人电话,特别是家庭电话,以防止被骗。本人的相关证件如身份证、学生证、毕业证、学位证等要妥善保管,防止用人单位无端扣押。

（四）求职期间注意人身及财产安全

（1）毕业生在求职过程中要注意自己的人身及财产安全，提高安全防范意识。

（2）参加招聘会时应避免拥挤，预防发生踩踏事件；选择乘坐安全的交通工具；保管好个人物品。

（3）提高警惕，不单独到偏远的地方参加面试。对无正当和合理理由，提出只招女生，甚至规定不准同学或家人陪送去面试的招聘信息，应慎重考虑。

（4）外出求职时，要随时与学校、家长、辅导员、宿舍同学等保持信息畅通。

（5）遇到危险马上报警，保护自身安全。

（五）加强对相关法律法规的学习

（1）加强对劳动法、劳动合同法等相关法律知识和安全知识的学习。

（2）签订就业协议或劳动合同时要谨慎，认真查看条款是否合理，对于不合理的条款，特别是用人单位的附加条款要慎重，要敢于运用法律武器来保护自己。

（3）毕业生签订协议或劳动合同时，一定要充分了解用人单位对人事和户口、档案的权责，以免出现不必要的损失。

一般就业协议和劳动合同陷阱包括：

1）招聘单位故意隐瞒企业真实情况的虚假合同。

2）企业未经过工商登记，签约主体不合法的无主体合同。

3）用人单位对劳动者在生育、生病、年老、失业、发生工伤等情况下的补偿与帮助不予明确，一旦出现意外情况推脱责任的无明确说明的合同。

4）不确定具体的月工资额，或不分层次对工资和奖金进行各自设定，模糊工资和奖金界限，再或者以计件工资表现劳动报酬，但又不明确计件或定额的模糊工资合同。

大学生在求职过程中要特别注意以下几点：

1）网络、报刊等公共媒体上的招聘信息，一定要先经多方核实，不应盲目上门应聘；

2）对主动打入寝室的招聘电话，要非常警惕。遇事要与家长、班主任、老师、同学商量；

3）校园内由学校公布的就业信息都有学院就业办落款，如无落款的，由同学们自己核实；

4）对只留联系手机号码，而以各种理由搪塞或拒不提供固定电话号码的招聘信息，不要轻信；

5）对无正当理由只招女生，甚至规定不准同学或家人护送去面试的招聘信息，女生千万要小心；

6）谨防误入各种形式的传销或变相传销的歧途；

7）在发布个人简历时，要慎重考虑是否公布私人电话，特别是家庭电话；

8）对用人单位的了解和信息的核实，可以通过当地114查询台查单位号码，然后直接打听招聘事宜，还可以通过当地工商行政管理部门等查询单位资质情况；

9）外出求职请辨别正规与非法中介，不要轻信小型或证件不齐的中介公司，对诸如要求交保证金、去指定医院体检等骗取钱财的不合理要求要谨慎分辨。正规用工是不得收取任何费用的，绝大部分用工单位都不会指定体检医院，尤其是非正规的小型私营诊所。

三、网络安全教育

近年来,互联网迅速发展,进入网络领域的人越来越多。高校大学生几乎人人涉足网络,虽然他们有驾驭网络的技能,但对维护网络安全的法律、法规、条例却知之甚少,网络安全防范意识相对淡薄。当前,大学校园网络受外来非法侵入现象日益突出,主要表现为黄毒侵入,反动言论侵入,教唆犯罪侵入。实践证明,教育学生自觉抵制校园网上的有害信息,是防止校园网络遭受非法侵入最有效的方法和途径。

(一) 大学生上网聊天交友应注意哪些问题?

在网络这个虚拟世界里,一个现实的人可以以多种身份出现,也可以以多种不同的面貌出现,善良与丑恶往往结伴而行。由于受到沟通方式的限制,人与人之间缺乏多方面、真切的交流,唯一交流的方式就是电子文字,而这些往往会掩盖了一个人原本应显现出来的素质,为一些居心叵测者提供了可乘之机。因此,大学生在互联网上聊天交友时,必须把握慎重的原则,不要轻易相信他人。

(1) 在聊天室或上网交友时,尽量使用虚拟的 E-mail,或 ICQ、OICQ 等方式,尽量避免使用真实的姓名,不轻易告诉对方自己的电话号码、住址等有关个人真实的信息。

(2) 不轻易与网友见面。许多大学生与网友沟通一段时间后,感情迅速升温,不但交换的真实姓名、电话号码,而且还有一种强烈见面的欲望。

(3) 与网友见面时,要有自己信任的同学或朋友陪伴,尽量不要一个人赴约。约会的地点尽量选择在公共场所,人员较多的地方。尽量选择在白天,不要选择偏僻、隐蔽的场所,否则一旦发生危险情况时,不能及时得到他人的帮助。

(4) 在聊天室聊天时,不要轻易点击来历不明的网址链接或来历不明的文件,往往这些链接或文件会携带聊天室炸弹、逻辑炸弹,或带有攻击性质的黑客软件,造成强行关闭聊天室、系统崩溃或被植入木马程式。

(5) 警惕网络色情聊天,反动宣传。聊天室里汇聚了各类人群,其中不乏好色之徒,言语间充满挑逗,对不谙男女事故的大学生极具诱惑,或在聊天室散布色情网站的链接,换取高频点击率,对大学生的身心造成伤害。也有一些组织或个人利用聊天室进行反动宣传、拉拢、腐蚀,这些都应引起大学生的警惕。

(二) 大学生在浏览网页时应注意哪些问题?

浏览网页是大学生上网时做得最多的一件事,通过对各个网站的浏览,可以掌握大量的信息,丰富自己的知识、经验,但同时也会遇到一些尴尬的情况。

(1) 在浏览网页时,尽量选择合法网站。互联网上的各种网站数以亿计,网页的内容五花八门,绝大部分内容是健康的,但许多非法网站为达到其自身的目的,不择手段,利用人们好奇、歪曲的心理,放置一些不健康、甚至是反动的内容。合法网站则在内容的安排和设置上大都是健康的、有益的。

(2) 不要浏览色情网站。大多数的国家都把色情网站列为非法网站,在我国则更是扫黄打非的对象,浏览色情网站,会给自己的身心健康造成伤害,长此以往还会导致走向性犯罪的道路。

（3）浏览 BBS 等虚拟社区时，有些人喜欢在网上发表言论，有的人喜欢发表一些带有攻击性的言论，或者反动、迷信的内容。有的人是好奇，有的人是在网上打抱不平，这些容易造成自己 IP 地址泄露，受到他人的攻击，更主要的是稍不注意会触犯法律。

（三）大学生在进行网络购物时应注意哪些问题？

随着信息技术的发展，电子商务进入人们的日常生活之中，人们对网络的依赖性正在逐渐增强，网络购物也成为一种时尚。但也有人在网上购买的是刻录机，邮到的却是乌龙茶，网络上大卖的 MP3 随身听，结果却是一场空。因此在进行网上购物时应注意如下几方面的问题。

（1）选择合法的、信誉度较高的网站交易。网上购物时必须对该网站的信誉度、安全性、付款方式，特别是以信用卡付费的保密性进行考查，防止个人账号、密码遗失或被盗，造成不必要的损失。

（2）一些虚拟社区、BBS 里面的销售广告，只能作为一个参考，特别是进行二手货物交易时，更要谨慎，不可贪图小便宜。

（3）避免与未提供足以辨识和确认身份资料(缺少登记名称、负责人名称、地址、电话)的电子商店进行交易，若对该商店感到陌生，可通过电话或询问当地消费团体电子商店的信誉度等基本资料。

（4）若网上商店所提供的商品与市价相距甚远或明显不合理时，要小心求证，切勿贸然购买，谨防上当受骗。

（5）进行网上交易时，应打印出交易内容与确认号码之订单，或将其存入电脑，妥善保存交易记录。

（四）如何避免遭遇网络陷阱，防止网络欺骗？

在网络这个虚拟世界里，一些网站或个人为达到某种目的，往往会不择手段，套取网民的个人资料，甚至是银行账号、密码，达到个人目的。

（1）不要轻易相信互联网上中奖之类的信息。某些不法网站或个人利用一些人贪图小便宜的心理，常常通过向网民公布一些诸如 E-mail、ICQ、OECQ 号码中奖，然后通过要求中奖人邮寄汇费、提供信用可或个人资料等方式，套取个人钱物、资料等。

（2）不要轻易相信互联网上来历不明的测试个人情商、智商、交友之类的测试软件，这类软件大多要求提供个人真实的资料，往往这就是一个网络陷阱。

（3）不要轻易将自己的电话号码、手机号码在网上注册。一些网民在注册成功后，不但要缴纳高额的电话费，而且会受到一些来历不明的电话、信息的骚扰。

（4）不要轻易相信网上公布的快速致富的窍门。"天下没有免费的午餐"，一旦相信这些信息，绝大部分都会赔钱，甚至血本无归。

（五）如何提高法律意识，预防网络犯罪和利用网络犯罪？

网络在为人们带来巨大便利的同时，一些不法分子也看准了这一点，利用网络频频作案，近些年来，网上犯罪不断增长。一位精通网络的社会学家说："互联网是一个自由且身份隐蔽的地方，网络犯罪的隐秘性非一般犯罪可比。人类一旦冲破了某种束缚，其行为可能近乎疯狂，潜伏于人心深处的邪念头便会无拘无束地发泄。"一些大学生学习一些计算机的知识后,急于寻找显示自己才华的场所,会在互联网上显一显身手,寻找一些网站的安全漏洞进行攻击,肆意浏览网站内部资料、删改网页内容,在无意之间触犯了法律,追悔莫及。也有的大学生依仗自己技术水平高人一等,利用高科技的互联网络从事违法活动,最终走上一条不归路。

（1）正确使用互联网技术,不要随意攻击各类网站,一则这样会触犯相关的法律,二则可能会引火上身,被他人反跟踪、恶意破坏、报复、得不偿失。

（2）不要存在侥幸心理,自以为技术手段如何高明。互联网技术发展迅速,没有人能够完全掌握全部技术。作为一名大学生更要时刻保持谦虚的态度,不在互联网上炫耀自己或利用互联网实施犯罪活动。

第四节　灾害预防

自然灾害的发生是人类无法控制的,但是人们可以通过多种有效的防范措施,把自然灾害造成的损失降低到最低程度。常见自然灾害的主要类型有:地震、水灾、高温、台风、山体滑坡、泥石流等。

一、地震有关知识

（一）什么是地震

地震是地球内部介质局部发生急剧的破裂,产生的震波,从而在一定范围内引起地面振动的现象。

（二）地震来了怎么办

地震一旦发生,要保持清醒、冷静的头脑,及时判别震动情况,千万不可在慌乱中跳楼;正在用火、用电时,要立即灭火和断电,防止烫伤、触电和发生火灾;在室内,要立刻将门打开;强震时不要试图跑出,要迅速就近躲在课桌、讲台下或躲在坚固的床、家具旁、内墙墙根、墙角处,也可转移到承重墙较多、开间较小的房间,如:厨房、洗手间等;从高层向下转移时,不能乘坐电梯,主震后一般有余震,要在两次地震的间隙迅速撤离,以防余震和火灾等并发灾害;要远离窗户,避开吊灯、电扇等悬挂物,用书包、课本、枕头、垫子等保护头部,以免被砸伤;在操场、室外,站立不稳时,可原地不动蹲下,不要慌张往室内冲,要注意避开高大建筑物或危险物,如:电线杆、广告牌等,要远离在建中的建筑物和有毒、易燃、易爆的场所。

（三）震后自救和互救

1. 震后自救　一旦在地震中被埋压,要坚定获救的信心,妥善保护好自己,积极实施自救。自救原则包括:①要尽量用湿毛巾、衣物或其他布料捂住口、鼻和头部,防止灰尘呛闷发生窒息,也可以避免建筑物进一步倒塌造成的伤害;②尽量活动手、脚,清除脸上的灰土和压在身上的物件;③用周围可以挪动的物品支撑身体上方的重物,避免进一步塌落,且扩大活动空间,保持足够的空气;④几个人同时被埋压时,要互相鼓励,共同计划,团结配合,必要时采取脱险行动;⑤寻找和开辟通道,设法逃离险境,朝着有光亮更安全宽敞的地方移动;⑥一时无法脱险,要尽量节省气力。如能找到代用品和水,要计划着节约使用,尽量延长生存时间,等待获救;⑦保存体力,不要盲目大声呼救。在周围十分安静,或听到上有人活动时,用砖、铁管等物有节奏地敲打墙壁发出声音,向外界传递消息,当确定不远处有人时,再呼救。

2. 震后互救 地震后,在外援队伍到来之前,同学之间、师生之间要自动组织起来,积极开展互救活动。①听仔细。注意倾听被困人员的呼喊、呻吟、敲物声;②挖得准。抢救时,要确定被困人员的大致位置,不要盲目乱挖乱扒,防止意外伤亡;③施救得法:求援必须讲究方法,a. 要救近救易,先易后难;b. 先想办法使被埋压人员头部暴露,尽快疏通被埋压人员的封闭空间,使新鲜空气流入。营救出来后,迅速清理被埋压人员口鼻内尘土,防止窒息;c. 对于埋压过久者,应遮住其眼部,不受强光刺激;d. 如果昏迷的伤员有呼吸、脉搏,应把伤员翻成侧卧位,以防口腔内的分泌物或者呕吐物堵塞气管;e. 对于颈椎和腰椎受伤的人员,切忌生拉硬拽,要在其全身暴露后慢慢移出;f. 抢救时要先抢救重伤员。

二、水灾有关知识

(一) 什么是水灾

水灾泛指洪水泛滥、暴雨积水和土壤水分过多对人类社会造成的灾害而言。一般所指的水灾,以洪涝灾害为主。至今世界上水灾仍是一种影响最大的自然灾害。

(二) 水灾防范

洪水来临时,哪些地方是危险地带? ①危房里及危房周围;②危墙及高墙旁;③洪水淹没的下水道;④马路两边的下水井及窨井;⑤电线杆及高压线塔周围;⑥化工厂及贮藏危险品的仓库。

怎样防止洪水涌入室内? ①房屋的门槛门窗是进水部位。用沙袋、土袋在门槛和窗户处筑起防线;②用胶带纸密封所有的门窗缝隙,可以多封几层;③老鼠洞穴、排水洞等一切可能进水的地方都要堵死。

三、高温灾害有关知识

(一) 什么是高温灾害

高温灾害主要是气温太高而引起人员、动植物不能适应的现象。高温标准:空气温度达到或超过35℃以上时称为高温,达到或超过37℃以上时称酷暑,连续5天以上的高温称为持续高温或"热浪"天气。连续高温酷暑会使人体不能适应而影响生理、心理,甚至引发疾病或死亡。

(二) 中暑怎么办

①迅速转移到阴凉、通风的地方,解开衣扣,平躺 休息;②用冷毛巾敷头部,并擦身降温;③喝一些淡盐水或清凉饮料,清醒者可服用人丹、绿豆汤等;④对昏迷者可用手指掐人中穴、内关穴及合谷穴等,同时立即送医院救治。

(三) 高温防御措施

①尽量不要在烈日下活动,户外活动安排在早、晚 为宜;②外出活动时,尽量戴上帽子,

穿浅色衣服,并且身边应备有饮用水和防暑药品。不要长时间在太阳下暴晒,如感到头晕不舒服,应立即停止活动,到阴凉处休息;③不宜在树下或露天睡觉,适当晚睡早起,中午宜增加午睡;④浑身大汗时,不宜立即用冷水洗澡,应先擦干汗水,稍事休息后再用温水洗澡;⑤要留神蚊、虫咬伤,避免器械碰割伤及开水、滚油烫伤等,预防因气温高、细菌繁殖加剧而造成的感染;⑥不吃苍蝇叮过的食品,少喝生水,注意饮食卫生。

四、台风有关知识

了解有关台风的形成、危害以及监测预防的有关知识,培养学生分析、总结和联系实际解决问题的能力。提高学生的防台风意识,明确防台风自救的重要性。

(一) 什么是台风

台风是一种气象灾害,对人类的生命财产和经济建设等造成了直接或间接的损害。

(二) 台风的结构有什么特点

台风在水平方向上有三个明显的不同部位。从中心向外,依次是台风眼区、云墙区和旋转雨带。台风眼呈圆形或椭圆形,该处气压最低,温度最高,天气晴朗。其直径平均为25千米,大的可达60~70千米。螺旋状向云墙四周辐射。雨带宽约几十千米或几百千米,长约几千千米。螺旋雨带所经之处降阵雨。

(三) 台风的危害

损坏地面建筑物和通信设施;淹没农田;毁坏水利工程等。

(四) 影响我国的台风的活动路径是什么

西北太平洋是全球台风发生频率最高、强度最大的海域。全世界大概每年要发生80个台风,一半以上在北太平洋,而西北太平洋又占了多数。台风的活动路径有:一是向西北方向移动,趋近华南、东南沿海、台湾、华东沿海,在沿海一带登陆;一是向偏北或东北方向移动,在日本登陆或向日本以东方向移去。而我国正好位于西北太平洋的西北方向,是世界上受台风影响最大的国家之一。

(五) 日常生活中如何减轻台风的危害

室内强风会吹落高空物品,易造成砸伤砸死行人事故。因此,在台风来临之前要固定好花盆、空调室外机、雨篷、建筑工地上的零星物品等,不要忘了将放置在窗外框架里的杂物搬进室内,以确保安全。检查门窗是否关紧,钉牢松脱的门窗,若有可能请在门窗背后加上横闩。露天或密封性能不好的阳台,特别要防止雨水倒灌。另外,不要在迎风窗口附近活动,将贵重物品搬离迎风的窗口。

台风可能造成停水停电,要及时做好日常生活的储备工作。检查线路,若室内积水,必须先切断电源。准备手电、蜡烛,储存饮水,以防断电停水;如家中只有老人,或菜市场离家较远的,应多备一两日食物蔬菜。住在河、海边地势较低的居民应严防河水泛滥,海水倒灌,及早迁移到地势较高的地方。室外刮大风时尽量不要外出,若不得不外出,一定要着装醒目,弯腰慢步,尽可能抓住栏杆等固定物,过桥或行走于高处时弯腰慢行;在街道上行走时要特别注意高处坠落物体,千万不要在危旧住房、工棚、临时建筑、脚手架、电线杆、树木、广告牌、铁塔等容易造成伤亡的地点避风避雨。应加强气象监测和预报工作。

第五节 我校全员应急救护培训介绍

应急救护是指突发事件发生后,立足于现场,对伤病人员实施及时、有效的初步救护。联合国前秘书长安南说过:"人的生命如此脆弱,如何保护自己? 如何挽救同胞? 我们应该知道,必须知道。"开展应急救护培训,就是让社会公众掌握最基本的应急救护知识技能,在意外伤害事故发生时能及时正确地实施自救互救,最大限度减少伤残、挽救生命。

海南作为国际旅游岛,已经上升为国家战略,伴随着国际旅游岛、航天城等项目的建立,势必要求本区域应当建立成熟完善的应急救护体系,而开展应急救护培训是加强和创新社会管理、保障和改善民生的现实需要。根据《关于印发〈中国红十字会关于广泛深入开展救护工作的意见〉的通知》的要求,我校于2011年10月19日与海南省红十字会联合下发了《关于在海南医学院校内开展应急救护培训工作的方案》(琼红字〔2011〕73号)文件,把救护知识普及和救护员培训列为学校健康教育工作的内容,积极推动此项工作扎实开展,并使其制度化、长期化。

海南医学院作为海南省唯一一所高等医学院校,在地方医疗发展、应急救护等方面主动担负重要使命,通过多批次培训使在校师生具备了专业的防灾减灾、自救互救应急救护基本技能。我校于2013年11月29日成立红十字会并成功召开第一次会员代表大会,有力推进了应急救护培训工作上的深入开展。在培训的过程中弘扬红十字精神,在短期内为社会,特别是为海南省提供了大量应急救护人员,对于培育和践行社会主义核心价值观有着独特的优势。

(一) 服务大局,增强应急救护培训工作的紧迫感

习近平总书记指出:培育核心价值观要从学校抓起,做到进教材、进课堂、进头脑。海南医学院通过开展应急救护培训,进一步宣传和普及应急救护知识与技能,宣传红十字精神,增强广大师生责任意识、危机意识和安全意识,切实提高学校安全管理水平和师生的安全素质,为减少事故发生,建设安全校园,维护校园安全稳定提供必要的保障。

在开展应急救护培训工作中,海南医学院着力在提高应急救护师资培训质量、扩大红十字应急救护影响力、突出应急救护特色等方面做了一些探索和努力,凸显了人道宗旨、博爱情怀和奉献精神。同时短期内为海南国际旅游岛增加了1万多名通过正规培训并取得应急救护证书的救护人员,影响重大、意义深远、功德无量,也是对社会主义核心价值观的生动实践。

(二) 齐抓共管,全面落实应急救护培训工作的目标任务

海南医学院全员应急救护培训通过有效的培训,做到在校师生100%参加应急救护培训,应急救护知识普及率达到100%,救护员培训发证率达到80%。通过培训使初级应急救护知识普及率和救护员培训发证率成为国内院校最高标准,创建国内首家全员应急救护培训院校。为争取早日达到文件制定的标准,海南医学院抓好了以下四个环节:

1. 多方联动,形成了工作合力　由海南省红十字会和海南医学院共同组建应急救护培训领导小组,应急救护培训办公室(设在海南医学院),负责全校应急救护培训各项工作,由海南医学院党委书记和海南省红十字会常务副会长任组长。海南医学院组织人事部、新闻宣传部、教务部、学工部、校团委等部门组织培训具体工作,海南医学院红十字会、学生会医学实践部、医学交流协会、音控组学生作为志愿者参与协助培训。

2. 宣传发动,营造了社会氛围　海南医学院加大宣传力度,在《海南医学院校报》、学校网站、广播等媒体开辟了专栏,宣传红十字会精神、防灾减灾、自救互救应急救护相关知识,并及时把我校应急救护培训工作的进展通过海南电视台、人民网、南海网、海南医学院校园网等电视、网络手段进行宣传,提高我校师生参与学习培训的积极性和自觉性。各二级院系也有计划地安排应急救护培训工作,并在物力、财力、时间上给予了必要的支持。

3. 绩效带动,体现了品牌服务　海南医学院不断提升师资水平,培训质量和工作效率,凸显应急救护培训工作的成效。根据琼红字〔2011〕73 号文件的要求,结合受训单位和受训人员的专业特点和需要,科学合理组织培训活动。并且成立了海南医学院红十字会,严格按照国家红十字总会制定的统一教学计划、统一教材、统一质量标准、统一考核发证"四统一"的原则基础上,兼顾不同部门,不同专业的不同需要,设计出符合不同受训人群的培训课程,确保受训者能学有所长、学以致用。使应急救护培训真正成为深受全校师生欢迎,体现红十字运动特点的品牌服务项目。

4. 常年推动,构建了长效机制　应急救护培训工作涉及面广、培训人数多、持续时间长,任务十分艰巨。在海南省教育厅、海南省卫生厅及海南省红十字会的指导和帮助下,适时对全校应急救护培训工作进行了总结检查、分析评估、完善提高。要求海南医学院红十字工作者切实增强做好应急救护培训工作的责任感和使命感,建立了健全完善的信息资料数据库,形成了行之有效的工作机制。

(三) 精心组织,应急救护培训工作取得了实效

海南医学院应急救护培训工作人员克服场地、天气等困难,牺牲个人休息时间,发扬奉献精神,保证了应急救护培训的各项工作顺利进行。参与师生学习认真,气氛热烈,效果良好,救护培训工作取得了实效。

(1) **多次受邀参加社会活动,应急救援能力得到公众肯定**:海南医学院师生多次受邀参加"全国中小学生安全教育日"暨海南省"学校安全教育月"活动启动仪式,在现场进行救护演练,为全省师生员工自救自护提供了专业的示范,得到了各级领导和参加活动的师生员工的高度评价。

海南医学院应急救护培训教师为世界旅游旅行大会、泛珠三角区域合作与发展论坛暨经贸洽谈会筹备会议、海南省中西部计划等志愿者进行应急救护知识培训,用人道、博爱、奉献的红十字精神引导志愿者弘扬正气,传递友爱,释放正能量。

海南医学院师生多次在海口市、定安县、文昌市、琼海市、三亚市、五指山市、陵水县、乐东县等地为驻地部队、当地居民开展普及知识培训超过千场,促进社会和谐与文明进步。

(2) **海南医学院应急救护技能大赛取得圆满成功**:海南医学院每年都举办主题为"人人学急救,急救为人人"应急救护技能大赛。通过技能竞赛实施情况,充分证明了海南医学院全员培训实施效果好、培训质量高,为海南省乃至全国的应急救护培训做出了有益的探索和实践,同时对红十字会应急救护培训的宣传意义重大而深远,其培训模式可以在其他

院校推广。应急救护比赛受到了岛内各路媒体的关注。

（3）科研与实践并重，多途径普及应急救护知识：近年来，海南医学院积极鼓励支持学生利用节假日、暑期社会实践等时间，在省内各地开展了"海南省救护培训工作现状调查及对策研究"、"应急救护知识宣教实践团"、"基于国际旅游岛应急救护需求的协同中心建设情况调研——中国红十字（博鳌）国际交流中心现状调查"等调研、实践课题。调研论文《海南省救护培训工作现状调查及对策研究》获得海南省 2011 年度大学生志愿者暑期社会实践活动优秀论文一等奖；调研论文《基于国际旅游岛应急救护需求的协同中心建设情况调研——中国红十字（博鳌）国际交流中心现状调查》获得海南省 2012 年度大学生志愿者暑期社会实践活动优秀论文二等奖；《海南省应急救护培训现状和存在的问题及对策》论文被"第九届全国院前急救学术年会"收录。积极开展相关课题研究，成功申请到海南省人文医学研究基地 2015 年科研项目《构建符合海南国际旅游岛的大学生生命健康安全教育模式的研究》、海南省哲学社会科学 2015 年度规划课题《海南省沿海地区公众灾害应急救护能力建设研究》、2015 年度全国学校共青团研究课题《结合共青团工作特点探索建立大学生生命健康安全教育体系》。

（4）培训规模和人数创国内院校最高标准，有望成为国内首家全员应急救护培训院校

思 考 题

1. 日常生活中要做好哪些防盗工作？
2. 如何防范手机短信诈骗？
3. 大学抢劫案件的特点有哪些？
4. 艾滋病的预防措施？
5. 大学生就业时应该警惕哪些就业陷阱？

第十三章 三自能力

　2004 年 8 月 24 日中共中央、国务院下发了《关于进一步加强和改进大学生思想政治教育的意见》，对我们适应新形势、新任务的要求，做好大学生的思想政治教育工作，不断提高大学生的思想政治素质，促进大学生的全面发展具有十分重要的指导意义。文件提出了"加强和改进大学生思想政治教育的基本原则"，其中指出："坚持教育与自我教育相结合，既要充分发挥学校教师、党团组织的教育引导作用，又要充分调动大学生的积极性和主动性，引导他们自我教育、自我管理、自我服务"。所以，在大学生中广泛开展"三自"能力教育具有重要意义。当前形势下我们要在工作实践中通过创建新的学生管理制度与管理体系、改革教师工作方式、构建学生自我管理体系等方法，培养学生自我教育、自我管理、自我服务的新的管理模式，增强学生自我约束、自我教育的能力，使学生在大学中既"学到了知识"，又"学会了做人"。

案例 13-1

"父母陪读，事事伺候；辅导员陪住，全职管理；聘用钟点工，包揽一切琐事；衣来伸手，饭来张口。"这是某大学 BBS 上一个帖子总结的大学生"半独立时代"的生活状态。一位大学生的心思："以前上学时只是要求我好好学习就行了，其他的事情我操过心，只要好好学习专业，将来找个好工作就行了"。目前部分大学生不重视"三自"能力的培养。当今，社会的进步、科技的发展对莘莘学子的知识结构提出了更为全面的要求，只具备专业技能，忽视综合知识和能力培养锻炼的学习模式，越来越不能满足将来职业持续发展需要。作为一名当代大学生，除要提倡自我教育、自我管理、自我服务，将"三自"教育与大学生成才相结合。

第一节　学生组织，服务学生

一、大学学生组织的内涵、特点、功能

学生组织作为高校学生活动开展的主体，具有繁荣校园文化和丰富学生课余生活的作用。学生组织是由学生自己组建起来的具有服务广大学生职能的群众性组织，在党组织的领导和老师指导帮助下，遵照法律法规、学校规章制度和各组织的章程，开展丰富的校园组织活动，丰富大学生课外知识和校园生活。目前，海南医学院学生组织主要有学生党支部、学生会、学生社团联合会、青年志愿者协会、大学生记者团、国旗护卫队、红十字会等，分别承担着不同的职责和任务，各学生组织紧密相联、相辅相成。

（一）高校学生组织的内涵

从世界范围的发展来看，学生组织的存在已有十分悠久的历史，最远可追溯到中世纪

的学生大学(Union)。之后,被引入到世界其他国家。我国学生组织是五四运动时期的中国留学生们引入我国高校,当时主要是用来开展反帝爱国民主运动。学生组织发展到当代,可将其概念界定为:高校学生组织是高校中学生自己的自治性组织,在校内独立地开展多元化的活动,服务于学生日常的学习、生活和发展的需要,帮助学生实现素质全面发展;在学校和学生间发挥桥梁和纽带的作用,实现信息的上通下达,切身维护好学生的合法权益。

(二)高校学生组织的特点及功能

1. 高校学生组织的特点

(1)主体性:当今社会,学生在学校中的主人翁地位越来越受到世界各国学校的重视,而其主人翁地位的发挥,更主要的是通过学生自治组织来实现。学生组织的成员来源于广大学生群体民主选举产生的优秀分子构成。这些优秀分子构成的学生组织代表广大学生的意志和要求,维护学生在校的合法权益。从这一层意义上讲,广大学生不仅是学生组织的主人,更是学生组织的主要服务对象。因此,从学生组织运作的主体和客体的对象分析来看,学生组织重要特征便是学生主体性特征。

(2)民主性:我国2005年新出台的《普通高校学生管理规定》第四章第四十一条规定"学校应当建立和完善学生参与民主管理的组织形式,支持和保障学生参与学校民主管理"。该条款与《中华全国学生联合章程》关于各级各类学校学生自治组织的基本任务第四条款内容"参与涉及学生利益的学校事务的民主管理"相一致。可见,学生自治组织本质属性中已经涵盖着民主的内容。此外,学生组织中的人员民主产生方式及整个学生组织的运作过程中都体现着民主特征且是广大学生的民主。

(3)指导性:作为学生组织构成主体的学生代表,他们的身心还处于不断发展和完善期,加之他们缺乏一定的社会实战经验,思想上不够成熟,认识有时也存在片面化,这些个性特征的存在容易导致他们在学生组织工作过程中,表现为行为上的盲目性和冲动。此外,这些学生代表因年级跨度较大,所以他们在学生组织工作过程中表现出的能力和水平也是参差不齐。面对学生代表思想和能力方面的不足现实状况,需要学校党团老师对学生组织成员在工作过程中给予必要的宏观指导。

(4)服务性:在前文的内涵中提到"围绕服务广大学生的学习和生活的需要为主要目标。"可见,学生组织的主要目标便是服务学生,这也正是学生组织存在的一个重要原因。《中华全国联合会章程》对各级各类学校学生组织的基本任务进行了制度化的规定:为学生提供学习、科技等多种活动服务,促进学生全面发展;为学生创建良好的学习和生活环境;为学生尤其是特困生提供勤工助学之类的自我服务机会;代表学生参与学校事务民主管理。这些主要任务的内容正体现了学生组织围绕学生这一中心,开展多元化的服务,满足广大学生的现实利益需要。

(5)发展性:从学生组织的内涵来看,无论是服务学生还是组织自身的独立运行都包括一种发展的内容:服务学生,通过多种渠道,多角度地满足广大学生在校的切实利益需要,目的是为了最大限度地满足所有学生整体素质全面发展的必然要求;学生组织自身应该如何运行,才能使组织目标更好地实现。从服务学生和学生组织自身的独立运行的过程来看,学生组织的自治过程是一个持续发展的过程。因为有发展的需要,才使得学生组织的自治有了更高的目标和追求。因此,发展性是学生组织又一重要特征。

2. 高校学生会组织的功能

（1）组织功能：组织功能主要体现为学生组织加强自身机构的建设功能。从定义来看，学生组织是学生自己的自治组织，这一点明确了学生组织本身是其核心价值——自治性存在的载体和基础。为了实现其自治核心价值，学生组织自身的建设是首要保证。通过建立高效、协调而规范的现代型学生组织体系，才能够为其自治本质的实现提供相应的组织基础。

（2）利益整合功能：马克思曾讲过："人们所争取的一切都同他们的利益有关……利益导向强烈地牵动着每个人的价值取向和行为方式。"随着大众化的发展，高校学生群体呈现出多样化的类型特征，这也就决定了他们在利益需要上，也呈现出多元性特点。学生组织通过发挥利益整合作用，将不同利益需要的学生群体，整合并归入学生根本利益这一统体中，最大限度满足多元学生群体的利益需要。

（3）教育功能：学生组织中的学生代表主要是由广大学生民主选举产生的优秀分子构成，因此学生会的成员较普通学生而言，具有一定的先进性和模范带头作用。由于党和团对学生组织的领导，学生组织成员们在政治上觉悟较高，思想上始终保持着先进性，积极向党组织靠拢；在行动上，则表现为高度的集体荣誉感和团结力。学生组织成员在思想和行动上表现出的先进性，感染着身边的同学，对身边同学政治素养以及集体主义荣誉感，大局意识的提升有着模范作用。

（4）服务功能：改革开放以来，特别是 20 世纪末，由于受国际化影响，我国社会主义市场经济处于迅速发展期，高等教育也逐步进入了大众化的发展阶段，此时的大学生群体因受到西方思潮的影响，他们的价值观、人生观呈现出多元化的特征。面对大学生群体多元化的特征，学生组织通过开展多层次、多样化的活动满足学生们的多样化的兴趣和需要：开展文体、科技等多元化活动丰富学生的"第二课堂"；为学生创造良好的学习和生活环境；为部分困难学生提供必要的学习和生活上的支持和帮助等。学生组织尽可能地为学生提供多样化的活动，以满足广大学生成才和成才需要。

（5）维权功能：维权功能是学生组织的又一重要功能，备受各高校重视和关注。维权功能主要表现在两方面：一为维护全体学生在食堂餐饮、宿舍管理、教学活动以及校园保卫等方面正当权益。学生组织是学校与学生间信息沟通和协调的"桥梁"和"纽带"。学生组织的学生群众性质决定了其应代表广大学生的利益，及时反映学生的意见和要求，充分发挥自身"上通下达"的作用。二学生组织还要代表广大学生参与到学校重要决策的民主管理过程中，代表民意，维护民利。学生是学校的主人，学生有权参与到学校的重要管理过程之中。学生组织代表学生参与学校的重要决策是对学生在校合法的参政权的维护。

（6）人才培养功能：人才培养功能也是学生组织的一个功能延伸。人才培养功能主要表现为学生组织的内部成员与他们身边普通同学相比，社会化程度更高，各方面能力也较强。通过各种团学活动的实践锻炼，学生组织成员组织协调能力更强，思维也较严密，做事也较周全，不仅提高了自身的素质和能力，还积累了宝贵的社会经验。

二、我国学生组织的产生与发展

我国学生组织的发展历程划分为三大阶段：建国前，学生组织是比较自治的状态；建国后至 20 世纪 70 年代末，学生组织是"他治"的状态；20 世纪 80 年代至今，学生逐步恢复自治的状态。

（一）新中国成立前，学生组织比较自治的状态

1919 年 6 月 16 日第一次全国学生代表大会在上海召开及全国学联的成立标志着全国范围内学生组织的正式成立。当时的学生组织被称为大学生自治会。五四运动的爆发是 1919 年我国在巴黎和会外交失败的结果，该运动的兴起激发了广大青年学生的爱国热情，他们纷纷起来以实际行动来进行抗争。在这样的社会背景下，大学生自治会首先在北京大学产生，之后进一步扩展到其他大学。可见，大学生自治会最初产生的目的是为了争取国家政治权力而自发成立起来的。

大学生自治会除了开展爱国抗战运动外，在大学中还发挥着学生自治作用：代表广大学生参与到学校重大事务的决策过程中。此外，在这个时期的老大学中，大学生自治会实行的是自愿加入的会员制模式，并且以会员缴纳的会费作为大学生自治会维持运作的主要经费来源。大学生自治会内还呈现各政治派别"自由竞争"、"百花齐放"、"百家争鸣"的景象。

这些都反映了建国前的老大学中，大学生自治会是学生独立自主地行使自己手中权力，维护自身利益的工具，体现了充分的自治状态，最为典型的例子是五四运动后的北京大学校长人选的产生和抗战时期的西南联大大学生自治会自身的组织建设。

（二）新中国成立至 20 世纪 70 年代末，学生组织的"他治"状态

1. 新中国成立至"文革"前，政府对高校学生组织的接管 1950 年，国家政务部《关于高等学校领导关系的决定》指出，"高等学校持中央人民政府统一领导"及 1951 年《中华全国学生联合会章程》进一步对学生组织进行社会主义改造，强调学生组织必须为国家培养人才服务，学生会的经费要来源校行政拨款，这些国家政策的规定，标志养学生会的"自治"本质已经丧失。

1951 年，全国学联迎来了第十五次全国代表大会的召开，会上制定了新的《中华全国学生联合会章程》，将学生自治会更名为学生联合会。《章程》还规定，自 1951 年起，全国各类学校中设立学生联合会，并以团体会员形式加入全国学联。全国学联在各省、市、自治区还设立地方学联直接管理地区学校学生组织。

国家的新政策以及学联章程的新规定，一改过去各高校学生组织自愿加入的会员制模式和独立开展工作的状态，实行统一的自上而下的管理模式，这使得学生组织丢失了大部分的自治权力，成了官方组织。

政府一改过去学生会组织会员产生的自愿、自主原则，以大学生是否"先进"作为主要衡量指标来确定学生参加到学生会中的资格，这与学生会自治性背道而驰，削弱了学生会的自由、自主。在学生组织的功能方面，政府也是大力强调政治教育功能，目的是通过学生组织对未来接班人进行党和国家政治思想教育，保证他们思想上的先进性，而这却使得自由探索知识在学生组织功能中失去了地位和作用。此外，政府还将集体主体价值观念设为学生组织的主要价值取向，将学生们紧紧地团结在党和国家的周围，服务于社会主义建设。这样的价值体系，是特定社会的产物，在当时的社会背景下也曾发挥过积极作用。但是，在学生过分地强调集体而忽略了个人的发展，势必脱离了学生组织自治本质。

因此，学生组织在这个时期被赋予了政治色彩，成了政府用来培养未来国家干部的重

要基地之一:价值取向的集体化,功能倾向的政治化。这些都使学生组织明显地成了官方组织,与以前的民间自由组织性质相背离,使得当时的学生会不再是自由、开放的组织,而成了政府用来培养未来合格接班人的工具。

2. "文革"时期,红卫兵对学生会的替代 "文革"时期,高校主要的学生组织便是红卫兵组织。从整个"文革"来看,红卫兵扮演着十分重要的角色,对整个"文革"有着推波助澜的作用。

党的九大将学校的红代会吸纳为党政领导的正规群众组织。1973年共青团北京市第六次代表大会的召开,北京市团委取代北京市红代会,正式恢复职权。随后全国各高校也纷纷效仿,恢复团委取代红代会。1978年8月19日,中共中央通过审核,正式批准取消红卫兵组织。从此,红卫兵组织便从历史舞台上消失了。

可见,"文革"这一特殊社会背景为校红卫兵组织产生提供可能。红卫兵组织在高校中不仅取代了共青团、学生组织的位置,还搅乱了高校内部各项工作的正常开展。红卫兵组织虽说是学生组成的,但由于受外界力量控制很大,甚至超出了高校的范围。因此,这个时期的学生组织为红卫兵组织所取代,且红卫兵组织的存在主要是外界控制下的"他治"模式,学生组织自治性自然无法发挥。

3. "文革"后至70年代末,重组后的官方性质组织 "文革"后,全国各项事业处于百废待兴的状态,高等教育也是如此。高校各项工作开始重新步入正轨,高校内共青团组织及学生组织工作也逐步正常化运行。高校团、学组织在恢复工作后,主要负责协助学校对学生进行教育管理;组织各种集体活动,重新活跃在校园中,对"文革"中的大学校园秩序的维护和稳定起到了一定的积极作用。

(三) 20世纪80年初至今,学生会自治的再现和逐步发展

"文革"后,大学校园内学生社团组织的迅速发展、新时期通过团、学组织分工,特别是1995年《中华全国学生联合会章程》重新强调并扩充了学生会"自治"的内容,这些新发展是学生会自治再现的标志。

学生组织的工作方式及风格到功能及主体价值核心都发生着改变,从学生实际需要出发,开展了一些学生喜闻乐见的活动,得到了一定的认可。1985年方惠艰在清华大学第二十五次学代会上也指出,"学生组织应该成为同学们的第二课堂……组织同学们开展各种课外活动,使同学们有健康丰富的课余生活。"此外,文学社团的文学作品给校园创造了一种民主、自由的氛围,这不仅促进了学生会组织内部管理的改善,扩大了为学生服务的范围,还打破了传统的"大集体小个人"的价值认识,为学生组织引入了自由之风。

此外,党政工作进一步分工,一些高校也相应地对团、学职能进行分工;团组织主要负责学生的思想政治教育,学生组织的职能范围除了协助团的工作外,更多的时间是自我管理。除此,学生组织自身还尝试着一些革新措施:将民主机制引入学生组织中来,还依据《中华全国学生联合会章程》制定本校的学生组织章程和相关的规章制度等。这些革新措施体现了学生组织正向着规范化、自主化方向发展。

(四) 我国大学学生组织发展现状及思考

近年来,高校学生组织的发展越来越受到社会各界的关注其承载了大学生们太多的期望,也起着不可替代的平台作用,研究高校学生组织的现状,将有利于大学生的健康发展。

1. 高校学生组织概况 各高校学生组织众多,按不同的标准,有不同的分类,主要分为:校级学生组织——校学生会,校社团联合会,校青年志愿者协会,校艺术团等;院级学生组织——院学生会,院青年志愿者协会;班级组织——班委会,团支部;社团——文娱类社团,实践类社团,学术类社团等。

2. 高校学生组织发展分析

(1) 完善制度,规范体系,优化学生组织结构:每一个学生干部的工作理念是有差别的,做事风格也不尽相同。这就造成了换届前后的学生组织在校园文化的理解、活动的侧重、工作的具体要求上都会有所差异。在这样的前提下,为了保证学生组织长期目标的实现和价值观念的传承,保证组织运作的效率,规范化管理是不可或缺的保障。因此,建立完善的管理制度和规范的工作体系,使学生组织每一阶段的工作重心明确,有章可循,有据可依,能够在学生组织换届时保证各项工作的平稳过渡和组织精髓的良好传承。例如学生组织的章程、会议制度、监督考核、奖惩制度、学生活动管理办法等,能够保证学生组织工作高效有序的进行。

(2) 构建信息传递与互动的平台:在学生管理工作上,可以以学生组织为媒介构建信息传递与互动的平台。学校可以通过学生组织进行"自上而下"的信息传递,同时也可以通过学生组织获得"自下而上"的基层意见。因此,作为学校管理,在校园文化方面的建设有必要通过学生组织的媒介作用,搭建网络平台,资源共享,来实现学校与学生之间的互动。比如,学生组织通过微信、红色博客、网上论坛、QQ群、学生活动、调查等形式获取学生方面的信息为学校决策提供管理的依据。而学校在校园文化方面所做的相关努力,可以通过学生组织来达到宣传、解读与反馈的功能,为组织生活提供更广阔的发挥空间。

(五) 总结

从历史进程来看,我国高校学生组织的历史应是曲折发展着的历史,在挫折中前进。其中,学生组织曲折发展史主要是其自治性是否得以落实的历史。

随着国内改革开放的发展及"文革"后高等教育政策的进步,尤其是新中国成立以来,新的《高等教育法》关于学生团体相关的民主权限范围的进一步明确化,使得学生组织又重新找回了自治:团学工作逐步出现分工,全国学联也在积极地修订新章程,强调学生组织的存在应是服务学生的成长与成才为目标。

三、海南医学院"四大"学生组织概况

(一) 学生会

海南医学院校学生会成立于2000年,是直接代表学生参与学习教育和管理事务的学生群众性组织。在我校党委的直接领导和校团委的具体指导下,独立自主开展各种有益学生的工作活动,是联系学校、老师、学生之间的"桥梁"和"纽带",是海南医学院学生代表大会的执行机构,在建设校园文化和丰富学生生活等方面起着重要作用。

海南医学院学生会以主席团为中心,下设12个部门,分别是办公室,医学实践部,网络信息部,文娱部,监察部,学习部,生活部,外联部,体育部,勤工俭学部,宣传部和女生部。分管12个院系的二级学生会:临床学院学生会,中医学院学生会,口腔学院学生会,高职院学生会,热带医学与检验学院学生会,公共卫生管理学院学生会,管理学院学生会,信息技术部学生会,药学院学生会,国际护理学院学生会,理学院学生会,国际教育学院学生会。在以海南医学院学生会为中心的学生群众性组织一直秉持"自我管理,自我教育,自我服务"的宗旨,组织开展了许多有意义的思想学习活动,科技文娱活动和社会实践活动,充分发挥各项职能,服务广大师生。

我校学生会一直遵循和贯彻党的教育方针,组织同学开展迎新晚会,校园十佳歌手,"library 杯"辩论赛,女生节系列活动,烹饪大赛,大学生义诊活动,宿舍文化节,"HAPPY 购"活动,游园会,留学生汉字认读大赛,"三走"等涵盖学习、科技、文体、社会实践等多方面的多项活动。为促进同学全面发展,维护校纪校规,营造良好的校风、学风做出了不懈的努力。同时学生会作为同学与老师之间沟通交流的桥梁,通过各种正常渠道,反映同学的建议、意见和要求,维护同学的合法权益和正当权益,切实解决了同学在学习和生活中遇到的实际问题。

(二) 学生社团联合会

2006 年 10 月,在校党委的领导及学校各级部门的关心支持下,校团委组织并指导成立了海南医学院学生社团联合会,挂靠在校团委。学生社团联合会是开展学生活动的群众性组织,是我校各学生社团组织的具体管理机构,也是我校大学生思想道德建设和校园文化建设的主力军。

学生社团联合会实行分管负责制,设有主席团、委员会、办公室、财务部、督导部、外联部、信息部、宣传部、主持礼仪部。学生社团联合会是学生社团的领导和协调机构,负责规划组织学生社团活动并对学生社团活动进行监督和检查,发挥其规范化运作、有效性沟通和信息发布平台三大优势,为全校各学生社团提供条件,规范其管理,为其提供更大的发展空间。

学生社团联合会结合学校和自身实际,制定了学生社团联合会章程,为实现更好的自我管理打下了坚实的基础。同时还根据社团管理实际制定了学生社团成立条例,学生社团变更、注册和注销条例,学生社团会长换届条例,学生社团会费管理和报账制度等相关管理条例和制度。并在时代的进步中与时俱进,根据实际操作中遇到的情况和发展的需要对条例和制度进行更改,使其更科学、更利于社团的管理和发展,在每两年一届的学生社团联合会代表大会中由全体代表审核并通过新的章程和各项管理制度。

学生社团活动是校园文化的重要组成部分,是丰富校园文化的有效载体,是我校不可或缺的育人阵地。目前,共有学生社团 51 个,其中科技类 12 个、人文社会类 14 个、体育类 13 个、文艺类 12 个。由专门的指导教师在思想认识、组织管理、活动内容、专业技术等方面给予指导和引导。

学生社团联合会按照学校对学生素质教育工作的总体要求,积极有效的组织协调各学生社团在校内外开展政治、经济、科技、文化、艺术、体育等各方面的学生社团活动,突出思想性、学术性、知识性、趣味性,坚持"自我发展,百花齐放"的原则。每两年举办一届学生社团文化节和每年进行优秀学生社团评比,展现了海医学生社团的风采和海医学子的风貌。丰富了学生的课余生活,提高了学生的综合素质,繁荣了学校的校园文化。

(三) 青年志愿者协会

海南医学院青年志愿者协会成立于 2008 年 10 月,是由学校志愿从事社会公益与社会保障事业的青年组成的学生团体,协会接受共青团海南医学院委员会的领导,并接受海南省青年志愿者协会的指导。协会下设组织部、外联部、项目部、服务部、宣传部、秘书部、文娱部七个部门,分管临床学院青年志愿者协会、中医学院青年志愿者协会、管理学院青年志愿者协会、药学院青年志愿者协会、热带医学与检验医学院青年志愿者协会、国际护理学院青年志愿者协会、公共卫生学院青年志愿者协会、口腔医学院青年志愿者协会、理学院青年志愿者协会、高等职业教育学院青年志愿者协会、信息技术部(医学信息系)青年志愿者协会等十一个二级院系分会。协会立足校园,服务社会,开展导医、社区义诊、防艾宣教、禁毒活动、扶贫济困、帮孤助残、关爱农民工子女、关爱老人、环境保护等品牌活动,发扬奉献、友爱、互助、进步的志愿者精神,提高志愿者的整体素质,为经济社会的协调发展和全面进步做出积极贡献。

(四) 大学生艺术团

大学生艺术团是在校团委具体指导下的校级学生文艺团体,是校团委的直属机构。大学生艺术团以校园为基地,以发展高雅特色校园文化,建设学生群众大众文化,丰富学生课余生活,提高学生自身艺术修养,陶冶高尚情操,努力营造清新、自然、健康的校园文化氛围为宗旨,为校园文化增添艺术活力。

大学生艺术团下设团长、副团长、舞蹈组、说唱组、礼仪组、后勤组。艺术团自组建以来,每年都积极参与学校各场大型文艺晚会的演出,如"相亲相爱一家人"、"大学生科技文化艺术节"、"大学生文艺汇演"等。除了承办、协办全校性文艺晚会之外,艺术团还承担了对外艺术演出交流活动,并在一些国家级、省级文艺比赛中取得了优异的成绩,每年还组织文艺节目参与部队的演出活动,为丰富校园艺术生活和促进对外文化交流做出了贡献。

在大力推动校园文化建设的同时,大学生艺术团还积极通过自身的各类的演出和活动,服务与学校的对外宣传工作,向社会各界展示当代大学生的精神面貌和综合素质,为树立学校的社会公共形象做出了自己的成绩。

第二节 学生干部,自我管理

一、学生干部的角色定位及现状

学生干部是高校内一个特殊的学生群体,是学校教育管理的一支重要力量,是学生中的优秀分子。他们既是教育管理的重要对象,又是教育管理最基层的组织实施者;既是辅导员和各类团学组织不可或缺的助手,也是学生联系老师和上级领导部门的纽带,责任重大。辩证唯物主义认为,世界是一个矛盾的统一体,事事有矛盾,处处有矛盾,时时有矛盾。学生干部工作也是这样,经常会被一些矛盾所困扰,其中就是各个关系的处理。因此,要当好学生干部,履行好学生干部工作职责,充分发挥好学生干部作用,更好地促进各项工作的顺利开展,学生干部必须正确处理好以下几个关系。

(一) 在角色定位上,处理好学生与干部的关系

学生干部,顾名思义,既是学生,又是干部,而且首先是个学生,然后才是干部。学生干部既是教育者,又是受教育者,具有双重身份。如何准确进行自我角色定位是学生干部必

须解决好的一个基本问题。学生是学生干部最主要的社会角色。既然是学生,学生干部就应该与其他学生一样,以学为主,认真完成好各项学习任务,自觉遵守学校各项规章制度,积极参加各项学生活动,主动融入到普通学生中去,不能脱离学生集体。是干部,又与普通学生不同,要高标准严格要求自己,以自己在思想、学习、生活及工作等方面的示范与带动作用去影响学生,要发挥好老师与学生之间的桥梁与纽带作用,为学生服务,做学生的公仆,不能搞特权、谋私利,更不能把当学生干部当作做官而一味追求职位的大小和权力的多少。

(二) 在发展任务上,处理好学习与工作的关系

学习与工作的矛盾是每个学生干部都会面临的一个普遍性问题。作为学生干部,不可能像一般同学那样把全部精力或主要精力都用于学习,经常要耗费比一般同学更多的时间和精力用于工作,经常要影响到课余学习时间,有时甚至还要占用正常的学习时间。从这个角度上看,学习与工作是有矛盾的。在实际生活中,也确有因处理不当而影响学习和工作、进而影响个人成长和发展的案例。怎样才能既圆满地完成学习任务,又尽职尽责地做好学生干部工作,即正确处理学习与工作的关系,做到学业与工作两不误、双丰收呢?

第一,要把学习放在首位。学习是学生的天职,不好学就不可能是好的学生干部。不能认为当了学生干部、锻炼工作能力比学习更重要,不能因为工作忙而放松自己对学习的高标准要求,更不能因为工作而耽误学习。如果学生干部的学习成绩不好,即使自己的工作能力再强,在同学中也很难树立起威信。学生干部的主要任务是学习而不是工作,必须始终将学习放在第一位,做到勤奋好学,学有所成。要把当学生干部的压力变成动力来促进自己的学习。学生干部的模范作用,不单纯地体现于活动上的带头上,还体现在学习上是榜样. 这样方能提高自己在学生中的威信。

第二,要科学地安排时间。鲁迅先生说:"时间就像海绵里的水,只要你愿意挤,它总还是有的。"学生干部的工作要用一定的精力与时间,但是,只要科学地安排,时间总是有的。要善于安排时间,合理分配工作和学习时间,尽可能把工作安排在课余及休息时间,不随意挤占学习时间;若因紧急工作而挤占的学习时间要及时补上。在学习的时候认真学,工作的时候专心干,做到"鱼与熊掌兼得"。另外,平时既不浪费时间,又善于"挤"时间,像鲁迅先生那样"把别人喝咖啡的时间",用来学习和工作。

第三,要提高工作效率。一个人的工作能力,绝对不是用工作时间的长短来衡量的,最重要的还是效率,就是争取在有限的时间内做好工作或完成任务。所以,提高工作效率很重要。效率越高的人,时间安排上越主动,宽松的余地就越大。因此,学生干部在工作的时候,不考虑学习,并且在工作作风上要雷厉风行,不要拖拉、用最短的时间完成工作,从而保证有更多的时间用于学习。另外,在工作中讲究艺术和方法,尽量发动其他干部或同学一起工作,把工作量分解,减轻自身的工作负担,同时在工作时利用零散的时间。

(三) 在人际交往上,处理好老师与同学的关系

学生干部是连接学生和老师的纽带,是架设在学校和学生之间的桥梁,是沟通师生之间、同学之间、学生与领导之间的枢纽。这种特殊的地位和作用要求学生干部具有较强的人际交往与协调能力。老师希望学生干部当好学生的"带头人"起好先锋模范作用,还要充当好"教育管理者"角色协助学校对学生进行日常教育管理。同学希望学生干部要做好学

生的"发言人",要代表学生的意愿和要求,要切实为学生服务,维护好学生利益。老师与同学对学生干部角色的不同期待增加了学生干部处理人际关系的难度。不少学生干部由于处理不好与老师和同学的关系给自己心理上带来了不少的矛盾、冲突与困惑,也影响了正常的学习、生活和工作。那么,学生干部如何处理好与老师和同学的关系呢?

1. 与老师的关系 师生关系是学生干部首先必须处理好的人际关系。这里的老师既是指上课的教师,更是指学生工作干部和班主任。从教师的传道、授业、解惑,学生的从师求学、拓展知识角度出发,建立尊师爱生、亦师亦友的密切师生关系,是学生干部圆满完成学业的需要。从学生干部工作职责的要求考虑,也需要他们经常与老师保持密切的联系,一方面在老师的具体指导下,有效地开展工作;另一方面起到上情下达、下情上报的桥梁作用。要正确处理好师生关系,一是要尊敬老师,维护老师的威信,获得老师的好感,缩短与老师之间的心理距离;不能自以为与老师接触多了解多而在同学中对他们评头论足,不能掺和到老师相互关系中去。二是要积极主动与老师交流,力争在学习、思想、情感、工作等方面得到老师的帮助指导。三是要及时认真完成老师布置的工作任务。四是工作中多请示、多汇报,但不要越级。

2. 与同学的关系 "水能载舟,亦能覆舟"。搞好同学关系、建立良好的群众基础,对学生干部顺利开展工作是很重要的。学生干部都是在同学中产生的,是由大家推选出来的,学生干部首先是为同学服务的。学生干部应树立从同学中来,到同学中去的观念和全心全意为同学服务的思想,从小事做起,积极为同学服务。要真诚地关心体贴同学,及时汇报解决他们在学习和生活中的困难,做他们学习上的领头人、工作上的带头人、生活上的贴心人。要平等待人,以理服人,公正为人,不能厚此薄彼,不能拉帮结派。要深入到同学中去与同学打成一片,多征求和听取他们的意见及建议,要创造条件发挥同学的能力和特长,对他们取得的成绩要表示由衷的高兴与敬佩,不能嫉妒贤能。要尊重同学的人格和尊严,不能随意对同学进行好与坏的分类,对同学的缺点与错误进行批评也要讲究方法和策略。学生干部一般不宜公开批评人,需公开批评的有三种情况,即普遍存在的现象,屡教不改的现象或紧急情况下的不点名的批评。批评教育同学要有耐心和诚意,要让同学感觉到你是帮他而不是害他。

3. 与学生干部之间的关系 学生干部之间有时既是竞争对象,又是合作伙伴。作为学生干部要正确对待和处理竞争与合作的关系,学会在竞争中合作,在合作中竞争,既要平等竞争,又要真诚团结、精诚合作。尺有所短,寸有所长,每个人的能力都是有限的,要从"三个臭皮匠,赛过一个诸葛亮"和"三个和尚没水喝"的典故中去领悟这样一个道理:和则利,不和则害。因此,学生干部要多合作,少争功,多沟通,多商讨,防止家长制和一言堂。集体决议要坚决执行,个人意见允许保留,不能把讨论会上的不同意见在同学中散布。学生干部之间应尽量避免矛盾冲突,有了矛盾冲突也不宜公开化、尖锐化,否则会造成相互之间的不支持和拆台现象,也会在同学之间造成很不好的影响。

(四) 在行为动机上,处理好个人利益与服务他人的关系

为什么要当学生干部,不同的人则有不同的回答。有的学生干部是以成才为目的,希望通过学生干部岗位的锻炼,完善自身的知识和能力结构,在工作实践中增见识、长才干,成为能够适应社会竞争的高层次、高素质人才,即锻炼型;有的则是以服务学校,服务老师,服务同学为目的,充当学校、老师与学生的桥梁角色,即服务型。也有的学生干部以发挥专

长,满足表现欲望为出发点,渴望展示自我,充分表现才能,即表现型。当然也有极少部分同学更加看重的是担任学生干部之后能够获得的各种利益,如获得荣誉、入党、争取在就业时有更多的机会,甚至捞取种种其他不正当的利益,即功利型。在这四种类型的学生干部中,锻炼型和服务型占主流。如何端正当学生干部的行为动机,处理好个人利益与服务他人的关系是学生干部面临的又一个基本问题。为此,学生干部须注意以下几点:

(1)要把服务奉献放在首位。为老师服务特别是为同学服务是学生干部的根本职责和首要目的。只有具备了服务奉献的思想,才能不辞辛劳踏踏实实地干好学生干部工作,才能在服务奉献的实际行动中不断提高自己能力。如果把功利放在了首位,那么就会感兴趣的事就做,不感兴趣的事就不做;能锻炼能力的事就做,不能锻炼能力的事就不做;对自己有益的就做,大益就多做,小益就少做,无益就不做。这样是当不好也当不了多长学生干部的。学生干部要坚持做到做好工作才是硬道理,争着去服务、去奉献,积极承担更重要的担子,要在学习中工作,在工作中奉献,在奉献中成长。

(2)要合理追求个人发展。市场经济使学生的价值观念发生了新的变化,他们的主体价值意识更趋强烈,更加注重个性的发展和自我价值的实现,敢于自我肯定,喜欢自我表现,学生干部尤为如此。但过分追求个人发展和自我价值的实现,片面强调自我设计、自我发展,关心自我利益的满足,讲究实惠,这实质是个人本位主义和自我中心思想的表现,这是危险的,是错误的。

(3)要正确看待社会、学校和老师对学生干部群体的评价与认可。在毕业生就业市场上,用人单位十分青睐学生干部、学生党员,因为学生干部、学生党员能力强,素质高,具有服务奉献精神,而不是简单因为你有学生干部这个称号。学校、老师在入党、评奖、评优等方面给予学生干部较多的倾斜,是对学生干部工作的肯定与认可,不是学生干部的待遇。这些外界的评价与认可是做好学生干部工作的结果,不要当作个人目的去追求,否则会适得其反。

(五) 在团体归属上,处理好工作群体与班集体的关系

根据学生干部执行领导和管理职能的不同领域,可以将学生干部分为四大类型:一是班级学生干部,包括班委会和团支部的学生干部,这是学校最基层的学生干部,数量最为庞大。二是系(院)级学生干部,包括团总支与学生分会的学生干部,三是校级学生干部,特指校团委、校学生会的学生干部;四是社团学生干部,包括校内各种正式成立的社团、协会组织的负责同学。在这四类学生干部中,除班级学生干部的工作群体与班集体是一致的外,其余均不一致。学生干部在团体归属上又如何处理好工作群体与班集体的关系呢?

第一,要始终把自己置于班集体之中,作为班级普通的一员,积极参加班级活动,主动与同学交往。班集体是学生干部学习、生活的据点和大后方,也是他们工作的基础和后盾,大多数学生干部都是从班团干部开始干起的,一步步干到系(院)级或校级,不能因为自己工作离开了班集体,也不能因为自己工作忙而不与或少与班级同学交往。不能把自己凌驾于班集体之上,不参加班级活动,不遵守班级规范,不履行班级成员义务。

第二,要处理好与班级学生干部的关系。不能因为自己是系(院)级或校级的学生干部,层次高,权力大,与领导、老师接触机会多,对学生工作的信息了解多,就自觉高人一等,对班干部的工作发号施令,指手画脚,从而挫伤他们工作的积极性,影响他们在班级同学中的威信;也不能对班级工作漠不关心,要积极支持班干部开展工作,为他们出谋划策。

第三,兼职的学生干部要以班级工作为先。有的学生干部既是班级干部,又是系(院)级、校级或社团干部,一定要首先做好班里的工作,不能因为班级工作不起眼、难出成绩而轻视它,相反,它会影响班级同学对你的认识与评价,从而影响你的评奖评优或入党,因为这些都是从班级开始的。

二、学生干部应具备的素质和能力

高校里,学生组织通过发挥"自我教育、自我管理、自我服务"的职能参与学校管理,这一职能对学生组织的成员——学生干部提出了要求,结合学生干部日常工作,现将学生干部应具备的素质和能力进行归纳:第一类是思想政治素质,包括拥护中国共产党的领导,热爱祖国、热爱学校、热爱学生组织等方面;第二类是良好的心理素质,包括处理好各类压力、坦然面对各类荣誉的得失、正确认识批评与建议等方面;第三类是组织管理能力,包括对学生社团的管理、班级管理、宿舍管理、部门管理、日常事务管理、对突发事件的应对处理等方面,表现为学生干部既要完成老师布置的工作、又要调动同学们的参与热情和积极性、还要将工作安排的井井有条;第四类是沟通交流能力,包括与教师的沟通、与学校职能部门的沟通、与班级辅导员的沟通、与院系党政领导的沟通、与其他学生组织的沟通、与普通同学的沟通、与部门干事的沟通等方面,需要主动的交流意识、掌握一定的沟通交流技巧;第五类是演讲口才能力,体现在岗位竞聘、工作部署、工作交流与汇报、对外交流、动员讲话等方面;第六类是公文写作能力,包括通知、活动策划书、关于物资及经费的申请、公示、请示与报告等文体;第七类是统筹协调能力,体现在学生干部需要合理分配自己的时间,协调好学习、工作、生活之间的关系,及处理好所在学生组织与院系、班级及其他学生组织之间的关系;第八类是个人魅力,体现在具备良好的个人品质、岗位胜任力、领导力,敢于担当、能够担当、学会担当,做人踏实可靠,工作认真负责、善始善终,良好的团队意识和服务意识,良好的个人兴趣爱好,渊博的知识,富有激情和正能量等方面;第九类是学习的能力,包括对团学知识、时事政治、公文写作、心理学、管理学、办公软件等知识的学习和技能的掌握,以及从实际工作中反思提高的能力;第十类是创新能力,包括工作理念、活动组织方式、团队管理方式、沟通联络方式的创新和新技术的运用等方面。

三、学生干部的工作方法

对于每一位学生干部来说,都有一个共同的愿望,就是做好自己的工作,这是毫无疑问的。但是,那不是一件简单的事。我们常常看到这种现象:有的学生干部,在工作中方法得当,既不紧张,也不劳累,但工作应付自如,成绩出色;而有的学生干部,虽整天忙忙碌碌,但成绩平平,甚至差错百出。除了其他因素外,主要是工作方法在起作用。所谓工作方法,是指为达到一定的工作目标所采取的手段和途径。作为一名学生干部,在工作和任务确定之后,一定要注意选择科学有效的工作方法,否则,你的努力可能事倍功半。

(一) 工作方法

1. 调查研究的方法 有不少新上任的学生干部,不知道如何着手开展工作,感到无所适从,根本原因是不熟悉基本情况。甚至,老的干部也有时候粗心大意,总是用过去的经验、方法来开展工作,缺乏调查研究,缺乏创新意识。那么怎样解决这个问题呢? 建议是做事之前,不要急于去做,而是先听清楚、记清楚、搞清楚、想清楚后才开始操作。换句话说就是应进行调查研究,了解自己的班级、部门、工作对象、工作内容以及老师和上级对工作的要求等情况。听取他们对自己工作的要求和建议,争取他们的帮助和支持。把各方面的意见和要求集中起来,集思广益,经过认真思考,就会形成自己的工作思路,找出解决问题的方法。

2. 制订工作计划的方法 工作计划要具体明确,其内容主要包括:所要开展工作的目的和任务、时间安排、人员安排、实施步骤、如何检查落实等内容组成。工作计划制定出来以后要征求有关老师和同学的意见,加以修改和完善。起草工作计划是理清学生干部工作思路的过程,同时也是集中集体智慧的过程。经过制订计划征求意见修改计划这样一个过程,可以使学生干部更加深入地了解大家的意见,使工作计划更加符合实际,符合同学们的愿望和要求。学生干部每学期都要认真制定一次工作计划。

3. 动员群众的方法 首先要从同学的角度来思考问题,而不是从自己的角度来思考问题,要告诉大家参加某项活动对他们有什么好处。比如要求同学们积极参加体育锻炼,不能只强调学校要求、集体纪律之类,更重要的是要讲清坚持体育锻炼对同学们身体和学习所带来的好处;其次,动员群众要多以朋友的身份,而不是以干部的身份给同学们提要求,要平易近人,切忌摆架子、板起面孔训人。因为那样的话,可能把事情搞糟,原来本打算支持工作的同学,可能因为干部态度不好反而不支持了;第三,要有好的口才,善于演讲,在大庭广众之下能侃侃而谈,语言精彩,鼓动性强,就有可能赢得更多同学的理解和支持。

4. 制度管理的方法 学生干部要做好班级或部门的工作,必须制定切实可行的规章制度。一是制度的制定。制定规章制度要针对班级和部门的实际,先拟出初稿,然后征求有关老师和同学的意见,再加以修改和完善。老师认可,多数同学同意,就说明制度是可行的;二是制度的执行。有了制度必须公开宣布,严格执行。可能在制定某项制度时,有的同学不在乎,但当他因违反制度受处罚时,就会产生不满情绪。针对这种情况,学生干部一要讲清道理,二要严格执行,不然就会有更多的人违反制度,使制度的严肃性、权威性下降。

5. 分工协作的方法 要做好工作,干部之间必须进行分工,明确每一名学生干部的职责范围、工作内容,以免出现因职责不清造成的相互推诿、有事没人管和有人不管事的现象。分工时一方面要注意每个干部的工作任务要基本相当,防止有的干部因工作任务过重而影响学习;另一方面,每名学生干部的工作任务加起来要覆盖整个部门的职责范围,不能有空白,同时不能互相交叉重叠,防止甲以为乙管,乙以为甲管,结果没人管的现象出现。当然在讲分工的同时还要讲相互补位,即所谓分工不分家。换句话说,着眼于做好整体工作,学生干部还要相互帮助,密切合作。比如,干部甲因疏忽工作出了纰漏,被乙发现了,这时乙就要提醒甲,并帮助甲采取补救措施。如果有的干部因工作忙或身体欠佳暂时无法做某项工作时,其他干部要主动帮他做,以保证工作任务的完成。这样,既有分工、又有协作,才能展示出干部集体团结协作、生机勃勃的外部形象。

6. 总结提高的方法 每一项工作完成后或者每一学期结束后,学生干部都会有一些体会,工作中哪些地方做得好,哪些地方做得还不够好,哪些地方还有待改进,把它们认真加以总结,就会形成宝贵的经验,这对今后的工作和个人的成长都有好处。学生干部必须有总结工作的意识,通过定期总结工作,以获得经验教训。总结经验不仅是个人的事,也是集体共同的任务,学生干部要虚心听取老师和同学们的意见和建议。同时还要观察其他干部的工作,从他们的成败中吸取经验教训。学生干部只有边工作边总结才能不断取得进步。

7. 增进团结的方法 学生干部要做好工作,除了自身努力和老师的指导帮助外,还有一个至关重要的因素,那就是班级或部门内部的团结。要搞好团结,首先干部要起模范带头作用,要公正无私,对同学一视同仁,不搞亲亲疏疏,要心胸开阔,善于同与自己意见不一致的同学一道工作,尊重他们的意见;其次,学生干部还要通过开展丰富多彩的文体活动来增进同学们的友谊,加强集体内部的团结,感受集体生活的乐趣;第三,正确使用表扬和批评。一般不要公开批评犯错误的同学,尤其不要点名批评,只批评不良现象就行了,而私下里则要找犯错误的同学谈话,指出其错误,这样可以防止犯错误的同学产生对立情绪,使批评的效果更好。与批评相反,表扬则要点名,要大张旗鼓地进行,但表扬的人和事要真实可靠,切忌夸大,要实事求是,这样才能起到鼓励先进、鞭策落后的作用;第四,学生干部要关心集体中的每位同学,对任何同学的困难,能解决的就积极地帮助解决,不能解决的要向有关老师反映,使同学们感受到集体的温暖,对集体产生归属感,这样集体的凝聚力就会增强。对于集体内部的团结,干部负有主要责任,主要干部之间首先要搞好团结,起到带头作用,学生干部必须树立这种意识。

8. 学习工作兼顾的方法 学生干部很容易出现的问题是:干工作影响学习。原因是学习与工作的关系处理得不好。那么怎样才能做到学习工作两不误呢? 首先,要上好每一节课,向课堂要效益,力争领会老师所讲授的内容,对于没听懂的部分要记下来,课后重点复习。上课和上自习时间要专心致志地学习,不去思考工作上的事,提高学习效率,无论工作任务多重,坚决不能旷课干工作。其次,牺牲一些休息和娱乐时间来学习,以弥补工作所花去的学习时间。第三,工作要有合理的安排,把工作按轻重缓急进行排序,并雷厉风行地完成,提高工作效率,克服拖拉作风;学习也要有合理的计划,克服随意性。第四,改进学习方法和工作方法,使自己在单位时间内尽可能多地完成学习和工作任务。

第三节 校园文化,缤纷色彩

一、校园文化的作用

大学校园文化是社会文化的有机组成部分,属于社会亚文化范畴,具有文化的质的规定性、继承性和传播性等特点,既受到社会主流文化的熏陶,也受到社会上非主流文化的熏染,使校园文化具有时代性,又由于校园文化构成要素和活动方式的独特性,它必然表现出许多有别于其他亚文化的特定含义,这种校园文化对大学学生组织的教育功能会产生深远的影响。

(一) 大学校园文化的内涵

目前,学界对校园文化的判别与描述,基本上存在以下几种观点:社区说,校园文化作为社会文化在大学的延伸,属于社会文化的亚种,具备校园特色,在分类上属于社区文化的范畴;氛围说,作为一种群体文化,校园文化是依托校园这种小环境、小气候这样特定的范围而形成的一种氛围,强调的是这样的氛围对生活在校园中的大学生产生的微妙影响。此外,校园中的主体——大学生也会不断通过学习创造反过来丰富并完善校园文化;综合说,校园文化是办学以来通过长期的发展逐渐沉淀下来的,这些文化得到了全体校园人的认同,是包括本校特色的价值观、处事方式、校训校风、发展目标、道德准则和思想观念等元素的集合。

以上所述观点都从不用的角度对校园文化的内在特点进行了阐述,对校园文化的内涵进行了剖析,揭示了其中的特点和基本属性。在研究校园文化特质的过程中,这些观点能够窥见一斑,但是并未完整地勾勒出校园文化的基本特征及属性,对大学校园文化可做如下界定:大学校园文化从属于社会文化中的亚文化范畴,不仅具有文化质的规定性和内涵,还有其自身的个性特征。大学校园文化是高等学校所有参与个体在特定的校园环境中,以校训校风为灵魂,在高等学校的日常工作生活中共同开拓积淀,并通过思想观念、行为准则、处事方式、生活态度、价值标准、舆论方向、校园设施等所承载、展现或表达出来的,得到了高校师生校友的广泛认同、拥有趋同性的心理特征的校园制度文化、物质文化和精神文化的总和。

(二) 校园文化对大学学生组织教育功能的影响现状分析

随着人类社会的发展,各种类型的知识得以成倍地增长,社会科学文化和自然科学文化的增多,使人类认识到开发智慧与积累知识的重要性,而校园作为传播文明的载体担负着传承文化、科学研究、培养严谨而理性的思维方式、认识世界和改造世界的任务。同时,基于国家和社会的大环境,还担负着一定的意识形态、社会政治思想、传统道德规范等社会化教育,以跟紧社会科学文化进步与发展的脚步。可见,对知识与文化的整理、研究、传播、继承和创新是校园人的主要工作内容;对知识的渴望、坚持真理的信念、对探索研究的热爱是校园人共有的价值观;对学校前途的关心、社会进步的责任感和人类发展方向的探索都是校园人共同的历史使命。以上这些都是校园精神的精髓之所在,这一校园精神存在两种基本特征:即科学精神特征和 人文精神特征,前者表现出尊重真理、实事求是的特性,而后者则构成了校园文化的一般元素。

对于校园文化的构建,不管是制度文化、物质文化,还是行为文化,都必须始终不渝地尊崇对真理、科学、知识的无限追求与崇尚的原则,对不同文化内容的吸收都要基于这种原则。一旦在校园文化的发展与壮大过程中,摒弃了这一原则,校园文化就难以保证以正确的方向发展,并可能走向衰落甚至倒退。校园文化的自身调节与组织功能遭到破坏,其所承担的各组成职能也因缺乏联系而毁灭,校园文化结构中的所有或部分相互支配、相互依赖的原则也必将受到破坏。此外,摒弃了这一原则,校园文化的重塑标准就发生了偏移,价值观也将发生扭曲,指导行为的精神文化准则也不能得到很好的发挥,对标准和规范的监督机制缺失,制度文化难以发挥其功能。于是,异质文化就有更大的空间去侵袭甚至吞噬校园文化,最终将导致大学学生组织教育功能的异化。

(三) 校园文化对大学学生组织教育功能的诉求

大学校园文化对大学学生组织的诉求是由其自身所具有的功能所决定的。大学是传播先进科学文化知识和弘扬社会主义精神文明的重要阵地,大学校园文化是人类社会在探索未知、培养人才、教育人才过程中所获得的物质与精神成果的集中体现,是高等学校的软实力。在良好的校园文化氛围中学习和生活,大学生的思想意识、行为准则等通常会受到熏陶,更能激发大学生对学校的好感与认同感并为之感染而付诸行动,进而激发大学生的内在动力,使其更好地学好专业知识,提高实践能力,培养工作热情。大学校园文化对大学学生组织教育功能的诉求具体有如下:

1. 对大学学生组织教育功能的引领　大学校园文化对大学学生组织教育功能的引领是指大学校园文化可以通过自身各种文化要素集中、一致的作用,引导大学学生组织中的大学生主动接受一定的价值观和行为准则,使他们向着学校所期望的方向发展。校园文化的内涵、要素以及依此所形成的文化环境与氛围,对大学生思想意识的塑造、行为准则的确立能起到潜移默化的引导作用。通过日积月累的学习与生活,大学生在学校这样文化元素更为集中的"小社会"中更为容易地汲取校园文化的内涵与真谛,长期就能形成滴水穿石的效果。

2. 对大学学生组织成员的陶冶 大学校园文化对大学学生组织成员的陶冶是指大学生在学习生活中潜移默化地摄取文化价值,通过陶冶自己的情操、净化个人灵魂,获得能够影响人生走向的思想沉淀,同时培养高尚的道德品质与行为习惯。大学校园文化是长期贯穿于学习和生活中,通过日常学习、环境影响、体验参与,大学生的道德情感及行为才得以良好的形成。

依照特定的大学校园文化,通常也会有适应相应价值观念体系的物质环境,校园的一草一木、建筑风格等可触及的硬件对生活于其中的大学生存在潜移默化的影响,或热爱、或享受,陶冶了情操,规范了行为。通过这种主观的或无意间的感染或启迪,大学生的内在动力正在加强,也更愿意主动地去塑造自己、完善自己,培养自己高尚的思想品格。

3. 对大学学生组织成员的规范 大学校园文化对大学学生组织成员的规范表现在大学文化是通过对大学组织中的大学生行为规范进行约束来实现的,大学文化反映到具体的规章制度、校风学风等各种文化要素载体上,规范大学生的思想品质和行为准则,以达到社会和学校所期望的标准。大学校园文化具有软制约的特点,它通过将校园文化中的精神、道德、制度、行为、规范和价值标准内化为个人自律意识和自律行为,使校园群体以及其成员在同一规范内活动,进行自我管理和制约,形成良好的校风,使学校的发展稳步向前。

大学校园文化,作为学校教育的一部分,影响并规范大学生的思想品质、行为准则和人格塑造,促进大学生正确价值观的建立,使其行为符合群体的规范。这样,在学校的制度文化管理下,每个大学生都会不断地完善自己,努力地使自己适应学校和社会的要求。除了规章制度,学校的校风校训、价值体系、客观环境等元素都会或多或少地流露出学校的要求和教学的意志,因此,这种特殊机制在给大学学生组织中的大学生提供潜在动力的同时,也会促使大学生严肃地规范自己。

4. 加快大学学生组织成员的社会化 社会化是大学学生组织中的大学生在学习和生活中,获取知识、锻炼技能、适应各种规范准则、最终成为合格的社会一员的过程。大学的校园文化在形成的过程中积淀大量关于思想意识、行为准则、价值观塑造、道德规范等诸多文化方面的成果和结晶,这些得到广泛认同的文化在校园特殊的环境氛围下,对其中的个体进行心灵与精神的塑造,最终使个体达到社会化。

对于生活在校园中的大学生来说,校园文化无时无刻不在影响并熏陶着他们,这样的客观环境对大学生的成长将起到不可替代的作用。通过参加大学学生组织,大学生能够更好地与人交往,广泛的人际关系有助于大学生提高表达、组织、分析、决策等能力,为日后参与社会生活打下良好的基础。这些活动作为大学校园文化的一部分对参与其中的学生的社会化起着显著的作用。同时,大学里的各种学生团体和组织为学生搭建起学校与社会的桥梁,通过与学校外的人与事的互动,为大学生提高能力、快速成长创造优良的环境。

二、海南医学院特色校园文化活动概况

一所高校能否被认可、是否具有发展的潜质,关键在于这所学校的文化底蕴。多年来,我校一直致力于打造特色校园文化品牌,形成了一系列深受学生喜爱、校内外影响广泛的

"品牌文化",独具海医特色的"大学生科技文化艺术节"、"挑战杯"竞赛、"社团文化节"、"相亲相爱一家人"迎新晚会、"应急救护培训"等,在学生之间产生了广泛的影响,已经成为学子们不可缺少的文化大餐。

(一) 大学生科技文化艺术节

大学生科技文化艺术节是校园文化生活的热点,是我校特色校园文化活动品牌之一。其始创于 1991 年,从 2000 年起,每两年举办一届。校团委在以在往经验基础上,重点扶持一批有规模、有特色的活动,把艺术节办成高水平的、精品荟萃的艺术盛会,丰富师生文化生活,努力营造我校浓厚的校园文化氛围。校园文化艺术节活动形式多样,内容丰富,曾举办过大合唱、文艺汇演、校园歌手赛、书画赛、摄影赛、中外经典电影名片欣赏、优秀美术作品展、医学生形象设计比赛等活动。为了营造良好的校园科研学术氛围,激发学生的创新能力,提高学生的实践能力,于 2000 年将科技活动纳入文化艺术节,活动内容:一是以征集专业论文为主的各类学术论文报告会、研讨会及讲座;二是以学生计算机知识普及和提高计算机使用能力为核心的计算学习系列活动;三是以"挑战杯"大学生课外学术科技作品竞赛活动;四是以提高学生英语水平和激发学习英语兴趣为主的英语学习系列活动;五是提高大学生思辩水平、锻炼思维能力和培养人文素质为重点的辩论赛、演讲比赛、大学生论坛和心理沙龙;六是以丰富学生的第二课堂生活,培养医学生技能为主的综合性活动(图 13-1)。

图 13-1　大学生科技文化艺术节文艺节目

(二)"挑战杯"竞赛

"挑战杯"全国大学生课外学术科技作品竞赛是共青团、科协、教育行政部门以及学联组织为适应全面推进素质教育和深化教育改革的要求开展的一项重要活动,也是大学生素质拓展计划的重要组成部分。我校从 2003 年起组织参与"挑战杯"竞赛,并多次获得国家级、省级奖项(图 13-2)(详见第十三章第五节学科竞赛和科技创新活动)。

(三) 社团文化节

在大学丰富绚丽、包罗万象的校园文化当中,学生社团活动无疑是一道亮丽的风景线。每两年一届的学生社团文化节,面向全校爱好兴趣广泛的大学生,以服

图 13-2　"挑战杯"竞赛人员

务社团成员为宗旨,培养大学生兴趣爱好和第二课堂技能为目的,开展形式灵活多样,内容丰富多彩,能充分发挥每一位社团成员才能,展现社团独具魅力的社团活动,注重学术性、文娱性和体育性相协调,将社团工作推向新高潮,活动紧紧围绕主题,进行系列宣传、系列

讲座、舞蹈教学表演、义卖义诊、书画大赛、话剧演出、轮滑表演、体育竞技、吉他音乐专场、武术表演赛等多项活动,极大地活跃了第二课堂。充分展示我校学生社团发展所取得的丰硕成果,绽放当代学生社团积极向上的精神风貌,并以此为契机,营造健康高雅的校园文化氛围,打造深厚的校园文化底蕴,培养向真、向美、向上的校园文化特质,促进大学生综合素质的全面提高(图13-3)。

(四)"相亲相爱一家人"迎新晚会

"相亲相爱一家人"迎新生主题晚会是海南医学院特色校园文化的重要组成部分之一,是海南医学院"厚德、严谨、博学、和谐"校训的重要体现元素,也是校团委搞活校园文化生活的标志性抓手之一。每年安排在新生军训时编排、在军训后举行。活动的举办,能够使来自岛内外的新生在"天涯海角"相聚后快速融入大学的学习和生活,融入海医的校园和文化,能极大增强新生的归属感和认同感。同样的主题,凝结的是浓浓的校园感情和寄托(图13-4)。

图13-3 社团文化节武术表演

图13-4 "相亲相爱一家人"迎新晚会

(五)应急救护培训

详见第十二章第五节我校全员应急救护培训介绍。

良好的校园文化是孕育优秀人才的摇篮。在打造品牌文化同时,我们不断总结经验,将分散项目进行有效整合,使之不断更新、富予新意,以"弘扬科学精神,提高人文素养,营造文化氛围,培养创新人才"为宗旨,坚持"把专业孕育在文化中,把文化融合在专业里"、坚持"学生在校园文化

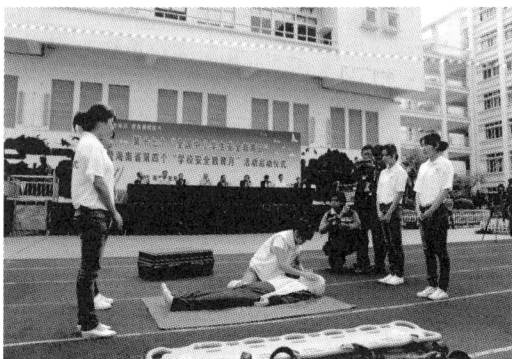

图13-5 应急救护培训

熏陶里学习,在学习中促进校园文化发展"的校园文化建设思想,搭建彰显文化育人功能的展示舞台,使我校品牌文化对提高学生思想道德素质、完善人格、开发智力、丰富文化生活、促进海医学生全面发展有着积极的促进作用(图13-5)。

第四节　社会实践,素质平台

《中共中央国务院关于进一步加强和改进大学生思想政治教育的意见》(中发〔2004〕6号文)指出"社会实践是大学生思想政治教育的重要环节,对于促进大学生了解社会、了解国情,增长才干、奉献社会,锻炼毅力、培养品格,增强社会责任感具有不可替代的作用";《关于进一步加强和改进大学生社会实践的意见》(中青联发〔2005〕3号文)对进一步加强和改进大学生社会实践活动提出了具体的指导意见;在国家政策的指导下,高校将社会实践活动纳入学生培养体系;制定制度保障社会实践活动的实施;为社会实践活动提供必要的经费保障;与地方共建大学生社会实践基地;开展内容丰富、形式多样的社会实践活动,让学生在社会实践中受教育、长才干、做贡献。

(一) 大学生社会实践活动概述

大学生社会实践活动以邓小平理论、"三个代表"重要思想为指导,贯彻以人为本、全面协调可持续的科学发展观,全面贯彻党的教育方针,遵循大学生成长规律和教育规律,坚持育人为本、理论联系实际、课内与课外相结合、集中与分散相结合、整合各类资源等工作原则,以了解社会、服务社会为主要内容,以形式多样的活动为载体,以稳定的实践基地为依托,以建立长效机制为保障,引导大学生走出校门、深入基层、深入群众、深入实际,开展教学实践、专业实习、军政训练、社会调查、生产劳动、志愿服务、科技发明和勤工助学等实践活动。

通过开展大学生社会实践活动,可以让大学生在实践中检验所学的知识,理论联系实际,促进专业知识学习;可以让大学生在实践中了解社会、认识国情、增长才干、奉献社会、锻炼毅力、培养品格;可以让大学生在实践中加深对党的科学理论、路线方针政策的认识,进而坚定在中国共产党的领导下,走中国特色社会主义道路;可以让大学生增强历史使命感和社会责任感,树立正确的世界观、人生观和价值观,努力成长为中国特色社会主义事业的合格建设者和可靠接班人。

(二) 大学生社会实践活动的实施

大学生社会实践活动以集中和分散两种形式实施。

集中部分:在学校社会实践领导小组的指导下,学校相关职能部门、院系、班级、学生组织等开展主题鲜明的社会实践活动。主要活动步骤有:活动方案审核——活动发布——征集课题、征聘指导教师、招募学生——确定项目——活动培训——活动实施——活动总结宣传,发放学分证明等;活动内容主要围绕教学实践、专业实习、社会调研、志愿服务、勤工助学等方面展开;活动地点:学校、社区、医院、企事业单位、基层市县及乡镇等;活动持续时间:半天、一天、一周等。

分散部分:学生根据自身兴趣、课程安排和业余时间等实际情况,本着"就近就便、分散活动"的原则,在学校教师的指导下,签署安全协议书后,进行社会实践活动,活动后上报活动心得、申请社会实践学分等。

(三) 海南医学院大学生社会实践活动介绍

海南医学院重视大学生社会实践活动,由分管领导牵头成立大学生社会实践领导小组,统筹安排,抓好落实;学校党政干部、共青团干部、专业教师、思想政治理论课和哲学社会科学课教师、辅导员等都参与指导社会实践活动;学校为社会实践活动设置专项经费;学校将社会实践活动纳入学生培养体系,参加社会实践活动可以获得相应的"第二课堂学分",修满相应学分才允许评优和毕业;学校与社会共建社会实践基地等。在学校领导高度重视、教师积极指导、学生热情参与的良好氛围下,海南医学院社会实践活动良好发展,形成了"专业实习"、"三下乡"、"志愿服务活动"等深受师生欢迎、影响深远的社会实践品牌活动。

专业实习:海南医学院秉承"早临床、多临床、反复临床"、"以岗位胜任力和领导力为核心,彰显个性发展"的人才培养理念,组织临床医学专业的学生利用周末、寒暑假等课余时间深入医院开展专业见习活动,让学生熟悉医疗环境,提早进入临床;组织药学、管理学、信息系统与信息管理等专业的学生到药店、药监局、事业单位、计算机公司等单位挂职锻炼;组织生物技术专业的学生参与教师的科研课题;组织公共卫生专业的学生到公共区域开展疾病学调查、卫生科普等。通过专业实习,让学生在实践中检验所学的专业知识,培养学生的专业兴趣,发现自己的不足,进而反哺专业知识的学习。

"三下乡"社会实践活动:组织上,海南医学院成立了大学生志愿者暑期文化科技卫生"三下乡"社会实践活动专项领导小组,由分管学生工作的校领导担任组长,办公室挂靠在校团委,落实专人负责指导和协调,学校有关职能部门协同操作实施;制度上,海南医学院从2005年开始,制定并实施了《海南医学院学生暑期"三下乡"社会实践活动项目化管理办法(试行)》,该办法允许基层团组织和团员青年按照社会实践的主题和要求,以多种方式自由组队,独立进行社会实践活动项目的策划、管理和组织;机制上,校团委通过招投标的方式来确定受资助的社会实践活动项目和资助额度,同时通过一系列的配套措施,如项目实施汇报及实践地反馈制度、项目验收制度和评优办法等,形成了较为完善的监督、评价和反馈机制,保证了项目质量和目标的最优实现;步骤上,严格按照"基层调研——课题征集、指导教师征聘——项目确定——实践队员招募及培训——动员大会及安全教育——出征仪式——深入实践——领导慰问——汇报评优——成果宣传"等环节逐步推进。

近年来,海南医学院各级团组织按照"受教育、长才干、做贡献"的宗旨,通过"按需设项,据项组团"的项目化管理办法,深入基层调研、与基层单位共建,每年组织多支"三下乡"社会实践重点团队,奔赴全省各地,广泛开展政策宣传、爱心支教、环境保护、医疗卫生、社会调查、挂职锻炼、科研实践等形式多样的大学生志愿者暑期"三下乡"社会实践活动,与此同时,学校积极组织分散返乡的同学开展多种形式的社会实践活动。在"三下乡"活动过程中,队员们热心服务、甘于奉献、严守纪律、勇于实践,为当地经济、文化、医疗事业建设服务,受到了上级和有关单位的高度评价:学校多次被团中央、教育部、全国学联等单位评为全国大中专学生志愿者暑期"三下乡"社会实践活动先进单位;学校每年均被评为全省"三下乡"社会实践活动先进学校;学校多支实践队、多名指导教师、多名实践队员、多篇调查报告受到国家级和省级的表彰;学校大学生志愿者暑期"三下乡"社会实践活动多次被《海南日报》、海南电视台等多家新闻媒体追踪报道,在社会上引起了强烈反响。

志愿服务活动:海南医学院青年志愿者协会组织志愿者立足校园、服务社会,结合院系专业设置,深入医院、社区、街道、学校、敬老院、景区等地,开展导医、社区义诊、防艾宣教、禁毒活动、扶贫济困、帮孤助残、关爱农民工子女、关爱老人、环境保护等品牌志愿服务活动,让学生在志愿服务活动中,感受"授人玫瑰 手留余香"的快乐,发扬"奉献、友爱、互助、进步"的志愿者精神。同时,学校开发专业化志愿服务项目,促进志愿者专业学习,提高志愿者整体素质。海南医学院志愿服务活动为经济社会的协调发展和全面进步做出了积极的贡献。

第五节　学科竞赛和科技创新活动

科技创新,是一个民族进步的不竭动力,更是当代大学生朝气蓬勃奋发有为的重要体现。同时,它展现了一个民族、一个国家的未来。目前,团中央、教育部、全国科协认可的全国主要大学生科技竞赛有:"挑战杯"全国大学生课外学术科技作品竞赛、"挑战杯"全国大学生创业计划竞赛、全国大学生数学建模竞赛、全国大学生电子设计竞赛、全国大学生英语竞赛等。

我校把科技教育作为学校工作的重要组成部分,组织广大学生开展丰富多彩的学科竞赛和科技活动。注重发挥学校、社会、家庭三方面力量,并结合当地实际情况,因地制宜,因时制宜,综合推进学校的科技创新教育。为了更好得帮助同学们了解、参与我校、我省乃至全国的大学生学科竞赛和科技创新活动,找到发挥自身特长的突破点,特做如下介绍:

(一)"挑战杯"竞赛

"挑战杯"是由共青团中央、中国科协、教育部、全国学联和承办高校所在地人民政府联合主办,国内著名高校作为承办单位联合发起的一项具有导向性、示范性和群众性的全国竞赛活动,被誉为中国大学生学术科技和创业的"奥林匹克",旨在引导和激励高校学生崇尚科学、追求真知、勤奋学习、锐意创新、迎接挑战,培养高素质创新人才。"挑战杯"竞赛共有两个并列项目,一个是"挑战杯"全国大学生课外学术科技作品竞赛,俗称"大挑";另一个则是"挑战杯"中国大学生创业计划竞赛,俗称"小挑"。为贯彻落实习近平总书记系列重要讲话和党中央有关指示精神,适应大学生创业发展的形势需要,在原有"挑战杯"中国大学生创业计划竞赛的基础上,共青团中央、教育部、人力资源社会保障部、中国科协、全国学联决定,自2014年起共同组织开展"创青春"全国大学生创业大赛。这两个项目的全国竞赛交叉轮流开展,每个项目每两年举办一届。

一直以来,我校积极响应国家教育人才培养计划,培养大学生社会实践和科学研究能力,组织学生参加"挑战杯"活动。至2015年6月我校已参加一届"创青春"、八届"小挑"、十三届"大挑",并成功举办了五届学校"小挑"和六届学校"大挑"。

(二)大学生科技文化艺术节

详见第十三章第二节(二)海南医学院特色校园文化活动概况。

(三)社团文化节

详见第十三章第二节(二)海南医学院特色校园文化活动概况。

（四）二级院系团委运作自主化的学科竞赛和科技创新活动

在学校团委的宏观指导下，各二级院系团委立足本院实际，结合专业特点，坚持"人无我有，人有我优，人优我特"的理念，自主运作，创新形式，丰富内容，开展一系列具有院系特色的学科竞赛和科技创新活动，为我校科技创新教育建设添砖加瓦。如临床学院的"临床技能大赛"、中医学院的"国医节"、国际护理学院的"5.12护理文化节"、人文社科部的"金心有约"心理维和周、公共卫生学院的"预防科普知识宣传周"、高等职业教育学院的"高职教育技能节"、热带医学与检验医学院的"爱·检验"文化节、药学院的"药学节"、理学院的"现代生物科技节"、管理学院的"沙盘模拟经营大赛"等。

我校通过形式多样化、内涵多元化、运作自主化的多元互荣的学科竞赛和科技创新活动，在知识、技能、沟通等方面潜移默化的影响着学生的综合素质。颇具医疗特色的我校学科竞赛和科技创新活动在海南各大高校中具有很大的影响力。

思 考 题

1. 你准备加入何种学生组织，你想得到什么样能力的锻炼？
2. 你理想中的学生干部应该具备什么样的素质？
3. 什么样的校园文化活动会吸引你的参与，有什么好的建议？

第十四章　职业生涯规划

职业生涯规划的有关理论和应用在大学生活中占有重要地位,它对同学们的发展和成长具有指导作用,对于医学院校大学生来说同样如此。凡谋之道,周密为宝。刚从中学跨入大学,个人的困惑和发展的迷茫在同学们中普遍存在,如何能更好地认识自己? 如何在自我特质和职业间探索? 如何确定自己的职业发展目标? 这就涉及职业生涯规划的问题了,职业生涯规划不单单指找到一份好工作,更是对人生发展的定位。认真学习好这一章,相信浪多同学会发现一片适合自己的广阔天地。

> **案例 14-1**
>
> 临床医学本科生小林和公共事业管理本科生小王,是同一宿舍的舍友。两人均在一次学校组织的"职业生涯规划大赛"中获得佳绩。小林希望自己成为一名优秀的外科医生,小王希望自己成为一名行政管理工作人员。
>
> 大学期间,小林每天过着三点一线的生活,专业知识扎实,各种成绩优秀,获得一项创新训练项目科研课题,发表了三篇论文。在平时的生活学习中,乐于助人,关心同学,深受老师同学的喜爱。
>
> 与小林不同的是,小王在校期间是个活跃分子,他积极参加学生会、社团、三下乡等各种活动,组织过大大小小的晚会、会议,也是老师的学生助理;在医院实习期间,医院大小事务都主动包揽,深受实习医院老师的好评。
>
> 毕业若干年后,小林成为一家三甲医院的外科主任医师,小王成为一家医院的行政管理人员。

第一节　职业生涯规划概述

一、职业生涯规划及相关概念

(一) 职业

职业(occupation),根据中国职业规划师协会的定义,是性质相近的工作的总称,通常指个人服务社会并作为主要生活来源的工作。在组织中它表现为职位,我们在讨论一些具体的工作(职业)时,其实也就是在谈论某一类职位。每一个职位都会对应责任,作为任职者的岗位职责。而要承担这些责任就需要这个岗位上的人,即从事这个工作的人,具备相应的知识、技能、能力等。

《荀子·富国》中指出:"事业所恶也,功利所好也,职业无分,如是,则人有树事之患而有争功之祸矣。"职业指参与社会分工,用专业的技能和知识创造物质或精神财富,获取合理报酬,丰富社会物质或精神生活的一项工作。从社会学角度看职业是劳动者社会角色的实现,劳动者为社会承担一定的义务和责任,并获得相应的报酬;从国民经济活动所需要的人力资源角度来看,职业是指不同性质、不同内容、不同形式、不同操作的专门劳动岗位。

(二) 职业生涯

"生涯"一词可追溯到《庄子·养生主》:"吾生也有涯,而知也无涯。"《辞海》中对生涯的解释是:从事某种活动或职业的生活。生涯(career),"生",即"活着";"涯",即"边界"。舒波(Super,1976)定义的"生涯"论点:生涯是生活里各种事态的演进方向和历程,它统合了人一生中的各种职业和生活角色,由此表现出个人独特的自我发展形态。

职业生涯指人一生中的职业历程。人的职业生活在其生涯中占据核心与关键的位置。职业生涯就是一个动态的过程,是指一个人一生在职业岗位上所度过的、与工作活动相关的连续经历,并不包含在职业上成功与失败或进步快与慢的含义。也就是说,不论职位高低,不论成功与否,每个工作着的人都有自己的职业生涯。

广义上理解,"生",自然是与一个人的生命相联系;"涯",则有边际的含义,即指人生经历、生活道路和职业、专业、事业。人的一生,包含少年、成年、老年几个阶段,成年阶段无疑是最重要的时期。人们一生的职业历程,有着种种不同的可能:有的人从事这种职业,有的人从事那种职业;有的人一生变换多种职业,有的人终身位于一个岗位上;有的人不断追求、事业成功,有的人穷困潦倒、无所作为。大学生活是追求自我实现自我的重要开始阶段,对人生价值起着关键作用,是专业知识积累的重要阶段,更是职业生涯的重要历程阶段。

(三) 职业生涯规划

职业生涯规划(carceer planning),又称职业生涯设计,著名管理学家诺斯威尔首先提出这个概念。他认为.职业生涯设计就是个人结合自身情况以及眼前制约因素,为自己实现职业目标而确定行动方向、行动时间和行动方案。"职业生涯规划是一种复合化的行为过程,对于大多数人而言,职业是物质来源基础,也是生活态度塑造的重要因素,因此,职业生涯规划的核心是找到自己合适的理想职业,并得以延续,职业生涯规划是关于个人生涯较全面的规划过程。

职业生涯规划对于站在人生发展十字路口的大学生而言,十分重要。职业生涯规划属于社会科学范畴,能做到的一是根据现有资源路径选择和行动;二是客观因素变化时,运用科学的方法应对。大学生通过职业生涯规划的科学方法,为自己明确职业发展方向、职业目标、岗位职责、职业发展途径、确定教育计划、发展计划,为人生发展确定行动时间和行动方案。特别能为大学阶段的自主学习提供明确动力。

对于很多大一新生而言,职业生涯规划还是一个比较陌生的词,很多同学认为自己离毕业还很遥远,其实不然,我们要知道的是,生涯规划越早越好,毕业时所得到的知识、技能、综合素质正是从一开始就做好规划,靠自己一步一步走出来。

二、规划好大学生活

在毕业季时间段,每天都有大量的毕业生走进就业咨询室,除了询问一些政策性、常规性的问题外,毕业生集中询问的问题有:为什么招我们专业的单位那么少? 我的这份工作是"好工作"吗？为什么我应聘不上我想要的工作？面试的时候我怎么那么紧张？我"挂"了很多科目,还可以找到工作吗？这些问题看似就是毕业阶段的事情,甚至有很多同学认为我们只是需要招聘信息。

然而,有过求职经历的毕业生都会感受到,毕业前期突击获得的求职技巧和招聘信息达到的效果是有限的。我们在向用人单位展示个人知识结构、综合素质时,成绩从何而来？"好工作"需要我们具备怎样的知识结构？面对众多岗位如何选择和判断？求职后的职业流动是否必要？这些问题靠单纯的就业指导很难解决,只有做好整体的职业生涯规划才能系统性的解决同学们的困惑,规划好大学生活,迎接美好的青春时光。

(一) 医学职业生涯具有特殊性

医学类人才培养周期很长,医学作为生命科学的分支,是一门专业性很强的学科,知识量很大,就是医学内部不同的学科也有很大差别,由此形成医学类教育课程多、课时大等特点,也注定医学类职业是具有很强专业理论知识与技术的职业类别。许多医学类学生都深深地体会到,大学学习十分辛苦,但致力于除人类之病痛,助健康之完美,维护医术的圣洁和荣誉的医学类职业,会让你每天都过得精彩而充实,梦想成为现实。

1. 医学职业成长周期长 医学教育是精英教育,医务工作者成长过程大概需要几十年的时间,除了要掌握医学基础理论知识,还需要具备丰富的工作经验和医疗操作技术。由于医学实践性强,医务工作者成长过程具有晚熟性,职业成就短期内不明显。医学技术知识更新快,为了提高业务素质和职业竞争力,医务工作者还必须紧跟医学前沿,不断更新知识结构,需要终生学习。

2. 医学职业生涯专业性强 医学研究对象是人,而不是其他客观存在物。人的疾病存在、发展,每个人对疾病的态度与环境、人格特征、经济文化水平都息息相关,同样的疾病不同个体也可能表现出不同的症状。人的特殊性增加了医疗工作的复杂性。只有受过正规医学教育并获得执业资格的人才能从事医疗工作。卫生医疗行业有严格的人才准入制度。《中华人民共和国执业医师法》《中华人民共和国护士管理条例》、卫生专业技术资格考试、国家执业医师资格考试、国家执业药师资格考试等对卫生医疗行业的准入都做了明确要求。

3. 医学职业生涯需要人文性 随着医学模式的转变,即由生物医学模式向生物心理社会医学模式的转变,要求医疗从业人员不仅要有扎实的专业知识和技能,还要具备良好的医学伦理价值、交流技能、批判性思维等人文素质。医学以"治病救人,实行革命的人道主义"为宗旨,其本质是对人的尊重和关怀,对生命的尊重,是基于人文科学的研究。古今中外,思想圣洁、德高望重的医学大家,都具备优异的医学人文修养,人文修养决定价值观,医学生职业生涯规划需要具备人文性。

(二) 合理规划大学生涯

大学生活将为职业生涯规划提供平台,那么,到底该怎么规划自己的大学生活呢？临近毕业很多大学生都会有所感悟:"早知道工作那么难找,我应该从大二、大三就开始做准备。"其实从入学开始就对自己的职业生涯做初步的探索,积累与职业有关的知识和技能,是我们的最佳选择。

1. 探索职业发展方向,明确目标 职业生涯规划主要是帮助大学生选择合适自己的职业发展方向。美国戴伟·坎贝尔说:"目标之所以有用,仅仅是因为它能帮助我们从现在走向未来。"很多同学在没有目标引导下无所事事或者盲目忙乱,错失了大学时期发展的时机。有效的职业规划有利于同学们明确未来奋斗目标和职业方向,激发同学们积极创造条件实现目标。

明确目标后,个体就可以在大学生活中合理地安排时间,有目的地参加社会活动,补充目标职业领域所需要的知识和技能,了解相关的行业和用人单位的信息,直指求职目标。同时也增加了大学生活的主动性,主动地学习、主动地实践、主动地交流。到了毕业前,同学们面对的就不再是一个复杂的未知世界,而是一个已经进行了一定程度了解探索的、有章可循的职业领域。

2. 制作自己的成就纪念册 为自己累积成就不仅是分析自己技能水平的一种方法,也是探索职业方向的一种手段。把自己的成就描述成故事,组织成职业规划书、求职材料或面试陈述素材。我们的成就就是为毕业时才用的吗? 当然不是,我们所经历的事情很多时候容易被遗忘,只有逐一记录、不断积累,才会使我们有足够的资料对自己进行分析、做出规划。

在大学阶段,记录所取得的成绩,本身就是很好的青春纪念册,在学习和生活中取得的所有进步,有意识地撰写并积累自己的成就故事,从中找出自己的核心竞争力,为自己的职业生涯积累基础性材料。

3. 参与职业生涯规划实践 大学里丰富的社团活动、形式各异的文化活动、社会实践为我们提供了职业生涯规划实践锻炼的平台。

应该参加何种社会实践? 参加哪种社团或学生组织? 你是怎么做出这些决定的? 你在决定报名后如何准备相关材料? 如何适应新的环境和新的学习、生活方式? 如果参加了社团,你如何确定工作目标并努力完成? 你与其他社团成员如何沟通与合作? 在社团工作与学习之间如何平衡? 这些问题都是很多大学生需要面对的,如果严谨地把总结出来的经验转化为技能,使用在职业生涯规划上,将更具针对性。

大多数学校每年都会举办职业生涯规划大赛,在校级比赛中脱颖而出的选手将代表学校参加省级比赛,更有可能参加全国大学生职业生涯规划大赛,同学们可以积极参加相应赛事。

(三) 培养社会适应能力

社会适应能力是指为了在社会中更好地生存而进行的心理、态度、行为上的改变,与社会达到和谐的一种执行适应能力。从某种意义上来说社会适应能力就是指人际交往能力、公平竞争能力、承受挫折能力、团队合作能力、创新能力等。同时,社会适应能力是反馈一个人综合素质高低的间接表现,是个体融入社会,接纳社会能力的表现。

在职业行为中,医学专业人员需要面对庞大的医疗消费群体,还要面临紧张的医患关系,常处于超负荷状态中。目前,很多医务工作者得不到社会应有的理解和尊重,很多医学专业人员承受着巨大的社会压力。医学生进行职业生涯规划,有助于对自身以及所从事的事业进行评估匹配,在大学阶段就提前培养社会适应能力,从而保障对其医学事业主动投入、高效工作。

1. 提高人际交往能力 戴尔·卡内基说:"一个人事业的成功只有15%取决于它的专业技能,另外的85%要靠人际关系和处事技巧。"作为医务从业者,有意识提高人际交往能力,更有利于今后与同事、领导、病患等沟通交流。

注重培养良好的个性品质,有真诚带人之心,有谦虚、谨慎、自信、乐于助人的品质。良好的人际关系有利于大学生知识能力的开发,其实,人际交往和知识开发是互为因果,相互促进的。人际交往中,以获得知识为纽带加深人际关系、交流知识、沟通信息,已经成为人际交往的重要桥梁。深厚的知识积累还能增强人的自信心,促进人思维的提高,进而获得人际交往的成功。

在日常生活中,有意识的控制自己的情绪、乐于与他人交往、讲究交往的行为规范、正确的运用语言艺术、克服认知偏差、学习一些人际交往技巧,比如记住别人的名字、认真倾听他人、怎样表达自己的情感、学会批评与自我批评等等,都能有效提高大学生的社会适应能力。

2. 明确学习目的 大学阶段没有了中学时期的学习压力,没有明确的学习目标,学习目标不明确是大学生中普遍存在的问题。主要表现在:时间浪费在上网玩游戏等娱乐上,基本学习没有保障;听课缺乏兴趣,上课玩手机、纪律性差,甚至千方百计逃课等。

钱伟长说:"一个人在大学四年里,能不能养成自学的习惯,学会自学的习惯,不但在很大程度上决定了他能否学好大学的课程,把知识真正学通、学活,而且影响到大学毕业以后,能否不断地吸收新的知识,进行创造性的工作,为国家做出更大的贡献。"提高自学能力,明确学习目标,明确未来自己应当承担的社会责任,也将有利于培养社会适应性。"想象力比知识重要,因为知识是有限的,而想象力概括着世界上的一切并推动着进步,想象才是知识进化的源泉。"在学习中更需要创新意识,培养出色思维能力。

三、职业生涯规划与大学生成功就业

职业生涯规划是一套可实现的技术方法。职业生涯规划专家米歇尔·罗兹指出:职业生涯规划具有突破障碍、开发潜能和自我实现三个积极目的。实际上,职业生涯规划的整个过程,最主要就在于为个体设定职业发展目标,找出达成目标的方案。大学生就业,是大学生个人职业生涯规划中的一个重要部分。对于大学生而言,主要障碍是自我认知不明确,从而导致彷徨迷惑、难以自我悦纳。职业生涯规划能帮助大学生克服障碍,发挥潜能,实现成功就业。

大学生提升核心竞争力,需要正确认识、分析自我,获取适合自己的核心专长和技能,围绕优势形成自己的核心竞争力。大学阶段处于职业生涯的早期阶段,本阶段的任务是知识能力储备和职业选择规划。因此这一阶段培养核心竞争力的行动方案主要围绕学习来进行。包括学习哪些专业知识和技能、如何学习、参加哪些培训项目、考取哪些资格证书、获得哪些综合能力、达到怎样的标准等。

就业的本质是社会对求职者素质的认可。随着医学模式的转变,用人单位在选用医类大学生时,不仅考虑专业对口、专业知识和实践技能,更要求大学生具备良好的职业精神、团队精神、创新能力和继续学习能力等综合素质。高学历不等于高素质,在复杂的社会环境中。大学生要调整好心态,正确认识自我,不断提高自身综合素质迎接就业挑战。

医学院校大学生进行职业生涯规划后,有了明确的目标,会对专业、个人均有明确的认识,有助于在校期间有目的地安排学习、生活、协调自己的综合素质。同学们可以针对性地投入实习实践中去,增强自己的职业针对性和目的性,让自己在实践过程中有目的地建立与职业目标相一致的能力、知识和素质结构。同学们要在生活实践中了解职业岗位需求变化对职业生涯的影响,适时根据社会需要调整个人职业生涯规划,了解用人单位的用人标准,明确个人今后的努力方向,勇于走出校门、在实践中不断成熟。

案例 14-2　　　　　1 元钱面前的人生态度

一天,书上有一道选择题,觉得很有意思,便把它带到学校,让同学们做出选择:1、今天一次性给你 100 万元;2、今天给你 1 元,连续 30 天每天都给你前一天 2 倍的钱。你会选哪一个? 结果所有的同学都选择了 1。

然而,选择 1 的,只能得到 100 万元。而如果选择 2,却能在第 30 天得到 5 亿多元! 当我把这个结果说出来时,同学们都不敢相信:第一天仅有 1 元,每天也只是比前一天增加一倍,怎么到了第 30 天就积蓄到 5 亿多元呢? 一些固执者甚至运用中学所学的数学知识来进行验证,结果果然如此。

我想,这道选择题带给我们人生的启示是深刻的:不要企望一夜暴富,因为一夜暴富的财富总是有限的。

今天成功的起点再低,哪怕低到仅有"1 元钱",但只要你今天比昨天努力一点,明天比今天努力一点,每天努力一点,每天进步一点,就能创造一个意想不到的奇迹。

品味生活感悟人生:人生成功的过程,是一个连续不断努力的过程,是一个不断坚持、不断超越的过程。

第二节　职业生涯规划简介

一、职业生涯基本理论

职业生涯基本理论是指导我们职业生涯规划与发展的科学体系。理论是对现实的一种呈现、一副画面、一个描述、一种映像。但理论并不是现实本身,而是一种思考方式,这种思考可能关注的是现实生活中的一部分,这样的思考汇集帮助我们拓展思维,更好的理解现实。另外,"理论知识"没什么用,而它成为你头脑思维习惯的时候,才真正有价值。职业生涯理论主要包括帕森斯的人职匹配理论、佛隆的择业动机理论、霍兰德的职业性向理论、施恩的"职业锚"理论等。

(一)帕森斯的人职匹配理论

人职匹配理论是用于职业选择、职业介绍和职业咨询的经典性理论,由美国波士顿大学教授帕森斯提出。这一理论的核心是人与职业的匹配,其理论前提是:每个人都有一系列独特的特性,它们是可以客观而有效地进行测量的;每个人的独特特质又与特定的职业相关联;选择职业是个人和职位相匹配的过程,而且人职匹配是可能的。个人特性与工作要求之间配合得越紧密,职业成功(工作效率和满意度)的可能性就越大。

1908 年,帕森斯在波士顿创办职业咨询所。1909 年,他撰写了《选择一份职业》一书,在世界范围内第一次运用了"职业指导"这一专门学术用语。该理论认为每个人都有自己独特的人格特征与能力特点,并与社会的某种职业相关联。职业指导就是要帮助个人寻找与其特性一致的职业,以达到个人与职业之间的合理匹配。帕森斯提出的特性—素质理论开创职业指导理论的先河,由此也建构了帮助年轻人了解自己、了解职业,并使个人的特点与职业要求相匹配的职业咨询指导模式。帕森斯通过研究,指出人职匹配的过程具体包括以下3个步骤。

(1)自我探索。他认为应清楚地了解个体的智力、能力、兴趣、态度和其他特性,即评价被指导者的生理和心理特性,了解被指导者的家庭文化背景、父母职业、经济收入、学业成绩、闲暇兴趣等,通过职业能力测验、职业兴趣评价、人格测验等手段,从而获得被指导者全面的材料,做出综合评价。

(2)职业分析。指分析构成职业的各种因素,包括职业内容、特点,提出对从业人员的具体要求,即不同工作岗位所需的个体条件及知识,包括个体的优势、劣势、竞争、机遇和工作前景预测等。

(3)个体特性与职业因素之间进行匹配,从而选择某种职业。根据被指导者特性评价与社会职业因家分析结果,对个人进行职业咨询与指导,从而达到个人与职业的合理匹配。

人职匹配主要分为两种类型:第一,基本条件匹配,即根据职位的要素选择适宜的个体特性,将所需专门技术和专业知识的职业与掌握该种特殊技能和专业知识的择业者相匹配;第二,特有条件匹配,即根据个体的特征选择适宜的职位。例如,具有敏感、不守常规、个性强、理想主义等人格特性的人,宜于从事审美性、自我情感表达的艺术创作类型的职业。这两种方式都可以实现人职匹配。

帕森斯的人职匹配理论,对职业规划研究作出杰出的贡献。它为人们的职业选择提供了清晰明了、简便易行的原则,具有很强的可操作性。不足之处在于只强调个人特质要和工作要求相匹配,忽视了社会因素对职业选择的影响和制约作用。尽管该理论还有诸多不完美之处,但仍有很大的实用价值。它提出了在职业决策中进行人职匹配的思想,故这一理论奠定了人才测评理论的理论基础,推动了人才测评在职业选拔与指导中的运用于发展。

(二)霍兰德职业兴趣理论

约翰·霍兰德(John L Holland)是美国约翰·霍普金斯大学心理学教授,美国著名的职业咨询专家。他于1959年提出了具有广泛社会影响的职业性向理论,这一理论的精髓是"适合"。它是在人职匹配理论上发展起来的有关个性—职业类型相匹配的理论,它一方面吸取了人格心理学的重要概念,认为职业选择是个人人格的反映和延伸;另一方面,这也是霍兰德职业咨询经验的结晶。职业性向理论强调个人与环境之间的匹配。霍兰德认为,一个人作出职业选择的依据就是寻找那些能够满足他或她成长的环境。个人的职业是否稳定和成功在很大程度上取决于其个性类型和职业所需条件之间的适应情况。霍兰德的职业性向理论的实质在于择业者与职业的相互适应。只有当个体找到适宜的职业岗位时,他的才能与积极性才可以得到最好发挥。

霍兰德的理论主要建立在以下4个基本假设之上。第一,职业性向是描述个体个性类型、决定个人职业选择的重要因素,包括价值观、动机和需要等。人的职业性向大致可以划分为六种,即现实型、研究型、艺术型、社会型、企业型和常规型。第二,对应以上六种职业性向类型,环境也可以划分为相应的六大基本类型。任何一种环境大体上都可以归属于其中一种或几种类型的组合。第三,人们一般都倾向于寻找与其个性类型相一致的环境,从而运用自己的技巧的能力,表达自己的态度和价值观,并且承担令人愉快的工作和角色。第四,个人的行为是由其个性与所处环境特征之间的相互作用所决定的。

霍兰德基于自己对职业性向的测试研究,将个人的职业性向划分为六种基本类型。

(1)现实型(realistic type R):这种类型的人喜欢有规则的具体劳动和需要基本技能的工作,喜欢制作并使用工具、实物、机器或与物有关的工作。他们动手能力强,动作协调,但不善言辞和交际,缺乏社交能力。这类人适合从事具有手工、机械、农业、电子方面的技能和爱好的工作,或者与建筑、维修有关的职业。

(2)研究型(investigative type I):这类人喜欢智力的、抽象的、分析的、推理的和独立的定向任务,爱好开展独立和富有创造性的工作。他们知识渊博,抽象思维能力强,生性好奇,具有很强的科学研究能力,但缺乏领导能力。这类人所适合的工作主要是科学研究和实验工作,主要职业包括自然科学和社会科学的研究人员,如工程师、技术人员等。

(3)艺术型(artistic type A):这类人喜欢通过艺术作品来达到自我表现的目的,他们感情丰富、善于想象、创造性强,渴望表现自己的个性,具有语言、美术、音乐、戏剧、写作等方面的技能,喜欢从事创造性的活动,对艺术创作充满兴趣,但缺乏办事能力。主要职业包括音乐、舞蹈、戏剧、影视等方面的演员,艺术编导,文学评论员,广播节目的主持人、编辑、作家,绘画、书法、摄影家,艺术等。

(4)社会型(social type S):这类人对社会交往感兴趣,愿意出入社交场所,积极参加咨询、培训、教学和社会慈善工作,关心社会问题,愿为社会服务。他们喜欢帮助他人,参与教育他人的活动,渴望发挥自身的社会作用,比较看重社会义务和社会道德,但缺乏机械能力。主要职业包括各类学校的教师、保育员、行政人员、医护人员、服务行业的经理、管理人员和服务人员、社会机构的工作人员、福利人员、慈善工作人员、律师、社团工作者和社会活动家等。

(5)企业型(enterprising type E):这类人性格外向,对冒险活动、领导角色感兴趣,喜欢竞争,敢冒风险。他们善交际,喜爱权力、地位和物质财富,喜欢领导和左右他人,具有领导能力及很强的人际交往技能,缺乏的是科学研究能力。主要职业包括企业家、政府官员、商人等。

(6)常规型(conventional type C):这类人对系统的、有条理的工作感兴趣 * 讲究实际,喜欢有秩序的生活,习惯按照固定的规程、计划办事。他们习惯接受他人的指挥和领导,不敢冒险和竞争,尽职尽责,忠实可靠,善于做系统地整理信息资料一类的事情,具有办公室工作和数字方面的能力,主要职业包括会计、出纳、统计人员,办公室人员,秘书和文书等。

霍兰德认为,与人的个性类型一样,所有职业环境均可划分为六大基本类型,任何一种职业都可以归属于6种类型中的一种或几种类型的组合。有些性向越相近,兼容性越强,则一个人在职业选择时所面临的内在冲突和犹豫就会越少。为了帮助描述这些情况,霍兰德建议将这六种性向分别放在一个正六三角形的每一个角。霍兰德提出六边形模型,如图14-1所示。

在图中,六边形的六个角分别代表霍兰德所提出的六种类型。六种类型之间具有一定的内在联系,它们按照彼此间相似程度定位,相邻两个维度在特征上最相近,相关程度最高。距离越远,两个维度之间的差异越大,相关程度越低,每种类型与其他五种类型存在三种关系:相近、相关和相斥。

霍兰德认为,最为理想的职业选择是个体能够到与其职业性向重合的职业环境中工

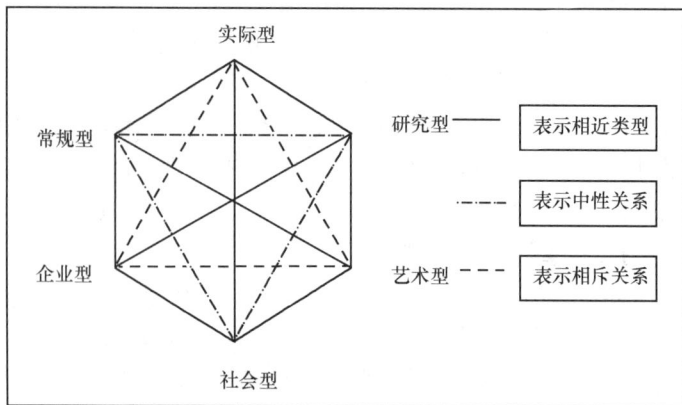

图 14-1　霍兰德正六边形模型

作,容易获得满意感并体会到工作的乐趣,最有可能充分发挥自己的才能,增加获得成功的可能。相邻职业环境与职业性向之间的相关性最大。例如现实型、研究型和常规型之间,或者现实型、研究型和艺术型之间同属于相邻类型。相邻类型具有较多的共同性,一致性较高。霍兰德研究发现,尽管大多数人的职业性向可以归为某种类型,但是每个人又有广泛的适应能力,其职业性向在某种程度上相近于另外两种个性类型,因此可能够适应另外两种职业类型的工作。即常规型的人在现实型和企业型的职业环境中经过努力,也可以适应职业环境。相隔职业类型与职业性向的相关性则次之。如常规型与研究型、社会型之间存在一致性也同样存在不同性,相对职业类型与职业性向关联最小。在六边形中处于对角线位置的职业类型和个性类型基本上属于相斥关系,两者之间没有共同之处。例如现实型与社会型、常规型与艺术型之间就是相斥关系,缺乏一致性。个人如果选择了与其职业性向相斥的职业环境,可能很难适应。在这种情况下,个人很难适应工作,也难以感到工作的乐趣,是人职不协调的匹配方式,难以获得成功。

因此,每种职业性向和各种职业类型之间存在着一定的相关关系.连线距离越短,相关系数就越大,适应程度就越高。若人们无法在个人职业性向佣好的领域找到合适的工作,那么.在六角形中的近距离选择往往比远距离的选择更为适合,该模型有助于人们更好地理解和进行职业选择。

霍兰德还制定了两种类型的测定工具,一种测定工具是职业偏好量表。该量表要求被试者在一系列职业中做出选择,然后根据测定结果确定个人的职业倾向领域。另一种测试是自我职业选择指导量表。在测试个体感兴趣的活动、能力和喜欢职业的基础上,查寻比较适合自身特性的职业。霍兰德的职业性向理论框架完整,逻辑结构严谨,其开发的测量工具可以对个体的职业性向类型做出有效的评估,操作方便,实用件强。因此,霍兰德理论是职业生涯管理理论中最完整、最受欢迎的理论之一。然而职业性向理论是基于人格心理学理论提出的理论,在考虑了人格特性的同时忽略了组织情景对个人的职业价值观产生的影响,所以在实践中常被用作人职前的测试工具。

(三)舒伯生涯发展理论

目前使用最多的职业生涯阶段划分是按照舒伯的方案。1957 年,舒伯把人的职业发展划分为五个阶段;成长阶段、探索阶段、建立阶段、维持阶段和退出阶段。

舒伯是美国一位有代表性的职业管理学家。他的职业生涯发展阶段理论是一种纵向职业指导理论,重在对个人的职业倾向和职业选择过程本身进行研究。舒伯本人将其理论命名为"差异—发展—社会—现象的心理学"。舒伯认为人的才能、兴趣和人格各不相同,因而适合从事不同类型的职业。而人们的职业偏好心理与从业资格、生活和工作的境况及其自我认识,都随着时间、经历和经验的变化而改变,职业选择行为和心理调适成为一个不断变化的过程。舒伯的职业发展理论着重从生命周期角度考虑职业的发展,描述了变化的职业任务并对不同的生命阶段给予关注。舒伯认为职业发展和个人发展是相互作用的,通过生活角色和工作角色的共同作用来决定个人的职业发展模式。

不同阶段与职业发展相结合,具有不同的职业发展任务,见图 14-2。

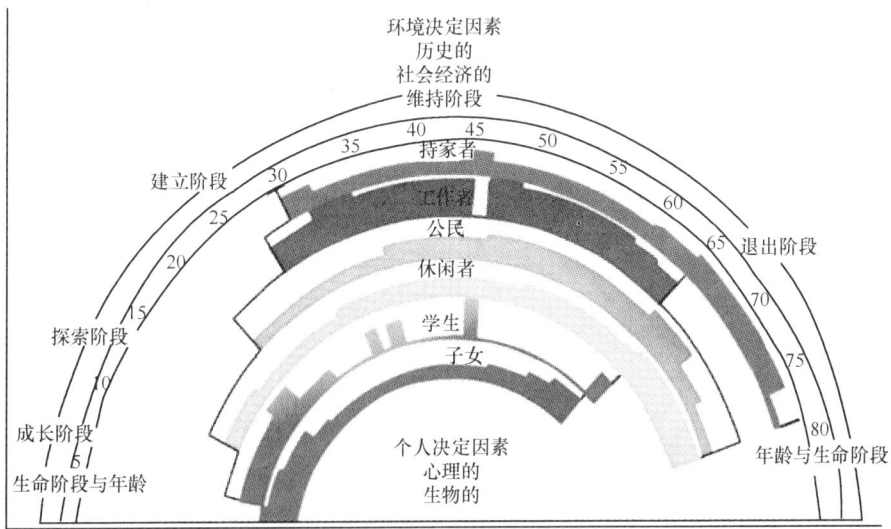

图 14-2　舒伯"生涯彩虹图"

(1)成长阶段(0~14 岁):人们经历对职业从好奇、幻想到兴趣,认同并建立起自我概念,并有意识培养职业能力的逐步成长过程。

舒伯将这一阶段具体分为 3 个成长期:10 岁之前的幻想期,儿童从外界感知到许多职业,对于自己觉得好玩和喜爱的职业充满幻想并进行模仿;11~12 岁的兴趣期,以兴趣为中心,理解、评价职业,开始进行职业选择;13~14 岁的能力期,开始考虑自身条件与喜爱的职业是否相符合,并有意识地进行能力培养。

(2)探索阶段(15~24 岁):这阶段主要通过学校学习进行自我考察、角色鉴定和职业方向探索,完成择业及初步就业。个体试图通过变动不同的工作或工作单位以更多地了解自我,并作出尝试隆的职业决策。

舒伯对探索阶段还进行了细分,把它分为试验、过渡和试行 3 个阶段。15~17 岁的试验阶段,个体通过想象、讨论、观察、访问、见习、社会实践等活动开始全面考虑自己的职业需要,判断个人的兴趣能力、价值观及谋职机会等,并尝试作出试验性的职业选择;18~21 岁为过渡阶段,当个体进入劳动力市场并接受专门训练时,明确了个人的职业倾向,也从过去的理想状态进入现实选择之中,个体会对自己已有的职业期望进行现实性调整;22~24 岁为试行阶段,个体选定适合自己的职业领域,开始从事某种职业,并对职业发展目标的可行性进行实验,以明确未来的职业发展方向和路径。

（3）建立阶段（25~44岁）：这一阶段是职业生涯周期中的核心部分。经过早期的试验和探索之后，个体逐渐显现出一种安定于某种职业的倾向，并寻求在这一领域里有所建树，以建立自己的地位，这标志着个体进入建立阶段。这阶段中，个体主要关心的是在工作中的成长、发展或晋升，他们的成就感和晋升感强烈，为其个人成长目标的实现而竭尽全力。这一阶段还可以细分成适应和稳定两个阶段。25~30岁为适应阶段，对选定的职业不满意，再选择、变换职业工作。变换次数各人不等，也可能满意选定职业而不变换，直接进入稳定期；31~44岁为稳定期，个体已经适应了职业要求和环境，明确自己在岗位中的责任和权利，能够解决职业中的各种问题，开始体会到满意感和成就感，并确定以现有职业作为自己的终生职业。

（4）维持阶段；（45~64岁）：这一阶段的个体通常已经有了一定成就和社会地位，自己需要做的就是最大限度地维持和巩固已有的工作和地位。处于这一阶段的个体对成就和发展的期望减弱，而希望维持或保留自己已得的地位和成就的愿望则加强。他们在拥有丰富的经验和技能的同时，也希望更新自己专业领域的知识和技能，以避免丧失已有的优势和地位。也有部分人可能进入"职业高原"阶段，知识和能力的发展已经停滞，产出的成果减少；他们开始寻找职位的接替人选，希望在培训相辅导青年员工中发挥自身的技能和经验的特长；对工作和家庭看法有所改变，着力于维持家庭和工作两者间的和谐关系。

（5）退出阶段（65岁以后）：这一阶段一般指65岁以后的员工，健康状况和工作能力逐步衰退，即将退出工作，结束职业生涯。处于这一阶段的人正在准备退休，原来的工作逐渐停止，转向咨询和指导性工作；而个体开始发展新的角色，寻求不同的工作方式，满足身心的需求。许多人希望为适应退休后的环境而学习或培养自己某些方面的爱好，如书画、音乐等有利于身心健康的活动。也有些人准备采取不同的方式重返职业社会，如咨询、顾问等，希望能发挥余热。

舒伯的职业生涯发展阶段理论比较全面地阐述了将个人特征与职业相匹配的动态过程，并将制约个人职业选择和发展的心理因素和社会因素有机地结合在一起，对职业生涯管理具有较高的理论价值和一定的实际指导意义。

（四）职业锚理论

职业锚理论是美国麻省理工大学斯隆管理学院教授施恩提出的，该理论在美国社会心理学界和组织行为学领域有着广泛而深刻的影响。施恩教授于1961~1973年对麻省理工学院的44位毕业生进行了有关个人职业生涯发展和组织职业生涯管理的纵向调查和研究。研究结果显示，个人在实际工作经历中很少看出一致性，但在做出职业选择决策的过程中却包含了大量的一致性。通过这项研究，施恩发现进入职业的最初几年是个人和组织互相发现并接纳的时期。在此期间个人逐渐发展了比较精确和稳固的职业自我概，他将之称为"职业锚"（carceer anchor）。

施恩的"职业锚"是指个人经过努力探索所形成的长期职业定位。施恩认为一个人的职业锚可以由三部分组成，包括自己认识到的个人才干和能力、自我动机及需要、自己的态度和价值观。施恩提出，个体在工作的最初3~5年中，自身的能力、需要和价值观与外部的工作环境和工作经历相互作用，最后整合形成一个稳定的职业锚。

职业锚是个人在职业选择过程中不会放弃的自我职业意向。职业锚一旦形成，就保持稳定，不会再变化了，并且一个人只能省唯一真实的职业锚。职业锚强调自我概念中的能力、动机和价值观之间具有相互作用,考虑了职业选择和职业决策过程中多方面的因素。因此,"职业锚"定义比工作价值观、工作动机的概念更具体、更明确。它强调了个人能力、动机和价值观的互动作用。职业锚是个人同工作环境互动作用的产物,在实际工作中是不断调整的,因而要对一个人的职业秒这样一个动态的东西进行预测是很困难的;反之也说明,员工在职业生涯的中、后期可能会发生变化了的情况,重新选定自己的职业锚。

施恩在他的前期著作《职业动力论》中把职业销分为 5 种类型:技术/职能型、管理能力型、安全/稳定型、创业型和自主/独立型。在后期的著作《职业锚:发现你真正的价值》又提出了另外 3 种类型:服务型、挑战型和生活型。

(1) 技术/职能型:这一类型的个体喜欢探讨和钻研技术,如果有充分的自我选择条件,一般选择技术性工作。他们在做出职业选择和决策时的主要精力放在技术内容和职业内容方面。他们大多对管理工作不感兴趣,认为自己的职业成长只有在特定的技术或职能领域内才能够得到持续的进步,通过工作体现个人的能力和技术特长。这些领域包括科学技术、工程技术、财务分析、营销和系统分析等。例如一个技术职能型职业锚的财务分析员会希望成为公司的高级会计师或审计师,他的最高理想是成为公司的财务副总裁。他们只对与自己的专业技术领域有关的管理任务感兴趣,对全面管理则抱有强烈的抵触。在传统的由职能型向全面管理型职业发展通道上,这一职业锚型的个体经常经历严重的冲突。为了不损害职业,他们常常无法拒绝一些全面管理的工作,可是这位他们感到害怕和心烦,无法胜任。

(2) 管理能力型:这一类型的人对管理工作感兴趣,渴望承担重要的责任,自控能力强,情商较高,喜欢与人打交道,有强烈的晋升欲望,职业选择倾向于管理性工作。他们注重在职业实践中培养胜任责任所不可少的技能和价值观。通常这种类型的个体具有三种能力的组合,包括分析能力(能在信息不全或不确定的情况下识别、分析和解决问题)、人际能人(能影响、监督、领导和操纵组织各级人员,使之更有效地完成组织目标)、感情能力(能够被感情危机和人际危机所激励,而不是被打倒;能承担高水平的责任,而不是变得软弱无力;能使用权力而不感觉内疚和羞怯)。其他类型的人可能拥有一两项更强的单项能力,但是,管理锚型的人拥有最完善的 3 项能力的组合。

(3) 安全/稳定型:这种类型的个体注重职业的安全和稳定,努力追求稳定安全的前途。他们喜好能够提供长期工作的职位、工作相对安全、体面的收入、有保障的退休方案等。安全型职业锚的人依赖组织对他们能力和需要进行识别和安排,为此他们愿意以高度服从组织价值观和准则作为交换。安全型职业锚的个体可以区分为两种类型的取向,有些人的安全感和稳定感来自组织赋予的稳定成员资格;而另一些人的安全感和稳定感则是以地域为基础.包括相对稳定的工作地点、家庭生活的稳定和组织或者区域的归属感。

(4) 创造型:创造型职业钱的个体有强烈的创造欲望.努力追求建立或创造完全局于自己的成就。他们要求职业有自主权,拥有管理能力,能施展自己的才华。通常他们以自我为中心,不喜欢循规蹈矩。在创建新的组织过程中,能够团结创业伙伴,为克服初创期难以应而退出领导层,自愿或不自愿地让位于总经理。成功的企业家大多出自这种职业钳型。

(5) 自主/独立型:自主型职业锚个体追求的主要目标是尽可能少地受组织的限制和制约,喜好以自我的方式、节奏和标准做事。他们崇尚自由和自我才能的发挥,接受任务后往往按照自我持有的方式工作。教师、咨询师、企业中的研发人员、科技开发人员、自由职业者往往是这种职业锚类型。技术职能型职业描的个体也可能从事这些职业,但是他们很少为了自由的需要而放弃晋升的机会,他们可以以自由的个人生活方式作为交换。创造型职业铅的个体同样会拥有很多自主权,但他们关心的不是自由本身,而是全力以赴地建立自主的职业目标。

(6)服务型:这种类型的个体希望以某种方式改善环境并创造条件以帮助别人,服务是他们的核心价值目标。他们喜好从事符合自己价值观的工作,选择帮助别人的职业并乐此不疲,如医护人员、社会工作者、社区工作者、物业管理人员,以及社会机构人员和慈善服务人员等。

(7)挑战型:对于挑战型职业锚的人来说,有征服人与事的强烈的个人意向。他们对成功的定义是克服非常困难的障碍,解决难以解决的问题或者征服难以征服的对手。通常他们厌烦日常事务性的工作,喜欢各类富有挑战性的工作,不畏惧各种障碍和困难,创造、猎奇、挑战是他们的兴趣所在,如攀登科学高峰、侦破重大案件、参与南极考察等对他们来说都很有吸引力。典型的职业包括职业运动员、极限挑战者、特种兵、高级管理顾问等。

(8)生活型:对于生活型职业锚的人来说,他们的价值观中把享受生活看得非常重要,他们注重工作必须和生活相结合,职业对他们来说只不过是生活的一部分而已,工作只是为了更好地提高生活质量。他们在现实生活中寻找个人、家庭和职业三者间的平衡和融合。

施恩第一次提出职业锚的概念后,职业锚理论就被人们迅速了解并逐渐受到人们的重视。1996年,施恩对他的职业锚理论进行了回顾和总结,并且对职业锚理论在21世纪职业发展中的作用和发展方向进行了展望。职业锚的理论距离成熟和完善还有一定差距,但它提供了一个独特的视角,在职业规划和职业管理实践方面提供了新的理论基础。

职业锚是个人开发过程也就是我们的职业生涯发展过程。要准确找到同学们这一生真正无法割舍的志趣,需要在自己人生大方向的指引下,经过摸索尝试才能确定下来。要开发自己的职业锚,第一步是要提高职业适应性;第二步是结合组织目标,选定自己职业目标,发展职业角色形象;开发职业锚更需要培养和提高自我职业决策能力和决策技术。

国内最早对职业锚的介绍是由仇海清翻译的施恩在1978年出版的《职业动力学》。张再生在他编写的《职业生涯开发与管理》一书中,对职业锚进行了较详细的介绍。2000年,马可一选取浙江省20家企业的300名管理人员进行了工作情景中认知资源与职业锚关系的研究。对此理论感兴趣的同学可以进行查阅。

二、职业生涯规划的步骤与方法

怎样才是一套科学合理的职业生涯规划方法呢?不同专家提出的具体做法虽然有一定差异,但职业生涯规划的制定不外乎包括自我认知、认识职业环境、决策、行动、评估与反馈。

(一)自我认知

自我认知是对自己的洞察和理解,包括自我观察和自我评价。什么是未来理想的职业?它应该是一份既符合本人兴趣爱好又能满足自己要求,并适合自己才能的工作。很多大学生都不清楚"我喜欢什么""我的优势在哪里"。要想对自己的职业生涯目标作出准确定位,就必须进行认真的自我探索,对自我的人格特质、职业需求、兴趣爱好、能力、价值观等方面进行分析,找到自己合适的职业,理性经营。

要准确地了解自己确实很难,"不识庐山真面目,只缘身在此山中",我们可以通过一定知我认知的途径和方法,尽可能地了解自己。自我感知,通过自己的反思进行自我剖析;他人评价,以他人为镜,请与长期与自己相处的人,如家长、老师、同学等提供反馈意见;测评工具,借助专业的职业测评工具对自己进行了解。

(二)认识职业环境

了解所要面对的职业环境是进入职场十分重要的一步,人都处于一定环境中,离开了环境也就失去了发展的意义。如果能早一点认识就业形势和趋势,了解用人单位的需求,工作发展的规律,就能结合自身特点找到一份合适自己的职业。对于医学生来说,客观的判断当前的医疗环境,分析医学生就业形势,对就业抉择具有重要意义。

职业环境对于大学生来说是相对陌生的,对职业环境的探索可以通过:第一,了解宏观状况,包括了解我国医疗事业发展现状、医学院校大学生就业现状、我校毕业生就业情况、国外医疗事业发展情况等;第二,通过参加一些社会实践活动,借助职业测评工作形成自己的待选职业库,查询自己的职业库职业,了解包括工作内容、职业核心要求、职业前景、薪酬待遇、知名单位等;第三,通过讲座、人物访谈、企业实习等感受职业职业环境。

(三)决策

决策是管理学上的概念,指为了实现目标,采用一定科学方法和手段,从两个以上方案中选择一个满意方案的分析判断过程。职业生涯决策是指一个人在多项职业选择之间权衡利弊,作出决定的过程。由于不同的发展路线,对于职业发展的要求不尽相同,所以,在职业生涯规划中,需要进行决策,以便自己的学习生活以及各种行动措施都沿着所设定的职业放行进行。

影响职业生涯规划决策的因素很多,决策应该是一个过程而不单纯是一种结果。个人在进行职业生涯决策时,应该遵循一定原则包括:性格与职业匹配;兴趣与职业匹配;职业技能与职业匹配;价值观与职业匹配;外部环境与职业适应。

决策时可以使用职业生涯规划工具"SWOT 分析法"和"平衡单法"来帮助自己。"SWOT 分析法"是英文单词 strengths(优势)、weakness(劣势)、opportunity(机会)、threats(威胁)的缩写,广泛用于个人的自我分析之中。平衡单法是根据自己的价值观为相应主题排序加权,,针对选项为每个选择打分,最后算出加权值。

(四)行动

"九层之台,起于垒土;千里之行,始于脚下",行动是指落实目标的具体措施,如专业学习、技能培训、社会实践、工作实习等。行动的措施是完成任务、实现目标的关键要素,可以制定年计划、月计划、甚至日计划。大学生应该在每天的生活中完成实现职业目标微小的事情,点滴积累,接近自己的理想,而不是在踌躇中浪费时间。大学三年、四年、五年,每个阶段的培养目标不同,个人制定的行动方案应当有所侧重。对于大学生而言,一方面需要自我监督和必要的他人督促,也需要学会"时间管理",合理安排自己的时间。

（五）评估与反馈

"智者顺时而谋,愚者逆时而动",为使职业生涯规划行之有效,就需要根据客观情况及时对执行情况做出评估,并适当反馈调整。在实施职业生涯规划过程中,职业环境、个人价值观、能力、兴趣爱好都会发生变化,很多变化都是难以预测的,这就要求大学生们时时注意外部环境变化,不断审视自我、调整目标。

职业生涯规划中常用的评估反馈方法是"360°评估反馈",其根据人际关系范围,课分为自我评价、家庭评价、组织评价和社会评价四类评估体系。如果一个人得到的都是正面反馈,职业生涯是成功的,当得到很多负面评价时,就应该考虑及时调整。

三、职业生涯规划书

为了更好地选择和设计职业发展道路,把规划的内容和结果形成文字性方案,帮助进一步明确目标、细化任务,随时评估、反馈与修正,就是职业生涯规划书。

（一）主要内容

（1）扉页:包括题目、基本信息介绍、时间跨度、专业、起止时间等,规划年限不分长短,可以是半年、二年、五年,甚至是二十年,视个人的具体情况而定。

（2）自我分析:包括对自己的兴趣、人格特质、能力、价值观、思维方式等等。分析清楚我想要干什么、我能干什么、我想过怎样的生活等问题。职业生涯规划书中应该包括:职业价值观判断、我的性格分析、能力分析、自我分析总结等。

（3）环境分析:包括对政治、经济、文化、法律等社会外部环境的分析。更主要是对职业、行业与用人单位的分析,包括对用人单位制度、背景、文化、产品或服务、发展领域等的分析。职业生涯规划书中应该包括:社会环境分析、学校环境分析、家庭环境分析、行业环境分析、职业环境分析、岗位环境分析等;

（4）职业定位:确立职业方向、职业发展路径、阶段目标和总体目标。职业方向是对职业的选择;阶段目标是职业规划中每个时间段的目标;总体目标即当前可预见的最长远目标。职业生涯规划书中应该包括:明确可选的职业目标、职业决策与评估、职业生涯路径设计、职业定位结论等。

（5）实施计划:找出自身知识、能力、个性特征等方面与实现日标要求之间的差距。制订具体方案逐步缩小差距以实现各阶段目标。职业生涯规划书中应该包括:职业生涯计划、各阶段目标、专业学习、职业技能、综合素质等计划内容、实施策略等。

（6）评估与反馈:职业生涯规划应该是一个动态的过程,如果在实施过程中,发现自身状况与目标之间有差距,而无法达到制订的目标,就需要修正和调整,即制定缩小差距的方法与方案。可以考虑以下内容:存在的风险、预评估方案、风险应对方案等。

（二）职业规划书的常见格式

职业生涯规划书一般有四类格式:表格式、图表式、论文式和复合式。

（1）表格式:这种格式的规划书为不完整的职业生没规划书,常常仅写有最简单的目标、分段实现时间、职业机会评估和发展策略等几个项目,有的只相当于一份完整的职业牛没规划书的计划实施方案表。

（2）图表式：以结构图、流程图等图形将有关内容、过程直观地表达出来。如 SWOT 分析、职业生涯流程图等。

（3）论文式：以论文的形式对职业生涯规划做全面阐述。论文式的职业生涯规划书能够对一个人职业生涯规划做全面、详细的分析和阐述．是最完整的职业生涯规划书。

（4）复合式：就是以上各种形式的综合。

第三节　医药卫生类专业的职业发展

一、大学生职业选择

大学生职业选择是职业生涯规划中的一个重要环节，也就是大家经常接触到概念——大学生就业。职业目标是指个人在选定的职业领域内未来时点上所要达到的具体目标。大学生要进行职业选择，就要了解职业目标。职业目标的实现需要对总目标进行分解，把目标清晰化、具体化，是将目标量化成可操作的实施方案的有效手段。

职业目标按照时间分解可分为，最终目标、长期目标、中期目标、短期目标。按照性质分解，可分为内职业生涯目标和外职业生涯目标。内职业生涯目标是指在职业生涯发展中个体的知识、能力、心理素质等因素的变化结果。外职业生涯目标是指在职业生涯发展中个体从事职业的工作单位、内容、职务、薪资待遇等因素的变化结果。

如果将大学生职业生涯总目标按时间分解，职业选择属于短期目标；按性质分解，大学生职业选择包括了外职业生涯目标和内职业生涯目标。大学生职业选择就是要完成就业目标的设定，内、外职业目标设定。就业目标设定就是大学生在了解自我和工作世界的基础上，选择相应行业、岗位、地域等，就业目标的引导性直接关系到大学生第一份工作的选择。对于处于发展期的在校大学生而言，内职业生涯目标的实现重于外职业生涯目标，明确个人职业选择的发展阶段，可以合理安排，实现职业生涯的最终目标。

二、医药类相关专业的职业岗位

理性择业观是大学生适应行业发展需要，实现自我价值的基础，随着医疗卫生行业细分形成专业化的趋势逐步推进，医学相关专业由于所在学校、所在专业的差异，在选择职业目标时，会进入一下相关职业岗位，在具体的工作中开始自己的职业生涯。相关职业岗位如下：

（1）临床医生。

（2）临床中医师。

（3）护士。

（4）康复治疗师。

（5）医学影像师。

（6）针灸推拿师。

（7）心理咨询师。

（8）公共卫生医师。

（9）药师。

（10）中药师。

（11）公共营养师。

（12）制药工程师。

（13）麻醉师。

（14）检验师。

（15）药物研究人员。

（16）卫生监督人员。

（17）高校教师/实验人员。

（18）医药代表。

（19）医院电子信息管理人员。

（20）医疗 IT 工程师

（21）医药刊物采编人员。

（22）医疗单位行政管理人员。

（23）医药企业管理人员。

（24）医疗保险核保人员。

三、医学院校学生职业生涯规划常见问题及职业发展建议

（一）医学院校学生职业生涯规划常见问题

医学院校大学生是国家医疗卫生事业培养的重要人才，影响着医疗卫生事业的发展和社会的和谐稳定。近年来，越来越多的医学院校都开始重视对学生进行职业生涯教育，大部分学校都开设了《职业生涯规划与就业指导》课程，但在制定职业生涯规划时，常会出现一些问题影响规划的制定实施，常见的问题有以下几点：

1. 缺乏职业生涯规划意识　医学院校很多专业学制较长，时间的距离很容易让同学们认为职业规划是大四、大五的事情，大一时不用考虑，刚刚经历过高考，大一应该是享受的阶段；有的同学认为计划没有变化快，走一步看一步，事到临头再说；有的同学过分依赖父母、老师，放弃自我决策。《礼记》中说："凡事预则立，不预则废。"事实上，只有及早规划才能实现人生收益最大化。医学相关专业作为专业性极强的学科，医学生的职业生涯规划更为重要，大一阶段更是知识积累的重要阶段。在很多毕业生调查中，80%以上的毕业生都表示，在入学初期没有认真做好职业生涯规划，是他们的遗憾。

大学期间，缺乏职业生涯规划意识，对自己的发展不明确，不能运用职业发展规划理论，规划未来的工作和人生方向，会影响同学们的职前准备、就业定位和职业的适应与发展。

有的同学把职业生涯规划简单地等同于找工作。很多医学类学生认为就读医学类专业就等于半只脚已经进入了医疗卫生单位，无需规划。事实上，医学类毕业生当前的就业市场情况十分严峻，并且开展职业生涯规划并不是只为了毕业找工作，其根本目的是让我们在有限的时间中，如何过得更有效率，最终实现人生价值的最大化，找工作只是人生路上小小的一站。

2. 自我认知出现偏颇　古语中说"君子博学而日参省乎己，则知明而行无过矣。"指出了自省的重要性，但自我认知有时也会出现偏颇。这时，需要通过科学的自我探索方法和

途径来客观的认识自己,可以咨询一些专业人士,如职业规划师、心理咨询师或者专业的测评软件来评估认识自己。但需要提醒同学们的是,完全凭测评软件来认知自我,作出决策也是不明智的。

医学院校大学生在自我认知时,容易出现思维定势,某些个性、兴趣爱好、个人能力无从发挥;还有一些同学发现自己的个人爱好、能力特征与医学类职业目标不符,认为自己选错了专业,因此对专业学习毫无兴趣,大学生活郁郁不欢。实际上,同学们只有全面客观的认识自己、肯定自己、悦纳自己,才能发挥自己的潜能,及时发现自己的特质不适合自己所学的专业或者自己所读的专业是家长强迫,也可以借助医学专业背景,结合自己的特质、兴趣爱好,在交叉中获得新的人生发展,如医药媒体人、医疗创业者、医疗风险投资人等都是学科交叉的代表。

3. 职业目标设定期望太高,环境评估失误 由于近年来,医学院校高考录取分数越来越高,在专业学习过程中也付出了很大的辛劳,很多同学在职业选择上就会有很高的期望值。而对国家政策、社会发展、经济形势、医药人才市场缺乏了解。很多同学都希望进入三甲医院、医疗卫生事业单位,希望进入大城市、经济发展好的地域工作,更希望工作舒适轻松。但目前大中城市的大中型医院对人才要求非常高,吸纳的人才已经接近饱和,对应届毕业生的需求非常少。

目前,基层医疗结构是接受应届本科生的主力军,尤其是一些经济欠发达地区,医疗资源都十分缺乏,需要大学生去改善和支持。在社会环境发展大背景下,大学生职业生涯规划也要与时代发展相适应,客观定位自己的职业目标,评估职业环境。

4. 对规划执行力弱 有的同学虽然做了很好的规划,完成了个人的职业生涯规划书,但是从未付出行动,或者"三天打鱼,两天晒网",上课时间还是在睡觉、玩手机,业余时间还是在玩游戏或做一些没有任何意义的事情,没有很好的执行自己的规划,职业生涯规划书成了一纸空谈。

医学院校大学生所学专业有其特殊性,被要求学习更多的专业知识技能,因而也承受了更多的心理压力。意志力薄弱是青年时期常常遇见的问题,遇到挫折和困难就退缩,在行为上就表现为对职业生涯规划不能很好地执行。

"行胜于言",成功的人与失败的人就差一点点,职业生涯规划的关键,贵在坚持。医学院校大学生需要锻炼其坚强的个人意志,长期不懈的朝着既定目标努力,才能逐步实现个人理想。

案例 14-3   **你是全力以赴还是尽力而为?**

一天猎人带着猎狗去打猎。猎人一枪击中一只兔子的后腿,受伤的兔子开始拼命地奔跑。猎狗在猎人的指示下也是飞奔去追赶兔子。

可是追着追着,兔子跑不见了,猎狗只好悻悻地回到猎人身边,猎人开始骂猎狗了:"你真没用,连一只受伤的兔子都追不到!"猎狗听了很不服气地回道:"我尽力而为了呀!"

再说兔子带伤跑回洞里,它的兄弟们都围过来惊讶地问它:"那只猎狗很凶呀!你又带了伤,怎么跑得过它的?""它是尽力而为,我是全力以赴呀!它没追上我,最多挨一顿骂,而我若不全力地跑我就没命了呀!"

> **总结**：人本来是有很多潜能的，但是我们往往会对自己或对别人找借口："管它呢，我们已尽力而为了。"
>
> 事实上尽力而为是远远不够的，尤其是现在这个竞争激烈、到处充满危机的年代。常常问问自己，我今天是尽力而为的猎狗，还是全力以赴的兔子？

（二）医学院校学生职业发展建议

1. 结合所学专业，学会自我认知　医学院校学科设置在一定程度上与未来职业有相应关联性，这就要求医学院校学生必须有扎实的理论知识，并具备专业的业务水平，同时，针对某个课题、某个疾病，将其所掌握的医学理论知识和实践技能结合起来，促进各种知识的融会贯通，在实践中运用自如。这就要求同学们在大学阶段要注重知识积累，建立合理的知识结构。全面掌握本专业的核心知识，从专业教学计划可以查找到各门课程的学时和学分，大致可以了解哪些是主干课程，哪些是辅助课程，做好专业学习计划；充分了解本专业的相关知识，利用课余时间，阅读本专业的学术刊物、文献、参加学术讲座，将学科前沿与自己的专业学习结合起来；建立自己的外延知识，学习一些人文知识，培养自己多方面的爱好、技能。

作为医学院校大学生，做好职业生涯规划就要对自己客观全面的了解。比较自己的特质与目前所学专业关联职业的要求，进行后期的培养和发展，看看自己需要在哪一方面做努力；如果自己的特质、爱好与所学专业不符合也可以探索特质与专业间的交叉学科，应该始终保持积极的自我探索。

2. 分析职场环境，制定具体实施方案　医学院校大学生不论平时课程和实验任务有多大，都应该寻找各种途径来专注本专业的发展、社会经济改革变化、关心职场。可以经常浏览一些在大学生就业比较有影响力的网站，如中国高校就业联盟、中国劳动保障和就业网、医师网、医乐网、医脉互通等网站；通过一些医学专家、名人访谈，与这些在行业内成功人士面对面的交流，除了了解职场信息的客观要求，还可以了解从业者对职场的主观感受；可以通过参观医院、实习、社会实践、职业体验和角色扮演来了解职业规划；通过关注医学行业协会、招聘会，了解医学人才需求情况，早作准备。根据职业目标，制定相应的具体行动方案，便于进行时间管理。建议同学们寻找一些志同道合的朋友，团队协作，进行交流协作，相互支持、相互监督，共同勉励。制作属于自己的职业生涯规划书，并有效执行。

3. 培养医学生责任感　责任感是指个人在一定社会历史条件下所形成的为了维系社会运行而承担相应责任、履行各种义务的自觉意识和情感体验。医学的研究和服务对象是人，医学生责任感如何，关系着人们的生命和健康，关系着和谐医患关系的建立，肩负着生命和健康的神圣职责，实践着"健康所系，性命相托"。培养医学生责任感主要是培养职业责任感，也是医务工作者所应承担责任感。

优秀的医学院校大学生不仅要有扎实的技术，还要有优良的素质。好的学习成绩并不意味着将来就能成为一名好的医生。医学院校大学生要不断培养浓厚的职业兴趣、有意识地增强医德修养。"医乃仁术"，医学院校学生承担着救死扶伤的使命，与其他专业同学相比存在很多差异，专业课程多，学习压力大，这就需要在进行职业生涯规划时，考虑培养自身良好的个性特点、稳定的心理素质，尤其要有强烈的自我责任感。注重培养对病人的责任感，对国家、社会的责任感。以从医为荣，医学习医学专业为荣，发挥自身最大潜能，努力成为高素质医学人才,把救死扶伤、维护人类健康当作责任。

4. 参加社会实践,增强社会适应性　　在招聘会上,很多用人单位的招聘信息中都要求有一定工作经验。时常会有不少应届毕业生质问用人单位:"你们希望招收有工作经验的员工,但是,大家都刚刚毕业,你们不给机会,我们怎么可能会有工作经验?"其实,当前很多单位和学校都为大学生提供了实习和锻炼的机会,大学生们不能抱怨别人,应该自己积极主动地参与社会实践,比如学校的各类实践活动、专业竞赛。通过社会实践将增强同学们的挫折承受能力和自控能力,从而增强社会适应能力。

"纸上得来终觉浅,绝知此事要躬行",越来越多的用人单位看重医学院校学生的社会实践能力和经验。学生党员和担任过学生干部的学生能在招聘中获得优势。因为用人单位相信,这些大学生具备较强的综合素质,是校园的佼佼者。在医学院校注重专业知识和能力的校园文化中,学生干部不仅有较好的成绩,并且需要善于团队合作,其能力在大量的校园活动中得到认可和提高。

思 考 题

1. 职业生涯规划有哪些基本理论?
2. 怎样才能完成属于自己的职业生涯规划书?
3. 谈一谈自己理想的职业发展路径。
4. 请设计一份你的职业生涯规划书。

第十五章　就业创业指导

本章导读目前,"大众创业,万众创新"、"互联网+"思维成已为"适应当前中国经济新常态、打造中国经济升级版"的重要驱动力。创业带动就业,也成为一种新的高校毕业生就业渠道。在每年毕业季来临时,都会有很多毕业生来到办公室,向老师述说心中的不安。毕业后我可以干什么?要准备哪些材料迎接就业?如何参加招聘会?怎么创业?学校提供哪些就业创业服务?都是同学们问及频率很高的问题。通过本章学习,同学们可以了解毕业去向、用人单位基本情况,及早做好就业、升学、出国还是创业的选择。从入学就开始提前准备。本章对我校就业全过程进行了简要介绍,并对成功就业提出了建议,同学们可以根据客观情况学习完善。更对大学生创业进行了概念介绍、创业实施、学校提供的创业实践平台进行了说明,帮助有意向创业的大学生,成功实施创业。

案例 15-1

大哲学家柏拉图带着他的七个徒弟来到一块麦田前,说:"你们现在从这块田地里走过去,捡一枝最大的麦穗。你们只能拾一穗且谁也不准回头,如果谁捡到了,这块田地就归谁。"这还不简单!"徒弟们听了,很高兴地说。"好,我就在对面等你们。"柏拉图说。于是,那七个徒弟从田地走到对面。可最后他们都失败了。原因很简单,他们以为最大的麦穗在前头,所以一路上总是匆匆向前。结果到了尽头,却发现最大的麦穗已经被自己错过追求最大却失去最大。

我们常常胸怀大志。可很多时候,却是空有理想。理想是那枝最大的麦穗,在前头。但如果不抓住机会,它可能就是麦地终点那株瘦小的麦秸。在就业的路上,我们要头脑清醒,学会辨别,善于把握机会。首先定位要准确、目标不能过高。就业过程中要客观地分析就业环境,认识自己优势与劣势,明确自己在就业中的核心竞争力,明确自己未来的发展方向。对自我的评价要接近实际,切忌过分地高估或低估自我,避免在实践中出现焦虑、紧张不安以及狂妄自大等不良心理状态。

其次要珍惜和把握机会、树立先就业再择业的观念。择业的过程不是故事中的捡麦穗。最大的不同在于,择业的过程没有限制选择的次数,大学生就业后,完全可以根据自身的实际情况进行重新调整。

第一节　认清就业形势

党中央、国务院高度重视高校毕业生就业创业工作,明确要求强化就业创业服务体系建设,提升大学生就业创业比例。正确分析和准确把握当前就业形势并非易事,政治、经济、文化等宏观环境以及求职者的非理性心态和就业观等微观因素,社会对人力资源的需求并非持续性增加,对就业形势都有很大影响。

目前。医药大学毕业生就业的结构性矛盾十分突出。经济发达地区医药人才流向比较集中,需求量大于供给量中西部经济欠发达地区缺医少药,面临的问题是工作、生活条件艰苦,招不到、留不住合适人才,就业区域不平衡性非常明显。

对于医学院校大学生而言,应当根据医疗卫生事业发展、行业分布、关注行业、职业发展前景,结合自身情况做出理性选择,非常必要。2015 年国务院办公厅出台《全国医疗卫生服务体系规划纲要(2015—2020 年)》《深化医药卫生体制改革 2014 年工作总结和 2015 年重点工作任务》等相关文件,进一步明确了医疗改革的方向,根据"基层首诊、双向转诊、急慢分治、上下联动"的要求,医学院校大学生在基层就业大有可为。

一、大学毕业生去向分类

大学毕业生就业去向可分为签约就业、升学考研、出国、入伍、灵活就业、暂不就业等。同学们可以根据自身特点选择就业方向。

(一) 签约就业

签约就业是大学毕业生就业最普遍的一种方式。毕业生与用人单位建立稳定的劳动法律关系、获有工资福利和社会保障的就业。它包括以下几种情形:

(1) 协议就业:毕业生通过学校与用人单位签订"就业协议书"俗称"三方协议",毕业前学校发放"普通高等学校毕业生就业报到证",毕业生毕业后持"报到证"到用人单位报到。事业单位、公务员等具备人事权利的单位毕业生档案、户口关系可发往用人单位或用人单位上级主管部门。不具备人事权利的用人单位,如外企、私企、合同制事业单位工作人员等,可将"报到证"发往用人单位所在地人才市场。

(2) 合同就业:毕业生与用人单位不签订"毕业生就业协议书",而是直接签订劳动合同。其他与签订协议书就业类似。

(3) 按招生协议就业:定向、委培学生需根据招生时协定单位、委培单位就业。其户口、档案关系毕业时转入定向、委培单位。按规定,该类毕业生一般不能再自主择业,特殊情况解除原协议后,可以自主择业,但不同地区、不同高校有不同的政策要求。我校定向委培临床医学、中医学专业的同学,就业就属于此类情况。

(4) 项目就业:项目就业主要是指毕业生参加国家项目、地方项目就业。如"选聘高校毕业生到村任职"、"三支一扶"(支医、支教、支农和扶贫)、"大学生志愿服务西部计划"等项目。这部分毕业生户口、档案等人事关系依本人意愿或留存毕业学校、迁往服务地或迁往原籍。项目服务期合格的,报考硕士研究生初试总分有 10 分加分优惠;自然减员空岗可留用服务期满的高校毕业生。

另外,还有选调生工程,是指一些地方的党委组织部门有计划地选调品学兼优的应届大学毕业生到基层培养锻炼,以培养党政领导干部后备人才。近年来,报名参加选拔的毕业生也越来越多,也是一种项目就业渠道。

(二) 考研深造

考研深造是指毕业生进行更高一级的学历深造,如考取硕士研究生、博士研究生等。许多大学生为了获得更多的知识和更高的学历,在校学习期间就确立了进一步深造的目标。下面对考研深造做一定介绍,以便为供同学们将来选择做好准备。

1. 研究生的种类　研究生教育分为两个层次:硕士研究生和博士研究生。研究生种类可以从以下角度划分①按培养模式不同,分为脱产研究生和在职研究生。前者是指在高等学校和科研机构进行全日制学习的研究生;后者是指在学习期间仍在原工作岗位承担一定工作任务的研究生。应届本科毕业生考取研究生直接升学一般指脱产研究生。②按学习经费渠道不同,分为国家计划研究生、委托培养研究生。③按照专业和用途的不同,分为普通研究生和特殊研究生。其中,普通研究生占绝大部分。特殊研究生有如工商管理硕士(MBA)、法律硕士(简称法硕)、行政管理硕士(MPA)、公共卫生硕士(MPH)、工程硕士等

2. 报名程序　研究生考试报名时间一般为每年11月中旬。报名地点由各省、自治区、直辖市研究生招生办公室根据当地实际情况确定,一般在地市级以上城市或有关高等学校设报名点。每年的具体报名地点都会提前公布,一般变化不大。

3. 考试内容与要求　全国统考科目的考试内容每年都会有所调整,这种调整反映在当年出版的各科大纲中。一般来讲,每年政治考试内容变动较大,英语、数学等有所变化,其他科目则变动较小。

4. 复试与录取　初试后还要经过复试,才能正式被录取成为研究生。复试由各招生单位负责,一般安排在4月下旬到5月上旬,各招生单位自行组织。复试主要有笔试、口试和实践技能考核三种。一般情况下,多采用口试形式。对于同等学力考生,复试比较严格,规定必须加试所报考专业两门本科生主干课程,具体科目由招生单位规定,考试方式为笔试。经过复试、体检合格的同学,会在六七月份收到录取通知书,9月份正式跨入研究生行列。

(三) 出国留学

申请出国留学一般需要做以下准备。同时,我校与美国犹他大学、澳大利亚昆士兰科技大学、韩国全南大学医科大学均有对外交流,对出国留学的同学们可以进一步查询相关信息。

(1) 准备考试:出国留学的第一关便准备各种出国考试。常见的有托福(TOEFL)、雅思、GRE、GMAT等,不同国家、地区、专业,申请的学生所需要报考的考试种类是不同的,大家可以根据自己的目标进行选择。

(2) 准备材料:一般包括申请表、个人陈述(PS)、简历(CV)、推荐信、大学各科成绩单、GPA等。这些个人材料最好提前开始着手准备,并要与所选学校的特点相结合,以突出自己的优势。

(3) 进行面试:很多大学还会设置面试环节,决定给予学生奖学金的情况。从经济资助方式上来看,出国留学可分为公派出国、申请奖助学金、自费出国。

(四) 灵活就业

高等院校毕业生的灵活就业,是指毕业生没有按照劳动力市场规范就业的方式而获得职业。灵活就业方式已被我国一些大学毕业生所接受,并有上升的趋势,主要包括自由职业、自主创业等。

(1) 自由职业:自由职业指的是独立工作,不隶属于任何组织的人,不向任何雇主长期承诺而从事某种职业。一些在写作、设计、绘画、音乐、计算机、网络高手、炒股等方面有专长的毕业生可能选择从事自由职业。随着社会的发展,自由职业者也正向其他领域不断扩展,如自立门户的医生、律师、心理咨询师等。自由职业者并不是一件容易的事情,必须具

有一定的知识和技能、社会生存能力、坚强的意志和良好的自控能力。

（2）自主创业：大学生自主创业是指依靠自己的资本、资源、信息、技术、经验以及其他因素自己创办实业，解决就业问题。即毕业生不做现有岗位的竞争者，而是为自己、为社会更多人创造就业机会。2014年至2017年，大学生创业引领计划在全国范围内实施，中央和地方均出台了许多鼓励大学生创业的政策，通过提供创业服务，落实创业扶持政策，提升创业能力，帮助和扶持更多高校毕业生自主创业，受高等教育的毕业生不应该仅仅是求职者，更应是时代的创造者。

（五）应征入伍

应征入伍是指从2010年开始部队每年从应届高校毕业生中征收义务兵。部队接收地方大学毕业生的层次以本科为主，学科则以理工科为主，兼收文史类和其他类别的毕业生。本科生年龄不超过25岁，地方大学毕业生参军入伍以后，属于军官身份。近年来还开始从高校招收未毕业大学生。在校本专科大学生，不论入学时间长短，都可以报名参军入伍，留大学学籍，服务期限届满可以回到大学继续学习。通常会有部队来医学院校招录军医，可以为有军营梦想的同学提供另一种实现渠道。

（六）暂缓就业

暂缓就业是指部分毕业生未落实或不落实就业单位，又不愿把户口、人事关系迁回原生源地，将人事关系暂寄存在省高校毕业生就业指导中心，将户口暂留学校的一种办法。暂缓就业暂缓期一般为两年。暂缓就业的原因很多，集中表现在暂不就业拟升学、暂不就业拟考公务员、暂不就业拟出国等等。

二、医学院校大学就业单位分析

医学院校大学生主要流向医药类卫生单位，当然还有部分同学去往非医药领域就业，本节主要对医药类卫生单位进行简要分析。医药类卫生单位包括卫生系统政府部门、医疗、公共卫生等用人单位、医药生产、销售等企业，以及相关高校、科研院所等。

（一）卫生系统政府部门

卫生系统政府部门是指各级卫生行政机构，进入政府部门的工作人员，必须通过公务员考试。卫生系统公务员招录基本保持在稳定水平，留给应届毕业生的岗位有限。

（二）医疗卫生单位

医疗卫生单位是依法成立的从事疾病诊断、治疗活动的卫生机构。主要包括了各类医院（如综合性医院、中医医院、专科医院）、疗养院、社区卫生服务中心、乡镇卫生院、门诊部等。以医院为例，岗位设置包括了行政管理人员、专业技术人员、工勤人员。专业技术人员主要包括医疗人员即临床医生、护理人员、医技人员和药剂人员等。

（三）公共卫生机构

公共卫生机构包括疾病控制机构、卫生监督机构、妇幼保健机构、慢性病防治机构、社区卫生服务机构及公共卫生研究机构。公共卫生的内容包括对重大传染疾病的预防、监控、医治;对食品、药品等监督;对卫生宣传、健康管理等。

(四) 医药企业

医药企业是指医药行业的企业,可以分为药品生产企业和药品经营企业。药品生产企业,是指生产药品的专营企业或者兼营企业。药品经营企业,是指经营药品的专营企业或者兼营企业。药品生产企业是国际公认的朝阳产业,国家医疗改革提出深化药品流通领域改革,规范药品流通秩序。今后医药企业缺乏的人才主要集中在营销人才、研发技术人员、高级管理者。海南作为药品生产集中省份,有众多医药公司,而高等医学院校仅我校,所以每年都有大量医药公司来我校招聘毕业生,甚至包括很多世界500强的全球制药公司,可是很多同学对此并不了解,参与应聘的同学并不多,医药企业往往无功而返。

为了扩大同学们的信息量,对常年来我校招用毕业生的世界500强制药相关企业列举如下:

1. 辉瑞(Pfizer) 美国一家跨国制药公司,其总部设于纽约。畅销产品包括降胆固醇药立普妥、口服抗真菌药(氟康唑)、抗生素希舒美,以及治阳痿药万艾可等。目前辉瑞药厂是世界上最大的医药企业。辉瑞公司一直致力于推动健康事业的发展,不断引进、生产和推广创新药品。目前,辉瑞公司在中国上市的产品有四十多种,主要包括:立普妥、络活喜(氨氯地平)、西乐葆、万艾可、大扶康、希舒美、左洛复、适利达等。辉瑞2014年收入达496亿美元,业务遍布全球约175个国家和地区,在全球有78,300余名员工。

2. 默沙东(MSD) 公司总部位于美国新泽西州肯尼沃斯市,全球共有员工70,000人(截至2014年12月31日)。2014年,默沙东全球销售总额达422亿美元,研发投入达65亿美元。除处方药业务,默沙东在中国还包括动物保健业务,近50种兽医产品涉及家畜、家禽和宠物的疾病预防、治疗及控制等多个领域,致力于保护和关怀动物健康以及与其休戚与共的人类健康。默沙东中国的总部设在上海,直接向美国总部汇报,员工总数超过5000人。2013年4月,投资1.2亿美元、占地7.5万平方米的默沙东杭州新厂正式投入使用,这是中国及亚太地区最先进、规模最大的制药生产包装工厂之一。

3. 葛兰素史克(GSK) 葛兰素史克目前是在华规模最大的跨国制药企业之一,投资总额超过5亿美元。葛兰素史克公司在抗感染、中枢神经系统、呼吸和胃肠道/代谢四大医疗领域代表当今世界的最高水平,在疫苗领域和抗肿瘤药物方面也雄居行业榜首。此外,公司在消费保健领域也居世界领先地位,主要产品包括非处方药、口腔护理品和营养保健饮料。葛兰素史克中国研发中心是跨国制药企业在华最大的全功能研发中心之一,领导着公司在全球神经科学治疗领域内的研发项目,同时其跨治疗领域的开发团队加快将公司全球创新性药物引入中国。

4. 阿斯利康(AstraZeneca) 阿斯利康是一家全球性制药公司,成立于1913年,总部位于英国伦敦,研发总部位于瑞典。阿斯利康在诸多治疗领域为患者提供富于创新,卓有成效的处方药产品,包括消化、心血管、肿瘤、中枢神经、麻醉、呼吸和抗感染领域等,其中许多产品居于世界领先地位,产品销售覆盖全球100多个国家和地区。阿斯利康在中国的投资超过5亿美元。其中包括阿斯利康无锡供应基地,累计投资达2.9亿美元。中国是阿斯利康在亚洲最大的生产基地。

5. 礼来(EliLilly) 礼来公司迄今已有130多年的历史 总部位于美国印第安纳州的印

第安纳波利斯市 全球共有 40 000 多名员工,其中 7400 多名员工从事药品研发工作,在全球 50 多个国家进行药品临床试验研究,在全球 8 个国家设有研发中心,在全球 13 个国家建有药品生产企业,产品行销于全球 143 个国家和地区。礼来于 1918 年来到中国,将其第一个海外代表处设在上海。在 1993 年重新回到中国。已成为业界增长速度最快的制药公司之一。

三、医学院校毕业生就业建议

医学院校毕业生就业,有其他院校毕业生就业的共同点,也有特殊性。一般说来,医学院校毕业生掌握较强专业知识,是就业过程中的优势群体,社会所提供岗位也较多,但在实际工作中会发现,很大程度上,用人单位招聘不到合适人才,毕业生也找不到合适岗位。根据多年毕业生就业工作经验,给同学们一些建议,供就业时参考借鉴。

(一) 基层就业,大有可为

每年海南省内各县级医院、乡镇卫生院以及部分省外基层医疗单位都会带来大量工作岗位,由于各种困难,真正留下来的同学并不多,相对于发达地区优良的卫生服务体系,城市社区、农村地区、偏远地区缺医少药是这些地区的常态。这些地方蕴藏着更为广阔的发展空间。

从《中共中央、国务院关于深化医药卫生体制改革的意见》到《全国医疗卫生服务体系规划纲要(2015—2020 年)》都明确提出医改向基层地区和中西部倾斜,政府将加大对基层医疗服务的投入。对长期在城乡基层工作的卫生技术人员在职称晋升、业务培训、政策待遇等都给予倾斜。基层医院将成为接收毕业生的主力军。随着基层卫生服务机构硬件设施的改善和待遇的增加,国家鼓励毕业生去往基层医疗单位政策出台,毕业生基层就业大有可为。

(二) 认真学习专业知识

医学院校专业学习任务繁重,专业性强,需要记忆的知识点多,除了需要掌握理论知识外,还需要掌握操作技能,这就需要医学院校大学生认真学习专业知识。医疗卫生单位选用毕业生的基本要求也是专业成绩过硬,如果想从事与本专业相关的工作,就必须有良好的专业基础。

除了专业知识外,还需要掌握必要的人文社科知识、外语和计算机知识,还有良好的沟通能力。因此,大学时光对于医学生来说是十分紧张的,要学会时间管理,把主要精力放在学习上。

(三) 鼓励升学,深造更高学历

医学学制 3-8 年不等,学习时间普遍比其他专业长很多,世界各国医学教育的趋势就是长学制教育。一名医务工作者的成长是漫长的,而本科教育只能算是从业的启蒙教育。近年来,毕业生人数逐年增加,用人单位在招聘毕业生时,要求也水涨船高。根据学校就业指导中心统计,从学历上看,三甲以上综合性医院将门槛定在了硕士及以上,本科及以下学历毕业生除护理、少量医技和管理岗位外很难再进入。

用人单位在招聘毕业生时,不仅要求毕业生具有出色的专业学习成绩,更注重毕业生的综合素质,毕业生谋求一份理想职业所面临的挑战越来越大。因此,鼓励医学院校本科生、专科生继续参加相关考研、专升本考试,深造更高学历。

(四) 做好规划,参与实践

一个人的成功与否,很大程度上取决于对自己设定目标的科学规划,从大一开始同学们就应该考虑自己的职业生涯规划,做好就业准备。就业准备既包括知识、能力、心理准备,也包括对就业形势、就业信息等的了解,对就业程序心中有数,对用人单位有所掌握,做好规划进行就业准备,会有效提高求职的成功率。

在校期间也应多参与社会实践活动。参与社会实践将有机会接受医药专业以外知识和素质拓展,有更多机会参与就业信息和招聘宣讲活动,与用人单位进行更多的交流,更容易获得就业先机,也能更早了解用人单位对人才的要求。

第二节　就业,你有竞争力吗?

国际医学教育专门委员会出台的《全球医学教育最基本要求》(GMER)文件,提出了医学教育的"最低基本要求",包括7个宏观的教学结果和能力领域。即职业价值、态度、行为和伦理;医学科学基础知识;沟通技能;临床技能;群体健康和卫生系统;信息管理;批判性思维和研究。毕业生应能显示出:第一,专业能力。第二,把对疾病和损伤处理的与健康促进和疾病预防相结合的能力;第三,团队中协作共事和在需要时进行领导的能力;第四、对病人和公众进行有关健康、疾病、危险因素的教育、建议和咨询的能力;第五,能认识自身不足、自我评估和同行评估的需要,能进行自导学习和在职业生涯中不断自我完善的能力;第六、在维护职业价值和伦理的最高准则的同时,适应变化中的疾病谱、医疗实践条件和需求,医学信息技术发展,科技进步,卫生保健组织体系变化的能力。

对照《全球医学教育最基本要求》对毕业生的能力要求,同学们需要反问自己"就业,我有竞争力吗?",在未来学习中注重7个能力领域自我的学习发展。想要在复杂的人才市场上脱颖而出,获得自己理想的工作岗位,就必须在大学阶段培养就业能力。同学们可以根据我校人才培养目标,打造自己的竞争力。

一、你有就业能力吗?

就业能力最早由英国经济学家贝弗里奇(Beveridge)提出。他认为就业力即"可雇用性",是指个体获得和保持工作的能力。2005年,美国教育与就业委员会再次明确就业力概念。就业能力即"可雇用性",是指获得和保持工作的能力。就业力不仅包括狭义上理解的找到工作的能力,还包括持续完成工作、实现良好职业生涯发展的能力。医学院校大学生就业能力就是医学类学生获得工作、完成工作、实现个人职业生涯发展的能力,从事任何职业都必须具备通用就业能力和专业技能两个方面的能力。大学生毕业后,面临的第一要务是如何做好自己的工作,胜任自己的工作,以及在工作中实现自己的人生价值。因此,对于就业能力的了解、形成和培养.应该成为大家最关注的问题之一。

通过思考"学校能够给我什么"和"我能够从学校获得什么",可以明确获得就业能力的资源和途径。同时,学校为同学们的成长准备了丰富的资源,如何利用这些资源提高自己的就业能力是每位同学必须亲力亲为的问题。很多毕业生希望就业指导中心的老师为他们推荐工作,可当问及"你是谁""需要什么工作""就业能力怎么样"这些问题时,会发现很多同学对于自己到底是怎样的人存在很多困惑,面对大学的成长过程又有很多悔恨,对于就业能力更是无从谈起。

大学生的成才由谁来负责呢? 同学们会发现,同在一个班级、同一个老师授课,学习结果存在很大差异。同样的实践活动,能力提升会有不同呈现。进入大学后,你会发现很多事情都需要自己安排,大学里的收获都由自己负责。就业能力的培养就在漫漫成长过程中获得,大家需要根据医学院校大学生就业能力的要求,设定成长目标并对自己的行为负责。

二、医学院校大学生专业技能的培养

兴趣是大学生学习活动的直接动力,只有具备浓厚专业兴趣,才能产生学习的内驱力、增强求知欲、提高学习效率。医学院校大学生应该从社会需求出发,了解民生疾苦,激发专业学习兴趣。"业精于勤,荒于嬉;行成于思,毁于随"良好的专业技能更是辛勤汗水的结晶,突出的成就只有通过刻苦学习和拼搏才能获得。医学类专业专业性、系统性等特点,增加了学习的难度,这就要求同学们更加勤奋。

(一) 遵循医学类学生的学习特点和方法

医学科学有其独特性,加上新的医疗模式,促进了医学教育的新发展。医学教育有一些特点:文理交融,学科设置多;需掌握知识点多;医学实践性强;学科发展快。

医学类专业知识学习应该遵循学习的基本规律,认识-实践-再认识。医学生的专业技能包括知识和能力两方面,在学习过程中提倡知识、能力、态度共同发展,提倡手脑并重,不可轻视实践操作技能。医德和职业素养也是医学类学生学习的主要内容,医德和专业能力是相互联系,相互促进的,只有把治愈病人疾苦视为自己天职的医学生,才能激发学习的热情。由于医学学科的特殊性,决定了医学学科教育是一种终身教育。目前,国内外医学学科教育界已经达成共识,医学划分为医学院校教育、毕业后医学教育和继续医学教育。作为医学院校大学生,要做好长期学习的准备,其过程是艰苦而曲折的,需要不断扩展自己的知识结构,以适应科学技术、社会发展和竞争的需要。

在专业学习过程中学会点-线-面-立体的医学学习思维,养成良好的学习习惯,如"看书-做题-再看书-归纳整理"的学习方法。医学学科知识量非常多,一本厚厚的书籍都是需要记忆的,因此同学们还需要学会运用各种医学记忆方法。如口诀记忆法、图表记忆法、形象思维记忆法、本质记忆法、比较记忆法等。

医学教育的一个突出特点就是实践课较多。对于医学生来说理论和实践是缺一不可的。实践前必须要有扎实的理论基础,只有拥有理论知识才能有效运用,从实践中学到更多知识。在实践中,应该勤观察、勤思考、勤归纳整理;勤动手,勤练习。医学教育的另一个特点是需要不断创新、探索。需要以"基础-拓展创新-在基础"的学习模式不断学习,为医学事业发展而努力。

(二) 制定科学的学业规划

学业规划,是指为了提高求学者的人生职业发展效率,而其对与之相关的学业所进行的筹划和安排。通过对求学者的自身特点和正确认知,确定其人生阶段性事业目标,进而确定学业路线,结合求学者的实际情况制定学业发展计划。科学的学业规划有助于同学们合理定位,尽早明确专业学习目标,学业规划应该从大一新生入学便开始启动,并贯穿整个大学阶段。根据不同阶段的特点,有计划、有特点的安排学习活动。下面以五年制专业学习为主要介绍,其他学制同学可以对应进行。

1. 大学一年级——适应大学学习,树立规划意识 大学学习需要从"要我学"到"我要学",改变学习方法,学校上更要自觉自立,独立思考。大一新生需要尽快了解大学学制的特点和规律,科学的安排学习时间,提高自学能力。许多大一新生实现了考取大学的目标后,失去了奋斗的目标。同学们可以通过学校安排的新生讲座尽快了解自己的专业,定位学习目标和要求,对自己大学学习生涯整体规划,巩固专业思想,确认职业目标。

2. 大学二、三年级——确定专业主攻方向,培养综合素质 大学二、三年级需要多加强专业知识的学习,积极参加学校开展的综合能力培养和职业生涯规划指导等活动,确立职业发展方向。在学好专业基础课的前提下,根据自己的职业方向有意识地选择选修课程,重点通过英语和计算机考试,参与实践活动,最好参与跟今后职业相关的实践活动。

3. 大学四年级——确立职业目标,累积实践经验 大学四年级需要进一步强化专业课程学习,明确未来学习目标和职业目标根据大学生就业能力要求参加相关活动,了解毕业生就业市场,认清工作领域,培养和发展与职业目标相适应的就业能力,并根据实际情况对自己的职业目标进行调整。

4. 大学五年级——掌握专业资讯,实现就业目标 大学五年级,要强化求职技巧,拓宽就业视野,提高自主创业意识。做好调适好就业心理、做好就业准备(如准备个人简历等)、面试准备、笔试准备等。重视实习机会,通过学校的各种就业指导资源,了解就业形势,掌握就业政策,主动向社会寻找锻炼自己的机会,实现就业目标。

(三) 提高医学院校学生的专业技能

1. 提高基本专业技能 医学的重要特征就是实践性强,这就要求医学人才有较强的动手能力。在专业学习中,同学们要自己多动手,锻炼实际操作能力;随着医学科学的发展,对诊疗效果的评价需要依靠实验室的指标和数据来进行比对,进行统计学处理。要求同学们有运用循证医学的能力,将系统化的知识和临床经验结合指导临床实践;医学生更需要学会与不同的人交流,考虑对方的实际情况,了解对方的需求和医院,增进彼此的理解和沟通。

医务人员的中心任务是认识疾病、防治疾病。医学院校非医学类专业其专业设置、职业发展也多少与疾病相关。病症成千上万,医学生只有掌握渊博的专业知识才能开拓自己的视野,提高诊治水平。更需要医学院校大学生掌握科学的临床思维方法。在不断的实践活动中提高自己的临床思维能力。

2. 培养科研创新能力 医学教育是培养高素质的医学人才。一个真正合格的医学类大学生不仅要求有好的职业素养、扎实的基础知识、熟练的操作技能,同时还应该有一定科研创新能力。

医学院校大学生从事科研创新工作,首先应该培养严谨的科研思维,独立思考,具有批判性思维的能力;参加培养一些科研能力的系统化训练。每年我校都会有《大学生创新创业训练计划项目》申报活动,有意向进行科研的同学可以参与申报科研课题,本项目具体细则,本书会在"创业,你可以参加很多项目"中介绍。从查阅文献-综述-立项-设计研究方案-

完成实验操作-整理资料-撰写论文进行完整的科研训练。再者,培养严谨的科学态度。在科研的实际过程中,对于没有科研经验的本科生来说不是一件容易的事。遇到困难和挫折要主动分析问题,思考解决的方法。科研的目的不一定是研究出成果,而是在科研创新中,培养锲而不舍的探索精神和科研创新思维能力。

三、医学院校大学生通用就业能力的培养

通用就业能力是指医学专业能力以外的、可迁移的技能,如沟通能力、团队合作能力、创新能力等,这些能力是从事任何职业都必备的,是促进职业发展的重要推动力。我校人才培养目标以岗位胜任力和领导力为核心,领导力就包含指通用就业能力。

(一) 沟通能力

沟通能力指沟通者所具备的能胜任沟通工作的优良主观条件。人际沟通的能力指一个人与他人有效地进行沟通信息的能力,包括外在技巧和内在动因。《全球医学教育最基本要求》中七个宏观的教学结果和能力领域第三项就为沟通技能。要求应当通过有效的沟通创造一个便于与病人、病人亲属、同事、卫生保健队伍其他成员和公众之间进行相互学习的环境。

美国著名的心理学家和人际关系学家戴尔·卡耐基调查了无数的明星、巨商和军政要员,得出的结论是:一个人事业的成功15%靠专业知识,85%靠人际关系和处世技巧。

希波克拉底说:"医生有两种东西可以治病,一是药物,二是语言。"医学服务的本质就是满足社会人群的健康需求和人际沟通需求。沟通是一个双向过程,其中包括沟通者和沟通对象。对需要沟通的人群需求进行深入分析和了解是很重要的。作为一个医务工作者,需要分析相应的沟通对象的需求是什么,病患的需求是什么,以便采用不同的沟通策略,进行良好的医患沟通。

(二) 信息管理能力

在快速发展的信息时代,信息管理能力已经成为职业发展最重要的能力之一,医疗卫生事业也是如此。计算机和通讯技术的进步对疾病分析提供了有效的工具和手段。使用计算机系统有助于从文献中寻找信息,分析和联系病人的资料。

全球医学教育最基本要求(GMER)对毕业生信息管理能力指出毕业生必须了解信息技术和知识的用途和局限性,并能够在解决医疗问题和决策中合理应用这些技术。毕业生应该能够做到以下各点:从不同的数据库和数据源中检索、收集、组织和分析有关卫生和生物医学信息;从临床医学数据库中检索特定病人的信息;运用信息和通讯技术帮助诊断、治疗和预防,以及对健康状况的调查和监控;懂得信息技术的运用及其局限性;保存医疗工作的记录,以便于进行分析和改进。

(三) 创新能力

创新能力,实际上就是指获得新知识和扩充新知识并能发现新事物的能力。创新能力是一种心理现象,是一种心智能力,是创造新颖的、独创性的思想和事物的能力。"苟日新,日日新,又日新",每次医学的创新,都给人类健康带来了福音。随着社会的进步,人们对医疗卫生和健康管理的需求越来越高。对医学院校大学生来说既是机遇也是挑战。在校期

间应有意识地培育创新能力,在医药卫生、临床诊治、制药、健康管理等方面积极创新,为医疗事业发展做出贡献。

创新能力的培养途径有以下几种:自主学习培养发展创新能力;增强创新意识,树立批判性思维;积极训练发散思维、逆向思维、横向思维等思维方式;掌握一些创新的技法,如头脑风暴法等。

(四) 组织管理能力

组织管理能力是一个人的知识、素质等基础条件的外在综合表现。现代社会是一个庞大的、错综复杂的系统,绝大多数工作往往需要多个人的协作才能完成,每一个人都是组织管理者,承担着一定的组织管理任务。每个大学生毕业后都会从事一定组织管理工作,每个人都需要不同程度的管理才能。毕业生中的党员、学生干部普遍受到用人单位的青睐,主要原因还是用人单位看重毕业生的组织管理能力。比如 2015 年北京解放军总医院医务部、海南航空公司来我校招聘毕业生,强调指出一定要招收有学生干部经历的优秀毕业生。因此,在完成专业课程学习的同时,也要培养自己的组织管理能力。

第三节　就业,走好每一步

一、调适就业心理

当前每年大学毕业生的数量逐年上升,结构性的供求矛盾依然突出,在择业过程中,由于各种社会因索的影响和毕业生的主观认识和个性等方面影响,毕业生在择业过程中常常出现强烈的心理波动,在求职前开始焦虑紧张。在求职前做好就业心理调适,将有助于毕业生通过层层考验。问题有以下几种:

(一) 常见的就业心理问题

1. 自卑心理　一些毕业生在择业过程中过低地评价自己,具体表现为看不到自己的优点、不喜欢自己、讨厌自己的缺点,常常抱怨和责备自己,强烈的自卑感就会严重地困扰着他们。久而久之就形成自卑保守型心理,不敢正面对待就业问题,在激烈的竞争面前不战而败。

目前,毕业生人数庞大,很多理想岗位竞争者众多。这就意味着一个岗位成功者只有一个,而其他应聘者都要面临失败。求职次数越多,获得工作的机会也就越大,但也意味着受到挫折的可能性也就越多,心理压力增大。毕业生求职是人职匹配的过程,用人单位有其方式方法寻求与自己岗位相匹配的人,很多时候,并不是毕业生不优秀,而是不合适。

2. 从众心理　从众心理,是在社会或群体的压力下个人放弃自己的意见而采取顺从行为的心理倾向。很多毕业生在择业时,面对来自四面八方的求职信息、人才交流会不知所措。对自己就业的行业、岗位没有明确的定位,缺乏主见,盲目从众。追求热门单位、经济发达地区,忽略了个人条件和可能性,给求职带来困难。

在求职中很多毕业生总是感受到来自环境的压力。看到别人已经找好工作,很多同学会出现焦虑和烦躁不安的心理;特别是看到一些不如自己的同学找到了理想工作时,为了获取心理平衡,会把择业目标设计过高,这样更容易使自己陷入挫折之中。

3. 依赖心理　在择业过程中,一些大学生在社会为其提供的就业机会面前顾虑重重,不能主动地参与就业市场的竞争,向用人单位展示自我、推销自我、依赖自身的努力去赢得用人单位青睐,而是寄希望家庭或依靠家长去四处奔波,缺乏择业的主动性,等靠思想和依赖心理严重,使自己在就业中处于劣势。

4. 怯懦心理 羞怯是一种胆小、脆弱的性格表现,"丑媳妇怕见公婆"的人际心理障碍。每年在"海南医学院毕业生供需洽谈会"上都会看到很多存在怯懦心理的同学。投递简历之前担心、慌乱、焦虑,不敢上前投递,与用人单位对话时紧张、语无伦次、答非所问。面试时常常出现面红耳赤、张口结舌、语无伦次。有的同学谨小慎微,不敢放开说话,没有把自己的特点和优势表现出来。

(二) 就业心理调适

求职过程中,面对环境的变化,出现一定心理反应是普遍现象。只要大家主动去适应就业环境,多分析社会、认识社会,心理问题就会得到缓解。同时也需要运用一定方法进行心理调适。在择业时大家可以问问自己一下问题:我喜欢做什么? 我能做什么? 我适合做什么? 我的职业价值观是什么? 更好的认识自己,调适自己。

1. 合理定位,做自己能做的事 "知人者智,自知者明",想一想,"大学期间我学习到了什么""我有哪些优点和长处""我的哪些条件是符合用人单位的",想清楚这些问题,就知道自己应该参加哪类用人单位的招聘,向什么地方投递简历,减少一些挫折感。

可以根据职业锚理论,探索自己的价值观。每个人都有自己看中的东西,工作能否提供,是择业的一个关键因素。客观认知自我,合理定位,对自己能力做出适度的评价,才能找到合适自己的职位,走向成功。

2. 适度宣泄 挫折造成焦虑和紧张时,适度宣泄是消除不良情绪的有效方法。在毕业季期间,学校会广泛深入的开展谈心活动,帮助毕业生进行心理辅导、心理咨询,帮助处理好求职择业、情绪调整的具体问题。同学们可以主动寻求心理咨询缓解因就业压力而产生的焦虑情绪,减轻心理负担,培养良好的心理品质。经不起挫折、输不起的人才是生活的弱者,培养输得起的心态,抱着"一山还有一山高""没有最好只有更好"的积极心态来面对求职中的挫折,终会找到合适自己的工作。

3. 与用人单位沟通,有效调整自己 求职过程中,遇到挫折在所难免。根据多年的毕业生就业指导经验,很多应聘失败并不是求职者能力低下引起的。单位拒绝同学们的原因很多,如求职者生源地与用人单位相距太远,用人单位担心用人不稳定;也可能是求职者的个性特点与岗位不合适;或者性别与艰苦行业体能不匹配等等。当遇到失败后,不应该完全归结于自身,可以与用人单位人事部门人员沟通,明白自己失败所在,属于自身原因,可以有的放矢进行自我调整改进,属于其他原因的做到心中有数,减少挫折感。

二、准备应聘资料与面试

(一) 个人简历制作

简历是对个人基本信息、学历、经历、特长、爱好及其他有关情况所作的简明扼要的书面介绍。如何在人群中脱颖而出? 无论通过哪种途径求职—招聘会、网络、社会网络关系,都需要提供个人简历。招聘人员每天都会阅读大量的简历,留给每份简历的时间是十分短暂的。一般说来,会从某些方面来考量求职者:求职者的能力、思维模式、个人经历。求职者要想从短暂的阅读中获得青睐,不仅要有较高的综合素养,更要学会一定的简历制作方法,换位思考,从招聘人员角度制作个人简历。

简历的主要内容包括个人概况、教育背景、求职意向、实践经历、所获荣誉、能力素质等方面情况。个人简历是开启求职之路的通行证,简历制作有几个原则应该注意:围绕不同求职岗位应有不同版本简历;陈述有效信息;突出重点,简明扼要。简历应该让招聘者对求职者有一个简要的了解,初步判断应聘者是否适合岗位需求。

"人而无信,不知其可",需要提醒大家的是,简历制作应该保持诚信原则。对个人背景、实际能力、实践经历等进行真实表达,不可夸大、欺骗,让用人单位对你的诚信怀疑,影响职业获得。

(二) 其他应聘材料

1. 求职信 求职信比简历的主观色彩更浓,可以反映出一个人的专业水平,通过分析用人单位有针对性地向他们提供自己的背景资料,表现出自己独到的智慧与才干。求职信应该有的放矢,不可不着边际,最好能针对不同用人单位撰写。通过多渠道了解用人单位信息,表达自己对这份职业的热爱与能力。求职信应该简明扼要,不可画蛇添足。

2. 毕业生推荐表 毕业生推荐表是由学校制作,毕业生提供给用人单位的官方文件。由毕业生填写、学校审核的材料,每位毕业生只有一份。部分用人单位在签订毕业生协议书时一定要提供毕业生推荐表原件,同学们在求职时,要注意保存原件。我校毕业生推荐表的填写,要求毕业生填好毕业生基本信息,学习成绩(附带成绩单)、获奖情况、社会工作等,由辅导员坚定审核后,再由学院至学校就业指导中心审核。如果由于种种原因同用人单位和平解约,提供有效证明材料,可以及时到就业指导中心补办毕业生推荐表。

3. 成绩单、获奖证书 一份由教务部门审核盖章的成绩单对求职过程非常有说服力,同学们需要提供一份正式的成绩单,以说明自己的学习态度、成绩和专业素养。

获奖证书包括各类奖学金证书和荣誉称号,如优秀学生干部、优秀党团员、优秀学生等。在求职时复印好,附带在简历后面,跟简历、成绩单、毕业生推荐表等共同组成求职材料。

三、求 职 途 径

就业信息来源十分广泛,收集真实有效的就业信息对就业至关重要,下面介绍三种常见的信息搜集途径。

(一) 学校就业指导中心

学校就业指导中心是负责毕业生就业创业工作的机构,每年都会发布大量的就业岗位,提供就业指导、政策宣传等,并与用人单位保持密切联系,大量用人单位也会通过就业指导中心发布用人信息。一般学校会通过:招聘会,如每年的大型毕业生供需洽谈会、各类中小型招聘宣讲会;学校就业信息平台,同学们可以进入学校首页至招生就业至就业信息,便可登录信息平台;辅导员信息通告。就业指导中心的信息发布量大,覆盖全面,来源经过老师们的审核,可以成为毕业生的首选。

(二) 网络

对于毕业生和用人单位来说,网络是一个有效的信息沟通桥梁,毕业生也可以通过网络获得大量的招聘信息。与毕业生息息相关的社会求职网络资源有以下几种:专业的求职网站,如智联招聘、中华英才网、中国医药人才网、药工作网等;用人单位网站,如很多医院都会在主页上公布招聘需求;政府部门人才求职网站,如海南天涯人力网、各地人才交流中心网站等。

(三)社会网络关系

每位同学都有属于自己的社会关系网络,这是重要的就业信息来源途径。通过自己的亲属、朋友、熟人、老师、校友等关系,来提供有效的就业岗位和了解职业环境,对于同学们来说都是重要的。因此,大家在大学期间,就要注意累积自己的社会关系网络,为获取更多的资源打下基础。

很多时候,同学们在进入实习单位时,表现优秀,就能给用人单位留下好的印象,迎来就业机会。如管理学院的一位毕业生在中国人民解放军海南分院实习时,表现优异,认真工作,每天都加班到很晚,不仅干完自己的工作还优异地完成了科室的其他工作,最后留在了医院人事处。

四、面 试 准 备

"百闻不如一见",一个用人单位在招聘新职员时,就是通过面试来做出最直观的判断的。在面试中,主要考察的是应聘者的"第一印象"、"能力"、"相貌"等。面试评测的能力主要包括:口头表达能力、综合分析能力、反应能力与应变能力、人际交往能力、自我控制能力与情绪稳定性等。

在以往的工作中,时常可以看到这样的情况:面试当天,不少同学穿着拖鞋来参加面试,在就业指导中心老师的责骂下,与其他同学换鞋参加与主考官对话。有时,主考官看着也觉得别扭,问:"这是你的鞋码?"答:"不是,睡过头了,穿拖鞋来的,跟同学换鞋了。"这时,主考官会说:"谢谢你,下一位,其他问题不用回答了。"这样便错失了一次工作机会。面试时求职的关键环节,需要事先做好准备。主要包括:研究用人单位;审视自己;求职资料准备;模拟训练;心理准备;注重面试礼仪等。

在与主考官交流时,自信大方,有礼有节。男同学应该穿上整洁的服装和鞋子,摆好坐姿或站姿,冷静地充满信心与用人单位交流。女同学应穿着整洁、明亮的服饰,过多的珠宝饰物、过浓的香水、未修过的指甲、蓬松的头发等,都可能影响面试官对你的印象。

第四节 了解就业程序

一、毕业生资格审查

毕业生资格审查是就业流程的一项基础性工作,也将成为毕业生派遣的依据。毕业生资格审核就是将毕业生的基本情况,包括姓名、性别、考生号、身份证号、学历、学制、出生年月日、专业、生源地等毕业生的基本信息进行统计,录入到全国高校毕业生就业检测与管理系统审核是否有毕业资格。经审核后便可开具报到证办理相应手续了。在同学们毕业年度的前一年,学校就业指导中心会通过教务系统查找毕业生信息,然后由同学们完善基本信息,包括家庭地址、电话号码、QQ 号、实践经验、获奖情况等。由学校制作毕业生推荐信息手册,公布可公开的信息给用人单位,帮助同学们进行就业推荐。

二、报到证简介

毕业生毕业后到用人单位入职,需要带上毕业证书、学位证书、报到证、协议书等材料。报到证是办理相关手续非常重要的一项材料。如果用人单位是落实编制的事业单位、公务员单位、国有企业等,可以凭报到证将户口档案落入用人单位;其他单位如果需要可以前往用人单位所在地人才服务机构办理托管手续;也可凭报到证回生源所在地(即同学们的老家)人力资源与社会保障局办理人事管理手续。

报到证,全称为"全国普通高等学校本专科毕业生报到证"(简称"就业报到证"),根据海南省相关规定,派遣地址为海南省内的毕业生使用的报到证件为"海南省大中专毕业就业介绍信"(简称"就业介绍信"),派遣地址在省外就业的毕业生统一使用"全国毕业生报到证"。凡符合毕业条件,获得毕业资格(全日制、脱产攻读)的毕业生(在国内升学的除外),都发给就业报到证件。报到证一式两联(正本和副本),正本为蓝本,由毕业生持有,到报到单位报到时交给单位;副本为白色,一般由学校档案馆负责放进毕业生档案。报到证是毕业生到接受单位报到的凭证,它证明持证的毕业生是纳入国家统一招生计划的学生(成教生、委培生、在职生没有报到证)。它是毕业生办理户口和人事档案等手续时使用的重要凭证,也是人才服务机构办理存档的重要依据。报到证其他事宜,同学们可以查看《毕业生就业报到手续办理宣传册》,学校就业信息平台上可以查阅,同学们毕业当年也会人手发放一份。

三、毕业生离校手续办理

毕业生离校时,需要根据学校的通知,到各个部门办理相关手续,主要包括:
(1)到就业指导中心领取报到证。
(2)凭报到证到保卫科户籍室办理户口迁移手续。
(3)凭报到证到学生档案馆办理档案转移手续。
(4)到图书馆办理图书归还等手续。
(5)到收费室结清学费等费用。
(6)到宿舍管理中心办理退宿手续。
(7)到院系或教务处领取本人毕业证、学位证。
(8)办理其他未尽事宜。

根据高校毕业生就业有关政策,对未就业的毕业生,学校可以按以下方案处理:退回生涯所在地;将户口、档案暂时保存在学校,但托管期间毕业生不能享受身份累积待遇,如职称的评定、工龄的计算等,托管超过两年还将缴纳一定数量的管理费用;户口档案转入第三方机构,如人才交流中心。

四、就业协议书

每位同学在毕业前夕,学校都会发放一份《全国普通高等学校毕业生就业协议书》,简称"就业协议书"或者"三方协议"。三方是指毕业生、用人单位、毕业生所在学校。协议在用人单位正式接收毕业生到单位报到后自行终止,双方将签订劳动合同取而代之。协议书也是学校派遣毕业生的依据,在学生毕业离校前,学校将根据协议书的内容开具毕业生就业报到证和户口迁移证,同时转递学生档案。如果毕业生未签订就业协议书,学校将把其关系和档案转递回原籍。每位毕业生各拥有唯一编号协议书(一式三份),实行编号管理。

协议书是毕业生与用人单位建立就业关系的正式凭证,也是毕业生毕业后到人事、教育等部门办理就业报到手续的必备材料之一,因此,毕业生必须妥善保管。就业协议书是高校毕业生与用人单位订立的确立劳动关系的协议,实质上是劳动合同的一种特殊表现形式。求职最终签署的合约具有法律效力,因此签约一定要慎重,同时协议书的填写更加不可忽视。

第五节 放飞梦想,勇于创业

创新创业是大国崛起、民族复兴、社会进步的动力。大众创业、万众创新是富民之道、强国之举,有利于产业、企业、分配等多方面结构优化。培养创业人才、提高全民族创业素质是增强综合国力全面建设小康社会的一项战略措施。党和政府对于培育大学生创业高度重视。发布《国务院关于进一步做好新形势下就业创业工作的意见》(国发〔2015〕23号)、《国务院办公厅关于深化高等学校创新创业教育改革的实施意见》(国办发〔2015〕36号)等多个关于大学生创新创业的文件,为大学生创业提供了良好的社会环境。

案例 15-1　　　　　　临床医学生的创业

南京医科大学临床医学专业2004届本科毕业生陈刚。毕业后的他在社会这个大熔炉里摸爬滚打。现在的他,在南京市拥有万宁、凤西、中南、下关4家个体诊所。其中位于凤凰西街的万宁门诊部规模有200多平方米,内、外、妇、中医等科俱全,还配备了化验室、B超室等。除下关诊所承包给他人以外。他的另外两个门诊部———凤西门诊部和中南门诊部生意都很红火。

机遇+头脑+行动=成功陈刚以自己的经历对医学生个体创业提出了几点建议:首先要放平心态,一步一个脚印的迈向成功,要投资就要做好亏本的心理准备;其次要有眼光和勇气,看准机遇和方向再行动,刚出校门的医学生,不妨先学习一段时间,熟悉环境,积累经验,把握好市场。再次,眼高手低和不能亲力亲为对于创业者来说,"建议想创业的同学先安定下来。先养活自己,然后'骑马找马',往想要的目标努力。"

一、打造创业品质

(一) 创业与创业精神

1. 创业　创业是个很久远的概念. 在诸葛亮的《出师表》中就提到"先帝创业未半,而中道崩殂"。创业指创立基业之意。一般说来创业有广义和狭义之分。广义的创业是创业者不拘泥于当前资源约束,整合资源去追求机会并最终实现价值创造的行为过程。中国政治青年学院教授李家华认为:从大的方面看,毛泽东领导中国人民建立新中国,邓小平、江泽民、胡锦涛、习近平等几代领导人领导中国人民建设具有中国特色的社会主义事业,开创了中国的千秋大业。从小的方面看,一个人根据自己的性格、兴趣、知识与能力等选择自己的角色、职业和工作岗位,在这一岗位上创造性地发挥自己的特长和才干,实现个人价值并为社会带来财富的活动,都属于创业,因而职业也有创业的含义。

狭义的创业特指个人或团队自主创办企业。创业者通过寻找商业机会、投入资本、配置资源,来创建新企业,为消费者提供产品或服务的活动过程。

目前,我国大学生创业比率还比较低,成功比率更低。目前,政府和社会各界都在共同努力改善大学生创业环境,提供各种政策支持。在不久的将来,创业在新时期的大学生中将成为一种追求、一种新的就业方式和实现人生价值的一种途径。

2. 创业精神　面对同样的机会,为什么有人发现有人却没有看到?为什么面对选择有人行动有人却只想不做?很多人认为,这跟创业精神有关。想成为创业者就需要创业精神。创业精神是指创业者在创业过程中具有开创性 的思想、观念、意志、作风和品质等重要行 为特征的高度凝练,主要表现为勇于创新、敢当风险、团结合作、坚持不懈等。

具有强烈创新意识的人,往往具有强烈好奇心,善于观察和总结,不因循守旧,富于创造性和批判性,容易获得商机。事物获得的成就越大风险也越大,需要承受的心理力也就越大。创业者应具备敢冒风险,敢于决断的魄力。愿意承担风险是创业者对事业追求的一种积极心态。成就动机是创业者的内在驱动力。

(二) 创业者与创业者素质

创业者是指创业活动的主体,那些创办自己企业的人。要成为创业者,必须要具备两个条件:创业素质和创业能力。创业者素质和能力可以通过一定方式习得,对创业感兴趣的同学可以参加学校为大家提供的创业项目于平台,也可以参加一些创业教育课程学习。学校具体的项目介绍,将在本章第五节中详细介绍。

创业者应该具备的素质包括:心理素质、身体素质、知识水平、能力素质。心理素质方面,成功创业者的自我意识明确,自信和自主,性格刚强、坚持、果断,情绪控制力好;创业本身就是艰苦而复杂的,创业者工作繁忙、时间长、压力大,要有健康的体格才能应对强压力的工作;知识方面,创业者的知识水平对创业起着举足轻重的作用。很多创业成功的企业家都是在本研究领域获得了很好的发展,创业者要作出正确决策,必须有良好知识结构;能力方面,成功创业者一般具有:创新能力、分析决策能力、组织协调能力,人际交往能力等。

(三) 做好创业准备

哈佛大学教授拉克说:"创业对大多数人而言是一件极具诱惑性的事情,同时也是极具挑战性的事。"在决定创业之前,必须对自我进行客观认识,做好创业准备。

许多人都有创业意愿,但并不是所有人都适合创业。根据创业的要求,客观的评价自己的创业态度和行为,认清自己的优势和缺点,分析自己的创业者素质。准确定位自己。创业者自我评价的理论方法很多,同学们可以进行自我测评。接着要明确目标,准备创业。要明确创业目标,包括是想获得一种生活方式或是为了金钱财富,还是推广自己的新技术,或实现人生价值等。目标的确立将决定企业今后发展的方向。同时,要进行创业学习,提高能力。创业能力没有捷径可以选择,只能在学习和实践中获得。

二、初识创业活动

（一）创业活动过程

创业不是一件简单的事情，创业者需要面对处理一系列事件。从创业者产生创业想法到组建一家企业到经营一家企业到盈利获取回报，是一项系统工作。从发现创业机会到创立企业也许时间很短，但真正要经营管理一家企业，对于大多数创业者来说都是一件很艰难的事。发现机会到组建企业，也许时间不长，但要考虑的工作却不少，需要前期就充分了解创业活动过程。

一般说来，创业过程分为产生创业动机、寻找创业机会、整合创业资源、创建企业、获得回报五个过程。

创业者与非创业者有何不同，这个问题与创业者的创业动机密不可分。研究表明，创立企业的追求以及持续经营企业的意愿都和企业家的动机有着直接的关系。创业动机激发创业行为，产生创业活动。；寻找创业机会是创业活动的核心，创业机会意味着可以创造财富。机会可以变现为很多形式，如为消费者在现有服务上提供增值产品或服务或创造新的产品或服务，也可以表现为发掘未满足的市场需求等；创业资源包括多种资源如资金、人员、技术等。创业者在决定创业行为时应该问问自己，我有哪些资源，这些资源能否支持我的创业行动？通常，初创企业所有资源是有限的，甚至是稀少的，更需要创业者寻找资源整合资源；创建企业有很多事情要做，包括注册公司、市场定位、场地选择等。初创企业一般缺乏正式的结构和制度，需要逐步完善；获得回报的形式是多样的，可以是物质的也可以是精神的，回报类型很大程度上是根据创业者动机决定的。更多的创业者希望获得更多的财富回报，追求利润和物质。

（二）识别创业机会

创业过程开始于机会的把握，创业机会来自于创意，但创意不一定能成为创业机会，创业机会是能真正能带来价值的。创意要成为创业机会应该具备：有进入市场的时机；有获利点；能持续获利；有购买者。

影响创业机会的因素很多，主要介绍以下几种：

（1）根据知识和专长创造机会。创业者自身具有专业知识和技能是创业的有效手段，特别是医学类学生，本身就掌握医学技能，如果能将专业技能与社会需求结合，寻找创业机会，很容易获得创业成功。如慈铭体检，其创始人就具有医学背景。

（2）从顾客的不满中发现机会。很多好的创业机会都存在于现有顾客的不满和建议中。顾客最知道自己需要什么，能针对顾客的不满和建议进行改进或提出解决方案，就是创业机会的所在。

（3）在技术变革中发现机会。技术和市场的变化往往能带来无限的商机。如网络科技的发展，带来新的生活方式和消费方式，网购、远程医疗等，都是技术变革带来的新机会。

（4）从市场缺失中发现机会。市场缺失往往会给人们的生活带来困扰，很多人都迫切希望得到解决，而能解决这些问题的便能获得创业机会。如在北京这样的城市，年轻人没有时间买菜，工作人群提供洗净蔬菜的"青年菜君"应运而生，他们通过解决寻求成功创业。

（三）选择创业模式

选择创业模式是对创业机会的实践，对创业能否成功具有重要影响。我国学者刘平等把创业模式分为白手起家模式、收购现有企业模式、依附创业模式和在家创业模式。收购创业模式又包含经销代理、特许经营、网络创业、内部创业。

大学生创业必须全面分析，慎重选择。①创业环境分析，包括宏观环境、地区环境和行业环境分析等。②创业资源分析，包括如资金、销售网络、产品服务、客户群分析等。③自我分析，包括创业者自身条件、资源获得途径、创业团队获得等分析。

三、完善创业项目

（一）组建创业团队

俗话说"三个臭皮匠赛过诸葛亮"，这句俗语蕴涵了一个深刻的创业哲理：创业团队是创业工作的核心。很多创业者会发现"我一直在寻找伙伴的路上"。大学生要想创业成功，仅靠单枪匹马是不行的，需要有一个创业团队的支持。创业团队应该是由具有共同创业目标、参与创业过程、全身心实现企业成长的成员构成。

很多人会问：一定要组建团队吗？对于大学生创业来说模式有很多种，可以根据自身情况选择，但创业团队的重要性很难通过其他方式代替。首先，资源优势。创业团队中的每个成员具有不同的知识背景、成长经历、经济基础和社会资源，这些资源集合在一起会比个人丰富得多。特别是大学生创业面临的首要问题是创业启动资金的获得，一个人的资金总是有限的，而组成团队资金总额更容易满足需求。目前，国家给予大学生小额创业贷款根据2015年最新政策是每人10万元，需要小额贷款的同学可以询问小额贷款中心，办理相关手续，进行贷款创业。其次，是创新优势。团队成员每个人的思维方式不一样，获取信息的渠道有所不同，对于大学生创立微小企业而言需要更多的创新创意，团队创业更容易发现创新点，赢的更多的回报。最后，创业团队成员可以分工创业工作。创办企业涉及大量的具体工作，尤其是经营工作，不是一个人能完成的。有的工作可以通过雇员来完成，但团队成员的与员工的工作效果是无法比拟的。总体而言，团队创业平均起来要比个体创业更容易成功。

（二）创业项目评估

选择创业项目，应该对创业项目进行评估。创意能成为创业项目应该具备可行性、盈利性和市场前景。每年省级创业大赛创意组以及"创青春"全国大学生创业大赛中都会涌现大批极具创意的项目，但最后未能落地实施而成为创业企业，很大原因是创意并不具备可行性或可行方案艰难，需要大量投资和漫长收益，这些都会影响创业的真正实施。

可行性是指实施项目各方面的条件。比如能否筹集到启动资金、能否组建创业团队、是否具有核心技术等。特别是在校大学生创业，要面对的条件可能更困难，如学业时间和创业时间是否冲突、能否找到志同道合的合作伙伴等。

盈利性是指项目有利可图。项目实施后的投入能否小于支出，能否带来利润应该是创业项目评估的最重要标准，可以通过制定利润表来判断推算也可根据同类企业评估测算。

具备以上两点可以说创业项目是一个可实施的创业项目，但不是具有发展前景的项目,好的创业项目应该具有局发展的市场潜力。市场潜力可以用销售额乘以价格来预测。

创业项目评估的方法有很多如马林斯的机会评估模型、PEST 分析、"五力"模型。

(三) 完成商业计划书

创业计划书又称商业计划书是一份书面计划,它描述了企业的基本情况、企业目标以及如何达到这一目标的行动计划。很多人认为商业计划赶不上市场变化,更不需要向投资机构进行融资,所以根本不需要撰写计划书。但事实上,完成商业计划书是创业最有价值的捷径。哈佛大学创业计划书专家威廉·沙曼指出:"创业就像下棋。要想取得成功,你就必须能够提前考虑好多项行动。"

撰写计划书可以,第一,形成团队内统一价值观,全面考虑创业行动;第二,帮助企业建立可信度,促成投资者、扶持着对企业的关注。特别是在校大学生创业,政府、学校、投资人对项目的扶持、投资都是通过创业计划书来初步考虑。

做任何事情都需要有计划,更何况是组建一家企业。商业计划书应该包括:①企业基本情况,如名称、负责人联系方式、地址等;②商业计划概述;③企业描述,如产品、服务、企业规模等;④产品分析;⑤市场分析;⑥营销方案;⑦财务状况;⑧风险评估等。

四、创 业 实 施

创业的实施是一项十分复杂的过程,由于章节所限,本书所描述的创业实施只是简要介绍,以开启同学们对创业实施的基本概念

(一) 注册公司

在进行工商注册之前应该对企业组织形式有所了解。企业组织形式包括:个体工商户、个人独资企业、合伙企业、一人有限公司、有限责任公司。目前,为了开放创业环境,企业五种组织形式都没有了注册资本的限制,创业者可以根据具体情况选择合适的企业组织形式进行工商注册。

注册公司所需要的资料有:①个人资料,包括身份证、法人户口簿复印件或户籍证明、居民地址、电话号码;②拟定注册公司名称;③公司经营范围;④公司地址;⑤股东名册及股东联系电话;⑥注册资金;⑦公司章程。

(二) 选择合适的地址

不同创业形式对选址的要求是不同的。对有些企业来说选址不妥直接导致了企业经营的成败,而有些企业对选址并没有太多要求。目前,国家鼓励大学生创业,出台了系列优惠政策,甚至能把办公室选择在居民小区呢,减低了大学生创业的门槛。

尽管选址对企业的影响有大有小,但也需要考虑和了解选址的因素。需要考虑的应该包括:企业经营环境,如具体的创业城市、企业选址的人流量、当地创业政策等等;创业者自身,经营地点是创业者每天都要去的地方,如果是在校大学生创业,就要考虑这个地点对生活学习的影响;顾客,如顾客能否发现你的地点;供应商;成本等。

建议大学生创业可以选择创业孵化器或者网络开店。目前,我国正在大力推进创业经济发展,各地采取了很多政策措施支持创业活动。创业孵化器机构为创业者提供了便利条

件,节省了创业成本与时间。很多创业孵化器对大学生创业提供创业场地、创业培训、小额贷款、专家指导、注册登记、市场开拓等服务,这些都将大大提高创业成功率。

另一种形式是网络开店。利用淘宝、易趣、微信等第三方平台进行电子商务创业。个人网店极大降低了创业成本。目前看还不需要办理营业执照,也不需要纳税,制药拥有资源通过实名认证就能开店,进行电子商务创业更容易获得成功。

(三) 创业初期的市场营销

创业能否成功与市场营销有很大关系。创业者需要明确自己的销售策略、市场推广、定价策略等总体营销管理,通过有效分析,在激烈的竞争中脱颖而出。市场营销是企业通过交换满足自身需求的过程,企业存在的价值,在于企业提供的产品或服务能满足别人的需求。市场营销的相关理论很多,有具有代表性,对初创企业具有学习意义。"4P"理论,指营销组合中的产品、价格、促销、渠道;"4C"理论,指营销组合的消费者、成本、沟通、便利性;"4R"理论,指关联、反映、关系、回报。

创业初期的市场营销应该做好两点:市场调查和实施销售策略。市场调查就是要明确企业的潜在客户是谁,市场规模有多大,谁会成为购买者,产品成本是多少,定价范围是多少,销售渠道有哪些,竞争者压力有多少等。通过市场调查将为有效制定本企业的产品或服务定价,完成销售策略提供坚实基础。实施销售策略通常包括:利用制造销售机会,实施销售、进行销售示范、解决客户问题、完成销售、后续服务。促销是一种有效的销售策略,包括广告、公共关系等。如果医药类大学生创业可以更多的利用公共关系这类促销手段。市场营销还有三大规律:创、推、维。创即创造客户价值规律;推即市场推广策略规律;维即维护客户关系规律。

(四) 财务管理

大学生创业初期,资金不多,人员关系简单,业务也相对单纯,但也有必要进行财务管理,不仅为今后企业长远发展奠定基础,也可以作为预算控制短期的依据。

创业资金问题是决定人们是否创业的主要因素,缺乏创业启动资金更是大学生面临的首要困难。目前创业资金的来源包括:自有资金、向亲朋好友融资、天使投资、风险投资、政策性资金支持。创业者可以根据资金需求量和客观条件选择。同时国家给予大学生创业优惠政策中,大学生创业两年内免税,能为大学生创业提供更多资金。

创业初期的财务管理,创业者需要清除:创业项目需要多少资金;资金从何处筹集,现金流量有多少。创业者需要进行资金运算和运营预算、收入预算、资产负债表预算、利润预算等。

(五) 创业初期需注意的法律问题

在创业初期,新企业必须处理好一系列重要的法律问题,以免由于早期的法律和伦理问题引发损失。创业者一般不会有意触犯法律,但还是缺乏一定法律知识。

创建新企业需要了解一定的法律法规。包括:个人独资企业法、合伙企业法、公司法、企业所得税法、中华人民共和国民法通则、中华人民共和国专利法、就业促进法、劳动合同法、担保法、票据法等。

五、创业,你可以参加很多项目

学校针对大学创业提供了多项创业教育、创业实践平台,下面做简要介绍。

(一) 大学生创新创业训练计划项目

大学生创新创业训练计划内容包括创新训练项目、创业训练项目和创业实践项目三类。我校学生可申报校级通过评审后再申报省级至国家级。大学生创新创业训练计划项目每年都可申报,校级申报时间约为每年 11 月底。每个项目根据评审情况校级科研资金3000~5000 元不等,省级及国家级资金有所增加。

创新训练项目是本科生个人或团队,在导师指导下,自主完成创新性研究项目设计、研究条件准备和项目实施、研究报告撰写、成果(学术)交流等工作。

创业训练项目是本科生团队,在导师指导下,团队中每个学生在项目实施过程中扮演一个或多个具体的角色,通过编制商业计划书、开展可行性研究、模拟企业运行、参加企业实践、撰写创业报告等工作。

创业实践项目是学生团队,在学校导师和企业导师共同指导下,采用前期创新训练项目(或创新性实验)的成果,提出一项具有市场前景的创新性产品或者服务,以此为基础开展创业实践活动。

(二) 省级创业大赛

各省在不同时间都会举办创业大赛,以海南省为例,年约在 12 月举行,是在海南地区评选具备发展潜力的创业项目,进行资金、技术、政策等扶持。奖金从 5000 元至 6 万元不等。每年的赛事奖金数额有所不同,整体来说是持续增加。高校大学生创业项目是创业大赛的主力军。大赛分为创业初创组和创意组,每年约有一半项目来自在校大学生,主要参与创意组赛事。

今后将进一步加大创业扶持,对参加创业大赛的优秀项目进行扶持,帮助大学生成功创业。如海南医学院校级创业大赛在每年 9 月举行,同学们可以根据自身实际提前准备,并请相关老师进行指导,争取通过大赛获得支持,真正踏上创业之路。

(三) 创业教育

开设两门创业选修课——《大学生 KAB 创业培训》《SYB 创业培训》。两门课程均面向全校各专业学生开设的一门公共选修课程。授课为 30 人小班授课,采用分组团队式授课模式,属于创新创业类素质课程。在毕业生毕业年度学校也将提供相应课程面向全体毕业生。

KAB 意味 Know about business,大学生 KAB 创业培训课程一方面通过创业基础知识的讲授,培养学生的创业意识,补充创业知识,另一方面,通过参与式的教学方法,让学生进行创业实践,了解创办和经营企业的基本知识和实践技能,从而提升学生的创业能力和就业能力。

SYB(Start your business)培训是面向创办企业的想法,并确实打算创办一个新企业的学生。向参加培训的学生介绍开办企业各个步骤,以及怎样完成自己开办企业的各项可行性调查研究,培训项目的目的就是让有创业意愿的人自己来演练实施开办企业的各个步骤,完成自己的创业计划书,帮助他们创建自己的企业和实现有效经营。

就业指导中心定期提供创业讲座、创业故事分享、创业人物访谈等活动。有兴趣的同学可以关注海报。

(四) 就业创业联盟

就业创业联盟是一个以大学生创业就业交流,协助学校就业指导中心组织招聘会、提供就业创业培训讲座、产品代理及市场开发等为主的大学就业创业自治协会。参与就业创业联盟可以让在校的大学生在学校就能体验到社会中企业中的高强度竞争,及早接触用人单位,明白自身综合素质要求,丰富校园生活,培养中国大学生的创业能力,增加大学生的创业成功率。协会每年9月招新,面向有创业意愿的同学开放。协会今后将与社会更多的企业联系,免费为协会内成员提供校内兼职和毕业工作,加强协会内成员的创业能力实践锻炼。推动海南医学院创业活动开展。

另外,"创青春"全国大学生创业大赛在本书前章有所介绍,请参照前文。

思 考 题

1. 谈谈你期望的毕业后去向,为了赢得满意的职业,在大学期间你应该做些什么?
2. 你认为大学生就业能力包括哪些? 怎么获得就业能力?
3. 你对创业有哪些看法?
4. 创业计划书包括哪些内容?

参 考 文 献

鲍日新.2013.大学生解惑 200 问[M].北京:中国书籍出版社

陈革,秦雪峰.2011.大学新生导航[M].北京:中国出版集团现代教育出版社

迟毓凯,管延华.2010.大学生人际管理与辅导[M].北京:北京理工大学出版社

迟毓凯,管延华.2010.大学生人际管理与辅导[M].北京:北京师范大学出版社

丁璇.2013.大学生入学教育[M].北京:国防工业出版社

方志中,刘明明.2012.我的大学[M].北京:新华出版社

金春雷.2008.我的贵州大学:新生入学教育读本[M].贵州:贵州大学出版社

就业与创业指导课题组.2012.大学生就业与创业指导课程[M].北京:中国传媒大学出版社

郎建华.2006.大学生入学教育教程[M].苏州:苏州大学出版社

黎文森,幺元昱,李鲁宁.2013.大学生心理健康教育导论[M].沈阳:辽宁大学出版社

李晶.2012.大学新生适应教育[M].北京:北京理工大学出版社

李开复致信中国大学生:大学 4 年应是这样度过[ML/WB]http://tech.sina.com.cn/it/2005-03-15/1634551211.shtml

李明,林宁.2012.人际关系与沟通艺术[M].北京:清华大学出版社

李霞,李宝连,邱清亮.2015.大学生入学教育[M].长沙:国防科技大学出版社

梁华,林明.2011.大学生入学教育读本[M].北京:高等教育出版社

刘帆.2013.大学生 KAB 创业精讲[M].北京:知识产权出版社

刘亚军.2013.大学生入学教育[M].北京:北京理工大学出版社

马禄远,崔效杰.2007.大学新生入学教育[M].兰州:兰州大学出版社

马文君.2005.高校大学生入学教育[M].长春:吉林大学出版社

穆建国.2014.大学新生入学教育读本[M].镇江:江苏大学出版社

四川外语学院成都学院组编.2013.大学生心理健康教育[M].广州:世界图书出版广东有限公司

唐闻捷,王占岳.2013.医学生职业生涯规划与发展[M].杭州:浙江大学出版社

王秀阁.2010.大学生人际交往理论与方法[M].北京:人民出版社

吴长才,王欢.2008.大学新生入学教育[M].武汉:武汉理工大学出版社

吴萍娜.2013.大学生心理健康与发展:我的大学,从"心"开始[M].厦门:厦门大学出版社

吴余舟.2010.大学生职业发展与就业创业指导[M].北京:机械工业出版社

杨克欣.2013.大学生职业发展与就业创业指导[M].天津:南开大学出版社

杨睿宇,崔永鸿,毛媛媛.2014.当代大学生人际关系学[M].重庆:重庆大学出版社

叶醒狮.2013.新生入学教育[M].西安:西安电子科技大学出版社

张廷鑫.2014.大学生入学教育与学习生涯规划[M].武汉:武汉大学出版社

赵燕,朱逢九.2011.点击大学——大学生学业与生活指导[M].上海:同济大学出版社

周文敏.2014.打造精彩生活——大学生生活全攻略[M].北京:北京工业大学出版社